Historia de la Iglesia Primitiva

Desde el siglo I hasta la muerte de Constantino

E. Backhouse y C. Tylor

Calidad en Literatura Evangélica

editorial clie

Editorial CLIE
Ferrocarril, 8
08232 VILADECAVALLS (Barcelona)
España
http://www.clie.es

HISTORIA DE LA IGLESIA PRIMITIVA:
Desde el siglo I hasta la muerte de Constantino
E. Backhouse y C. Tylor

Versión española: Francisco Albricias
Revisada por Ana Magdalena Troncoso
Ampliada por Alfonso Ropero Berzosa

ISBN: 978-84–8267–309–7

Clasifíquese:
300 HISTORIA:
Historia de la iglesia primitiva
C.T.C. 01–03–0300–08
Referencia: 22.43.55

ÍNDICE

4

6

PRÓLOGO DEL TRADUCTOR

Dos sistemas existen para el conocimiento de las civilizaciones que nos precedieron, o sea, de los acontecimientos y de los hombres que han puesto el antecedente lógico, del cual el presente no es más que el legítimo corolario: el *objetivo* y el *subjetivo*; esto es, el que pone a la vista del lector los datos o documentos, para que emita libremente su juicio, y el que, constituyéndose en un pretencioso magisterio, le da las conclusiones formuladas, los juicios hechos, dejándole en la más completa ignorancia de los fundamentos y de la palpitante realidad.

Si el cuadro de los tres primeros siglos de la Iglesia escrito por el inglés M. Backhouse y completado por M. Tylor no fuera más que un nuevo ensayo vaciado en los antiguos moldes, nos hubiéramos guardado muy bien de ofrecerlo al público, cansado de publicaciones vacías donde, más que el conocimiento de las cosas, se dan las opiniones o fantasías de un autor, que las viste con el lujoso o miserable ropaje de su imaginación. Pero al ver que, por vez primera, se ha aplicado al estudio de los primeros tiempos cristianos el moderno procedimiento *intuitivo*, exhumando los textos de los grandes escritores llamados *Padres de la Iglesia,* en lo que tiene relación con la manera de ser interna y externa del cristianismo en aquellos siglos –recogiendo, en preciosos grabados, los secretos de las catacumbas, los relieves de los sepulcros, las imágenes talladas en la roca, donde esculpían los primeros creyentes la huella indeleble de su fe por nadie aventajada, resucitando las cándidas narraciones de los martirios, que demostraban el poder de la idea que había de durar tanto como el mundo, en una palabra, devolviendo a la luz del sol las escenas de aquella edad heroica, enterradas por la incuria de los tiempos, casi como las ciudades sepultadas por la lava del Vesubio y arrancadas de su sepulcro por la curiosidad insaciable de nuestro siglo–, no hemos podido menos que intentar traer a nuestra patria tan rico tesoro intelectual y enriquecer nuestra literatura con un estudio que es, a la vez, un modelo de los nuevos métodos de investigación científica y un libro de instrucción religiosa para un pueblo que se honra de su nombre: *cristiano.*

¿Nos hemos acaso equivocado? ¿Se han agotado tal vez las energías intelectuales del país que descubrió el Nuevo Mundo y estuvo siempre dispuesto a todo sacrificio para ensanchar las fronteras del conocimiento, así como de la acción? ¿Será hoy indiferente nuestro siglo a los descubrimientos verificados por hombres pacientes y laboriosos, con el propósito de ilustrar los orígenes de una institución tan importante y trascendental como la religiosa?

No podemos creerlo; aunque la indiferencia haya logrado en parte aletargar las fibras de nuestro anhelo por escarbar en nuestro pasado histórico y encontrarnos y comprendernos a nosotros mismos, que latieron un día tan potentes y vigorosas, haciendo sentir sus poderosos sacudimientos a todas las regiones del globo, quedaría siempre la curiosidad científica, hoy más excitada que nunca, el sentimiento de la novedad, el deseo de romper los velos de lo desconocido, para valorar este libro que nos remonta a las fuentes de ese río caudaloso, cuyas anchas orillas llegan de uno a otro continente y que se formó hace más de diecinueve siglos, allá en los senos del imperio romano, con las aguas emanadas directamente del cielo y con el concurso de los afluentes venidos de todos los ámbitos de aquel imperio inmortal.

Sea, pues, por uno o por otro estímulo, tenemos la seguridad de que no han de faltar lectores a esta obra, que ha dado ya la vuelta al mundo... Y es que es tan sugestivo y estimulante ver aparecer una gran época histórica de cuerpo entero, como una misteriosa evocación, con sus grandezas y miserias, con sus monumentos y sus tumbas, con su fisonomía viviente, donde se retratan las afecciones más íntimas de su espíritu, las palpitaciones más secretas de su corazón, grabadas en las palabras de sus héroes, en los escritos de sus genios, en las piedras de los edificios, en todo lo que revela la vida de un pueblo –contada por el mismo pueblo–, que no han de faltar simpatías y aun entusiasmos a un espectáculo sin par en la vida humana y al cual no ha podido asistir ninguna otra de las generaciones posteriores a aquellos remotos pero inolvidables tiempos.

Los goces de este género no son nuevos, pues hace ya algún tiempo que se han popularizado entre nosotros, con el descubrimiento de medallas, colecciones de documentos, formación de museos arqueológicos y demás fuentes de enseñanza histórica, al par que de emociones verdaderamente artísticas y profundamente humanas... Pero existe una diferencia entre aquellas manifestaciones y ésta: a saber, que aquellas no tienen directa e inmediata aplicación en la vida, ni resuelven los problemas actuales, mientras que en este trabajo se nos da, entre otras cosas, la clave del problema religioso: esfinge indescifrable para los que desconocen completamente los antecedentes y no han saludado los orígenes –como sucede comúnmente en nosotros–, pero que viene a ser para aquellos que los conocen como un mapa geográfico perfectamente deslindado, del cual han desaparecido las nieblas y misterios que envolvían a nuestros antepasados.

La cuestión religiosa se impone; la ciencia nos llama... No podemos permanecer por más tiempo indiferentes al gran movimiento de investigación que caracteriza a nuestro tiempo, ni mostrarnos pasivos e inertes ante el gran conflicto religioso que las naciones civilizadas se empeñan en resolver (mediante trabajos tan profundos y concienzudos como el presente). Si este espectáculo no logra arrancarnos de la especie de estupor en que vivimos sumergidos, entregándonos a expansiones puramente infantiles, acabaremos por perder nuestro derecho a figurar entre los pueblos cultos.

No será así, sin embargo, sino que el éxito de esta publicación constituirá una nueva señal de nuestra regeneración, cuyos destellos se ven brillar en el horizonte, augurando días venturosos de prosperidad y gloria para nuestra tierra.

Francisco Albricias

INTRODUCCIÓN DE LOS AUTORES

Hemos intentado seguir, aunque de un modo imperfecto, los pasos de la Iglesia: desde su origen hasta que se unió con el Estado durante el imperio de Constantino; terminaron ya las luchas de los primeros días y, desde entonces, Ésta empezó a gozar de gran prosperidad externa, entrando en lo sucesivo en una nueva faz. Nada más natural, pues, que nos hayamos detenido aquí...

Nuestro objetivo ha sido mostrar a la Iglesia Primitiva en toda su apostólica sencillez. Y lo hemos hecho siempre con perfecta probidad, sin ocultar ni atenuar, a lo menos intencionadamente, ninguna verdad; tampoco hemos admitido ninguna mentira, procurando dar, en cuanto nos ha sido posible, una idea general del conjunto de cada época. Como escribía Trench[1]:

«En cada época, la Iglesia militante cuenta con triunfos y con flaquezas. Las victorias son más sensibles en ciertos momentos y en ciertos países, mientras que en otros lo son los desfallecimientos y las infidelidades. Pero ni unos, ni otros han permanecido ignorados; y si bien existen cristianos que pretenden no ver más que una de sus fases, nuestra obligación es no cerrar los ojos ante ninguna de ellas. Nosotros, que creemos en la fundación divina de la Iglesia en el mundo, procuramos ver en todo tiempo la Iglesia triunfante, de lo cual tenemos muchas pruebas. Pero por otra parte, ya que sabemos que aquellos tesoros de gracia están contenidos en vasijas de barro, sepamos también comprender las decepciones de todas las épocas y veamos la idea divina realizada siempre de un modo imperfecto por la humanidad. En una palabra, tengamos entereza para considerar la verdad en sus diversos aspectos».

Una nota debe llamar la atención del cristiano convencido, y es que la Iglesia, en medio de las vicisitudes de su vida externa, en medio de sus luchas y de sus alteraciones, siempre ha tenido testigos de Cristo. A saber, su organización eclesiástica ha podido corromperse, la fe ha podido estar obstruida por humanas invenciones o por restauraciones de una economía anticuada, pero siempre se ha tropezado con hombres cuyos escritos

---

1. *Mediaeval Church History,* lect. I, p. 12.

estaban, por decirlo así, marcados con el sello del Espíritu Santo, con los cuales defendían la verdadera fe cristiana.

Esto es, la influencia de los *Ireneos,* de los *Tertulianos,* de los *Ciprianos,* de los *Clementes* y de los *Orígenes* ha contribuido a edificar y a acrecentar la Iglesia espiritual de Cristo, cuyo resultado no ha podido ser anulado por las doctrinas o ideas sobre el gobierno eclesiástico, a pesar de que unas y otras traspasaran los límites de la enseñanza bíblica. Ellos fueron los testigos vivientes de nuestro Salvador. Y es que, de vez en cuando, el Señor ha suscitado a hombres de estas condiciones, para que enseñaran y dirigieran la Iglesia que Él había conquistado con su propia sangre...

Asimismo, no podemos olvidar a aquellos cuyo papel fue completamente diferente y cuyos nombres no han sido conservados en ningún monumento, como tampoco a ciertos cristianos a quienes los *Padres de la Iglesia* negaron su aprobación y fueron acusados de herejía y de inmoralidad y a quienes no se ha tributado gratitud ni honor, los cuales, repetimos, han ocupado un verdadero e importante lugar en la Iglesia universal y, lo mismo que sus más ilustres hermanos, han dado al Señor un testimonio vivo y precioso, muchas veces en circunstancias tremendamente difíciles.

Si el estudio de la historia de la Iglesia ofrece numerosas pruebas de errores y debilidades humanas, si demasiadas veces se llena el corazón de tristeza considerando en cuántas ocasiones la verdad ha sido poco apreciada o se ha querido emplear como un instrumento del error, no obstante, lo estimamos como de excepcional importancia, porque nos enseña que Dios ha velado siempre por su Iglesia y que no ha permitido que nunca fuera totalmente apagada la luz de la verdad, sino que en todo tiempo ha provisto según sus necesidades. Incluso en los períodos más sombríos, cuando, con el transcurso de los siglos, la Iglesia se rebajó a tal punto que en su culto y en su manera de concebir la piedad parecía haber perdido su primitivo carácter, aun entonces hubo en su seno, como en Israel en los tiempos de la idolatría de Acab, «siete mil hombres» que no doblaron sus rodillas delante de Baal.

Finalmente, la Iglesia continúa su marcha ascendente hacia la verdad, con la esperanza de un porvenir cada vez más glorioso y por el que ya podemos dar alegres acciones de gracias a Dios...

E. Backhouse y C. Tylor

NOTA SOBRE LA PRESENTE EDICIÓN

La *Historia de la Iglesia primitiva* de Backhouse y Tylor tiene el mérito de descansar enteramente en lo mejor de las fuentes originales a nuestra disposición y en lo más destacado de la erudición de su época —segunda mitad del siglo XIX—, en la que el cristianismo evangélico se manifestó espléndido y creativo en el campo de las misiones, de la obra social, de la predicación y del estudio bíblico y teológico. Siglo de grandes hombres de la fe, sin duda, que supieron aprovechar la coyuntura victoriana que puso a su disposición los canales apropiados para dar salida a una energía que se derramó por todo el globo y dejó su huella en muchas instituciones que todavía perviven en la actualidad. Por eso, por reflejar un estado grande del espíritu evangélico, esta obra tiene hoy el mismo interés que cuando se escribió hace más de un siglo.

No hay nada que temer del paso del tiempo que tanto afecta a los estudios académicos en general, e historiográficos en particular. La investigación moderna confirma, no desmiente, las líneas básicas trazadas por los autores.

Sólo en casos muy concretos, aunque importantes, ha sido necesario corregir a los autores en aras de la fidelidad histórica. Ha sido en aquellos donde Backhouse y Tylor han claudicado de su hacer histórico y permitido que sus prejuicios denominacionales coloreen los textos primitivos imprimiéndoles, o mejor, imponiéndoles un sentido extraño, propio de una manera de concebir el cristianismo que floreció en la Sociedad de Amigos, popularmente conocidos como cuáqueros, de la que los autores fueron miembros convencidos.

A la vez, para enriquecer y poner al día una obra tan completa y bien estructurada, hemos intercalado en el texto frases completas de autores antiguos y modernos que confirman y expanden el relato y el análisis de los autores, profundizando en el alcance y dimensión social y doctrinal del cristianismo primitivo. Por amor a la claridad y no hacer farragoso el texto, no hemos considerado necesario indicar a cada instante las partes añadidas; el buen lector advertirá que cuando aparece la cita de un historiador moderno —del siglo XX— es evidente que se trata de un añadido editorial que no necesita más aclaración.

Ha sido menester ampliar la parte correspondiente a la base jurídica de las persecuciones, la diferencia entre el ágape y la Santa Cena, el tema del altar y el bautismo, las limosnas, la organización del ministerio eclesial y el celibato, la expansión misionera mundial y la evangelización de España, el significado de Constantino y el problema de los circunceliones.

Por una extraña costumbre del siglo XIX, los escritores solían citar obras de otros autores sólo por su nombre, título y número de página, sin indicar editorial, lugar y fecha de publicación. En muchas ocasiones las mismas editoriales no ponían la fecha de publicación, con la consiguiente dificultad para el estudioso interesado en el dato exacto de salida de la imprenta. En el caso de la presente obra nos hemos visto obligados a enfrentar este problema, que hemos resuelto satisfactoriamente en la mayoría de los casos. Recurriendo a nuestras fuentes de documentación, y después de un laborioso cotejo y rastreo de obras y autores, hemos puesto fecha y lugar de edición a aquellas citas tan parcas de la edición original —que arrojan al lector un cuerpo mutilado—, otorgándoles así la luminosidad de una presencia editorial bien acabada.

De esta manera, trabajando en equipo, facilitando herramientas y edificando sobre lo ya construido, cada cual, conforme a la gracia que Dios le haya dado, mire cómo edifica y abre nuevos surcos en lo ya puesto y trazado por autorizados maestros constructores (1ª Cor. 3:10).

Alfonso Ropero Berzosa

PRIMERA PARTE

El Cristianismo durante los siglos I y II

Sección Primera: Historia del Cristianismo

Mosaico de Perpetua que se conserva en el palacio archiepiscopal
de Rávena (copiado del original por Eduardo Backhouse).

Capítulo I

El paganismo
en la época apostólica

El pueblo judaico esperaba el cumplimiento de las profecías que desde antiguo le anunciaban el nacimiento del Mesías; los gentiles o paganos advertían la ineficacia de sus filosofías, doliéndose de la vanidad de sus ídolos, y suspiraban por algo mejor y que más satisficiera a sus aspiraciones religiosas, cuando en Belén nació el Cristo en medio de acontecimientos extraordinarios que llamaron la atención aun entre las gentes más sencillas; a la media noche, unos pastores se vieron rodeados de un resplandor celestial y oyeron la voz del ángel que les decía:

«No temáis; porque he aquí os doy nuevas de gran gozo, que será para todo el pueblo: que os ha nacido hoy, en la ciudad de David, un Salvador, que es Cristo el Señor (...) Y repentinamente apareció con el ángel una multitud de las huestes celestiales, que alababan a Dios, y decían: ¡*Gloria a Dios en las alturas, y en la tierra paz, buena voluntad para con los hombres!*» (Lc. 2: 10 y 11, 13 y 14).

Así, pues, en el tiempo señalado por el Padre, vino a la tierra el Salvador, esparciendo la bendita y gloriosa luz del Evangelio.

Sin embargo, cuando apareció el Mesías, el *Deseado de las naciones,* los principales judíos le rechazaron porque no se veía en Él ni resplandor, ni poder, según el mundo. No prometía libertarlos del ominoso yugo de los romanos, ni restablecer el reinado de Israel. Por esta razón, los suyos a quienes visitó no quisieron recibirle[1] y, permaneciendo insensibles a

---

1. Véase Juan 1:11.

sus milagros y sordos a sus Palabras de vida, rehusaron aceptarlo como jefe. A grandes voces pidieron al gobernador romano que le crucificara, y Pilato satisfizo su deseo crucificando al Salvador, a quien Dios resucitó libertándole de los lazos de la muerte, porque no era posible ser detenido en ella[2], en cumplimiento de la hermosa profecía de David: «Subiste a lo alto, llevaste multitud de cautivos, recibiste dones para distribuir entre los hombres, y aun entre los rebeldes, para que Tú morases entre ellos» (Sal. 68:18).

Roma dominaba en la mayor parte de la tierra conocida y, a excepción de los judíos, todos los pueblos profesaban el paganismo.

Maravillosas esculturas, cinceladas por Fidias, Praxíteles y otros inmortales artistas, ocupaban lugares preferentes en aquellos magníficos templos levantados a las falsas divinidades.

El judaísmo disponía al mismo tiempo, en gran número de ciudades, de celebrados monumentos religiosos, de imponentes sinagogas, en las que las riquezas artísticas del estilo arquitectónico rivalizaban con las valentías de la construcción. Siempre se lograba autorización para establecer una sinagoga donde se reunían diez personas solicitando su apertura –según se cree, sólo en Jerusalén había 480–; en Alejandría, Roma, Babilonia, en el Asia Menor, en Grecia, en Italia, en una palabra, en todas las ciudades de relativa importancia, existían centros de reunión destinados a la celebración del culto y a la discusión de los asuntos de la comunidad[3]. El Evangelio ofrecía con su doctrina el logro de sus aspiraciones a los gentiles y la realización de sus esperanzas a los judíos, respondiendo a las necesidades de unos y otros.

Los judíos de Jerusalén fueron los primeros que oyeron la predicación de la libre y completa redención por Cristo, y en el día del Pentecostés «el número de los discípulos aumentó cerca de tres mil»; mientras que, poco más tarde, formaban la Iglesia «unos cinco mil hombres». El autor del libro de los *Hechos de los apóstoles* observa que «la Palabra de Dios crecía en Jerusalén, multiplicándose extraordinariamente el número de los creyentes, y una gran compañía de los sacerdotes obedecía a la fe» (Hch. 6:7).

---

2. Véase Hechos 2:24.
3. A. P. Stanley, *Lectures on the History of the Jewish Church*, 3 vols., cap. III, pp. 463–465 (Londres, 1863–1876).

Ruinas del templo destinado al culto de Apolo en Corinto.

Cuando más tarde el Evangelio fue predicado por toda la Judea, el apóstol Pedro, por medio de una visión divina, recibió la orden de acompañar a unos hombres enviados por Cornelio para anunciar al centurión romano y a toda su familia la *buena nueva* de la salvación, por lo cual los gentiles pudieron gozar de los mismos privilegios que los judíos[4]; cumpliéndose así las palabras del Salvador a Pedro, cuando dijo:

«...te daré las llaves del Reino de los cielos» (Mt. 16:19).

De las cuales Pedro se sirvió para abrir el Reino a los gentiles, quienes fueron hechos herederos de Dios y, de «alejados» que estaban, fueron acercados a Él por la sangre de Cristo (véase Ef. 2:13).

Así se formó un pueblo nuevo, la Iglesia del Señor, compuesto por judíos y gentiles en un mismo pie de igualdad, y con una conciencia muy clara de su novedosa radicalidad. La palabra «iglesia», del griego secular *ekklesia*, adoptada por los primeros cristianos para nombrar sus reu-

---

4. Véase Hechos 10.

niones, ha llegado a ser un término denso y ambiguo por su uso. En las lenguas germánicas, alemán *Kirche*, inglés *church*, holandés *kerk*, etc., procede del griego popular bizantino *kyriké*, que significa «casa o familia del Señor» (no viene de «curia» como pensaba Lutero, por lo que quería substituirla por el término «comunidad»). En las lenguas románicas, español *iglesia*, francés *église*, italiano *chiesa*, incluido el galés *eglwys*, se ha mantenido la dependencia directa de la palabra griega usada en el Nuevo Testamento, *ekklesia*, que designa la sesión actual de una asamblea del pueblo libre. Pero lo decisivo del concepto *ekklesia*, como escriben Ángel Calvo y Alberto Ruiz, no es su etimología griega, sino el ser la traducción del hebreo *kahal* (asamblea convocada), palabra que viene esencialmente determinada al añadirle «del Señor». Así, no constituye *Iglesia* el hecho de que algunos se reúnan en libertad, sino el grupo que lo hace teniendo al Dios de Jesús como convocante y centro de la reunión. De este modo, este término profano se convierte en una noción religiosa que luego se entendería en sentido escatológico. Cuando la primitiva comunidad se denomina a sí misma *Iglesia,* se está calificando como el nuevo y verdadero pueblo de Dios. Si no se adoptó el nombre de *Sinagoga,* fue seguramente para indicar su libertad respecto a la ley de Moisés y la no necesidad de un número mínimo de componentes»[5].

Aquella iglesia era «la columna y el apoyo de la verdad» (1 Ti. 3:15); era además el reinado de Dios sobre la tierra, una iglesia espiritual y no sencillamente una iglesia de gentes que hacían profesión de cristianos. En otras palabras, era la familia y la casa de Dios en el mundo, unida a su familia en el cielo; la sola Iglesia verdaderamente *universal* y *católica.*

Todos aquellos que hayan recibido el bautismo espiritual pertenecen a la verdadera *Iglesia católica,* sea cual sea la denominación a la que pertenezcan. En cambio, todos aquellos que no han recibido este bautismo están alejados de la Iglesia, separados del cuerpo cristiano, sea cual fuere el «nombre» que se den y la religión que pretendan profesar.

Un año apenas habíase cumplido desde la ascensión de nuestro Señor, cuando sus discípulos empezaron a ser perseguidos en Jerusalén. Esteban

---

5. Ángel Calvo Cortés y Alberto Ruiz Díaz, *Para leer una eclesiología elemental*, p. 12, ed. Verbo Divino, Estella, 1990, 3.ª ed.

fue el primero que padeció el martirio de manos de los judíos incrédulos, en presencia de Saulo, quien «consintió en ello y guardó los vestidos de los que le mataban» (Hch. 22:20). Pero al perseguidor le pareció «dura cosa dar coces contra el aguijón» (Hch. 26:14) y, trasformado por la gracia divina, llegó a ser Pablo, el gran apóstol de los gentiles, poderoso en obras y en palabras.

Diez años más tarde, bajo el reinado de Herodes Agripa, Santiago, el hermano de Juan, fue degollado. Sin embargo, nos dice Lucas que «la Palabra de Dios se esparcía y el número de los discípulos aumentaba» (Hch. 12:24).

Así, los apóstoles y evangelistas recorrieron el mundo conocido, proclamando la *buena noticia*. Antiguas tradiciones nos cuentan que Juan estuvo en el Asia Menor; Tomás, en la Partia, al norte de Media. Andrés evangelizó a los escitas, pueblo bárbaro situado al norte del Mar Caspio; Bartolomé estuvo en la India[6] y Marcos fundó la Iglesia de Alejandría[7]. En definitiva, fueron a predicar por todas partes, y «el Señor obraba en ellos, confirmando la Palabra con los milagros que la acompañaban» (Mr. 16:20).

Como el Maestro había hablado con autoridad, del mismo modo hablaban ellos[8]. Por todas partes donde iban, las gentes pasaban «de las tinieblas a la luz» (Hch. 26:18), «despojándose del hombre viejo y de sus obras, para vestirse del hombre nuevo; renovándose por el conocimiento y según la Imagen del que los creó» (Col. 3: 9 y 10).

Y es que en medio de la corrupción del mundo romano, de sus proyectos de nuevas conquistas y de engrandecimiento, se estaba desarrollando una sociedad completamente diferente... Tal levadura, que comenzaba a fermentar sin que nadie se apercibiera, producía en todas partes nuevas instituciones, nuevas esperanzas y una vida nueva y mejor, según la gloriosa visión del poeta, «en las ciudades nacían congregaciones que el mundo desconocía, y el cielo se inclinaba para contemplarlas».

---

6. Probablemente en el Yemen de Arabia; otra tradición dice que Tomás fue a la India.
7. J. K. L. Gieseler, *A Compendium of Ecclesiastical History*, 5 vols., I, p. 95 (Londres, 1846–1855).
8. Véase Lucas 4:32.

Citemos como ejemplo la iglesia de Corinto, que desde el año 58 se reunía en la casa de Justo, o en alguna otra.[9] «La barrera que separaba a los judíos de los gentiles durante dos mil años desapareció, de lo cual podemos fácilmente convencernos, viendo a unos y a otros entrar por la misma puerta, darse el beso fraternal, sentarse en la misma mesa, partir juntos el pan y servirse del mismo plato, reunidos y formando un solo cuerpo y una sola alma. Allí se encontraban el jefe de la sinagoga, el tesorero de la ciudad, que es un griego, y fieles pertenecientes a diversas clases sociales e incluso nacionalidades».[10]

Hasta la mujer dignificada era recibida con el honor debido;[11] el esclavo encontraba allí su refugio y era considerado como un hermano en el Señor[12]. Juntos, ocupábanse de las grandes verdades que el mundo ni siquiera sospechaba, discutiendo y preparando «atrevidos proyectos de

---

9. Véase Hechos 18:7.

10. Véase Hechos 18:8; Romanos 16:21–23.

11. La presencia de las mujeres en las asambleas cristianas es algo digno de notar, ya que en el aquel tiempo no es seguro que, en sus casas, las mujeres comieran en la misma mesa que los hombres.

La mujer, como el niño, era considerada como un ser menor. Las mujeres pobres divorciadas se veían reducidas a la prostitución. Los niños eran despreciados. El padre podía rechazar al recién nacido, que entonces era expuesto o entregado a la muerte. Los niños expuestos y recogidos eran educados y vendidos como esclavos. La educación se caracterizaba por su brutalidad, de lo que se queja amargamente Agustín en su *Confesiones*, a la vez que propone métodos más dulces y racionales de enseñanza.

«¡Cuántas miserias y humillaciones pasé, Dios mío, en aquella edad en la que se me proponía como única manera de ser bueno sujetarme a mis preceptores! Se pretendía con ello que yo floreciera en este mundo por la excelencia de las artes del decir con que se consigue la estimación de los hombres y se está al servicio de falsas riquezas. Para esto fui enviado a la escuela, para aprender las letras, cuya utilidad, pobre de mí, ignoraba yo entonces; y, sin embargo, me golpeaban cuando me veían perezoso. Porque muchos que vivieron antes que nosotros nos prepararon estos duros caminos por los que nos forzaban a caminar, pobres hijos de Adán, con mucho trabajo y dolor» (*Confesiones I*, p. 7).

En *De chatechizandis rubidus*, Agustín indica que sólo el *amor* puede guiar al maestro a llamar la luz divina interior que hay en sus alumnos, de modo que, en una comunión de obra y de espíritu entre maestro y alumno, contemple el uno el alma del otro:

«Los que escuchan deben como hablar dentro de nosotros; y dentro de ellos debemos aprender de algún modo las cosas que vamos enseñando».

El colegial debe, pues, convertirse en la regla de lo que el maestro enseña, en cuanto a los argumentos, el modo, las posibilidades de nivel y de capacidad mental (véase Aldo Agazzi, *Historia de la filosofía y de la pedagogía*, vol. I, Alcoy, 1980; James Bowen, *Historia de la educación occidental*, vol. I, Herder, Barcelona, 1985; Alfonso Capitán Díaz, *Historia del pensamiento pedagógico en Europa*, ed. Dykinson, Madrid, 1984).

12. Los esclavos componían aproximadamente la mitad de la población, y en algunas ciudades hasta dos tercios.

conquistas espirituales»[13]; y juntos invocan el Nombre de su Señor presente, aunque invisible, y la bendición del Padre Celestial en favor de una causa que les era muy querida.

A los que hemos nacido en naciones cristianas no nos resulta fácil darnos cuenta del estado de tinieblas del paganismo del cual habían salido los primeros cristianos. No es ciertamente que el reino de la oscuridad haya terminado, sino que la bendita luz del Evangelio obliga a las manifestaciones odiosas del mal a refugiarse en los lugares más sombríos...

Cipriano escribió a Donato, diciéndole:

«Imagínate que te hallas en la cima de una montaña inaccesible y que desde allí miras el mundo que se agita a tus pies, ¿qué verás? En la tierra, a los bandidos infestando los caminos; en el mar, a los piratas, quienes son más de temer que las tempestades. Por doquiera, el furor de los combates, las guerras dividiendo a los pueblos y la sangre humana corriendo a raudales. Se castiga con la muerte el asesinato de un hombre hecho por otro y se considera una acción grande y generosa cuando se reúnen varios para este crimen; entonces, queda impune, no por ser más legítimo, sino por ser más bárbaro.

Fíjate en las ciudades y verás cuán ruidosa agitación, más deplorable que el silencio del desierto. A los feroces juegos del anfiteatro se va sólo para saciar una sangrienta curiosidad con espectáculos de sangre; el atleta, durante mucho tiempo, ha sido nutrido con sustanciosos alimentos, engordándole para el día de su muerte. ¡Imagínate el asesinato de un hombre por dar gusto al pueblo! El asesinato convertido en ciencia, en estudio, en costumbre... No sólo se comete un crimen, sino que es preciso establecer una escuela para él; matar a un hombre se considera como una gloriosa profesión. Los padres ven a sus hijos en la plaza; mientras el hermano lucha, la hermana le mira y, lo que parece increíble, la propia madre no se detiene ante el costoso precio de la entrada de tales espectáculos para presenciar las últimas convulsiones de su propio hijo, sin sospechar siquiera que estas diversiones bárbaras y funestas les convierten en parricidas.

Si te fijas en los dramas que se representan en el teatro, verás el parricidio y el incesto más monstruoso reproducidos con tal realidad, que se

---

13. Cooper, *Free Church of Christendom*, p. 174.

creería se teme que en el porvenir se olviden las desastrosas costumbres del pasado. A su vez, en la comedia se manifiestan las infamias cometidas en la oscuridad, como si se quisiera enseñar las que pueden cometerse. Viendo representar en directo un adulterio, se aprende a practicarlo. Hay mujer que va al teatro por el estímulo dado al vicio y, si ha entrado honrada, es muy probable que al salir haya dejado de serlo. El actor preferido del público es el más afeminado. A menudo se representan las criminales intrigas de la impúdica Venus, el adulterio de Marte, a Júpiter, el primero de los dioses, tanto por sus desórdenes como por su imperio. Y por respeto a sus dioses, procuran imitarlos, con lo cual el crimen resulta un acto religioso.

Si del elevado sitio donde te he colocado pudieras trasladarte al interior de los hogares, ¡cuántas impurezas, cuántos delitos oscuros ante los cuales la mirada del hombre honrado tiene que alejarse para no hacerse cómplice de tamaños crímenes, permitidos y practicados por aquellos que los censuran en los demás!

¿Te imaginas hallar menos desórdenes en el santuario de la Justicia? Fíjate bien y descubrirás cosas que te producirán indignación y desprecio. Por más que alaben nuestro sabio código conocido como *Las leyes de las doce tablas,* que ha previsto todos los crímenes y afirmado todos los derechos, el santuario de las leyes y el templo de la justicia son guaridas de criminales que violentan sin pudor la ley. Júntense los intereses como en un campo de batalla, las pasiones se desarrollan con furor... El cuchillo, el verdugo, los garfios de hierro que desgarran la carne, el potro que descoyunta, el fuego que devora; todo está preparado y pocas veces en apoyo de la ley. En estas circunstancias, ¿en quién hay que buscar ayuda? ¿En el abogado que no se preocupa más que del engaño y de la impostura? ¿Te fiarás del juez que se ofrece al mejor postor? Aquí uno inventa un testamento, otro jura en falso. Allá hay hijos a los cuales se les quita la herencia que les legaron sus padres; o gentes extrañas reemplazan a los herederos legítimos. En medio de tantos crímenes, ser inocente es considerado un crimen.

Tal vez suponga alguien que señalamos lo peor. Veamos de cerca lo que este mundo, en su ignorancia, rodea de consideración. ¡Cuánta maldad se esconde debajo de brillante barniz! Observa a aquel que se cree un ser

El Arco de Triunfo de Tito. A la izquierda, hay un relieve
representando al emperador sobre su carro triunfal. A la derecha,
el relieve cuya copia damos en la página 35.
Al fondo, se ve el Coliseo y el Arco de Triunfo de Constantino.

Capítulo II

De la época apostólica a la Iglesia judeocristiana

No pasó mucho tiempo sin que la naciente Iglesia tropezara con dificultades y sintiera la división en su seno. Se comprende que los judíos convertidos en Jerusalén practicaran la ley de Moisés[1] y que quisieran imponer aquel yugo a los hermanos salidos del paganismo[2]. Es verdad que fueron vanos sus esfuerzos, pero no es menos cierto que por aquella tendencia padecieron algunas iglesias; ejemplo de ello fueron los gálatas, que tardaron en comprender que ya no eran esclavos, sino hijos de Dios; que ya no eran niños, que la ley sólo había sido su conductor y que los ritos y ceremonias judaicas habían sido completamente abolidos por Jesucristo. El apóstol Pablo, afligido al ver cuánta importancia daban los gálatas a la práctica de los ritos externos, les dijo:

«Ya que habéis conocido a Dios, o más bien, habéis sido conocidos por Dios, ¿cómo tornáis a aquellos débiles y desvirtuados rudimentos, a los que deseáis sujetaros todavía? Guardáis días y meses, y tiempos y años. Me temo respecto a vosotros que haya trabajado en vano» (Gá. 4:9–11).

En otro lugar, les preguntó:

«¿Tan simples sois, que habiendo comenzado en el Espíritu, ahora os perfeccionáis en la carne?» (Gá. 3:3).

Por orden de Nerón, tuvo lugar en el año 64 la primera persecución contra los cristianos de Roma. Aquel emperador acusaba a los cristianos de haber incendiado la ciudad. Por este medio, procuró arrojar sobre

---

1. Véase Hechos 21:20.
2. Véase Hechos 15.

ellos las sospechas que el pueblo tenía contra Nerón. Los habitantes de la capital no habían podido aún formarse una idea exacta del verdadero carácter de los cristianos. Los confundían con los judíos y, tanto ignorantes como sabios, sólo sentían por ellos desprecio y odio.

Tácito, que contó aquella persecución, explicó de los cristianos que eran «una clase de hombres odiados por sus abominaciones». Como es el primer escritor que habla del cristianismo con cierta precisión, copiaremos su cita por entero:

«Para calmar los rumores, Nerón ofreció otros reos, e hizo padecer las torturas más crueles a unos hombres despreciados por sus abominaciones, a los que el vulgo llamaba *cristianos,* cuyo nombre les viene de Cristo, quien bajo el reinado de Tiberio fue entregado al suplicio por Poncio Pilato. Esta execrable superstición, si bien reprimida unas veces, reaparecía con fuerza, no sólo en Judea, donde tuvo su origen, sino en la misma Roma, donde hallan partidarios todas las infamias y horrores que en el mundo existen. Prendióse a los que revelaban su secta y por sus declaraciones prendiéronse a muchísimos, que si bien no se les probó su participación en el incendio, fueron castigados por su odio al género humano. Se hizo una diversión de su suplicio: cubiertos unos con pieles de fieras, eran devorados por los perros; otros morían sobre una cruz. Otros, finalmente, eran impregnados con materias inflamables y, entrada la noche, se les incendiaba y servían de antorchas. Para este espectáculo, Nerón prestaba sus jardines, al par que ofrecía juegos en el circo, donde se mezclaba con el pueblo vestido de cochero y guiando un carro. Aunque aquellos hombres (los cristianos) fuesen culpables y merecieran ser castigados con severidad, despertaban compasión al pensar que no se les inmolaba al bien público, sino a la crueldad de un hombre»[3].

El circo de Nerón estaba al lado de sus jardines. La actual catedral de San Pedro ocupa totalmente aquel espacio y en el centro de la plaza, que es donde estaba la puerta del circo, se admira el famoso obelisco de granito, traído de Heliópolis por Calígula.

Varios escritores paganos hablan de la *camisa abrasadora,* tortura a la que se sometía a los cristianos, que consistía, como el nombre indi-

---

3. Tácito, *Anales XV,* cap. XLIV (ed. Gredos, Madrid).

ca, en una camisa impregnada, según Séneca, con materias combustibles[4]. En un pasaje algo oscuro de Juvenal se habla de «aquellos desgraciados que, atados a un poste, eran quemados hasta fundirse, dejando un reguero ardiente en medio de la arena»[5].

La Iglesia, que nos ha legado tan pocas tradiciones auténticas de aquella época primitiva concerniente a los viajes y muerte de los apóstoles, nada nos cuenta de los sufrimientos de sus hijos en aquella cruenta persecución. Si el nombre de aquellos mártires es desconocido entre los hombres, el recuerdo de su fe, de su paciencia, de los tormentos que padecieron en su cuerpo y en su alma, quedan escritos en el cielo.

Con alternativas diversas, prolongóse la persecución hasta el fin del reinado de Nerón. Cuenta la tradición que, por el año 67, Pablo y Pedro fueron ajusticiados en Roma: al primero le fue cortada la cabeza, mientras que el segundo fue crucificado. En lo que concierne a Pablo, no hay motivo para creerla infundada; en cuanto a Pedro, la duda existe. Mas resulta cierto que ambos padecieron el martirio. Así, Clemente de Roma escribía:

«Pedro, después de haber pasado por muchos trabajos, sufrió finalmente el martirio... Pablo, después de haber enseñado la justicia al mundo entero, hasta llegar al extremo occidental, padeció el martirio por orden de los prefectos»[6].

El canónigo Farrar, al hablar de Pedro, dice que la tradición cristiana, que aparece más explícita cuanto más distantes son los hechos a los que se refiere, ha conservado varios detalles que constituyen la biografía del apóstol tal como la acepta la Iglesia romana... Lo único que puede conocerse de preciso, en cuanto al término de su vida, es que probablemente sufrió el martirio en Roma[7].

En cuanto a la profecía de Jesús sobre la destrucción de Jerusalén, sin duda que iba a cumplirse[8]: la ciudad sería cercada por un numeroso

---

4. Séneca, *Epístolas morales,* cap. XIV (ed. Gredos, Madrid).
5. Juvenal, *Sat. I,* pp. 155–157.
6. Clemente, *Ep.,* cap. V.
7. F. W. Farrar, *The Early Days of Christianity,* cap. I, pp. 113, 119 (véase también *Excursus,* cap. II; Neander, *Planting of the Christian Church,* cap. I, pp. 377, 383, donde se examina ampliamente el tema debatido).
8. Véase Lucas 21: 20, 31.

ejército; Tito avanzaba con sus legiones, y los judeocristianos, acordándose de las recomendaciones que les habían sido hechas, abandonaron en gran número la ciudad, atravesaron el Jordán y fueron a refugiarse a Pella y a las ciudades de sus cercanías[9].

Josefo escribió que Jerusalén fue sitiada encontrándose reunidos en ella multitud de judíos, que de todas partes habían venido a la santa ciudad para celebrar la Pascua. Tal aglomeración de gente fue motivo para que se desarrollara una terrible peste, acompañada del hambre que pronto se hizo sentir; lo cual aumentó los honores del sitio, siendo uno de los asedios más terribles que presenciaron los tiempos. Según Josefo, murieron un millón cien mil personas y noventa y siete mil supervivientes fueron hechos prisioneros. De éstos, se escogió a los jóvenes de buena presencia para que participaran en la entrada triunfal del vencedor en Roma. Otros fueron distribuidos por las provincias del imperio y destinados a las diversiones de los circos; y los que tenían menos de diecisiete años fueron vendidos como esclavos. El resto trabajó en las minas de Egipto[10].

Para honrar a Tito y a Vespasiano, padre de Tito, el cual había empezado la guerra, el Senado acordó recibir en triunfo al general victorioso, preparándole un recibimiento extraordinario y excepcional. Josefo, testigo presencial de aquella guerra, parece olvidar en las descripciones que nos dejó que se realizaba a expensas y para iluminación de su patria...

«Por doquiera –dice– brillaban el oro, la plata y el marfil. Veíanse tiendas de púrpura, bordadas y con muchas piedras preciosas: había muchos animales raros. Romanos, vestidos con trajes preciosos, llevaban en andas estatuas colosales de sus dioses, tras de las cuales venía un largo séquito de cautivos. Seguían magníficos trofeos representando batallas y otras escenas de la guerra; veíanse ciudades incendiadas, lla-

9. Eusebio, *H. E., III,* cap. V.

Pella era la más importante de las diez ciudades de Perea o Decápolis. Se cree que las ruinas de unas murallas llamadas *Tubukat Fahil,* que dominan el valle del Jordán a unos 50 o 60 millas al noreste de Jerusalén, coinciden con la situación geográfica de Pella.

10. Josefo, *Guerra de los judíos VI,* cap. IX y las notas de Whiston.

Whiston cree que en Jerusalén había tres millones de judíos reunidos en aquellas fechas de la Pascua, fundándose en el número de corderos sacrificados en la Pascua que, según Josefo, ascendían a 256.500, teniendo en cuenta que para cada cordero se reunían a lo menos diez personas y no más de veinte.

nuras desoladas, enemigos ensangrentados pidiendo misericordia, ríos atravesando regiones asoladas por el hierro y por el fuego... Lo que llamaba más la atención eran los despojos del templo de Jerusalén: el arca de oro, el candelero de siete brazos y el libro de la Ley. Vespasiano, Tito y Domiciano terminaban aquel glorioso cortejo. Detuviéronse antes de subir del Foro al Capitolio, hasta que les dieron aviso del ajusticiamiento del general en jefe del ejército enemigo, Simón Bar–Gioras. Aquel desgraciado había sido separado del cortejo, encerrado en un horrible calabozo de la cárcel Mamertina y sacado de allí para morir.

Tan pronto se les anunció la muerte de su intrépido enemigo, continuaron su marcha triunfal, subieron al templo de Júpiter Capitolino para ofrecer al dios, además de sus oraciones, el sacrificio de bueyes de extraordinaria blancura y colocar sus coronas de oro sobre sus rodillas».

El arco levantado en honor de Tito recuerda aquel memorable triunfo. En él se ven esculpidos el arca de oro, el candelabro de siete lámparas y las bocinas de plata. Estos objetos y otros que Tito pudo librar del incendio fueron depositados en el magnífico templo que Vespasiano hizo levantar a la diosa Paz. El libro de la Ley y las telas de púrpura que se encontraron en el santuario fueron llevados al palacio imperial.

El candelabro de oro, la mesa de los panes de la proposición y las trompetas de plata en el Arco del Triunfo de Tito (según una fotografía por W. Bell Scott).

La destrucción de Jerusalén, que interrumpía las ceremonias del culto judaico, no pudo debilitar, empero, la fe de los judíos, quienes creían que era perpetua obligación observar las prescripciones de la Ley. La mayor parte de los judeocristianos vivían según la misma creencia. Después de que terminó la guerra, éstos salieron de Pella y de Perea y se establecieron entre las ruinas de la ciudad. La Iglesia permaneció allí hasta el reinado de Adriano (año 136), distinguiéndose de las iglesias paganocristianas por la observancia de las prescripciones mosaicas[11].

Así, los numerosos judíos que permanecieron en Decápolis constituyeron una Iglesia diferente que existió hasta el siglo V.

No debe causarnos gran sorpresa la tenacidad con la que estos hebreos, sinceramente cristianos, conservaron las ceremonias del culto de sus padres. Pero no olvidemos tampoco la perniciosa influencia que el ritualismo judaico ejerció sobre toda la Iglesia, amortiguando demasiado pronto su resplandor, hasta ponerla en grave riesgo, e infundiéndole las ideas y prácticas del paganismo.

---

11. Neander, *General Church History,* 6 vols. (Londres, 1826–1852)

Capítulo III

La Iglesia
a finales del siglo I

Los reinados de Vespasiano y de Tito (69–81) abrieron un paréntesis a las persecuciones. Luego, bajo Domiciano (81–96), arreciaron nuevamente las persecuciones, a pesar de que la saña contra los cristianos pareciera alimentada más por su carácter celoso y cruel, que por el deseo de acabar con la nueva religión. Perecieron varios cristianos, entre los cuales se encontraba el sobrino del emperador, llamado Flavio Clemente. Su esposa, Domicila, parienta de Domiciano, fue desterrada, suerte que cupo a otras muchas mujeres. Se cree que fue por aquel tiempo que el apóstol Juan estuvo desterrado en Patmos[1].

Temiendo el tirano que los judíos se sublevaran si algún descendiente de sus reyes los empujaba a ello, ordenó que se buscaran a los descendientes de David[2]. Por sus espías supo que vivían dos nietos de Judas, el hermano del Señor, e hizo que le fueran presentados. Preguntóles, entonces, si en efecto eran descendientes de David. A su respuesta afirmativa, quiso saber acerca de sus medios de vida; respondiéronle que no tenían dinero, que juntos poseían un campo que cultivaban, produciéndoles lo necesario para vivir y pagar los tributos y, al mismo tiempo, le enseñaron sus manos encallecidas por el trabajo. Domiciano, preguntóles finalmente en qué consistía el reinado de Cristo y cuándo se reali-

---

1. Eusebio, *Historia Eclesiástica III,* cap. XVIII.
Neander también estudia la fecha del destierro de Juan en *Historia del establecimiento y de la dirección apostólica de la Iglesia cristiana.*
2. Vespasiano tenía la misma preocupación (véase *Eusebio IV,* cap. XII).

zaría. Éstos le contestaron que el reinado de Cristo no era temporal, ni terrestre, sino angélico y celestial, el cual se establecería al final de los tiempos, cuando apareciera Cristo mismo, rodeado de gloria para juzgar a vivos y muertos, dando a cada uno según sus obras. Domiciano, al oír tales afirmaciones, los despidió con menosprecio, pero hizo que cesara la persecución de la que eran víctimas[3].

Su sucesor, Nerva (96), se mostró justo y clemente con todos sus súbditos y también con los judíos. A los que habían sido desterrados, les permitió regresar a sus lares, devolviéndoles sus bienes. Prohibió que se tomaran en consideración las acusaciones de los esclavos y libertos contra sus dueños y hasta amenazó de muerte a aquellos que acusaran a sus amos convertidos al cristianismo.

Sin embargo, como el cristianismo no era una religión reconocida por el Estado (lícita), este descanso consolador fue de poca duración[4].

«¿Cómo fue que el estado romano se creyera obligado a adoptar ante los cristianos una actitud tan hostil?», se preguntan los historiadores. Conocemos a la perfección la elaboradísima construcción jurídica que es el derecho romano civil y administrativo. Sabemos que el Imperio romano observó desde siempre la más tolerante actitud frente a todas las clases de cultos y convicciones religiosas. Dentro de sus límites, se podía venerar a Júpiter o a la Isis egipcia. A nadie se molestaba, excepto a los cristianos. ¿Cómo se explica esto?

No se trataba de *delito de lesa majestad*, o lo que hoy llamamos alta traición, rebelión o sedición contra la autoridad constituida. «En todos los procesos de cristianos que conocemos, y conocemos bastantes, jamás se habla de delitos de lesa majestad»[5].

En cuanto al *culto al emperador*, claro está que una negativa a prestarlo podía ser considerada como un delito de lesa majestad. Pero también es cierto que «quien no estuviera obligado en virtud de su cargo a realizar un acto de culto, podía durante toda su vida abstenerse de tomar parte en ninguno, sin conculcar con ello ley alguna. El individuo particular se encontraba frente al culto oficial romano en un situación parecida a la

---

3. Hegesipo, *Memorias del tiempo de los apóstoles* (fragmentos) (cf. *Eusebio III*, cap. XX).
4. Neander, *General Church History I*, pp. 133 y 134.
5. Ludwing Hertling, *Historia de la Iglesia*, p. 66, Herder, Barcelona, 1979, 6.ª ed.

del moderno ciudadano con respecto a muchas ceremonias civiles; por ejemplo, los honores rendidos al soldado desconocido o el saludo a la bandera. Quien no quiera comprometerse en semejantes ceremonias no tiene más que quedarse en casa o torcer por otra calle»[6].

¿Cómo se explica que durante siglos se fueran dictando nuevas leyes contra los cristianos, y leyes además totalmente distintas entre sí por su estructura jurídica?

«Esta incredulidad obedece a que los historiadores tienen una opinión exageradamente elevada del Imperio romano como estado de derecho; lo explica sus vanos y reiterados empeños por encontrar una base jurídica a las persecuciones. Lo que sí estaba altamente perfeccionado era el derecho civil, por cuya escuela han pasado todos los pueblos civilizados. En cambio, el derecho penal era muy deficiente, y más imperfectas eran aún las leyes de enjuiciamiento criminal. Por consiguiente, no hay razón para extrañarse demasiado de que en este estado de derecho, tan bien ordenado en apariencia, ocurrieran en materia penal arbitrariedades e incluso actos de inhumana crueldad»[7].

«Como único motivo que explica tanto el principio como el desarrollo de las persecuciones, queda sólo el odio», afirma rotundamente Hertling, lo que nos recuerda la frase de Tertuliano, explicando a su manera el proceder indigno e injusto de los magistrados romanos contra los cristianos:

«En cuanto la Verdad entró en el mundo, con su sola presencia levantó el odio y la hostilidad»[8].

No hay razón alguna para resistirse tanto a admitir este motivo. El amor y el odio desempeñan en la historia de la humanidad un papel muy importante, más importante a veces que los motivos racionales. Los que en todos los tiempos han perseguido a los cristianos han aducido para justificar su conducta todos los pretextos posibles y más o menos verosímiles, pero en el fondo lo que realmente los movía era el odio al mero nombre *cristiano*, como Tertuliano señala una y otra vez[9]:

---

6. L. Hertling, *op. cit.*, p. 67.
7. L. Hertling, *op. cit.*, p. 68.
8. Tertuliano, *Apología contra los gentiles*, VII.
9. «Ya pues que en todo nos tratáis distintamente que a los demás criminales; ya que únicamente os empeñáis en que dejemos el nombre *cristiano* –y somos de él excluidos si hacemos lo que hacen los no cristianos–, podéis entender que no se trata aquí de un crimen, sino de un nombre,

«El historiador no ha de cerrar los ojos a estas oscuras facetas del alma humana, empeñándose en buscar siempre una explicación racional»[10].

«Los cristianos fueron reprimidos por la autoridad imperial por el simple hecho de declararse secuaces de un cabecilla subversivo juzgado, condenado y ajusticiado. Es decir, en la terminología de la época, por el simple nombre de *cristianos*»[11].

Ningún lector moderno puede leer las actas de los mártires sin percibir el horror que suponía ser juzgado por cristiano, sin posibilidad de defensa, entregado al verdugo sin causa. Tanta ceguera y tanta crueldad, aun admitiendo las razones del Estado perseguidor, desacreditan al Imperio romano y nos llevan a cuestionar una y otra vez la racionalidad del ser humano.

Ciertamente, no todos los cristianos fueron víctimas de la persecución; pero todos vivieron en la inseguridad. Cada generación, un día u otro, se enfrentaba a la posibilidad del martirio. Miles de cristianos murieron en medio de atroces torturas. Las evaluaciones de los historiadores varían mucho, unos fijan el total de los mártires en tres mil quinientos o cuatro mil; otros hablan de decenas de miles. La verdad se encuentra sin duda entre los dos extremos, sin que sea posible avanzar una cifra precisa por falta de una documentación completa[12].

Excepto en momento de frustración desesperada, el martirio no fue deseado ni buscado por los cristianos. Escribieron sendas apologías solicitando un trato justo de parte de sus gobernantes, alegando su inocencia y sus buenos propósitos con el Estado y la sociedad en general. Las reiteradas e injustificadas persecuciones llegaron incluso a crearles problemas de fe. «¿Es posible que tantos mártires hayan muerto para nada?», se preguntaba Tertuliano[13]. Las persecuciones limitaron el crecimiento y expansión de la Iglesia, así como la expresión normal de su fe y práctica. La continua desaparición de sus personajes más eminentes significaba pérdidas constantes e irreparables.

---

nombre perseguido por una labor de odio que no tiene sino un fin: que no quieran los hombres saber como cierto lo que saben de cierto que desconocen» (Tertuliano, *Segunda apología* II, 18).

10. L. Hertling, *op. cit.*, p. 70.

11. José Montserrat Torrents, *El desafío cristiano, las razones del perseguidor*, p. 44. Anaya & Mario Muchnik, Madrid, 1992.

12. François Heim, en *2000 años de cristianismo*, p. 126, Sedmay, Barcelona, 1979.

13. Tertuliano, *De praescr.*, p. 29.

La ventaja, a largo plazo, para la Iglesia fue aprender a confiar en sus propias fuerzas, aparte y frente al poder del Estado y, en lo sucesivo, cuando los emperadores se hicieron cristianos, «la Iglesia hubiera sido oprimida por el cesaropapismo, de no haber aprendido en las persecuciones la manera de conservar su independencia y las ventajas de bastarse a sí misma»[14].

Ya en este tiempo habían fallecido todos los apóstoles, excepto Juan, que se cree murió en el año 99 en Efeso, durante el reinado de Trajano. La antigüedad nos ha legado dos anécdotas concernientes al término de su vida, cuya autenticidad no está probada. Clemente de Alejandría, que escribió un siglo después de muerto el apóstol, nos cuenta la primera como sigue:

«A su vuelta de Patmos a Efeso, Juan visitó las iglesias, por si se había introducido en ellas algún abuso y para nombrar pastores donde no los hubiera. Hallándose en una ciudad cercana a Efeso –¿sería Esmirna?–, y hablando entre sus oyentes, reparó en un joven de aspecto interesante. Así, lo presentó al obispo, diciéndole:

Delante de Jesucristo y de esta asamblea, os encargó a este joven.

Prometióle el obispo cuidar de él con la mayor solicitud. Antes de marcharse, se lo recomendó de nuevo. El obispo alojó al joven recomendado en su propia casa, instruyóle en la práctica de las virtudes cristianas, después de lo cual le bautizó… Confiando en que no era necesario ya ejercer tanta vigilancia, dejóle poco a poco dueño de sus acciones. Apercibiéndose de ello unos jóvenes viciosos, insensiblemente se apoderaron de él, haciéndole entrar en su sociedad.

Aquel joven olvidó bien pronto las enseñanzas del cristianismo y, añadiendo crímenes a crímenes, logró ahogar los remordimientos, llegando a ser capitán de una cuadrilla de bandidos, siendo el más cruel de todos ellos. Algún tiempo después, Juan tuvo la oportunidad de ir a aquella ciudad y, cuando hubo terminado los negocios que allí le habían llevado, dijo al obispo:

Devolvedme el depósito que Jesucristo y yo os hicimos en presencia de vuestra Iglesia.

---

14. L. Hertling, *op. cit.*, p. 88.

Sorprendido el obispo, creyó que se trataba de dinero. Explicóle que lo que pedía era el alma de su hermano. Respondióle el obispo llorando que había muerto.

– ¿De qué muerte? – le preguntó.

– Ha muerto para Dios: se ha hecho ladrón y en vez de ser de la Iglesia con nosotros, vive en el monte con hombres tan malos como él.

Al oír el apóstol aquel discurso, desgarró sus vestidos y, dando fuerte suspiro, exclamó:

– ¡Oh, qué mal vigilante escogí yo para que velara por el alma de mi hermano!

Y pidiendo un guía y un caballo, se fue a la montaña en busca del criminal. Detenido por la vanguardia de los ladrones, no sólo no huyó, sino que pidió que le llevasen delante del jefe. Éste, viendo que se acercaba, tomó sus armas, pero reconociendo al apóstol, sobrecogido de confusión y temor, huyó precipitadamente. El apóstol, olvidando su edad, corrió tras él, gritándole:

Hijo mío, ¿por qué huyes de tu padre? Nada temas de mí; soy anciano y sin armas. ¡Hijo mío, ten piedad de mí! Aún puedes arrepentirte, no desesperes por tu salvación: yo responderé a Jesucristo por ti. Estoy dispuesto a dar mi vida por ti, como Jesucristo la dio por todos los hombres... Detente, créeme, Jesucristo me envía.

Al oír tales palabras, arrojó las armas y, tembloroso, se detuvo, llorando, besó al apóstol como a un padre y le pidió perdón, ocultando su mano derecha con la que había cometido tantos crímenes. El apóstol cayó de rodillas, le cogió la mano que escondía, y se la besó, asegurándole que Dios le perdonaba sus pecados... Luego, lo devolvió a la Iglesia y no le abandonó hasta que lo hubo reconciliado con ella»[15].

La otra anécdota tiene menos fundamento por haber sido Jerónimo el primero que la contó, en el siglo IV. Cuando, a causa de su edad, al apóstol le era imposible ir a la asambleas, resolvió hacerse llevar a ellas por sus discípulos. Una vez allí, recordaba continuamente el mandamiento que había recibido del Señor, en el que resumía su obra y que constituía el carácter del cristiano: «Hijitos míos, amaos los unos a los

---

15. Clemente de Alejandría, *¿Qué rico podrá salvarse?*

otros». Cuando le preguntaban por qué lo repetía tan a menudo, contestaba: «Sería lo bastante si llegáramos a practicar este mandamiento»[16].

De la lectura del Nuevo Testamento resulta que ya en la primera generación de los cristianos se habían introducido falsos hermanos en la Iglesia, los cuales procuraban destruir la libertad de los fieles, imponiéndoles el yugo judaico; otros eran conocidos por su licencia y espíritu de mentira[17].

Más tarde, pero aún en el primer siglo, se manifestó esta falsa ciencia, obrando como levadura ponzoñosa en las iglesias del Asia proconsular, sobre las cuales se pronunció una enérgica sentencia: que si no se arrepentían, «les sería quitado el candelero y su claridad se transformaría en tinieblas»[18].

A pesar de estas sombras, la Iglesia de últimos de siglo estaba en la prosperidad, abundando en la caridad y haciendo victoriosa guerra al pecado...

«La bella perspectiva del Pentecostés –dijo Cooper–, la reunión de todos los rescatados alrededor del Hijo del Hombre y el avivamiento de la fraternidad por Él se habían realizado. A pesar de la distancia material que separaba las tres o cuatrocientas iglesias apostólicas y de la diferencia de posición, de cultura, de color, de clima, de idioma, de educación religiosa, las iglesias y los fieles estaban verdaderamente unidos, cual nunca lo estuvieron después»[19].

Pocos escritos auténticos nos ha legado la edad apostólica. Milner lo explica con mucha exactitud:

«Creer, padecer, amar y no escribir, esto era la divisa de los cristianos de aquellos tiempos»[20].

Y Mosheim añade:

«Observamos generalmente que los padres apostólicos y otros escritores que en la infancia de la Iglesia habían escrito a favor del cristianismo no se distinguían ni por su saber, ni por su elocuencia, sino que

---

16. Jerónimo, *Comentarios a la Epístola a los Gálatas,* cap. VI.
17. Véase 2ª Corintios 11:13; Judas 4.
18. Véase Apocalipsis 2:6.
19. Cooper, *Free Church,* p. 128.
20. J. Milner, *Church History I,* p. 107 (Londres, 1847).

se manifestaban sus sentimientos de piedad de un modo simple y hasta grosero. En el fondo, estas circunstancias son motivo de gloria, más que de afrenta; puesto que la natural impericia de los primitivos predicadores del Evangelio demuestra que no hay que atribuir el éxito de su trabajo a la habilidad humana, sino exclusivamente al poder de Dios»[21].

Al comenzar el estudio de la historia de la Iglesia, nada llama tanto la atención como los libros que forman el Nuevo Testamento: son superiores en unción y en autoridad a los libros que inmediatamente les siguieron. Este contraste debe, hasta cierto punto, mover nuestra gratitud, porque confirma la fe en la Providencia invisible, que ha permitido que el Libro inspirado haya sido conservado con tan poca apariencia a la vez que con tanta autoridad.

Dos libros que se supone fueron escritos a finales del primer siglo, o a principios del segundo, merecen particularmente nuestra atención: son la *Epístola a los corintios,* de Clemente de Roma, y la *Carta a Diognetes,* de autor anónimo[22].

La carta que los fieles de Roma, por mediación de Clemente, enviaron a los cristianos de Corinto fue motivada por disensiones de partido, manifestadas en esta iglesia y que produjeron la destitución de algunos de sus presbíteros. En esta carta, escrita probablemente cuarenta años después de la del apóstol Pablo, el obispo de Roma empieza recordando a sus lectores la fe, las luces y la humildad que les habían distinguido antes y, en términos enérgicos, condena el cambio que sobrevino. Les recuerda las epístolas del apóstol Pablo, en las cuales les recriminaba la facilidad con la que se dejaban arrastrar por el espíritu de partido, declarándoles que su actual situación es peor que la de antes, y añade:

«Es muy vergonzoso, queridos hermanos, que pueda decirse de una iglesia tan firme y tan antigua como la de Corinto que, a causa de una o dos personas, se haya dejado arrastrar y sostener una lucha contra sus ancianos».

Esta epístola, que los cristianos primitivos tenían en grande estima, contiene muchas exhortaciones verdaderamente evangélicas. En ella se lee lo siguiente:

21. J. L. Mosheim, *Historia Eclesiástica* (Londres, 1841).
22. De este personaje sólo el nombre se conoce.

«Miremos constantemente la sangre de Jesucristo y consideremos cuán preciosa es delante de Dios. Fue derramada para nuestra salvación y, por ella, la gracia del arrepentimiento es ofrecida al mundo entero (...) No somos justificados ni por nosotros mismos, ni por nuestra propia justicia, ni por nuestra inteligencia ni piedad, ni siquiera por las obras que hemos hecho en santidad de corazón, sino por la fe, por la cual el Todopoderoso ha justificado a los hombres desde el principio. Por esta causa, ¿nos volveremos perezosos en hacer el bien y dejaremos de practicar la caridad? Al contrario: apresurémonos con toda energía y diligencia posibles a hacer todo lo que esté bien (...) Que cada uno, según el don que haya recibido, se sujete a su prójimo. Que el fuerte no desprecie al que es débil y que el débil respete al fuerte. Que el rico provea las necesidades del pobre y que el pobre alabe a Dios por haberle rodeado de aquellos que pueden ayudarle; que el inteligente lo sea, no solamente en palabras, sino en obras y que el humilde no se glorifique por ello, sino que deje a otros el cuidado de juzgarle»[23].

Si la *Epístola de Clemente* iba dirigida a una sola Iglesia, la *Carta a Diognetes* estaba escrita para los paganos. Se propone el autor demostrar la superioridad del cristianismo sobre el paganismo. Es, pues, en su clase, el documento más antiguo que se conoce[24]. He aquí cómo empieza:

«Muy excelente Diognetes:

Habiéndome hecho cargo de tus deseos de conocer la religión de los cristianos, el Dios en quien confían y el culto que le tributan, su indiferencia por el mundo y la muerte, el desvío que manifiestan tanto para con los falsos dioses de los griegos, como para con las supersticiones de los judíos, viéndome perplejo para explicarte en qué consiste la caridad y el amor de que se sienten animados unos con otros y porque es en nuestro tiempo, y no anteriormente, que ha aparecido esta nueva gente y esta nueva doctrina, aquí me tienes, dispuesto a aclarar tus dudas.

---

23. Clemente, *Epístola a los corintios,* cap. VII, XXXII, XXXIII, XXXVIII.
24. No ha sido aún posible señalar la fecha de esta carta. Hefele la supone escrita en tiempo de Trajano (del año 98 al 117); y Schaff, en los primeros años del siglo II. También, el *Dict. Christ. Biog.* la sitúa antes de la coronación de Cómodo (año 80). Se considera apócrifo el párrafo del cap. XI, donde el autor dice ser «discípulo inmediato de los apóstoles».

Quiera Dios concedernos la facultad de hablar y de oír; que yo pueda hablarte de tal manera que tú recojas el mayor fruto posible y que, además, puedas comprender que el que te habla no quisiera tener que arrepentirse de haberlo hecho».

Después de haber demostrado elocuentemente la vanidad de los ídolos paganos y de las prácticas supersticiosas de los judíos, añade:

«Los cristianos viven entre los demás hombres, hablan las mismas lenguas, viven como los demás, puesto que no tienen ciudades, ni lengua, ni modo de vivir exclusivos. Por nacimiento, o por otras circunstancias, habitan en las ciudades griegas o en las ciudades bárbaras y se conforman con las costumbres en lo concerniente a la comida, al vestido y a la vida exterior en general. Sin embargo, su conducta es motivo de universal sorpresa: habitan su patria como si fueran extranjeros; como ciudadanos, toman parte de todas las cargas del Estado y, no obstante, se les trata como a enemigos; su patria se halla en todas partes y en ninguna (…) Viven en la carne, pero no según la carne; habitan en la tierra, pero su patria es el cielo. Obedecen las leyes, portándose mejor de lo que en ellas se les ordena. Aman a todos los hombres, y de todos son perseguidos. No se les conoce y, sin embargo, se les condena; se les mata, pero son vivificados; son pobres que enriquecen a muchos (…) Se les calumnia, pero son justificados; se les maldice, y ellos bendicen… Lo que el alma es en el cuerpo son los cristianos en el mundo: el alma reside en el cuerpo, y no es del cuerpo; y los cristianos residen en el mundo, pero no son del mundo.

¿Me preguntáis de dónde viene su religión? Os lo diré: ni es una invención terrestre, ni a ellos se les han confiado misterios humanos; el Dios Todopoderoso, Creador e Invisible, que desde los cielos ha enviado a los hombres la verdad, el *Logos* santo e incomprensible, lo ha fijado en su corazón, no por medio de un ángel, de un príncipe o de otra criatura, sino viniendo Él mismo, el Creador y el Arquitecto de todo lo que existe (…) No creáis, como pudiera alguien suponer, que haya sido para tiranizar, ni para atemorizar. ¡De ningún modo! Vino lleno de dulzura y humildad… Vino para salvar y persuadir. No podía haberlo hecho con violencia; Dios no quiere violentar. Vino para amar y no para juzgar. Sin embargo, un día se presentará como juez y, entonces, ¿quién podrá soportar su venida?

Y, finalmente, ¿queréis saber por qué razón el Hijo de Dios ha venido tarde al mundo? He aquí mi respuesta: hasta la época en que el Señor se decidió a enviar a su Hijo, dejónos libres de vivir según nuestro capricho y de ser arrastrados por nuestras pasiones fuera del camino recto. ¡No es que se regocijara en nuestros pecados! Sino que creaba un espíritu de justicia, para que nos sintiéramos indignos de vivir y para que solamente entonces la clemencia de Dios nos hiciera dignos de ella».

El autor termina este punto alabando grandemente a Dios por el don inefable de su Hijo:

«Ha dado a su Hijo para nuestro rescate; dio al Santo para los malos, al Inocente para los culpables, al Justo para los injustos... ¿Con qué, si no, hubiera podido cubrir nuestros pecados, que no fuese con su justicia? ¿Por quién hubiéramos podido ser justificados, nosotros pecadores e impíos, sino sólo por el Hijo de Dios? ¡Dulce transformación! ¡Obra insondable! Beneficio inesperado! Que desaparezca la injusticia de muchos con la justicia de Uno y que la justicia de Éste cubra la injusticia de muchos...».

Capítulo IV

Las persecuciones
a principios del siglo II

Los rarísimos documentos que fueron escritos desde los *Hechos de los apóstoles* hasta finales del siglo I despiertan la atención de los pensadores: todos los hechos verídicos concernientes a aquella época, esparcidos en antiguos documentos, ayudan a describir lo que pudiera calificarse como *el carácter de la Iglesia,* siendo de advertir que el acontecimiento más importante de aquel período, la persecución de Nerón, ha llegado a nuestro conocimiento por medio de autores paganos[1].

En los primeros años del siglo II, continuó la escasez de relaciones, y también es de un autor pagano la única descripción que ha llegado hasta nosotros de las ceremonias cristianas. Es verdad que es breve, pero para encontrar algo más detallado, hay que llegar hasta Justino Mártir.

Durante el reinado de Trajano (quien sucedió a Nerva en el año 98), el gobierno empezó a fijarse en los cristianos, los cuales se negaban a tomar parte en las prácticas del culto dado a los falsos dioses y a los emperadores. En presencia de un delito tan nuevo como imprevisto, los gobernadores de las provincias se encontraron perplejos, como le ocurrió a Plinio *el Joven,* nombrado en 103 procónsul de Bitinia y de Ponto[2]. Al

---

1. Tertuliano, *Apología*; Eusebio, *Hist. Eclesiástica II,* cap. XXXV; Lactancio, *Sobre la muerte de los perseguidores,* cap. II.

Todos ellos hacen mención de la persecución de Nerón, sin indicar la distancia que les separa de ella.

2. El carácter de Plinio, el Joven, honra la época en que vivió. A su llegada, en vez de dar espectáculos en el Circo, creó un fondo equivalente a unas 100.000 pesetas (unos 558 dólares) para ayudar a la educación de los jóvenes beneméritos, e invitó a sus propios amigos a que siguieran su ejemplo. En esto, imitaba al emperador Trajano, que fue el primero que fundó institutos benéficos. Es Plinio el

cabo de algunos años, llamóle la atención el que muchas personas fueran citadas a su tribunal, por el delito de profesar el cristianismo. No sabiendo cómo proceder en presencia de tales acusados y sin que ninguna pena les fuera aplicada, su perplejidad aumentó, viendo el número considerable de personas acusadas. Resolvió, pues, consultar al emperador, pidiéndole instrucciones.

«Multitud de gentes de todas las edades, órdenes y sexos –decía Plinio– son y serán cada día acusadas. Este mal contagioso ha infectado las ciudades y se propaga por las aldeas y los campos».

Así, los templos quedaron casi desiertos, las víctimas eran descuidadas y no había quien las comprara.

Plinio, más justo que su amigo Tácito, no quiso formarse juicio por indicaciones vagas y por opiniones preconcebidas; sino que se tomó la molestia de informarse con exactitud de lo que eran los cristianos. Preguntaba sobre el cristianismo a cuantos acusados decían haber pertenecido a esta secta. Hasta siguió los crueles errores de la justicia romana, haciendo torturar a dos esclavas, para que confesaran si eran *diaconisas (ministræ)*[3]. Y del testimonio de todos, resultaba que «las faltas o errores de los cristianos consistían en lo siguiente: en cierto día indicado, reuníanse antes de la salida del sol; cantaban, uno después de otro, himnos en loor a Cristo, como a un dios. Por juramento, se comprometían a no realizar ningún robo o pillaje, a no negar ningún depósito, después de lo cual tenían la costumbre de separarse, para reunirse luego, con el objeto de comer manjares comunes e inocentes».

Por lo demás, leamos, por su propia boca, cuál fue el procedimiento de Plinio para con tales acusados:

«Les pregunto si son cristianos; si contestan afirmativamente, reitero la pregunta por segunda y por tercera vez, amenazándoles con el suplicio. A los que persisten, les condeno a muerte, pues sean cuales fueren sus declaraciones, he pensado que es necesario castigarles por su irreflexible obstinación».

Joven el primer escritor que en dos cartas a Tácito describe la más antigua erupción histórica del Vesubio (año 79). Su tío, Plinio el Anciano, naturalista, habiéndose acercado demasiado al crater, fue ahogado por las emanaciones (véase Plinio, Cartas de Plinio I, p. 8; VII, p. 18; VI, pp. 16, 20).

3. Las diaconisas eran mujeres generalmente solteras o viudas que se dedicaban al cuidado de los enfermos pobres. La Iglesia evangélica ha restablecido con éxito aquella institución y la Iglesia romana formó las Hermanas de la Caridad.

Y añade:

«Muchos de ellos, en mi presencia, han invocado a los dioses y han ofrecido incienso y vino a vuestra imagen (la del emperador), que yo hice traer expresamente con las de nuestras divinidades, logrando de algunos que maldijeran al Cristo (lo que aseguran no puede hacer nunca ningún verdadero cristiano)»[4].

En su respuesta, el emperador aprobó la conducta de Plinio. Esto es, no había necesidad de hacer investigaciones contra ellos; a los acusados y convictos se los castigaba. Y si el acusado negaba ser cristiano y lo probaba con su conducta, invocando a los dioses, era perdonado.

La carta de Plinio al emperador muestra que muchos de los que habían creído en el Evangelio en tiempo de paz y de prosperidad no resistieron mucho tiempo la persecución y aceptaron las condiciones que se les impusieron. Las severas órdenes que se dieron demostraron el efecto producido; los templos del paganismo se vieron concurridos, los sacrificios se repetían y las víctimas se vendían con facilidad.

Pero no fue solamente en Bitinia y en el Ponto donde la persecución tuvo lugar. El anciano Simeón, uno de los hermanos del Señor y obispo de Jerusalén, padeció el martirio; tenía entonces ciento veinte años. Éste fue denunciando como hombre peligroso a Attico, gobernador de Siria, por ser descendiente de David, y padeció cruelmente en la tortura varias veces. Los que presenciaron sus padecimientos se maravillaron de su entereza. Al fin fue crucificado[5].

El emperador no tardó en tropezar con los cristianos. Poco después de su correspondencia con Plinio, llegó a Antioquía, capital de Siria, una de las ciudades más grandes de su imperio. Los fieles eran numerosos en aquella ciudad; allí se les dio por primera vez el nombre de *cristianos*. Estaba de obispo el anciano Ignacio, discípulo de Juan. El emperador, orgulloso de sus recientes victorias, consideraba su triunfo incompleto mientras los cristianos rehusaran servir a los dioses, amenazándoles con la muerte si se negaban a ello. El venerable obispo, esperando alejar la tempestad que amenazaba a su rebaño, solicitó ser presentado el emperador. Obtenida la audiencia, díjole el soberano:

---

4. Plinio, *Cartas de Plinio X,* pp. 97 y 98.
5. Eusebio, *H. E.,III,* cap. XXXII.

«– ¿Quién eres tú que, como si fueras un demonio, te complaces en desobedecer nuestras órdenes y persuades a otros para que hagan otro tanto?

A cuya pregunta, respondió el anciano:
– A Teóforo *(el que lleva a Dios consigo)* no debe llamársele demonio. Los demonios huyen de los siervos de Dios. Pero si me llamas *demonio* porque soy enemigo de los demonios, merezco este nombre, porque destruyo sus maquinaciones, por Jesucristo que mora en los cielos, que es mi rey.

Preguntóle entonces Trajano:
– ¿Y quién es este *Teóforo?*
– Aquel que lleva a Jesucristo en su corazón.
– ¿Crees tú que no llevamos en nuestra alma a los dioses, que nos ayudan a combatir contra nuestros enemigos?
– Es un engaño llamar *dioses* a los demonios que adoran las naciones. No hay más que un Dios, que ha creado los cielos y la tierra, con todo lo que en ellos hay, y un Jesucristo, su Hijo único, cuyo Reino me ha sido abierto.
– ¿Te refieres, acaso, a aquel Jesús que fue crucificado por orden de Poncio Pilato?
– Sí, me refiero a Aquel que crucificó mis pecados y que condena la malicia del demonio, al que ha puesto debajo de los pies de los que llevan el Nombre de Jesús en su corazón.
– ¿Llevas tú, en ti mismo, a Jesucristo, *el Crucificado?*
– Sí; porque está escrito: *Habitaré en ellos y andaré en medio de ellos (2 Co. 6:16)».*

Concluido el interrogatorio, Trajano dictó la sentencia siguiente:
«Ordenamos que Ignacio, que afirma llevar consigo *al Crucificado,* sea preso y conducido a la gran ciudad de Roma, para que sirva de espectáculo al pueblo y de alimento a las fieras».

Ignacio, al oír tal sentencia, exclamó:
«– ¡Te doy gracias, Señor, porque has querido honrarme de un perfecto amor hacia Ti y por permitir que, como tu apóstol Pablo, sea yo atado con férreas cadenas!».

Acompañado por diez soldados, Ignacio fue llevado a Seulecia y, de allí, embarcado hacia Esmirna. En esa ciudad le fue permitido visitar al obispo de aquella congregación, Policarpo, quien también había sido discípulo de Juan. Recibió igualmente a los obispos, ancianos y diáconos que vinieron a saludarle y a recibir su bendición. De Esmirna, siguiendo la costa, fue conducido a Troas, después a Neápolis, atravesando la Macedonia a pie. Llegado a la orilla del mar Adriático, un buque lo condujo a Roma.

Cuando los hermanos se apercibieron de su llegada a aquella ciudad, se alegraron de verle, al par que se afligían, pensando que un hombre que les merecía tanta veneración, hubiese sido condenado al suplicio. Ignacio arrodillóse en medio de ellos y dirigió una ferviente oración al Hijo de Dios, pidiéndole hiciera cesar la persecución y que no relajara el lazo de la caridad que unía a los hermanos.

Tocaban a su término los juegos en el anfiteatro de Flavio, por lo cual se apresuraron a conducirle allá. Aquel gran edificio, hoy tan conocido como el *Coliseo,* podía contener a unos ochenta mil espectadores. Un

Coliseo de Roma, inaugurado en el año 80 d. C. por el emperador Tito.

gentío inmenso llenaba el circo cuando el jefe venerable de los cristianos de Asia fue presentando para servir de diversión al pueblo. En presencia de aquella aglomeración del hombres y de mujeres, de senadores y de esclavos que ocupaban las gradas, sufrió el martirio por el que suspiraba su alma ardiente. Las fieras fueron su tumba. Pero en cambio, ¡qué contraste tan maravilloso! En la tierra, la plaza manchada de sangre, la ferocidad de las fieras, la multitud de espectadores anhelantes en presencia de tal espectáculo, mientras que en los lugares celestes Ignacio gozaba de la presencia de Dios.

Los escasos restos que de Ignacio pudieron hallarse fueron piadosamente recogidos y envueltos en tela de lino para ser enviados a Antioquía, donde fueron enterrados honrosamente[6].

Durante su viaje a Roma, Ignacio escribió varias epístolas a algunas iglesias y también una a Policarpo[7].

Así, en su epístola a los romanos, manifiesta el deseo ardiente que siente por el martirio:

«Nada podéis darme que me sea tan precioso como el ofrecer mi vida a Dios, mientras que el altar esté preparado. Para gozar de la vida en el Señor, es conveniente que sea arrebatado del mundo. Rogad por mí, para

---

6. *Martirio de Ignacio,* en *Lo mejor de los Padres Apostólicos* (CLIE, Terrassa, 2003).
Se ha discutido mucho sobre la fecha de la muerte de Ignacio; algunos suponen que ocurrió en el año 107, y otros, en el año 115 o 116.

7. Llevan el nombre de *Ignacio* quince epístolas, de las cuales ocho se consideran apócrifas. De las siete restantes, a las cuales hace mención Eusebio, existen dos revisiones griegas, una más extensa que la otra; en ambas se pretende inculcar una veneración exagerada y casi idolátrica por el episcopado. Ha habido discusiones y controversias sobre la autenticidad de ambas revisiones. La mayoría de los críticos defienden la más corta, si bien no faltan personas que creen que aun ésta contiene añadiduras. Cooper, dando por sentado que Tertuliano es el primer escritor en cuyas obras se encuentran huellas de la teoría sacerdotal y que estas epístolas, aunque notablemente saturadas de elementos preláticos, están completamente exentas de aquel, deduce que las ediciones espúreas fueron hechas después de Tertuliano y que toda la serie pertenece al tiempo del papa Víctor (192–201). Añade también que el movimiento en cuestión, que se inició con Víctor, era a la vez jerárquico y antijudaico.
Hace más de medio siglo, el arcediano protestante y erudito en temas cópticos, Henry Tattan, trajo de un monasterio situado en el desierto de Nitria, en el Bajo Egipto, una porción de manuscritos antiguos en lengua siríaca, entre los cuales había una traducción de tres epístolas de Ignacio. El doctor Cureton, que las publicó, las considera como las únicas epístolas que merecen ser consideradas auténticas; son cortas y no se manifiesta en ellas esa tendencia a la jerarquía episcopal de la cual hemos hablado. De éstas, entresacamos las citas que aducimos. Todas las epístolas, precedidas de una introducción, han sido publicadas en *Lo mejor de los Padres Apostólicos* (CLIE, Terrassa, 2003).

que logre fuerza suficiente para resistir a los enemigos de dentro y de fuera; para que tenga, al par que la palabra, la voluntad, para que no sea solo *cristiano* de nombre, sino que lo sea en realidad. Dejad que sea presa de las fieras, para que por ellas pueda ser digno de Dios. Sea yo molido por los dientes de las fieras para pasar a ser pan puro de Cristo. Agasajad las fieras que me devorarán para que sean mi sepultura y no dejen nada de mi cuerpo, y que yo no sea carga a nadie cuando duerma el último sueño. Cuando haya desaparecido mi cuerpo, entonces seré un verdadero discípulo de Cristo (...) Desde la Siria hasta Roma, en la tierra y en el mar, de noche y de día, lucho contra las fieras, porque estoy rodeado por diez leopardos. Son los soldados que me vigilan y que, cuanto más me esfuerzo en hacerles algún bien, más crueles son conmigo (...) El objeto de mi amor ha sido crucificado y en mí no hay estímulo para otro amor. Deseo el pan de Dios, que es la carne de Cristo; deseo la sangre de Cristo como la bebida, porque es el amor incorruptible»[8].

Leamos algunas citas de sus epístolas a Policarpo:

«Nada hay tan precioso como la unidad; procura mantenerla. Como el Señor te aguantó, sufre tú a todos los hombres; persevera en la caridad que manifiestas a todos. Ora sin cesar. Pide a Dios que aumente tu conocimiento de las cosas santas. Vela como si tu espíritu no desfalleciera nunca. A cada uno, háblale según la voluntad de Dios (...) Si sólo amares a los discípulos fieles, no estás en la gracia; esfuérzate con dulzura en atraer a los peores. No se curan con el mismo remedio todas las heridas. Por tu bondad suaviza los dolores (...) Como Dios nos soporta, debemos sufrirlo todo por amor suyo (...) Procura distinguir los tiempos. Mira al que está sobre ellos: al Invisible que se ha hecho visible por nosotros; al Impasible, que por nosotros ha soportado y padecido de todas las maneras (...) Celebra frecuentemente las asambleas, a las cuales debes convocar a todos en particular. No menosprecies ni a los esclavos, ni a las

---

8. *Epístola a Policarpo*, en *Los Padres Apostólicos* (CLIE, Terrassa).
Algunos *Padres* no aprobaban esta sed de martirio. Clemente de Alejandría, por ejemplo, escribió: «La voluntad de Dios no es que seamos los autores ni la causa de que sea hecho ningún daño a nadie, ni a nosotros mismos, ni a nuestros perseguidores. Sino que nos ordena vigilar por nosotros mismos, y sería temeridad loca desobedecerle. Aquel que, en vez de evitar la persecución, la provoca es cómplice del crimen de su perseguidor; aquel que escita y provoca a las fieras es ciertamente culpable» *(Stromata IV,* cap. X).

criadas; que no se dejen llevar por el orgullo tampoco ellos, sino que procuren servir con más fidelidad, para la gloriosa libertad de los hijos de Dios»[9].

Y a los efesios, les escribió lo siguiente:

«Vosotros sois piedras vivas preparadas para el templo de Dios, nuestro Padre; la Cruz de Cristo es el medio por el cual habéis sido levantados. La cuerda es el Espíritu Santo; la polea es vuestra fe, y la caridad el camino que conduce a Dios (…) Rogad a Dios sin cesar en favor de todos los hombres, puesto que tenemos esperanza de que se arrepientan y sean hijos de Dios. Sobre todo, que vuestras obras les sirvan de enseñanza. Contra su cólera, sed apacibles, y ante su orgullo, sed humildes; a sus blasfemias, oponed vuestras oraciones, y a su errores, la firmeza de vuestra fe»[10].

---

9. *Epístola a Policarpo,* en *Los Padres Apostólicos.*
10. Ídem, cap. IX y X.
Después de publicada la segunda edición inglesa de esta obra, el obispo Lightfoot dio a luz su *Ensayo sobre Ignacio* (2 vols., Londres, 1885). Es éste un estudio completo recibido por los estudiosos como la última palabra de la controversia sobre algunos pasajes de las epístolas de Ignacio. Dicho obispo se pronunció sin vacilar contra la versión siríaca del Dr. Cureton y a favor de una interpretación más amplia. Pero no se contenta sólo con esto, sino que afirma que cuanto poseemos sobre la historia de Ignacio, sobre su encuentro con Trajano, los tormentos a los que fue sometido por orden del emperador (no narrados por su historia), los detalles de su martirio en Roma, todos son apócrifos y no pueden haber sido escritos antes del siglo V. Lo único que se sabe con certeza de su martirio es lo que nos dice Eusebio en las siguientes líneas:
«La tradición afirma que Ignacio fue llevado de Siria a Roma; que allí fue arrojado a las fieras, por haber dado testimonio de Cristo, y que, al ser conducido por Asia bajo la más rigurosa custodia, él fortalecía a las iglesias que hallaba a su paso con sus discursos y exhortaciones, previniéndolas particularmente contra las herejías que ya entonces comenzaban a prevalecer. Les exhortaba también calurosamente a que permanecieran fieles a las tradiciones de los apóstoles y, para mayor seguridad, se lo daba por escrito» (Eusebio, *Hist. Ecl.,* cap. III).

Capítulo V

De la Iglesia judeocristiana a la Iglesia gentil cristiana

A Trajano le sucedió Adriano (117)[1], un amante del paganismo, por cuya causa, las órdenes dadas contra los cristianos tuvieron un efecto desastroso. Si durante el imperio de Trajano no era lícita la profesión de cristiano, su sucesor la condenó, dando nuevo impulso al odio religioso ya tan potente, de cuyas resultas se originaron tumultos y matanzas en muchas ciudades. Para colmo de desdichas, los gobernadores de las provincias no impedían las violencias ni los desórdenes, ya fuera para complacer al emperador, ya por adquirir popularidad, o porque tal vez participaran de las preocupaciones del vulgo. Tales sucesos no duraron, sin embargo, mucho tiempo, debido a que, al paso del emperador por Grecia, dos sabios cristianos de Atenas, Cuadrado y Arístides, le presentaron brillantes apologías, o también probablemente por las observaciones del procónsul de Asia Menor, quien se lamentó enérgicamente de los desórdenes promovidos por el populacho. Entonces, Adriano publicó un edicto imperial, amenazando con severos castigos a los que tomaran parte en aquellas manifestaciones ilegales y tumultuosas[2].

---

1. «Este príncipe, en vez de hacer nuevas conquistas, se ocupó de la consolidación de su vasto imperio. Así desarrolló la civilización, el comercio y las artes. Visitó varias provincias, llegando hasta la Gran Bretaña, de cuyo viaje se conservan medallas conmemorativas en veinticinco regiones diferentes. Su curiosidad sería digna de nuestros tiempos. Visitó la boca del volcán Etna, quiso ver salir el sol desde el monte Casius, remontó el Nilo hasta las cataratas, oyó a la estatua de Memnon, de la cual, según Strabón, a la salida del sol, oíanse sonidos armoniosos. Trajo de Oriente muchas curiosidades. Se inició en los misterios de Eleusis en Atenas, y en Asia quiso conocer la magia y la astrología» (H. H. Milman, *Hist. of Christianity,* cap. II, pp. 104–106. Londres, 1840).

2. Neander, *op. cit.,* cap. I, pp. 138–144 (Trad. ing.).

Entre los fragmentos que nos ha legado la antigüedad, de la *Apología de Cuadrado,* se encuentra la refutación de la tendencia de algunos que atribuían a la magia los milagros de Jesucristo.

«Los enfermos curados –dice Eusebio– y los muertos resucitados por Jesucristo manifiestan que estos prodigios no fueron aparentes ni pasajeros, puesto que permanecieron sanos y vigorosos mucho tiempo después de la muerte y de la resurrección de su Médico, y algunos han vivido hasta nuestros días»[3].

Hasta hace algún tiempo, se suponía que la *Apología de Arístides* estaba perdida irremediablemente. Pero, hace poco, el profesor J. Rendel Harris descubrió en el *Monasterio de Santa Catalina del Monte Sinaí* un escrito siríaco, que fue traducido y publicado por él mismo. El Doctor Tomás Hodgkin afirmó de aquel escrito que, si bien como apología es de poca importancia, como muestra de la decadencia de la Iglesia en el siglo II tiene un gran valor:

«En ella podemos ver cómo la esencia del cristianismo fue transformándose paulatinamente, por la acción de la controversia contra los antagonistas paganos… El cristianismo, que fue primitivamente una revelación al pueblo semita, pasó gradualmente a ser la filosofía griega»[4].

En esta *Apología* ocupan un lugar importante la modestia, la caridad y las acciones de gracias a Dios:

«Los cristianos no se sirven de testigos falsos, no niegan el depósito que se les ha confiado, ni envidian los bienes ajenos. Honran a sus padres, hacen bien a sus conciudadanos y, cuando emiten algún juicio, lo hacen con rectitud. Sus esposas son castas y sus hijas, modestas. A sus siervos y a los hijos de éstos les persuaden a que se conviertan al cristianismo por el amor que les tienen, y cuando lo han efectuado, les dan el nombre de *hermanos.* Cuidan de los huérfanos y sufragan los gastos de entierro de los pobres y, si alguno de ellos está preso o abatido, por causa de su fe, subvienen a sus necesidades y hacen todo lo posible para conseguir su libertad. Cuando algún pobre de entre ellos no pudiere ser suficientemente socorrido a causa de la pobreza de los fieles, éstos ayunan dos o

---

3. Eusebio, *H. E., IV,* cap. III.
4. *Friend's Quarterly Examiner,* Junio de 1891 (véase también un artículo del Dr. Stokes en la *Revista Contemporánea,* julio de 1891).

tres días, con el objeto de socorrerle con mayor eficacia (...) Los cristianos manifiestan a todas horas su gratitud a Dios, dándole gracias cuando comen y beben».

Los judíos, animados por el odio más violento contra los romanos y de la firme esperanza en un libertador material, intentaron una rebelión a finales del reinado de Adriano. Ya quince años antes se habían sublevado en masa, aprovechándose de la ausencia y de las ocupaciones de Trajano con los Partos. Desde el Asia hasta Mesopotamia, habían degollado a más de cinco mil paganos, satisfaciendo así su deseo de venganza, con actos execrables. Adriano, entonces general, había ahogado aquel movimiento con inconcebible crueldad. Al año siguiente, Adriano fue nombrado emperador, y uno de sus primeros cuidados fue el de aplastar para siempre aquella nación revoltosa. Con este objeto, prohibió la circuncisión, la observancia del sábado y la lectura de la Ley, amenazando en convertir a Jerusalén en colonia romana.

Durante algunos años, los judíos soportaron aquella tiranía, pero con la confianza de que pronto aparecería el Mesías esperado. En el año 131, creyeron realizada esta esperanza: un judío llamado Bar–Cochebas presentóse como el libertador anunciado. Según la profecía de Balaam (Nm. 24:17), dióse el título de *Hijo de la Estrella,* y fue protegido por el rabino más instruido y más popular de su tiempo. Siguiéronle los judíos no cristianos, los galileos y los samaritanos, convirtiendo Palestina en un teatro de violencia y de matanzas.

Poniendo en práctica la táctica de guerra de guerrillas, los judíos pudieron resistir a las legiones romanas, tomadas por sorpresa, aunque el costo para la población indefensa fue elevadísimo. El general Sexto Julio Severo, legado de Adriano, destruyó pueblos enteros y ejecutó a todos los jefes de la insurrección. El historiador romano Dion Casio estima en casi un millar el número de aldeas destruidas y en más de medio millón los judíos sacrificados[5].

Jerusalén fue arrasada una vez más hasta sus cimientos. La represión fue feroz e implacable; las tropas romanas impusieron la política de terror, matando y esclavizando a los prisioneros. De sus ruinas surgió

---

5. H. H. Milman, *Hist. of the Jews,* 4.ª edición, cap. II, pp. 419–438 (Londres, 1829, 1.ª ed.).

una nueva ciudad colonial llamada *Elia Capitolina*, en honor del emperador, Elio Adriano, en la que se vedó la presencia de judíos, bajo la pena de muerte. Sobre la puerta meridional el gobernador Tineo Rufo mandó colocar la figura de una cabeza de cerdo. Junto con los judíos, también los cristianos de origen judío fueron excluidos de Jerusalén, convertida ahora en la gentil Elia Capitolina, repoblada con soldados veteranos de origen romano, esclavos manumitidos, griegos y fenicios de Siria. En el lugar del antiguo templo se alzó el santuario de Júpiter Capitolino. No podía caber mayor desgracia para el pueblo hebreo. Su esfuerzo heroico no había valido para nada, sino todo lo contrario, agravó en mucho su situación y marcó su destino histórico para siempre. En la guerra había perdido al rabino Akiba, cerebro ideológico de la rebelión, apresado y muerto por la *Legio X Fratensis*, conocido por ser el primero en haber ordenado de forma sistemática el material de la *Misnah*, conjunto de normas, decisiones, comentarios e interpretaciones de los doctores de la ley.

Ni siquiera el nombre de la provincia debía recordar al pueblo expulsado; en lugar de Judea fue llamada en adelante Siria–Palestina, controlada por un legado consular. La guarnición romana fue ampliada con otra legión. De esta manera dos legiones permanentes iban a controlar y mantener segura la zona y evitar nuevas revueltas o conatos de rebelión. En el norte del país pudieron sobrevivir los judíos huidos de Judea, y en la ciudad de Tiberíades se formó un nuevo centro espiritual con la sede del sumo sacerdote. Fue entonces cuando los judeocristianos abolieron la costumbre de la circuncisión, que marca la ruptura definitiva con su pasado judío. Jerusalén dejó de ser capital espiritual de judíos y cristianos. Éstos se propagaron a partir de Antioquía, Efeso, Alejandría, Roma y Constantinopla.

Los resultados de tan terrible insurrección fueron probablemente favorables a la Iglesia. Los cristianos, tanto judíos, como griegos, habíanse negado desde el principio a juntarse con los rebeldes. Y esta actitud les había acarreado terribles persecuciones por parte de los partidarios de Bar–Cochebas. No obstante, consiguieron que fuera de todos sabido que la causa de los judíos era completamente distinta a la de los cristianos.

Por todas estas razones, la Iglesia gentil cristiana sacudió la pesada autoridad de los judeocristianos, cuyos ancianos, obispos o pastores, que desde Santiago se habían seguido sin interrupción, fueron sustituidos por dirigentes cristianos procedentes del mundo pagano. Además, las leyes de Adriano obligaron a muchos judeocristianos a dejar las costumbres mosaicas. Aquellos que, a pesar de todo, quisieron permanecer fieles a sus tradiciones, atravesaron el Jordán y fueron a unirse con la Iglesia de Pella. Esta fusión dio origen a dos sectas: los nazarenos y los ebionitas. Primeramente, la palabra «nazareno» era empleada en señal de desprecio y usada por los judíos al tratarse de los cristianos. Más tarde, sólo se la empleó para señalar a los cristianos judaizantes. Los ebionitas *(pobres)* injertaron al dogma cristiano varias especulaciones filosóficas; se les puede considerar como gnósticos judíos y al mismo tiempo destacaban por la austeridad de su vida[6].

Probablemente fue por esta época cuando empezaron a ser reunidos en un tomo los *Evangelios,* las *Epístolas* y otros escritos inspirados por los apóstoles.

«Hasta entonces –escribió Gieseler–, las cartas de los apóstoles habían sido leídas siempre en las asambleas de las iglesias a las cuales habían sido dirigidas y en las congregaciones cercanas. No existía ninguna colección de los escritos evangélicos que tuviera plena aceptación. Las compilaciones conocidas eran usadas solamente en las regiones donde se hallaban, y solían leerse en privado. Cuando las relaciones entre unas y otras iglesias se hicieron más íntimas, por el interés común en presencia de nacientes herejías, comunicábanse entre ellas los escritos auténticos de los apóstoles. Así empezó a formarse el Canon desde la primera mitad del segundo siglo, a pesar de que en algunas asambleas se leían otros escritos que eran casi tan apreciados como los apostólicos»[7].

Así Dios, en su sabiduría infinita, permitió que el Nuevo Testamento, tesoro inestimable y regla eterna de fe y de vida en la Iglesia, se formara como lo había sido anteriormente el Canon sagrado de los judíos.

---

6. Robertson, *Historia de la Iglesia,* 2.ª edición, cap. I, p. 21; Eusebio, *H. E., IV,* cap. V; Kurtz, *Historia de la Iglesia;* Neander, *op. cit.,* cap. I, p. 475.

7. J. K. L., Gieseler, *op. cit.,* p. 178.
También se leía la epístola de Clemente de Roma y la de *El Pastor de Hermas.*

A Adriano le siguieron los dos Antoninos, y cobró nuevo aliento la filosofía. Antonio *el Piadoso* (138–161) fundó varias cátedras en las ciudades principales del imperio.8 Algunos han supuesto que aquella innovación propendía a inutilizar el cristianismo, pero lo cierto es que Antonio era un príncipe tan humano y filántropo que no permitió que se considerara fuera de la ley a una parte de sus súbditos. Y cuando, después de repetidas calamidades, el populacho griego empezó a vejar a los cristianos, promulgó varias órdenes para poner coto a tales violencias[9].

Marco Aurelio (161–180), yerno de Antonio *el Piadoso,* desplegó aún más celo que su suegro por mantener el antiguo culto.

Los cristianos fueron tratados tan rigurosamente en el Asia Menor, que Melitón, obispo de Sardis, presentándose al emperador, pudo decirle:

«A consecuencia de los nuevos edictos, los adoradores de Dios padecen más persecución que antes. Hay delatores que, codiciosos de los bienes ajenos, no se avergüenzan en aprovecharse de los edictos para robar a sus víctimas, de noche como de día. Si tantos excesos son orde-

Cabeza de Marco Aurelio (Museo
Arqueológico de Tarragona).

---

9. Neander, *op. cit.,* cap. I, p. 143.

nados por vos, nos inclinamos; es más, iremos con gusto en busca de una muerte tan honrosa. Sin embargo, os pedimos una gracia, y es que os informéis personalmente de estas cuestiones y decidáis con imparcialidad si los cristianos merecen ser castigados, y aún muertos, o si, al contrario, son dignos de vuestra protección. Pero si tales edictos, que aún siendo aplicados a gentes bárbaras serían intolerables, no han sido dictados por vos, os suplicamos encarecidamente que no nos abandonéis a tales pillajes»[10].

El nombre de Marco Aurelio está unido a todo lo piadoso y noble en el paganismo clásico. Cierto que podría servir de ejemplo a muchos cristianos, por la costumbre que tenía de examinarse a sí mismo. Desgraciadamente, no comprendió o no quiso comprender el Evangelio que despreciaba, y su nombre figura entre los perseguidores de la nueva fe. En sus *Pensamientos* revela cuál era su opinión respecto a los cristianos:

«Cuándo la muerte llegue, el alma debiera estar preparada para ser disuelta o estar unida al cuerpo durante algún tiempo. Esto debiera poder hacerse voluntariamente, sin la terquedad propia de los cristianos»[11].

Dolorosos eran los tiempos que atravesaba entonces la Iglesia. Todos los poderes humanos se levantaban contra ella. El desagrado que manifestaba el emperador era poderosamente secundado por los filósofos. Luciano y Celso atacaban violentamente el cristianismo, haciéndose eco de las mayores calumnias inventadas por sus enemigos. El clero pagano comprendía, cada vez mejor, que las doctrinas de Jesús eran adversas al paganismo y aspiraba a la completa destrucción de la nueva doctrina para mantener su crédito, sus ganancias y el prestigio de sus ídolos. La vida de los cristianos ponía de relieve la depravación de las costumbres de los paganos, siendo ocasión de odios profundos que amontonaban, para los cristianos, continuas tormentas. Finalmente, como se les acusaba de ser los causantes de todas las calamidades que llovían sobre el imperio, eran a menudo víctimas de la furiosa cólera de sus convecinos[12].

A los cristianos se les denunciaba como *ateos* y se les acusaba de comerse a los niños, de ser incestuosos y de tener costumbres desenfre-

---

10. Eusebio, *H. E., IV,* cap. XXVI (véase también Neander, cap. I, p. 144).
11. Marco Aurelio, *Pensamientos XI,* p. 3.
12. J. K. L. Gieseler, I, p. 131, de la traducción inglesa (véase también Milman, *op. cit.,* cap. II, pp. 131 y 134).

nadas. Tales acusaciones, a pesar de su monstruosidad, se explicaban fácilmente. La acusación de ateísmo provenía probablemente de la sencillez del culto cristiano, que prescindía de ídolos. La acusación de comerse a los niños, probablemente, tenía por origen la comunión del pan y del vino, a la cual sólo participaban los cristianos, hablándose de ella como de la comunión del cuerpo y de la sangre del Señor. Finalmente, la acusación de inmoralidad procedía de la admisión en las asambleas de personas de ambos sexos en locales cerrados y del beso fraternal con el que empezaban las reuniones.

Sea cual fuere el origen de estas calumnias, se sabe que circularon por todas partes y que fue necesario que se sucedieran varias generaciones para que tales absurdos desaparecieran completamente.

Capítulo VI

Justino Mártir

Justino Mártir[1] se distingue grandemente entre aquella pléyade de mártires y «aquella nube de testigos» que, durante el reinado de Marco Aurelio, acreditaron con el martirio, su acrisolada fe.

Nació en la antigua Sichem, en Siria, de padres romanos y, llevado por sus aficiones al estudio de la filosofía, recibió una distinguida educación pagana.

Así, fue dirigido primeramente por un maestro que profesaba la doctrina de los estoicos[2], aquellos sabios a quienes ochenta años antes había confundido el apóstol Pablo en la plaza pública de Atenas. Pero se apercibió pronto de lo poco que adelantaba en el conocimiento de la divinidad, el objeto único de sus investigaciones. Lamentándose de ello en presencia de su maestro, díjole este último que aquel conocimiento no era de ninguna necesidad. Al oír tal cosa, Justino abandonó la escuela, para seguir a los peripatéticos; pero tampoco le satisfizo el nuevo profesor, que se preocupaba más de los honorarios que recibía que del estudio de la verdad...

«Mi deseo ardiente de ser instruido en la esencia de la filosofía no daba reposo a mi espíritu. Me fui en busca de un pitagórico que gozaba de gran fama, para suplicarle que me aceptara entre sus discípulos. Éste estaba orgulloso de su saber, y la primera pregunta que me hizo fue la siguiente:

---

1. Hasta entonces, llamábase *mártires* a todos los que habían padecido por Cristo. En adelante, serán llamados así a los que mueran por su fe; a los demás se les conoce con el nombre de *confesores*.
2. La escena contada aquí está sacada del diálogo de Justino Mártir con el judío Trifón, que Eusebio supone tuvo lugar en Efeso (Eusebio, *Historia Eclesiástica IV,* cap. XVIII).

*¿Conocéis la música, la astronomía, la geometría? Sin estos co-
nocimientos preliminares, no podéis emprender el camino que conduce
a la contemplación del Ser, que contiene la esencia de la Bondad y la
Belleza.*
Al responder que desconocía aquellas materias, me alejó desdeñosa-
mente de su lado. Esperaba tener mejor suerte entre los platónicos, que
gozaban de cierta fama, y a los cuales me dirigí. Visité con frecuencia
al que tenía la reputación de ser el más docto entre todos ellos, con quien
hice rápidos progresos en el conocimiento de su doctrina, con gran con-
tentamiento mío, creyendo haber conseguido el cumplimiento de mis
deseos. ¡Qué equivocado estaba!

Un día, a orillas del mar, observé que me seguía un anciano, cuya
agradable presencia, dulzura y gravedad me causaron una impresión
extraordinaria. No tardamos en trabar conversación, la cual giró luego
sobre los deseos que yo tenía de conocer la verdad, y preguntóme:

–¿Por qué me miras con tanta atención? ¿Me conoces?

–No –le respondí– Me sorprende encontrarte aquí, cuando yo esperaba
estar solo.

–Y tú, ¿a qué has venido?

–A buscar en la soledad y en la meditación satisfacciones a mi afán.

–Supongo que pretendes ser filósofo... ¿Prefieres también la verdad
y las buenas obras?

A lo cual contesté:

–¿Qué puede haber mejor que demostrar que existe una razón superior, que lo dirige todo y, desde aquella altura, considerar los errores de
los demás? Cada persona debe considerar el estudio de la filosofía como
la más honrosa y noble ocupación.

El anciano preguntó:

–¿Vuestra filosofía hace al hombre dichoso?

–Ciertamente –contesté– Y sólo ella puede hacerlo.

– Si te parece bien, cuéntame lo que es filosofía y en qué consiste la
felicidad.

–La filosofía –repliqué– ...es el conocimiento de lo que es y la comprensión de la verdad. En la recompensa que produce la sabiduría y la
ciencia consiste la felicidad.

Éste fue el origen de una larga plática sobre Dios y el alma. Justino preguntó al anciano, finalmente, cómo era posible encontrar la verdad, si, según él, los filósofos antiguos habían sido tan ignorantes...

Entonces, su nuevo maestro hablóle de unos hombres justos, anteriores a Pitágoras y a Platón, amados de Dios, que por el espíritu divino anunciaron futuros sucesos:

Éstos eran profetas, cuyos libros aún existen, y aquel que los lee con fe puede aprender mucho sobre el origen y el fin de las cosas. Y no se detienen en muchos razonamientos, sino que la verdad que enseñan está por encima de toda demostración. Glorifican a Dios, Padre y Creador de cuanto existe, y anuncian la venida al mundo de su único Hijo, la cual tuvo ya lugar. Pero nadie puede comprender lo que los profetas enseñan, si Dios y su Hijo no le conceden la sabiduría. Así que, ante todo, hay que rogar a este Dios para que la verdad sea revelada».

«Después de haberme dicho estas y otras cosas –explicaba Justino–, me recomendó que meditase sobre ellas, y se fue. Desde entonces, no he vuelto a verle... Un deseo ardiente estremeció mi corazón y me sentí penetrado de amor para con los profetas y los amigos de Cristo y, reflexionando sobre las palabras de aquel anciano, comprendí que esta filosofía era la única provechosa»[3].

Pero no fue sólo esta conversación lo que provocó la conversión de Justino; testigo de la conducta de los cristianos y de su serenidad ante la muerte, su ánimo fue hondamente impresionado...

«Siendo aún un sectario de la filosofía de Platón, cuando veía a los cristianos calumniados y arrastrados ante los tribunales soportar intrépidos la muerte, comprendí que no era posible que aquellas gentes fueran esclavos de la voluptuosidad»[4].

Después, se estableció Justino en Roma, donde enseñaba el cristianismo. Usaba el traje de los filósofos y, según refiere, cuando se encontraba en sitios públicos, le saludaban, diciéndole: «Buenos días, filósofo». A menudo, discutía con los filósofos paganos y en diversas ocasiones hizo callar a Crescencio, el filósofo cínico. No se hacía, sin embargo,

3. Justino Mártir, *Diálogo con Trifón,* cap. II, VIII.
4. Justino Mártir, *Segunda apología,* cap. XII.

ilusiones acerca del resultado de sus triunfos sobre sus adversarios. En su *II Apología,* escribió:

«Temo ser víctima de alguno de estos filósofos y ser llevado a la horca. Crescencio, este hombre fatuo e indigno del nombre de *filósofo,* se encargará, sin duda, de ello. Poco caso hace de estas admirables palabras de Sócrates: *Nunca debe preferirse un hombre a la verdad»*[5].

Ya fuese por causa de una denuncia de Crescencio, o de otro enemigo del Evangelio[6], lo cierto es que fue acusado de cristiano y preso con otras seis personas, entre las cuales había una mujer, siendo conducido ante Rústicus, prefecto de la ciudad y antiguo preceptor estoico del emperador. Preguntóle el prefecto:

«– ¿A qué estudio te aplicas?

–Emprendí el estudio de toda clase de ciencia y erudición, fijándome por último en la doctrina de los cristianos.

–¡Desgraciado! ¿Son éstas las ideas que profesas? ¿Dónde os juntáis?

–Cada uno se junta donde quiere y donde puede: el Dios de los cristianos no está limitado a un lugar; es invisible, pero llena los cielos y la tierra. Los fieles pueden adorarle y glorificarle en todas partes.

–Pero tú, ¿dónde congregas a tus discípulos?

–Habito en los baños de Timoteo, debajo de la casa de un tal Martín. Si alguno ha venido a buscarme, le he comunicado la doctrina de la verdad.

Los demás compañeros de Justino declararon igualmente ser cristianos. Amenazóles con la muerte el prefecto y, dirigiéndose a Justino, le preguntó:

–¿Suponéis que, si fuereis azotados y vuestras cabezas cortadas, subiríais al cielo para ser recompensados?

Justino le contestó:

–No lo supongo, lo sé; y estoy plenamente convencido de ello.

Como Rústicus, dirigiéndose a los acusados, les mandara que sacrificaran a los dioses, Justino respondió:

–Quien es discreto no abandona la piedad para servir a la impiedad.

Rústicus añadió:

---

5. Justino Mártir, *Segunda apología,* cap. III.
6. Se ignora si por aquel tiempo ocurrió en Roma alguna persecución.

–Si no obedecéis, seréis castigados sin misericordia. Entonces, los prisioneros, llenos de fe y del Espíritu de su Señor crucificado, replicaron en alta voz:

–¡Haced lo que queráis! ¡Nosotros somos cristianos y no ofrecemos sacrificios a los ídolos!

Oído lo cual, Rústicus dictó la siguiente sentencia: *Que los que se han negado a obedecer las órdenes del emperador y no quieran sacrificar a los dioses sean apaleados y decapitados, según las leyes.*

Y, efectivamente, a los prisioneros, después de azotados, se les condujo al suplicio, donde murieron glorificando a Dios. Sus cuerpos fueron recogidos secretamente y sepultados con honor»[7].

Justino dejó escritos tres libros: dos *Apologías* y el *Diálogo con el judío Tryfón*. La *I Apología* fue dirigida al emperador Antonino *el Piadoso*, al Senado y al pueblo romano. La *II Apología,* al Senado de la época de Marco Aurelio. Tiene por objeto la primera llamar la atención en favor de los cristianos de todas las naciones, odiados y maltratados injustamente por sus creencias. Justino habla en nombre de todos, porque es uno de ellos. En primer lugar, se dirige a aquellos que, llamándose filósofos y hombres de piedad, defensores de la justicia y amigos de la luz, deben prestar mayor atención a asuntos de tal importancia. A éstos les dice:

«No es con el objeto de adularos por lo que me dirijo a vosotros, sino para suplicaros que os informéis con diligencia e imparcialidad acerca de lo que nos concierne y nos juzguéis equitativamente. Pedimos que se abra información sobre los crímenes de que se acusa a los cristianos. Si resultaren probados, que se les castigue, pero si no fueren criminales, la sana razón os prohíbe que maltratéis a inocentes señalados por las preocupaciones del vulgo. Más perdéis vosotros que ellos, porque en vez de obedecer a la justicia, os dejáis arrastrar por la pasión».

Después de haber defendido a los cristianos y de haber explicado su doctrina, añade:

«Si lo que os decimos os parece ajustado a la razón y a la verdad, respetadnos. Si en nosotros no viereis más que locuras, despreciadnos; pero

---

7. El martirio de Justino Mártir, en Roma, en *Lo mejor de Justino Mártir* (CLIE, Terrassa, 2003).

no nos tratéis como si fuéramos vuestros enemigos y no nos condenéis a muerte. Os lo aseguramos: si perseveráis tratándonos injustamente, no escaparéis al juicio de Dios»[8].

En los preciosos escritos que nos ha legado aquel docto y sufrido varón, se encuentra frecuentemente, como en casi todos los orientales, una explicación simbólica de la Escritura. He aquí una muestra: «Preguntóle Tryfón por qué murió Jesús en el madero, ya que ese suplicio llevaba consigo la maldición. A lo cual contestó:

Moisés, extendiendo los brazos, cuando Israel combatía a los amalecitas, ya indicaba esta pretendida maldición. Los israelitas vencieron, no por la oración de Moisés, sino porque hizo la figura de la cruz y porque además uno que se llamaba Jesús (Joshuá) estaba en la primera fila de los combatientes.

Más absurda es su explicación del tipo de la cruz por las astas del unicornio»[9].

En toda la literatura primitiva de la Iglesia, cuyos autores fueron casi todos orientales –a lo menos durante varias generaciones–, se tropieza con un rebuscamiento de simbolismo, del cual ofrecemos otro ejemplo. Una de las obras más populares entre los primitivos cristianos, era la *Epístola de Barnabás,* que fue escrita probablemente a finales del siglo I, por un autor desconocido[10].

Se trata de un tratado de poco valor, que está sembrado de interpretaciones alegóricas del Antiguo Testamento, más ingeniosas que racionales. Por ejemplo, en la prohibición de comer ciertos animales impuros[11], el autor vio en ellos un mandamiento para que no tengamos ningún trato con los hombres que se les parecen. Supone que el cerdo representa a los que se olvidan de Dios, mientras viven en la lujuria, y sólo se acuerdan de Él cuando están en apuro. El águila, el gavilán, el buitre y el

---

8. Justino Mártir, *Primera apología,* cap. I–III, LXVIII.

9. Justino Mártir, *Diálogo con Trifón,* cap. XC y XCI.

Otra comparación de Justino Mártir está más conforme con la verdad bíblica, y es cuando compara al cordero pascual, dispuesto para ser asado, con el Cristo en la cruz: «Un hierro –dice– atraviesa a lo largo el cuerpo del cordero; otro hierro cruza las espaldas, al cual se atan también las manos» (cap. XL).

10. J. K. L. Gieseler, *op. cit.,* p. 122 n.

11. Véase Levítico 11.

cuervo representan a los que no saben procurarse el sustento necesario para la vida con el sudor de su frente y que, apropiándose de los bienes ajenos, manifiestan gran humildad, mientras están buscando algo de lo que puedan apoderarse. Los pescados que no tienen ni aletas ni escamas y que viven en el fondo, metidos en el limo, representan a los hombres que viven en la impiedad hasta su muerte, cuya condenación es segura.

Sin disputa ninguna, lo más interesante que contienen los antiguos autores eclesiásticos es el relato de su conversión. Tatiano, uno de los discípulos de Justino, cuenta cómo renunció a la idolatría, en la cual había sido educado, y cómo fue iluminado por la lectura del Antiguo Testamento. Nacido en Mesopotamia, participó de la curiosidad de sus contemporáneos, pretendiendo estudiar los diversos sistemas de filosofía y las diferentes formas religiosas. Empezó a viajar...

En Roma, vio las abominaciones que se cometían bajo pretexto de religión:

«Examinando de cerca estas cosas –escribió–[12], especialmente después de haber sido admitido en los misterios, y que hube asistido a las ceremonias practicadas por gentes afeminadas y prostituidas, vi entre los dioses de Roma a Júpiter y a Diana complaciéndose en la sangre y en los homicidios, y en todas partes el demonio empujando al crimen. Hastiado, preguntéme qué podría hacer yo para hallar la verdad. Hondamente preocupado por esta idea, tuve la suerte de tropezar con algunos libros escritos por los *bárbaros*[13], mucho más antiguos que los sistemas filosóficos de los griegos y demasiado divinos para compararse con sus extravagancias. La sencillez, el conocimiento de lo futuro, la excelencia de sus preceptos y la afirmación del Ser que gobierna todas las cosas ganaron completamente mi confianza. Al ser mi alma iluminada por Dios, comprendí que los escritos de los filósofos griegos nos conducían, ciertamente, a la condenación, mientras que aquellos libros divinos ponían término a toda servidumbre; nos libertaban de los príncipes y de los tiranos y nos concedían, de nuevo, lo que ya tal vez habíamos tenido, pero que nuestros errores nos habían impedido conservar».

12. Tatiano, *Discurso a los griegos,* cap. XXIX.
13. Es decir, ni griegos, ni romanos...

Después de la muerte de Justino (año 165), Tatiano fue influenciado por el Gnosticismo. En Antioquía fundó una secta de ascetas. La severidad de su moral hizo que se les llamara *encratitas*. Tatiano falleció algunos años después.

Capítulo VII

El Octavio de Minucio Félix y la carta sobre el martirio de Policarpo

Antes de hablar de los cristianos que, bajo el reinado de Marco Aurelio, padecieron el martirio, debe hacerse mención a otra apología del cristianismo, debida a Minucio Félix, distinguido abogado romano, del tiempo de Justino Mártir[1]. Se titula *Octavio* y, por el vigor de su razonamiento y la elegancia de su estilo, merece ocupar un lugar preferente en la literatura de la Iglesia Primitiva. Acaso se la ha considerado con razón «la perla de la apologética cristiana».

Se trata de un diálogo entre dos abogados: uno cristiano, Octavio, y el otro pagano, Cecilio. Minucio Félix es el árbitro. Así, Octavio está pasando unos días en Roma en casa de Minucio y, aprovechando las vacaciones, en compañía de Cecilio, se encamina a la populosa ciudad de Ostia[2], con el objeto de bañarse en el mar. De este modo empieza la descripción:

«Al amanecer, salimos de la ciudad y nos dirigimos hacia el mar, siguiendo la corriente del Tíber. El aire que respirábamos vigorizaba nuestros cuerpos y nos complacía extraordinariamente dejar en la arena las huellas de nuestros pies. Cecilio, que venía con nosotros, fijándose en una estatua de Serapis, acercó la mano a la boca para besarla, según costumbre de la gente supersticiosa[3].

---

1. Los antiguos críticos señalaban a Minucio Félix en una fecha más antigua: le suponían entre Tertuliano y Cipriano.
2. Ostia está situada a la izquierda de la embocadura del Tíber. Antiguamente había sido un puerto de Roma. En los tiempos que estudiamos, el puerto estaba ya cegado. El emperador Claudio hizo construir un puerto al otro lado del río, a cuyo alrededor se formó una floreciente colonia. Hace mucho tiempo que éste se cegó. Ambos están ya entrados en tierra.
3. Véase Job 31:26 y 27.

Octavio se apercibe y luego refiere a Minucio en son de censura que uno de sus amigos, con quien se le ve a menudo, adore en pleno día la piedra labrada. Esta reflexión no logra repuesta, y juntos caminan por la orilla, sintiendo en sus pies las caricias de las olas. Mientras siguen las ondulaciones de la costa, Octavio le distrae contándole diversas históricas relativas a la navegación. Y llegan a donde los barcos no pueden arribar. Allí, unos chicuelos jugaban arrojando al agua piedras menudas, de modo que, cuando eran lanzadas con fuerza, se deslizaban sobre las olas y, rozando en la superficie, cortaban las aguas.

Minucio y Octavio se divertían con este espectáculo, mientras que Cecilio permanecía alejado, triste y silencioso. Al preguntarle Octavio por el motivo de su tristeza, Cecilio le respondió que la observación de Octavio acerca de la estatua de Serapis le había herido en sus sentimientos, de lo cual se ocasionó una discusión sobre el cristianismo y el paganismo.

Se sentaron entonces los tres amigos sobre un trozo de pared que avanzaba sobre el mar y que servía de parapeto a los baños.

Cecilio afirmó que nada cierto existe en este mundo y que, si existe diferencia de suerte entre los buenos y los malos, las ventajas y beneficios están de parte de estos últimos. Si nada es verdad y todo en este mundo depende del «acaso», lo mejor será conservar las creencias de nuestros padres como única garantía de verdad.

Cecilio alababa la previsión de los romanos, que en sus repetidas conquistas han aceptado a los dioses de todos los pueblos vencidos, colocándolos en el Panteón, echando así las bases de la dominación universal:

–Y en presencia de esto, ¿no nos será lícito indignarnos cuando vemos a gentes pertenecientes a una parcialidad infame, proscrita y desesperada levantarse contra los dioses? ¿No escogen estos sus prosélitos entre lo más bajo del pueblo y hasta entre las mujeres, a quienes la debilidad de su sexo les induce a la seducción, dejándose arrastrar fácilmente a la impía conjuración fomentada en sus nocturnas reuniones, no por sacrificios, sino por sus sacrilegios y por sus ayunos a los cuales suceden horrorosos festines?

Ésta es una raza enemiga de la luz, que se goza en la obscuridad; que en público calla y en secreto aúlla. A impulsos de increíble temeridad, desafían los castigos inciertos del porvenir; temen desaparecer después de la muerte y, en cambio, excitan las provocaciones de la tumba ante la loca esperanza de volver a la vida.

Cecilio, sin pensarlo, da testimonio de las virtudes de aquellos que pretende despreciar:

–Hay que destruir a esa execrable secta, cuyos partidarios se conocen por medio de señales secretas y que se quieren unos a otros casi antes

«Alexámeno adora a su Dios» (inscripción popular descubierta en Roma).

de conocerse... No tienen ni altares, ni templos, ni imágenes, pero se dice de ellos que adoran la cabeza consagrada de un asno...[4] Representan sobres sus altares la imagen de un hombre castigado justamente con la muerte y adoran el fúnebre madero de la cruz.

Luego contó la historia, muy en boga durante mucho tiempo entre los paganos, de los horrores que, según ellos, acompañaban a la iniciación de los neófitos. Agrega que se les hacía comer, por engaño, la carne de un niño sacrificado. Después se burla de la fe de los cristianos en la Providencia y de su firme creencia en la resurrección, considerando, finalmente, como un gran argumento la pobreza de muchos cristianos.

–Además, ¿no prohíbe el cristiano todos los placeres de la vida, como el circo, el teatro, los festines públicos, las ceremonias sagradas, llevar en la frente coronas de flores, o adornar con ellas las tumbas y hasta los perfumes en los funerales?

Octavio respondió, entonces, al discurso de Cecilio, deshaciendo cada uno de sus argumentos:

–En todas partes se encuentran pruebas de la suprema dirección de un Dios único; hasta los mismos poetas paganos hacen mención de un solo Dios, Creador y Padre de todas las cosas. Pero las naciones, por medio de

---

4. Esta burda calumnia se lanzó primero contra los judíos y después contra los cristianos, quizás por la razón que da Tertuliano en su *Apología contra gentiles*:

«Vosotros, como algún autor, soñasteis que una cabeza de asno era nuestro dios. Tamaña sospecha fue lanzada por Cornelio Tácito. Éste, en el libro de sus *Anales*, que trata de la guerra de los judíos desde los orígenes de su nación, tanto cuando estudia el origen mismo como cuando habla del nombre y religión de aquel pueblo, diciendo cuanto le viene en gana, refiere que los judíos, al salir de Egipto desterrados, según él creía, viéndose en los vastos desiertos de Arabia enteramente faltos de agua y atormentados por la sed, emplearon como guías unos asnos salvajes que pensaban iban a beber agua después de pastar, y que así encontraron fuentes, y que por este servicio habían consagrado la figura de este animal. Y de ahí pienso que ha partido la sospecha de que también nosotros, que estamos emparentados con la religión judaica, somos iniciados en el culto del mismo ídolo. Mas ese mismo Cornelio Tácito, tan fecundo en patrañas, refiere en la misma historia que Cneyo Pompeyo, habiendo tomado Jerusalén, entró en el templo para sorprender los misterios de la religión judaica, sin encontrar allí ídolo alguno» (*Apol.* cap. XVI).

En 1856, se descubrió en uno de los salones de los guardias del palacio Cesáreo, en el Palatino, una pintura representando una cruz, en la cual habían clavado un cuerpo humano con cabeza de asno. Al lado, otra persona con la cabeza y las manos levantadas hacia el primero. Entre ambos, se leía esta inscripción:

«Alexameno adora a Dios».

Por la forma de las letras, se ha supuesto que la caricatura era de finales del siglo II, en la época que escribía Tertuliano (véase el *Diccionario de las Antigüedades cristianas,* art. «Asinarii»).

sus fábulas, han oscurecido el conocimiento de este Dios y, con sus abominables ritos, han corrompido su culto. Vuestros dioses no son otra cosa que demonios, a los cuales el solo nombre Cristo llena de terror, haciendo enmudecer sus oráculos.

Se refiere a las acusaciones de crueldad y libertinaje de que son víctimas los cristianos y afirma que son absurdas calumnias:

–Si lo que nos anima es el mutuo amor y de nosotros alejamos el odio, no os lamentéis por ello; ni estéis celosos de nosotros si, teniendo por Padre al mismo Dios, nos damos el nombre de 'hermanos'. ¿Acaso no tenemos la misma fe y no participamos de la misma esperanza?

Y añade:

–Nosotros ni adoramos la cruz ni deseamos ser crucificados.

Y a la acusación acerca de que los cristianos no tienen templos ni altares, Octavio contesta:

–¿Qué imagen podríamos hacer de Dios, si según la razón humana, el hombre es Imagen del mismo Dios? ¿Qué templo podríamos edificarle cuando el mundo que ha creado no puede contenerle? ¿Puedo encerrar en una casa la majestad de Dios, cuando yo, que soy hombre, me encuentro estrecho en ella? Vosotros decís que Dios desde el cielo no puede ver ni oír todo lo que pasa en el mundo y que, por consiguiente, ignora lo que hacemos. ¡Cuán equivocados estáis! ¿Cómo puede Dios estar lejos de nosotros, si en su inmensidad llena los cielos, la tierra y todo este vasto universo? No sólo no nos podemos alejar de su vida, sino que me atrevo a decir que vivimos en Él.

Octavio demuestra la resurrección final por medio de analogías naturales:

–Sé que la mayoría de los hombres comprenden lo que merecen por sus acciones y esperan, aunque no lo admiten, su completa destrucción por la muerte; porque para ellos es preferible agotar su materia y su espíritu en un absoluto aniquilamiento, al temor de una resurrección que los agobiara con padecimientos indecibles. La infinita paciencia de Dios, cuyos juicios, que no por tardíos son menos justos, tal vez contribuya a mantenerlos en una seductora ilusión.

Finalmente, a la acusación de que los cristianos son sombríos y están obligados a practicar el ascetismo, Octavio responde:

–¿Puede acusársenos, con razón, de menospreciar las flores que nos ofrece la primavera, a nosotros que buscamos rosas, lirios y cuantas flores nos agradan por sus colores y por sus aromas? Unas veces las esparcimos delante de nosotros; otras, formamos guirnaldas que adornan nuestro cuello, aunque nos abstenemos de coronar nuestras cabezas, como tampoco coronamos a nuestros muertos. ¿Para qué sirven las flores, si no se percibe su aroma? Y si tienen sentido, ¿por qué las quemáis? Además, sean dichosos o desgraciados, las flores les son completamente inútiles. A los muertos no les coronamos con flores, que pronto se marchitan, porque esperamos recibir del mismo Dios una corona incorruptible.

Y Octavio termina resumiendo:

–Nosotros no decimos que vivimos de grandes cosas.

Cecilio se convence de tal manera con los argumentos de Octavio, que exclama:

–¡Estaba engañado! Octavio me ha vencido… Reconozco una Providencia; creo en un solo Dios y estoy tan persuadido de vuestra religión, que desde ahora será la mía. Me quedan todavía algunas dificultades, las que no me impiden, sin embargo, abrir los ojos a la verdad, pero que necesito desvanecer para lograr un sólido convencimiento.

El diálogo termina con las palabras siguientes de Minucio:

También yo me alegro de la victoria de Octavio. Así, es innecesario mi parecer, infundados mis elogios, porque se ha colocado por encima de las alabanzas que pueda darle un hombre. Dios, sin duda, ha inspirado esas palabras que acabamos de oír y, al concederle la victoria, le ha otorgado la mejor recompensa.

Volvimos llenos de satisfacción… Cecilio la tenía por haber creído. Octavio, por haber vencido; y yo, por la conversación de Cecilio y la victoria de Octavio»[5].

La persecución contra los cristianos alcanzó una crueldad sin límites en el Asia Menor, donde, entre otros muchos, padeció el martirio el venerable Policarpo. Hay una carta circular, escrita por la Iglesia de Esmirna, que ha conservado la relación de aquel suceso. Por su importancia, la reproducimos casi por entero.

---

5. Octavio, *op. cit.*, C (véase también Wordsworth, *Historia de la Iglesia,* Londres, 1852).

En la carta se adelantan los tormentos que sufrían los cristianos de aquella región, señalando especialmente el entusiasmo y el valor demostrado por un tal *Germánico,* quien, una vez arrojado a las fieras, en vez de temblar ante ellas, las excitaba. La multitud se maravillaba del valor de los cristianos, sin que por eso los mirara con más simpatía. Al contrario; la entereza de *Germánico* excitó de tal modo a la muchedumbre que, en el colmo de su furor, gritaba: «¡Matad a los *ateos!* ¡Que traigan a Policarpo!».

Al principio, Policarpo se había propuesto no salir de la ciudad; pero, cediendo a las instancias de sus amigos, salió por fin al campo, donde perseveraba en la oración. Tres días antes de ser preso, tuvo una visión: la almohada donde apoyaba su cabeza, la vio rodeada de llamas. *Voy a ser quemado por Jesucristo,* dijo proféticamente a los que se encontraban en su compañía. Uno de sus criados que había sido preso, no pudiendo soportar la tortura, denunció a Policarpo, quien avisado oportunamente, desdeñó la ocasión que se le ofrecía de huir, contestando a los que se lo suplicaban: *¡Cúmplase la voluntad de Dios!.* Cuando le avisaron de la llegada de sus perseguidores, bajó de la cámara alta y ordenó que se les

Un condenado es arrojado a los leones (mosaico de Libia).

diera de comer, al par que suplicaba a sus enemigos que le concedieran un momento para consagrarse a la oración. En sus ruegos, acordóse de todas las personas que había conocido, grandes y pequeños, dignos e indignos, y oró por la Iglesia esparcida por todo el mundo. Así permaneció durante más de dos horas, con tal unción, que los que habían ido a prenderle lamentábanse de la suerte de un hombre tan piadoso y tan venerable. Después, fue llevado a la ciudad, montado en un borrico. Antes de llegar a ella, encontraron al primer magistrado que acompañaba a su padre y, colocándolo en su carruaje, procuraron hacerle vacilar de su fe.

–Vamos –le decían– ¿qué mal puede venirte si te decides a sacrificar, pronunciando sencillamente estas palabras: *Señor César?*

A pesar de aquella insistencia, Policarpo permaneció silencioso, hasta que a los ruegos de sus acompañantes, replicó: *Nunca seguiré vuestro consejo.* Ellos, enojados, le injuriaron y le arrojaron del carro con tanta violencia, que se produjo una dislocación en un pie. Impasible ante el mal que le aquejaba, hostigó a su cabalgadura a llegar cuanto antes a la ciudad.

Ya en el circo, miró resignado aquella multitud que lo llenaba, ávida de la sangre del varón ferviente. Mientras entraba –añade la carta–, oyóse una voz del cielo, que decía: ¡*Esfuérzate, Policarpo, ten valor!.* Al tiempo que la muchedumbre daba gritos ensordecedores, al verlo en la pista.

Conducido a la presencia del procónsul, preguntóle éste:

–¿Eres tú Policarpo?

–Sí –contestóle.

–Pues jura por la fortuna de César. ¡Arrepiéntete y di que los ateos sean cercenados de este mundo!

Policarpo, volviéndose gravemente hacia la multitud que le rodeaba y señalándola con la mano, mirando al cielo, gimió diciendo:

–Sí, ¡qué los ateos sean cercenados de este mundo!

–Jura por la fortuna de César –añadió el procónsul–, maldice a Cristo, y te devuelvo la libertad.

–Hace ochenta y seis años que le sirvo y no me hizo ningún daño, ¿cómo podré maldecir a mi Rey y Salvador? Ya que parecéis ignorar quien soy, os diré con franqueza que soy cristiano, indicadme el día, y yo os lo diré.

–Dirigíos al pueblo.

–Yo he aprendido a honrar los poderes establecidos por Dios, motivo que me obliga a responderos; en cuanto al pueblo, no lo considero digno de que oiga mi defensa.

–Tenemos fieras, a las que os echaré si no os arrepentís.

–Haced lo que queráis; no es posible abandonar el bien para abrazar el mal.

–Ya que no teméis a las fieras, seréis quemado vivo, si no os arrepentís.

–El fuego a que me condenáis llamea un instante; después se extingue, y es preciso saber que hay otro fuego que no se extinguirá nunca, reservado en el último juicio para los impíos. ¿Qué esperáis? Realizad en mí vuestro propósito.

El procónsul ordenó, desde luego, que un heraldo lo condujera en medio del circo y anunciara por tres veces que Policarpo había confesado que era cristiano.

Furiosa la muchedumbre, daba gritos, diciendo: *¡Éste es el doctor del Asia, el padre de los cristianos, el destructor de nuestros dioses!*. Seguidamente, llamaron al *asiarca (el presidente de los juegos)*[6], pidiéndole que lanzara un león a Policarpo. El asiarca negóse a ello, alegando que había concluido la temporada de los juegos. Entonces todo el pueblo dio voces, diciendo: *¡Quemadle! ¡Quemadle!*

La multitud arrojóse a la calle, buscando las tiendas donde vendieran maderas, y en los baños, haces de leña. Los judíos se mostraron los más ardientes: la hoguera quedó formada en pocos instantes.

Policarpo se quitó los vestidos, desabrochó su cinto y, como quisieran sujetarle con clavos al madero, díjoles: *Dejadme, que Aquel que me da fuerzas para resistir al fuego me las dará también para que inmóvil me consuma la hoguera.*

Entonces le ataron con sogas y Policarpo, dirigiendo la mirada al cielo, oró:

Señor, Dios Todopoderoso, Padre de Jesucristo, tu Hijo amado y bendito, por quien hemos recibido la ventura de conocerte, te doy gracias por-

---

6. Véase Hechos 19:31 (véase también W. J. Conybeare y J. S. Howson, *Vida y epístolas de San Pablo*, 2 vols., Londres, 1852).

que me has juzgado digno de este día y de esta hora, contándome entre el número de tus mártires y haciendo que participe con ellos del cáliz de Jesucristo, para resucitar alma y cuerpo a la vida eterna y gozar de la incorruptibilidad por tu Santo Espíritu. ¡Pueda yo ser recibido hoy en medio de tus elegidos como víctima agradable! ¡Oh, Dios verdadero y fiel! Como lo habías preparado y manifestado de antemano, así lo has cumplido. Yo te alabo, ¡oh Dios!, por todas estas cosas; te bendigo, te glorifico al par que a Jesucristo, tu eterno Hijo, divino y amado, al cual, como a Ti y al Espíritu Santo, sea la gloria desde ahora y para siempre.

Encendida la hoguera, se levantó una gigante llamarada que formó alrededor del cuerpo del mártir como una bóveda, parecida a la vela hinchada de un buque, semejante a oro o plata que brilla en el crisol, al mismo tiempo que al cuerpo de aquel sufrido mártir descendía un olor suave a incienso, mezclado con perfumes deliciosos.

Uno de los verdugos, viendo que el fuego no llegaba a él, se acercó y le atravesó con una espada. De la herida manaba sangre, con tal abundancia, que apagó el fuego. Los fieles procuraron recoger su cuerpo, pero los judíos que habían adivinado su deseo, pidieron al gobernador que no lo permitiera. *Tal vez* –decían– *olviden al Crucificado para adorar a Policarpo.*

¡Cómo si fuera posible –añaden los autores de la carta– *abandonar a Cristo, que sufrió por la redención del mundo entero, para adorar a otro!*

Nosotros, adoramos a Cristo: en cuanto a los mártires, solamente los rodeamos de nuestro respetuoso amor, porque han sido los imitadores del Salvador y de sus discípulos»[7].

Y termina la carta diciendo que los fieles recogieron sus calcinados huesos, de más valor para ellos, que «las alhajas más preciosas y que el oro más puro»:

---

7. *Carta circular (o encíclica) de la Iglesia de Esmirna sobre el martirio de San Policarpo.* Este documento es más antiguo que las conocidas *Actas de los Mártires.* La mayoría de los críticos la consideran auténtica.

Eusebio, al publicarla en su *H. E., IV,* cap. XV, empleó un texto que difiere bastante del que hemos seguido y que procede del *Ante–Niceno Library* (Cf. Neander, *op. cit.,* cap. I, pp. 152–154). La fecha señalada al martirio de Policarpo es 165 al 166. M. W. Waddington, en su *Memoria sobre la vida de Elio Arístides (Men. Academia de Inscripciones, XXVI,* París, 1867), indicó de manera bastante exacta que tuvo lugar en el año 155.

«Los colocamos en un sitio a donde pudiéramos llegar, con el permiso de Dios, y celebrar con alegría el aniversario de su martirio».

Permítasenos reproducir las notables reflexiones que el deán Milman hizo al relato que acabamos de leer:

«Toda esta relación lleva impreso el sello de la verdad. La actitud prudente al par que resuelta del anciano obispo, el furor salvaje del populacho, los judíos, aprovechando la ocasión de manifestar su odio, siempre vivo, al nombre *cristiano,* todo está descrito con sencillez y naturalidad. Lo maravilloso de la carta no puede sorprendernos. La exaltada imaginación de los espectadores cristianos transforma en milagro cualquier incidente. La voz del cielo, que sólo los fieles pueden percibir, la llama de la hoguera, con tan poco tiempo preparada, formando una bóveda sobre el cuerpo indemne, el olor suave, producido probablemente por los haces de plantas aromáticas sacadas de las casas de los baños públicos, que se destinaban para calentar los baños a los ricos, la efusión de su sangre, en fin, todo ello podía asombrarles a causa de la decrepitud de un anciano que tendría lo menos cien años de edad. Hasta la visión pudo presentarse a su espíritu en una tan peligrosa crisis»[8].

De Policarpo ha quedado su *Epístola a los filipenses,* en la cual habla del apóstol Pablo:

«Cuando estaba entre vosotros, os enseñaba, fiel y constantemente, la Palabra de verdad. Cuando estuve lejos de vosotros, os escribí una carta. Si queréis edificaros en la fe, la esperanza y la caridad, estudiadla con cuidado».

Su epístola se compone, casi enteramente, de citas bíblicas y referencias a pasajes de Pablo, pues supone que los filipenses conocían las Escrituras. Añadamos que Policarpo no escribió sólo en su nombre, sino también en el de los *presbíteros* y *ancianos* que estaban con él[9].

Debido a su larga vida, Policarpo es, de alguna manera, el lazo que une la época apostólica con el siglo III. Uno de sus discípulos, Ireneo, obispo de Sión, vivía aún en el año 202. En una carta escrita al final de su vida, donde cuenta los recuerdos de su infancia –más frescos en su memoria que

8. Milman, *Historia del Cristianismo II,* pp. 139 y 140.
9. Policarpo, *Epístola a los filipenses,* cap. III, XIII y saludo.

muchos sucesos más recientes, según dice–, Ireneo da de su reverenciado maestro los detalles siguientes:

«Yo podría indicar el sitio donde el bienaventurado Policarpo tenía la costumbre de sentarse a hablar... Me acuerdo de su humor, de sus ademanes, de su talle. Podría repetir sus discursos y, ordinariamente, lo que contaba de sus relaciones familiares con Juan y con otros que habían conocido al Señor. De qué modo repetía sus discursos y hablaba de los milagros de Cristo y su doctrina, como se lo habían contado los que los habían visto. Todo lo que nos decía de estas cosas estaba de acuerdo con lo que leemos en las Escrituras. Por la gracia de Dios, escuché con mucha atención –anotando cada detalle, no en el papel, sino en mi propio corazón–, lo que refrescó a menudo el recuerdo de mi juventud»[10].

---

10. Eusebio, *H. E., V*, cap. XX.

Capítulo VIII

Los mártires
de Lyon y de Viena

La persecución contra los cristianos, durante el reinado de Marco Aurelio, se extendió hasta los florecientes distritos de la Galia, invadiendo Lyon y Viena, donde se habían establecido colonias asiáticas. Una carta de las iglesias de ambas ciudades, dirigida a los hermanos de Asia y Frigia[1], nos refiere los padecimientos a los que fueron sometidos los cristianos de aquellas ciudades. Maravilla la resistencia sobrehumana de aquellos mártires. Indudablemente, hay que descontar algo, y es la natural exaltación de los narradores, como acabamos de ver, tratándose del martirio de Policarpo. Pero así y todo, no tendría explicación el valor y la fuerza de los mártires, si no nos acordáramos de cuando en Lystra, los enemigos del Evangelio habían dejado por muerto al apóstol Pablo y el Señor le levantó y le restableció para poder continuar la predicación del Evangelio. Parece que Dios quiso enseñar al mundo pagano lo que los discípulos de Jesús eran capaces de padecer por su Nombre.

Según la carta citada, el rigor de la persecución, los tormentos aplicados a los mártires y el insensato furor de sus enemigos superan toda descripción. Los paganos excluían a los cristianos de las plazas y de los baños; los sorprendían, los perseguían a gritos y los maltrataban, hacién-

---

1. Eusebio ha conservado la mayor parte de la carta, que algunos suponen fuera escrita por Ireneo (*H. E., V,* cap. I, IV). Se ha recordado a menudo la sencillez y la emoción que revela. Valerio la considera como el mejor y más antiguo monumento eclesiástico en su clase, superior a todo elogio. He aquí cómo empieza:
«Los siervos de Cristo, residentes en Viena y en Lyon, a sus hermanos de Asia y de Frigia, participantes de la misma fe y de la misma esperanza en la redención...».

doles pasar por todos los ultrajes que un populacho ignorante, salvaje y desenfrenado es capaz de hacer. A los esclavos que servían a los cristianos se les amenazaba con la tortura, para que acusaran a sus amos de los odiosos crímenes que se les imputaban (festines de *Thyeste* y uniones incestuosas...) y daban por probados aquellos crímenes, como si hubiesen cometido abominaciones que no caben ni en las diabólicas maquinaciones de la locura. Los magistrados participaban del odio de la muchedumbre. Tan pronto un acusado era presentado al legado o al gobernador, se le aplicaba el tormento, no con el objeto de que abjurara, sino para que se declarara culpable de los crímenes imputados.

Un joven noble, llamado Vecio Epagatus, indignado ante este proceder tan inicuo, presentóse al legado para testificar en favor de los cristianos. El legado no quiso oírle. «¿Eres tú también cristiano?», le preguntó el legado; y su respuesta afirmativa le envió con los demás confesores...

La mayor parte de las víctimas sufrieron el tormento sin rendirse. Fueron apenas diez los que se volvieron atrás[2]. Su debilidad causó mucha pena a los fieles y, especialmente, enfrió el ardor de los que aún no habían sido presos. Algunos, sin embargo, después de haber cedido al dolor y haber negado a Cristo, volvían en sí y en otra audiencia confirmaban su fe y la sellaban con su sangre.

Inventábanse toda clase de tormentos contra los cristianos, sin tener en cuenta, ni la edad ni su sexo. Entre los héroes del martirio, la carta hace mención de Sanctus, diácono de Viena, Maturo, Attala de Pérgamo y de Blandina, pobre y débil esclava, por la cual, pensando que no podría soportar tanto dolor, temblaba su dueña, cristiana como ella. Pero Blandina recibió tal ayuda de Dios, que sus propios verdugos se admiraban de verla soportar, durante un día entero, tales torturas que, según opinión de los que se las aplicaban, una sola de ellas podría haber acabado con su vida. Cuando recobraba las fuerzas, repetía en alta voz: «Yo soy cristiana; los cristianos no cometen ningún crimen». Esta afirmación de su fe parecía aliviarla.

---

2. Cooper supone que se prendieron a unas sesenta personas, entre las cuales estaban los dirigentes de las dos iglesias *(Free Church,* p. 214).

A todas las preguntas que se hacían a Sanctus, sobre su nombre y estado social, éste contestaba invariablemente: «Soy cristiano». Su resistencia irritó de tal modo al legado y a los verdugos, que intentaron someterle a la fuerza. En vano sufrió todos los tormentos ordinarios. Por fin, decidieron aplicarle trozos de metal candente sobre sus carnes. Su pobre cuerpo sufrió tanto, que llegó a perder la forma humana. Sanctus, sin embargo, permaneció firme, fortalecido y refrescado por un manantial refrigerante que procedía de Cristo, demostrando que no existe pavor ninguno para el que se siente sostenido por el Padre celestial y que, por el camino que conduce a la gloria de Cristo, nada causa dolor.

Algunos días después, los verdugos renovaron el suplicio. Su cuerpo, magullado y dolorido por toda clase de tormentos, mordido por todos los suplicios imaginables, apenas podía sufrir el más leve contacto de cuerpos extraños, por lo cual suponían que sucumbiría antes que sufrir nuevos tormentos; y esto, no obstante, los padecimientos que habían de ocasionarle la muerte, por la gracia de Cristo, provocaron su curación.

Una tímida y débil mujer, llamada Biblia, que había negado la fe, puesta de nuevo al tormento para que declarara que los cristianos se alimentaban de carne humana, pareció despertar de un profundo letargo. Los tormentos que padeció, le recordaron los tormentos del infierno, mucho más terribles, y exclamó: «¿Cómo pueden los cristianos devorar a los niños, si ni siquiera comen la sangre de los animales?»[3].

Entre los cristianos conducidos al tribunal, encontrábase también el venerable Potino, obispo de Lyon, que tenía ya noventa años y se hallaba muy abatido. Sólo le sostenía el ardor de su espíritu y el vivo deseo de dar testimonio de su fe.

«–¿Cuál es el Dios de los cristianos? –preguntóle el legado.

–Lo sabréis si sois digno de ello –le contestó».

Al oír tal respuesta, fue violentamente arrastrado y azotado de tal manera, que se le condujo al calabozo casi sin respiración. Dos días después falleció.

---

3. Por esta frase, se supone que aquellas iglesias contaban entre sus fieles con varios judeocristianos. Sin embargo, durante muchos años y en muchas localidades, los cristianos gentiles observaron lo prescrito en el decreto del Sínodo de Jerusalén (Hch. 15), que prohibía alimentarse de animales ahogados y de la sangre (Cf. Orígenes, *Contra Celso*, cap. VIII, XXIX y XXX; Tertuliano, *Apol. IX*; Milman, *op. cit.*, cap. II, p. 144).

Entre los numerosos prisioneros, había varios ciudadanos romanos, a los cuales, según las leyes, no se les podía juzgar en las provincias. El legado consultó al emperador sobre el particular: «Devolved la libertad a los que abjuren –contestó el emperador–, y decapitad a los demás». Algunos días más tarde, reunióse el populacho en el anfiteatro. Y trajeron de nuevo a Sanctus y a otros tres de los que habían padecido con él. A Maturo y a Sanctus, se les hizo pasar por entre dos filas de hombres provistos de látigos, siendo después arrojados a las fieras, que desgarraron sus cuerpos y los arrastraron por la plaza. Como aún estuviesen vivos, los sentaron en una silla de hierro, hecha ascuas, haciéndoles sentir el olor insoportable que despedían sus miembros abrasados.

Blandina, atada a una cruz, estuvo expuesta a las fieras. Parecía representar la imagen viva del crucificado, y aquel recuerdo y sus oraciones animaban a los otros mártires a perseverar hasta el fin. Las fieras no quisieron cebarse en su cuerpo, por lo cual tuvieron que volverla al calabozo.

La muchedumbre pedía a grandes gritos que sacaran a Attala, que era una persona de cierta posición. De pronto apareció, en la plaza, como un soldado dispuesto a la lucha, armado de una conciencia pura y fortalecido por el ejercicio de la disciplina cristiana. Hiciéronle dar la vuelta al anfiteatro con un cartel que decía: «He aquí a Attala, el cristiano». Pero apercibiéndose el legado que Attala era un ciudadano romano, ordenó que le devolvieran al calabozo.

Al poco tiempo, tuvo lugar en Lyon una gran feria, que atrajo mucha gente de todas partes. El legado, aunque sin derecho ni justicia para ello, se propuso dar un espectáculo al pueblo. Hizo venir de nuevo a los cristianos, para interrogarles. A los que eran ciudadanos romanos, les cortaron la cabeza, y a los demás, los arrojaron a las fieras. Para lisonjear las pasiones viles de la muchedumbre, el legado decidió que Attala, a pesar de ser un ciudadano romano, fuera reservado para el circo. Éste y un médico frigio, llamado Alejandro, fueron enviados al tormento, donde se les hizo padecer mucho. Alejandro, de quien nos dice la carta, tenía algo de la gracia apostólica, murió sin lanzar ni un gemido y sin cesar en su conversión con Dios, por medio de silenciosa oración. A Attala, le sentaron sobre la silla de hierro y mientras sus carnes se consumían, dijo:

«¡Sois vosotros, los que coméis carne humana! Nosotros no cometemos crímenes de esta clase».

El último día de las fiestas, Blandina y un joven esclavo de quince años, llamado Póntico, fueron llevados al circo. Cada día les habían obligado a presenciar el suplicio de otros mártires, suponiendo que así quebrantarían su entereza. Exasperado el populacho ante la firmeza de los jóvenes, pidieron a gritos que se les aplicaran los más terribles tormentos, para obligarles a abjurar. Póntico, animado por el ejemplo de Blandina, los soportó todos sin rendirse. Blandina, después de padecer tormentos increíbles, como aún estuviera viva, la envolvieron en una red y la echaron a un toro furioso, que la tiró varias veces al aire... Para rematarla, fue preciso atravesarla con una espada.

Otra pena afligía a los fieles de Lyon: no les fue posible recoger los restos de sus mártires, ni darles honrosa sepultura, porque les impidieron recogerlos y, después de que durante seis días hubieron servido de juguete al pueblo, los quemaron, arrojando sus cenizas al río Ródano, para que no quedara sobre la tierra vestigio de aquellos santos[4].

Los paganos, en su ceguera, se imaginaban vencer al Dios de los cristianos privando a los mártires de la resurrección, en la cual esperaban.

Cerca de Lyon, hacia el norte, se encontraba la ciudad de Autun, donde había pocos cristianos, que eran casi desconocidos. Sin embargo, uno de ellos, llamó la atención por su fidelidad, siendo martirizado. La muchedumbre celebraba con gran entusiasmo la festividad de la diosa Cibeles, cuya imagen, colocada en el carro sagrado, era paseada por la ciudad, ante cuya efigie todos se arrodillaban. Sólo uno se negó a ello; llamábase Sinforiano y gozaba de buena posición. Cuando se fijaron en su actitud, le acusaron de sacrílego perturbador y le llevaron al perfecto.

«–¿Eres cristiano? –preguntóle éste.

–Sí que lo soy –respondió Sinforiano– Yo adoro al Dios verdadero que reina en los cielos, y no a vuestro ídolo. Si pudiera, lo haría pedazos».

---

4. Eusebio, *H. E., V,* cap. I.

Según la tradición, Potino habría sobrevivido y se habría construido un oratorio entre el río Ródano y el Saone, donde está la Iglesia de San Nazario. Las cárceles de los mártires, el foso donde fueron interrogados y el anfiteatro debían estar situados, según la tradición, en lo alto del monte Fourviéres, o en las cercanías (véase *Memoria para servir a la historia del establecimiento del Cristianismo en Lyon,* 1829).

Al oír tal respuesta, el gobernador le condenó a ser decapitado por el doble delito contra la religión y contra las leyes del imperio. Mientras era llevado al suplicio, díjole su madre: «Hijo mío, hijo mío, guarda en tu corazón al Dios viviente. ¡Sé fuerte! Una muerte que nos lleva a la vida no puede amedrentarnos»[5].

---

5. Neander, *op. cit.,* cap. I, pp. 158 y 159.

«En las excavaciones practicadas en Lyon en 1847, tuve la ocasión de bajar a una cueva que está debajo del nivel del Ródano y que lleva todavía el nombre de *Cueva de Blandina» (Cartas privadas del autor,* febrero de 1886).

Capítulo IX

La actitud de la Iglesia con los «herejes»

A Marco Aurelio, le sucedió en el trono su indigno hijo Cómodo (180–192). Durante su reinado, los cristianos fueron atendidos por los poderes públicos. Sin motivo justificado, se afirma que Marcia, favorecida por el emperador, intercedía por ellos[1]. Cuenta Ireneo que los cristianos fueron considerados como ciudadanos, pudiendo viajar según les conviniera, por tierra y por mar, y establecerse donde quisieran, llegando algunos a alcanzar honrosos cargos en el palacio imperial[2]. Esto, no obstante, los gobernadores del Asia Menor hicieron padecer a los cristianos.

En otras provincias del imperio se les condenaba al tormento, especialmente durante las revueltas políticas y las guerras civiles que siguieron al asesinato de Séptimo Severo. Clemente de Alejandría escribía, por entonces, que «todos los días veía cómo se quemaba, crucificaba y decapitaba a algunos de los fieles»[3].

Ireneo, del cual ya hemos hablado como discípulo de Policarpo, sucedió a Pothin en el obispado de Lyon (177–202), siendo elegido a su regreso de Roma. Los hermanos de Lyon le habían confiado unas cartas para el obispo Eleuterio, referentes a la nueva secta de los montanistas[4]. El

---

1. Cuenta Hipólito que Marcia hizo preguntar a Víctor, obispo de Roma, el nombre de los confesores que gemían en las minas de Cerdeña, donde enviaban a los cristianos de Roma, a causa de lo insanas que eran. Cuando tuvo en su poder la lista, consiguió del emperador la orden de que fueran puestos en libertad (Hipólito, *Contra las herejías IX*, cap. VII).

2. Hipólito, *Contra las herejías IV*, cap. XXX, pp. 1, 3.

3. Neander, cap. I, p. 165.

4. Eusebio, *H. E., V,* cap. III, IV.

obispo escribió varios folletos, entre los cuales, el más importante es el libro *Contra las herejías.*

1. El gnosticismo

En aquellos días, la Iglesia estaba agitada a causa de doctrinas extrañas y especulaciones filosóficas, conocidas con el nombre de *gnosticismo.* Casi todos los escritores cristianos emplearon su pluma para refutar aquellos errores. El apóstol Juan habló ya de algunos de ellos (los *nicolaitas*), y les señaló agitándose en las iglesias de Asia (Ap. 2: 6, 15). Esta tendencia penetró rápidamente en Asia, Siria y en las escuelas de Alejandría. Innumerables extravagancias, que bajo el pomposo título de *teorías filosóficas* se propagaban sin descanso, lograron gran aceptación. En su antigua y clásica significación, el calificativo *gnóstico (hombre de ciencia)* se aplicaba a los que, en las manifestaciones científicas, se distinguían del vulgo. En adelante, se dio el nombre de *gnósticos* a los que, con estrafalarios sistemas, producto de absurdas combinaciones de diversos elementos entresacados de las teorías de Platón, de la *teogonía* hebraica, del Brahmanismo, del panteísmo, del Budismo y del Evangelio, pretendían sostener una doctrina superior al paganismo, al judaísmo y al propio cristianismo[5].

Más atentos a sus estériles lucubraciones que a las verdades de la nueva doctrina, se esforzaban vanamente en sondear el abismo misterioso y sombrío en el que había naufragado la filosofía pagana. Así, Tertuliano escribió:

«Los mismos temas ocupan a los herejes que a los filósofos. Encallados en las mismas preocupaciones, se preguntan: *¿De dónde viene el mal? Pero, ¿es que existe? El hombre, ¿de dónde procede y a qué viene? ¿Cuál es el principio de Dios? Pero, ¿es que existe algo común entre Atenas y Jerusalén, la Academia y la Iglesia, los herejes y los cristianos?.* Nuestra secta procede del pórtico de Salomón, que nos enseña a buscar a Dios con corazón sencillo y recto. ¿En qué están pensando los que pretenden arreglar un cristianismo estoico, platónico o

---

5. J. K. L. Gieseler, *op. cit.,* pp. 149 y siguientes.

sazonado con el fárrago de la dialéctica? Para los que tienen a Cristo, son inútiles estas curiosidades; a los que encuentran su satisfacción en el Evangelio, nada pueden ofrecerles las discusiones filosóficas»[6].

Cooper, en su libro sobre *La Iglesia libre en el antiguo cristianismo*[7], llama al gnóstico «la espuma producida por la poderosa levadura del Evangelio, que penetra y vivifica al inanimado paganismo». Hatch, con una bella frase, describe su enseñanza «llena de ensueños» y, después de demostrar el simbolismo de Filón, que hacía del Antiguo Testamento una alegoría fantástica, añade:

«Para los que llegan a estas conclusiones, las narraciones evangélicas sólo se prestan a interpretaciones alegóricas. Indudablemente que para las inteligencias ordinarias, para aquellos que sólo veían con la vista del cuerpo, Cristo era una persona real, que vivió, murió y subió al cielo; las comunidades cristianas eran las asambleas visibles de sus discípulos, al par que las virtudes cristianas ciertas tendencias del espíritu que se manifestaban por ciertos actos. Pero para los espirituales, para los espíritus cultivados, para aquellos que se dejaban guiar por la razón, todo esto no era otra cosa que fantasmagoría y misterio. Los hechos que se atribuían a Cristo eran el resultado de poderosas fuerzas espirituales en conflicto; la Iglesia, una emanación de Dios, las virtudes cristianas, diversas fases de iluminación intelectual, unidas por débiles lazos a los actos materiales y hasta completamente independientes de ellos. Pronto se ensanchó el círculo. Aquellas abstracciones, poco a poco, tomaron forma material, se mezclaron y combinaron, como las visiones de un sueño. Creóse una nueva mitología, en la cual, a Júpiter y a Venus, a Isis y a Osiris se les llamó *el abismo* y *la ciencia, la sabiduría* y *la fuerza*. El cristianismo dejó de ser para ellos una religión, para transformarse en un poema del platonismo; dejó de ser la regla de su conducta, para ser una cosmología»[8].

No se crea, sin embargo, que todos los gnósticos eran unos visionarios. Se daba aquel nombre a un sin número de doctrinas y de costumbres. Es indudable que algunos gnósticos merecieron ser llamados *blasfemos;*

6. Tertuliano, *Tratado de las prescripciones,* cap. VII.
7. Cooper, *La Iglesia libre en el antiguo cristianismo,* p. 187.
8. E. Hatch, *The Organization of the Early Christian Churches,* lect. IV, p. 91 (Londres, 1881).

otros, introducíanse en los hogares para destruir la fe de los débiles; mientras otros se hicieron licenciosos[9] o llamaron la atención por lo exagerado de su ascetismo[10]; pero, al lado de estos, veíanse otros muchos, cuyo celo y vida podían citarse como ejemplo a los ortodoxos. Puede, sin embargo, afirmarse que los gnósticos eran los miembros de la Iglesia que más se acercaban al mundo pagano.

Gilbon dice de ellos[11] que «eran los más finos, más sabios y más ricos de entre los cristianos». En una época en la que casi no había autores ortodoxos, desplegaron una prodigiosa actividad literaria[12]. Según hace observar Milman, «estaban tan orgullosos de su pureza intelectual y espiritual, que no hacían escrúpulo ninguno en tomar parte en los cultos oficiales del paganismo, aunque declaraban de antemano el desprecio que les merecía, como tampoco rehusaban comer carnes sacrificadas a los ídolos»[13].

Los gnósticos obligaron a la Iglesia a repensar las doctrinas cristianas a la luz de su entorno cultural, prestando atención a las razones de la fe. Pese a lo loable de su intento, Basílides, Valentín, Carpócrates y sus imitadores pusieron en peligro el carácter histórico del cristianismo, reduciendo sus doctrinas a un sistema de mitología interpretado alegóricamente.

No todo lo que la Iglesia condenó por entonces como *herejía* lo fue en realidad. El montanismo, por ejemplo, se diferenciaba mucho del gnosticismo. Mejor dicho, era una reacción y una protesta contra éste[14].

2. Montano

Montano había nacido en Frigia. Sus doctrinas se esparcieron lo mismo en Oriente que en Occidente, logrando numerosos prosélitos, entre los cuales, contábase a uno de los más eminentes doctores de la Iglesia cristiana, Tertuliano de Cartago.

Se han atribuido a esta secta opiniones extravagantes y contrarias a las Escrituras, al par que se ha acusado de fanatismo a alguno de sus parti-

---

9. Ireneo, Tertuliano, etc.
10. Por ejemplo, los *encratitas,* de quienes hemos hecho mención al hablar de Tertuliano.
11. Edward Gibbon, *Declive and Fall of the Roman Empire,* cap. XV (Londres, 1776–1788).
12. Cooper, *Free Church,* p. 210, n.
13. Milman, *Historia del Cristianismo,* cap. II, p. 85.
14. Neander, *Historia de la Iglesia,* cap. II, p. 199 (véase también *Antignostikus,* cap. II, p. 200).

darios. Algo de verdad puede haber en estas acusaciones; pero hay que tener presente que fueron lanzadas por los enemigos de los montanistas y se refieren, en particular, a las ideas que sustentaban respecto de la constitución de la Iglesia y de la obra del Espíritu Santo; ideas más sencillas y más sanas que las de la mayoría de los cristianos de aquellos tiempos. Esto es, afirmaban el sacerdocio universal de los fieles y, por consiguiente, no limitaban los dones espirituales, ni a una casta, ni a un sexo. Tampoco admitían que las luces de la ciencia y de la inteligencia hubiesen hecho inútil el don de profecía. En oposición a que sólo los obispos eran los sucesores de los apóstoles, afirmaban que aquel que recibía del Espíritu Santo el don de profecía era el único sucesor de los apóstoles y heredero de su poder espiritual[15].

Rechazaban también el error de suponer que a los *laicos* (es decir, a los cristianos no eclesiásticos) sólo se les debía exigir una santidad de vida inferior a la del clero. Resistían con todas sus fuerzas las corrientes mundanas que invadían la Iglesia y, a pesar de las leyes que prohibían sus asambleas, no usaron de la prudencia necesaria para evitar que las autoridades se fijaran en sus reuniones de oración y de ayuno, llegando al extremo de condenar la participación en los actos de la vida civil que tuvieran alguna relación, ni de cerca, ni de lejos, con algo que procediera del paganismo.

Pero aunque veían claramente la mundanalidad cada vez más creciente de la Iglesia, los montanistas no se separaron de ella. A decir verdad, sólo abandonaron la Iglesia cuando fueron expulsados de ella por el obispo de Roma (192)[16].

Reconozcamos que la actitud de la Iglesia para con los herejes no fue siempre ni tan inteligente, ni caritativa como fuera de desear. Indudable-

---

15. He aquí lo que dice Tertuliano:
«Es verdad que la Iglesia podrá perdonar los pecados; pero será la Iglesia espiritual, y mediante un hombre espiritual. No se trata, pues, de una Iglesia compuesta de cierto número de obispos, porque este derecho pertenece al Maestro y no al siervo; a Dios y no al sacerdote. Después de Cristo, solo podrá llamarse *maestro* al Paracleto, y éste únicamente podrá ser reverenciado como tal» (*De la modestia XXI, Del velo de las vírgenes*, cap. I).
16. Neander, cap. II; Gieseler, *op. cit.* Burton emite una opinión diferente. No se sabe si se trata del obispo Víctor. Hacth, al referirse al lugar que ocupaban los montanistas en la Iglesia, dice: «Los montanistas levantaron enérgica y, por algún tiempo, afortunada protesta contra la tendencia cada vez mayor en la Iglesia y más tarde firmemente acentuada que ha venido a ser el esta-

mente que el celo que desplegaba para mantener la pura doctrina era digno de encomio, pero, con frecuencia, tal medida, tomada contra una persona o una comunidad, perjudicaba la causa de la verdad. Lo que se nos dice de Marción puede servirnos de ejemplo: Marción, que era uno de los últimos y de los más evangélicos entre los gnósticos, había probablemente sido amigo de Policarpo desde su juventud. Cuando algún tiempo después, éste fue a Roma a visitar al obispo Aniceto, Marción, que se hallaba allí, al encontrarle, le dijo:

«– ¿Te acuerdas de mí, Policarpo?

– ¡Ciertamente –respondióle su antiguo amigo– ...tú eres el heredero de Satanás!»[17].

Es posible que en sus especulaciones abstractas, Marción hubiera obscurecido un tanto la doctrina evangélica; pero su predicación y su vida eran las de un fiel cristiano. Su enseñanza había atraído a numerosos discípulos. Sus doctrinas fueron profesadas durante más largo tiempo, que ninguna otra de las sectas de los gnósticos[18].

---

do normal de casi todas las iglesias cristianas: contra la reglamentación oficial oponían la importancia que debían tener los dones espirituales. Afirmaban que la revelación de Cristo, por el Espíritu Santo, no era un fenómeno temporal, particular de los tiempos apostólicos, sino un hecho constante en la vida cristiana. A tales afirmaciones, unían la predicación de una pureza moral muy superior a la usada en aquellos tiempos. El mejor teólogo de su tiempo les prestó el concurso de su pluma y, si se desea tener una idea exacta de sus tendencias, es precisamente en sus escritos que hay que buscarla, y no en las afirmaciones de escritores posteriores que, por otra parte, eran sus adversarios» (Hatch, *Early Christian Churches, V*).

En un estudio bibliográfico de la primera edición de este libro, un crítico del *Friend's Review* hizo resaltar las flaquezas del montanismo en los siguientes términos:

«El montanismo llevaba consigo los gérmenes de su propia destrucción. Pretendía que el cristianismo se sostuviera por los dones milagrosos del Espíritu, olvidando que el trabajo del Espíritu se combina con la actividad fiel, al par que regular, del creyente. Olvidaba que estos dones no deben suplir a la actividad, sino darles flexibilidad y armonía más intensas. El montanismo no supo apreciar suficientemente las ventajas de una firme organización, de un trabajo perseverante y del uso continuado de los medios que Dios ha puesto a nuestro alcance. Concedía demasiada importancia a las visiones y ensueños; pedía demasiado ascetismo, imponía demasiados ayunos y creía en la inmediata aparición de Cristo. Algunos montanistas del Asia Menor llegaron hasta designar el sitio donde Cristo debía de hacer su aparición. Sería injusto, sin embargo, desconocer que dio a la causa de Cristo algunos de sus más ilustres testigos» (*Friend's Review*, Filadelfia, julio de 1884).

17. Eusebio, *H. E., IV*, cap XIV.

18. Neander, *op. cit.*, pp. 11, 129 y 130.

Tertuliano, enemigo acérrimo de Marción, cuenta que cuando éste fue a Roma (después de haber sido excomulgado por el obispo de Sinope, que era su padre), legó su fortuna a la Iglesia, que consistía en unas 40.000 pesetas (unos 200.000 sextercios). Digamos, en honor de la Iglesia de aquellos tiempos, que al ser arrojado de la misma por sus opiniones heréticas, se le devolvió el legado.

Mas la actitud que se atribuye a Policarpo no es otra que la fiel imagen del exclusivismo, desprovisto de la caridad de la antigua Iglesia. Desgraciadamente, en el transcurso de los siglos, se manifestó el mismo espíritu. Es cierto que el apóstol Pablo dijo: «Si alguno no obedeciere nuestra palabra comunicada por esta carta, señaladlo para que no camine en vuestra compañía, a fin de que se avergüence». Pero luego añade: «No le tengáis por enemigo, sino amonestadle como a un hermano» (2 Ts. 3: 14 y 15). Desgraciadamente, la Iglesia tuvo demasiado en cuenta la primera orden del apóstol, olvidando, harto fácilmente la última. A medida que los dogmas de la sucesión apostólica y de la unidad externa de la Iglesia se apoderaron del espíritu clerical, agravóse la situación. El gran campeón de esa tendencia fue el excelente Ireneo, que se jactaba de anonadar a todos aquellos que, por amor propio, vanagloria, ceguera o mala fe, se separaban de la Iglesia:

«Nuestra obligación –decía– es recurrir a la Iglesia más grande y más antigua y que es conocida de todo el mundo; a la Iglesia de Roma, fundada por los apóstoles Pedro y Pablo; la que conserva la tradición recibida de sus fundadores, cuya tradición ha llegado hasta nuestros tiempos, por una no interrumpida sucesión».

Lo que sigue después demuestra ya el germen del error, que el tiempo se encargó de extender y aumentar, y que consistía en considerar la tradición con la misma o mayor autoridad aún que la Santa Escritura.

«¿Para qué buscar fuera de la Iglesia lo que ésta puede darnos tan fácilmente? De la misma manera que un rico coloca su dinero en casa de un banquero, los apóstoles depositaron en ella todo lo concerniente a la verdad religiosa. El que lo desee puede hallar en la Iglesia el agua viva que necesita su alma. Ella es la puerta de la vida; los que no entran por Ella, ladrones son y robadores»[19].

Tertuliano no fue menos severo para con aquellos que consideraba «herejes»:

«No debo omitir hacer la descripción de la conducta de los herejes y decir cuán frívola es su vida, cuán terrestre, humana, sin gravedad, sin disciplina y sin autoridad; conducta perfectamente proporcionada a su fe. No existe diferencia entre los *catecúmenos* y los fieles. Entran, oyen, hacen las oraciones sin orden y, si la ocasión se presenta, hasta en presencia de los paganos. No tienen escrúpulo de dar las cosas santas a los perros, ni de sembrar perlas (que en verdad resultan falsas) delante de los puercos. Llaman *sencillez* y *rectitud* al trastorno de la disciplina; y a nuestro apego por el orden, lo llaman ellos *afectación*. Sus mujeres se atreven a dogmatizar, discutir, exorcizar, a prometer curaciones y, tal vez, se atrevan a bautizar. Entre ellos, la ordenación se hace por capricho, al *acaso* y sin orden. Unas veces, ordenan a un *neófito;* otras, a uno de nuestros apóstatas… Hasta a los *legos* confieren funciones sacerdotales… La mayor parte de los herejes, ni iglesias tienen; viven errantes y vagabundos, sin madre, ni hogar»[20].

Llama la atención que Tertuliano, en este párrafo, no ataque ni la fe, ni la vida de los disidentes. Si en su organización eclesiástica o en sus actos violaban la ley divina, que exige que se haga todo en orden, incurrían en un grave error y se hacían acreedores de una severa amonestación. Pero el testimonio de un adversario tan apasionado como Tertuliano[21] no debe aceptarse, si no es con algunas reservas. Lo cierto es que, en muchas ocasiones, los herejes habrían podido dar lecciones a la Iglesia, llamada *ortodoxa.*

Daremos final a este capítulo copiando las luminosas observaciones sobre la organización y vida interior de la Iglesia durante este período, hechas por el deán Milman:

«Esparcida la Iglesia por todo el mundo, tenía leyes propias, sus propios jueces, sus costumbres y hasta sus reglas económicas. Una correspondencia íntima y seguida unía entre sí a todos los miembros de esta república moral. Lo mismo que una impulsión, que una idea, que un sentimiento, salidos de Egipto o de Siria, se esparcían con la rapidez del rayo, hasta los confines del extremo Oeste. Ireneo, en la Galia, entabló controversia con los doctores de Antioquía, de Efeso o de Alejandría.

---

20. Tertuliano, *De las prescripciones,* cap. XLI, XLII.
Tertuliano ataca aquí en particular a los *marcionitas* y a los *valentinianos.*
21. En su tratado *De la paciencia,* cap. I, Tertuliano reconoce que a menudo se siente dominado por la impaciencia.

Tertuliano, en su latín rudo, como el del norte de África, atacó y defendió ideas nacidas en el Ponto y en la Frigia. Se formó una literatura entera que, propagada por ardientes misioneros, halló lectores numerosos, que ya no se contentaban con fábulas profanas, ni con sistemas de filosofía, sin importancia para ellos».

Y en otro lugar, escribió:

«Durante casi los tres primeros siglos, la Iglesia de Roma, y la mayor parte, si no todas las iglesias de Occidente, pueden ser consideradas como colonias religiosas griegas: griego su idioma, griega su organización, griegos sus escritores y hasta sus libros sagrados... Muchos vestigios y tradiciones demuestran que su liturgia y su ritual no lo eran menos[22]. El *Octavio* de Minucio Félix y el tratado de Novaciano *Sobre la Trinidad* son los más antiguos representantes de la literatura cristiana latina procedentes de Roma. No fue, pues, en Roma, sino en África, donde nació el cristianismo latino»[23].

---

22. «Encontrábase por todas partes al griego y al judío; cada uno de ellos, aunque de modo diferente, había sabido imponerse a los romanos. Sin los últimos, el comercio y la banca habrían tenido dificultades; sin el espíritu, la literatura y las artes griegas, ¿cuál habría sido la vida intelectual de Roma? Los griegos eran a la vez los esclavos y los amos de los romanos. Como los judíos, también extranjeros, encontrábaseles en todas las casas, y de ellos se necesitaba para toda clase de trabajos. Entre ellos, se hallaba al hábil escriba, al diligente mensajero, al pensador profundo... Cuando al llamamiento judeocristiano, el piadoso corazón del griego, que hasta entonces había permanecido fiel a sus dioses, sintió nacer en él una alegre esperanza, cuando, por causa del Nazareno, ambos fueron arrojados, el uno de la sinagoga y el otro del templo, se unieron y, olvidando las diferencias de raza, fundaron esplendentes luminares que esparcieron su luz por todo el mundo» (W. Beck, *Toughts on Church Origins,* en el *Friend's Quarterly Examiner,* abril de 1894).

23. Milman, *Historia del Cristianismo,* cap. II, pp. 113 y 114 (véase también *Historia de la cristiandad latina,* cap. I, Londres, 1855).

Sección Segunda:
Vida y costumbres de los cristianos

Capítulo X

Sacramentos

Hasta aquí hemos trazado la historia de los siglos; procuraremos ahora conocer en qué consistía su culto y cuál era su organización eclesiástica.

Así, Hatch dice:

«Cuando los miembros de una sinagoga se convencían de que Jesús era el Cristo, nada tenían que cambiar en su vida religiosa... Podían continuar practicando el mismo culto que antes. A la celebración semanal del día de la resurrección del Señor, añadíase la acostumbrada del sábado, pero no la reemplazaba»[1].

Sin embargo, en esta última, se cantaban a menudo himnos cristianos, apropiados al caso. Nada cambiaba tampoco cuando se juntaban a la comunidad algunos paganos, porque era necesario que éstos tuvieran conocimiento de las revelaciones de Dios en la Antigua Alianza, como importaba que judíos y paganos conocieran plenamente la doctrina de Cristo en la Nueva. Por otra parte, los pocos manuscritos que existían, lo mucho que costaban, la pobreza de la mayoría de los cristianos y el hecho de que no todos sabían leer, todo esto contribuía a que muchos no tuvieran otro medio de conocer el contenido de los libros sagrados más que oyendo su lectura. Esto explica las traducciones latinas en época remota. En las iglesias de Egipto y de Siria, donde el griego y el latín eran desconocidos, tenían traductores titulares, como los habían tenido las sinagogas judaicas[2].

---

1. Hatch, *Organization of the Early Christian Churches,* lec. III.
2. Neander, *op. cit.,* cap. I, pág. 419.
Agustín escribió:

A la lectura seguían sencillas explicaciones. Los que las daban debían acordarse de hablar según los oráculos de Dios y según lo que Dios les comunicaba[3]. Del mismo modo se hacía en la oración, que brotaba del corazón y reflejaba las necesidades del momento. En la Iglesia Primitiva no hay memoria de ningún formulario de oraciones. Tertuliano escribió a este propósito:

«Al hacer nuestras oraciones, levantamos la vista al cielo, extendemos nuestras manos, que son purificadas; descubierta la cabeza, porque no tenemos que avergonzarnos de nada. No tenemos ministro que nos enseñe fórmulas de oración porque el que ora lo hace en espíritu»[4].

En aquellos tiempos, ni siquiera formaba parte del culto la oración del Señor conocida como *Padrenuestro*. El Nuevo Testamento nada dice acerca de ello y los más antiguos escritores eclesiásticos, hasta Tertuliano, ni siquiera hacen mención de tal costumbre[5].

No eran los lectores, ni los intérpretes, ni aun los presbíteros (predicadores titulares de la comunidad), los que ejercían exclusivamente el ministerio. Cuando en el día del Pentecostés descendió el Espíritu Santo sobre los discípulos de uno y otro sexo, y empezaron a hablar diversas lenguas, Pedro declaró a los judíos que estaban presenciando, precisamente, el cumplimiento de la profecía de Joel relativa a la efusión del Espíritu sobre toda carne[6]. Aquellos dones, de este modo predichos y concedidos, continuaron manifestándose públicamente en la Iglesia durante cierto espacio de tiempo. En la *Primera epístola a los corintios,* leemos que cuando las congregaciones se reunían, sus miembros, unos entonaban un himnos, otros recitaban una enseñanza, varios explicaban en lenguas una revelación o una interpretación. A las mujeres no se les excluía de tomar parte en estos juicios. El apóstol les prohíbe hablar y probablemente preguntar o, tal vez, enseñar; pero, en cambio, también les reconoce el derecho de profetizar o de orar en la

---

«A esta época primitiva, aquel que podía procurarse un manuscrito griego, por poco que conociera el griego y el latín, se esforzaba en traducirlo» (*De Christiana doctrina II,* cap. XI, p. 16). La primera traducción se hizo en África (Smith, *Dict de la Biblia*).

3. Véase 1.ª Pedro 4:11.
4. Tertuliano, *Apología,* cap. XXX.
5. Lyman Coleman, *Antigüedades cristianas,* cap. X, § 9, nota
6. Véase Hechos 1:14; 2; Joel 2: 28 y 29.

asamblea, puesto que dice que «no deben hacerlo descubierta la cabeza»[7].

Por otra parte, en *Romanos 16*, Pablo nos manifiesta que, en aquellos días de vigor y sencillez, la mujer tenía participación directa en las prácticas del culto de la Iglesia Primitiva. Así, entre los fieles a los cuales Pablo envía sus saludos, la tercera parte eran mujeres[8]. Entre ellas, algunas son objeto de especial mención, motivada por el lugar que ocupaban en la Iglesia, o por su celo por la causa del Señor. De Priscila y Aquilas, por ejemplo, dijo el apóstol:

«No soy yo solamente quien les debe gratitud, sino también todas las iglesias entre los paganos».

De las otras cuatro, se dice que habían trabajado, y mucho, para el Señor. En la enumeración que precede no fue comprendida la inteligente y activa diaconisa Febe, a quien el apóstol dio el magnífico testimonio de que había prestado ayuda a muchos hermanos y a él mismo.

El único límite que el apóstol Pablo puso a la libre manifestación de los dones espirituales en las asambleas fue el necesario respeto al orden y a la recíproca sumisión[9].

1. La Cena en común o *ágape*

Réstanos aún mencionar un rasgo característico de la vida social y religiosa de los primeros cristianos: la Cena en común o *Eucaristía*.

Así, en la última Cena, nuestro Señor rodeado de sus discípulos, «tomó el pan y, después de dar gracias, lo partió, diciendo: *Tomad, comed, esto es mi cuerpo;* y seguidamente tomó la copa, y habiendo dado gracias, se la dio, diciendo: *Bebed de ella todos, pues esto es mi sangre, la sangre, de la (nueva) Alianza, que es derramada para la redención de los pecados de muchos*» (Mt. 26:26–28). Y, según Lucas, añadió:

«Haced esto en memoria de Mí» (Lc. 22:19).

Y según Pablo:

---

7. Véase 1.ª Corintios 14: 34 y 35.
8. Prisca, María, Junias, Trifena y Trifosa, Persida, la madre de Rufus, Julia y la hermana de Nerea.
9. Véase 1.ª Corintios 14:29–33.

«Haced esto en memoria de Mí cuantas veces bebiereis de ella» (1 Co. 11:25)[10].

Nuestro Señor y sus discípulos celebraron la comida solemne en conmemoración del rescate de los israelitas cuando hirió Dios a los primogénitos de los egipcios. Lo que hacían Jesús y sus discípulos hacíanlo en todas las casas judías de Jerusalén, con la diferencia, sin embargo, de que en la cámara alta el Señor explicaba a sus discípulos el *tipo* de aquella fiesta, tanto tiempo celebrada. Decíales que esta prescripción, como todas las que Moisés les había dado, se cumpliría en Él; que las sombras debían dejar el lugar a la realidad: que en vez del cordero pascual degollado y comido, y de la aspersión de su sangre, Cristo, el Cordero de Dios, el verdadero Cordero pascual, iba a ser inmolado, para que, por la aspersión de su sangre y la participación espiritual de su cuerpo, la humanidad pudiera ser liberada de la muerte y del pecado.

La Pascua sólo se celebraba una vez al año. Es preciso, pues, buscar otra explicación al uso frecuente de la participación del pan en la Iglesia Primitiva. Sabemos que los judíos tenían la costumbre de dar gracias al

Ágape cristiano (pintura de las catacumbas de San Calixto, Roma).

---

10. «Porque yo recibí del Señor lo que también os he enseñado: que el Señor Jesús, la noche que fue entregado, tomó pan...» (1 Co. 11:23–25).

Mateo y Marcos nada dicen respecto a la celebración ulterior y perpetua de la Cena y en el Evangelio de Juan ni siquiera se hace mención de ella.

empezar sus comidas. Era, y aún es, un deber del padre de familia tomar el pan y decir: «¡Bendito seas Tú, Señor, Dios nuestro, por los frutos de la tierra que nos das!». Y después de partido y distribuido el pan, tomar la copa y decir: «¡Bendito seas Tú, oh Dios, por el fruto de la vid que nos das!»[11]. Familiarizados con esta costumbre, parece que los apóstoles la asociaron a la notable aplicación que el Señor hizo de Sí mismo en la Pascua. Adelantemos algunas semanas, para encontrarnos en el día de la venida del Espíritu Santo, el día del Pentecostés, cuando todos los creyentes estaban reunidos en un mismo lugar y todas las cosas les eran comunes. Entonces, asistían asiduamente al templo y partían el pan en sus casas[12]; pues los cristianos no solamente tenían los bienes en común, sino que tenían la costumbre de celebrar juntos una comida diaria. Antes de mucho, este ensayo de la comunidad de bienes, que sólo se practicó en Jerusalén, tuvo que ser abandonado. En cuanto a la comida que antes había sido diaria, vino a ser semanal.

Dicha costumbre judaica se fue propagando a otras iglesias, como, por ejemplo, la de Corinto, que se componía de judíos y de gentiles. Mas aún, las iglesias compuestas exclusivamente de miembros salidos del paganismo no debían sorprenderse de una costumbre practicada también por los gentiles.

«En todo el imperio –dice Hatch–, como en nuestra sociedad moderna, existían sociedades o círculos. Unos dedicábanse a asuntos comerciales; otros al recreo y varios al socorro mutuo. Con frecuencia, aunque no periódicamente, los individuos de aquellas sociedades celebraban comidas o banquetes»[13].

En lo concerniente a la Iglesia, la consecuencia fue la institución de una comida periódica, en la que la religión y la fraternidad tenían su parte, y a la cual se invitaba a toda la congregación. Llamábanla *Cena del*

---

11. En el año 1551, el Concilio de Trento admitió que durante la cautividad de Babilonia los judíos, en vez del Cordero pascual, que no podía se inmolado más que en Jerusalén, instituyeran una *post–cænam* (comida añadida a la cena), compuesta de pan y vino (Paolo Sarpi, *Historia del Concilio de Trento,* publicada en inglés en 1619).

Debemos observar que desde el principio de la institución de la Pascua el pan había formado parte en la comida y que, como hemos dicho, el vino no era esencial a esa fiesta en el caso de los miembros pobres, para los que el vino era un artículo de lujo.

12. Es decir, no en el templo (Hch. 2:46; 4:32).

13. Hatch, *op. cit., lec. II,* pp. 26, 31.

Señor, convite de caridad, o ágape. Los fieles ricos pagaban o enviaban los manjares, y lo que sobraba era llevado a los hermanos pobres.

En el año 58, la celebración de la Cena del Señor o *Eucaristía* se hallaba establecida en Corinto. De ello hace mención el apóstol Pablo y, por lo que dice, deducimos que se habían introducido en la misma grandes abusos. Los que tomaban parte en aquellas comidas habían olvidado que recordaban la muerte del Señor:

«Cuando, pues, os reunís, no es para comer la Cena del Señor, porque cada uno toma antes para comer su propia Cena y, mientras uno tiene hambre, el otro está ebrio» (1 Co. 11: 20 y 21).

Y para evitar tales escenas, añade:

«Por tanto, examínese cada uno a sí mismo y coma del pan y beba de la copa, porque aquel que come y bebe sin discernir el cuerpo del Señor come y bebe su propia condenación» (1 Co. 11: 28 y 29)[14].

A este banquete común sólo eran admitidos los hermanos. La persecución obligó a las iglesias a ser más circunspectas y más exclusivistas. Se cerraban las puertas y se tomaban toda clase de precauciones para que no penetraran los intrusos[15]. El banquete o Cena común conservó durante mucho tiempo su verdadero carácter. ¡Qué horas más venturosas no pudieron lograr los primeros cristianos, cuando hacían objeto de sus conversaciones los recientes hechos de la historia evangélica! Especialmente en los días de persecución, ¡cómo debían unirse para llenar los vacíos que dejaban entre ellos las cárceles y los suplicios! ¡Cómo debían sentir que juntamente con Cristo, el pan de vida, entre ellos solo formaban un cuerpo![16]

El *ágape* o comida fraternal, unida originalmente a la Cena del Señor (1 Co. 11:7–34), era común en la cultura mediterránea y practicada por cultos y hermandades de todo tipo. En el cristianismo expresaba el amor,

---

14. Véase Ernest F. Kevan, *La Santa Cena* (Librería Bereana, Río Piedra, 1988); Alfred Küen, *El culto en la Biblia y en la historia* (CLIE, Terrassa, 1994).

15. Lyman Coleman, *op. cit.,* cap. XVI, p. 4.
Precisamente esta costumbre de despedir a los catecúmenos de la parte de la reunión que incluía la celebración de la Santa Cena, reservada exclusivamente a los bautizados, dio origen a que la celebración eucarística fuese conocida tradicionalmente por el nombre de *Misa,* del latín *missa,* que significa «despedida», palabra pronunciada siempre por quien preside el culto, primero dirigida a los catecúmenos después de las lecturas, y luego, a todos los fieles después de la comunión.

16. Stanley, *Cristian Institutes* (Londres, 1862).

unidad y solidaridad con los necesitados, a diferencia de otras comidas celebradas en el paganismo en honor de sus patrones, consistentes en grandes comilonas que contrastaban con la austeridad de las cenas cristianas:

«Nuestra cena –escribe Tertuliano– muestra su razón de ser en el nombre mismo: se llama igual que entre los griegos amor: *ágape*. Cualesquiera que fuesen los gastos, provechoso es gastar a título de piedad. En efecto, con ese refrigerio ayudamos a no pocos menesterosos, no que les tratemos como a parásitos nuestros que aspiran a la gloria de subyugar su libertad a cambio de llenar el vientre en medio de las vilezas, sino porque ante Dios los pobres gozan de mayor consideración»[17].

En el ágape cristiano los creyentes traían sus propios alimentos, que con generosidad repartían entre los demás, sin distinción ninguna de clases. El fin perseguido por estos ágapes era el auxilio de los pobres de la comunidad, a quienes de estaba manera les llegaba algo de alivio. Con todo, esta institución fraterna e igualitaria, pronto desembocó en abusos, que ya se denuncian en el mismo Nuevo Testamento. Algunos cristianos más acomodados se llevaban manjares ricos para su propio uso que no compartían con los necesitados. El rápido crecimiento del número de fieles propicio el desorden que acompañó a la celebración del ágape y de la Santa Cena, velando la dignidad del memorial de Cristo:

«Cuando os reunís vosotros, esto no es comer la cena del Señor (...) todo el que come y bebe indignamente, sin discernir el cuerpo del Señor, juicio come y bebe para sí» (1 Co. 11:20, 29).

Con el fin de evitar estos abusos y desórdenes, que indisponían para la celebración de la Santa Cena, muy pronto, a partir del siglo II, se introdujo la costumbre de separar ésta del ágape, de modo que la Santa Cena se trasladó a la mañana, al despuntar el alba, mientras que el ágape continuaba celebrándose por la tarde:

«La ceremonia eucarística, celebrada en plena noche o al clarear el día *ad lucem*, constituyó el centro de la vida religiosa de los cristianos, el

---

17. Tertuliano, *Apología*, XXXIX, 16.

momento supremo durante el cual, con plena conciencia de su unidad y de su vida sobrenatural, la Iglesia se unía a su Divino fundador, asimilándose fuerzas infinitas»[18]. Con todo, el *ágape* continuó durante mucho tiempo conservando su carácter religioso y celebrándose, por ello, en los mismos lugares sagrados. Desde el siglo IV fueron prohibidos los ágapes en las iglesias, hasta desaparecer por completo. Algunos estudiosos han negado rotundamente que existiera tal ágape como cosa distinta del banquete eucarístico, pero no podemos entrar en este tema ahora[19].

Los primeros cristianos no tenían altares, lo cual obedece a una evolución posterior, para celebrar la Santa Cena, sino una mesa de madera, la misma que servía para el banquete fraternal. Todavía no había objetos que tuvieran carácter litúrgico. Los cristianos de los tres primeros siglos tenían cierta alergia a todo lo que pudiera parecerse a los templos; parece incluso lícito afirmar que, en estos primeros tiempos, a los cristianos les repugna la idea del altar. Así, Minucio Félix pregunta a los objetores de la fe cristiana:

«¿Pensáis acaso que ocultamos nuestras creencias porque no tenemos templos ni altares?»[20].

---

18. Georges Plinval y Romain Pittet, *Historia ilustrada de la Iglesia*, vol. I, p. 72, ed. EPESA, Madrid, 1956.

19. Aquí los autores, de filiación cuáquera, dejan que sus prejuicios religiosos nublen su buen juicio histórico, negando la celebración de la Santa Cena como memorial o sacramento instituido por Jesucristo. Los autores argumentan:

«Nada prueba que, con este motivo, el Señor quisiera instituir una nueva prescripción ceremonial, con la cual la Iglesia debiera conformarse desde entonces y para siempre. El espíritu del Evangelio es contrario a tal conclusión. Cristo establece la nueva Alianza, de la cual había hablado el profeta Jeremías (31:31–34; He. 8:6–13); no la que había sido establecida con Israel, cuando la salida de Egipto, sino una alianza espiritual, sellada con la sangre del único Cordero pascual. Bajo esta nueva Alianza el pueblo de Dios llevaría la ley escrita en su corazón y sus pecados serían olvidados.

»Añadamos que las palabras del Señor no indican la intención de instituir un nuevo rito. No da ninguna dirección de cómo debe celebrarse, ni se deduce que deba ser celebrado con más frecuencia que la Pascua de los judíos. Más aún, las palabras «cuantas veces bebiereis de ella» sugieren la idea de que Jesucristo pensaba en la ruina de Jerusalén como el tiempo en el que la fiesta dejaría de celebrarse. Se sabe que la Iglesia judeocristiana continuó celebrando la Pascua hasta la destrucción de la santa ciudad, dándole siempre su verdadero sentido evangélico.

»Por las sucesivas modificaciones y el desarrollo del elemento clerical, el simple banquete (ágape) se transformó en la Eucaristía, o sea el sacramento de la Cena. A este desarrollo debió corresponder el olvido completo de su carácter social».

20. Minucio Félix, *El Octavio*, XXXII.

Por su parte, Tertuliano se expresa con su habitual agresividad: «En cuanto a los templos y monumentos, los detestamos igualmente; no conocemos ninguna clase de altar, no ofrecemos sacrificios»[21].

Este rechazo de un elemento religioso tan importante como el altar no carece ciertamente de sentido en el ambiente cultural–religioso en que debieron desenvolverse, pues tanto en el culto judaico como en el pagano el altar es el elemento necesario que hace grata a la divinidad la ofrenda, por estar a ella consagrada. En cambio, la víctima cristiana es santa en sí sola al estar constituida por el mismo Cristo, y no necesita que un elemento exterior a ella misma le haga propicia[22].

La mesa que servía de soporte al pan y al vino eucarísticos era la mesa del banquete, «el mueble o los muebles habituales que se empleaban en la comida y cena habituales: una mesa del tamaño conveniente o varias más pequeñas en el centro del *triclinium*, o comedor. Ahora bien, ya en este mismo tiempo se utiliza la palabra que designa tal mueble en forma simbólica para representar la Eucaristía: *la mesa del Señor* (1 Co. 10:21)»[23].

Desde el primer momento los cristianos entendieron que la comida fraterna, a cuyo final participan del pan y del vino en memoria del cuerpo y sangre de Cristo (véase 1 Co. 11), no tiene ninguna semejanza con la participación de las víctimas ofrecidas a las dioses, o con el derecho que tenían los sacerdotes judíos sobre las ofrendas presentadas en el Templo. Como se afirma claramente en la carta los hebreos: «Tenemos un altar, del cual no tienen derecho de comer los que sirven al tabernáculo» (He. 13:10).

Por otra parte, la idea de *sacrificio* es poco evidente en una comida, excepto en el sentido espiritual. No se olvide que *Eucaristía* quiere decir «acción de gracias», del griego *eukharistia,* que es un sacrificio de alabanza.

En el siglo III, con Cipriano de Cartago, la interpretación del sacrificio eucarístico se desliza peligrosamente hacia un concepto general de sacri-

---

21. Tertuliano, *De spectaculis*, p. 13 (véase también Ángel Calvo Cortés y Alberto Ruiz Díaz, *op. cit.*, p. 147).

22. José Antonio Iñiguez, *El altar cristiano. De los orígenes a Carlomagno*, p. 18, ed. EUNSA, Pamplona, 1978.

23. José Antonio Iñiguez, *op. cit.,* p. 17, ed. EUNSA, Pamplona, 1978.

ficio religioso. El peligro fue mayor cuando la Iglesia, una vez que cesó la persecución, salió de la clandestinidad y se convirtió en religión oficial del imperio romano, celebrando la Eucaristía en grandes basílicas. La Eucaristía se fue revistiendo cada vez más de mayor fastuosidad, aparejada a la suntuosidad de los edificios y la multiplicación de los ornamentos y objetos litúrgicos. Se multiplicaron las lecturas, las procesiones y los sermones. En occidente se comenzó a recibir por costumbre la Eucaristía todos los días; en oriente los usos varían.

Mencionemos cierto detalle de menor importancia: el beso de paz o de caridad que los cristianos se daban durante el culto[24].

Como todo lo que es histórico, también el beso santo de los primeros cristianos estaba sometido a la ley del desgaste y del abuso, por eso Clemente de Alejandría se ve obligado a precisar una diferencia entre el beso «profano» y el beso «formalista»:

«Si hemos sido llamados al Reino de Dios, vivamos de una forma digna de este Reino: amando a Dios y al prójimo (Mt. 22:37–39). El amor no consiste en un beso, sino en la benevolencia. En efecto, hay quienes hacen resonar las iglesias con un beso, sin tener amor dentro de su corazón. Hacer un uso desmedido del beso, que debería ser místico –el apóstol lo llamó *santo*–, ha desencadenado vergonzosas sospechas y calumnias. Gustado dignamente el Reino, dispensemos la benevolencia del alma a través de la boca casta y cerrada, por la que se muestra su carácter pacífico. Existe también otro beso impuro, plagado de veneno, que finge santidad. ¿No sabéis, acaso, que también las tarántulas con sólo el contacto de su boca consumen de dolor a los hombres y que los besos inyectan a menudo el veneno de la impureza?»[25].

Para Tertuliano es evidente que el beso entre hermanos es el sello de la oración, por lo que no disculpa a quienes retienen el beso en nombre de una supuesta religiosidad más alta:

«Hay otra costumbre que ahora se ha hecho frecuente: cuando los que ayunan han terminado su oración con sus hermanos, retienen el beso de paz, que es el sello de la oración. Pero, ¿cuándo debe darse el beso

24. Véase Romanos16:16; 1ª Corintios 16:20.
Véase también Justino Mártir, *Primera apología,* cap. LXV.
25. Jesús Espeja, *Para comprender los sacramentos,* ed. Verbo Divino, Estella, 1996, 5ª ed.

de paz si no en el cumplimiento de nuestras observancias religiosas, mientras nuestra oración asciende al cielo, hecha más digna de alabanza debido a nuestra caridad? Para que ellos mismos puedan compartir nuestra observancia, a la que han contribuido pasando su paz a su hermano, ¿qué oración es completa divorciada del beso santo? ¿Quién impide la paz en su servicio al Señor? ¿Qué clase de sacrificio es el del que se marcha sin dar el beso de paz?»[26].

Pronto fue preciso establecer límites y reglas a esta costumbre, que continuó en la Iglesia de Occidente hasta el siglo XIII y que, en la mayor parte de las iglesias de Oriente, se ha conservado hasta nuestros días[27].

Cuanto acabamos de decir refiérese a la edad apostólica; ninguna referencia nos ha legado el siglo que le siguió. Clemente de Roma, Barnabás, Policarpo, el autor de la *Carta a Diognetes,* ninguna alusión hacen a la Cena[28]. Según el texto siriaco, el mismo Ignacio nada dice del acto exterior; en cambio, habla siempre de la comunión espiritual:

«Quiero para mi alimento el pan de Dios, que es Jesucristo; y para bebida, el amor incorruptible, que es la sangre de Cristo»[29].

La más antigua alusión que se hace de la Cena y del culto la encontramos en la carta de Plinio a Trajano, que ya hemos citado:

«Reuníanse en ciertos días, antes de la salida del sol; cantaban himnos en alabanza de Cristo (…) Después de esto, tenían la costumbre de separarse, para reunirse de nuevo a comer ciertos manjares inocentes»[30].

El primer escritor eclesiástico que dio algunos detalles respecto al culto cristiano fue Justino Mártir, hacia el año 175 en su *I Apología,* presentada a Antonino *el Piadoso,* en el año 138. En ella se lee y comenta la Escritura. Las oraciones y los himnos han conservado mucho de la sencillez de los primeros tiempos; pero en la mayor parte de las congregaciones ya no se encuentra la libre manifestación de los dones espiritua-

---

26. Tertuliano, *Sobre la oración,* XVIII, pp. 1–5.
27. Clemente, *El pedagogo III* (véase también Antenágoras, *Mensaje para los cristianos,* cap. XXXII, pp. 81, 1–4).
28. Lo mismo puede decirse de los apologistas: Minucio Félix, Antenágora, Tatiano y Teófilo de Antioquía (L. Colman, *op. cit.,* cap. XVI, párrafo 4).
29. Véase el CAPÍTULO VI de la PRIMERA PARTE.
30. Véase el CAPÍTULO IV de la PRIMERA PARTE.

les, tan necesarios a la vida sana y poderosa de la Iglesia. El servicio religioso se ha vuelto instructivo y oficial y es, casi enteramente, hecho por una sola persona. Veamos cómo lo describió Justino Mártir: «En el día llamado *del sol* se reúnen en el mismo lugar todos los fieles de la ciudad y de la campiña. Mientras hay tiempo para ello, se leen las memorias de los apóstoles o escritos de los profetas; cuando el lector ha concluido, el que preside el culto añade algunas instrucciones y exhortaciones orales, proponiendo a los fieles la imitación de las hermosas enseñanzas que se acaban de leer[31]. Después, todos en pie, oran. Concluida la oración, traen pan, vino y agua. Entonces se levanta el presidente, ora y da gracias, y el pueblo responde: *Amén*. En seguida se reparten los alimentos consagrados, participando de ellos todos los presentes. Los diáconos se encargan de llevar su parte a los ausentes. Los fieles que quieren y pueden contribuyen libremente a las necesidades de la grey. El resultado de la colecta es entregado al presidente, que cuida de asistir a los huérfanos, a las viudas, a los enfermos, a los desgraciados, a los pobres, a los extranjeros; en una palabra, a todos los que lo necesitan»[32].

Justino, en otro capítulo, insiste más particularmente en la celebración de la *Eucaristía*. Las expresiones de que se sirve podrían hacernos suponer que, tal vez, creía en la presencia real... Pero tengamos en cuenta que se trata de la percepción de un convertido, inmediatamente después de su bautismo:

«Ofrecemos fervientes oraciones para él y para nosotros, las cuales terminadas, nos saludamos unos a otros con un beso. Después, llevan al presidente pan y una copa llena de vino y agua. La toma y da gloria y alabanza a Dios, el Padre de todas las cosas, en el Nombre del Hijo y del Espíritu Santo, dándole gracias por habernos creído dignos de recibir tan señalados dones. Al concluir, todos los presentes, dicen: *Amén*. Y por último, aquellos a quienes llamamos diáconos, dan a to-

---

31. En algunas ocasiones se daba lectura a escritos de otros autores. Así, Dionisio, obispo de Corinto, escribiendo por este tiempo a la Iglesia de Roma, dijo:
«Hemos celebrado el día santo del Señor y dado lectura a la epístola que os ha sido enviada. Su lectura, como la que en otro tiempo nos escribió Clemente, llena nuestros corazones de excelentes avisos».
Véase También Eusebio, *Historia Eclesiástica IV,* cap. XXIII.
32. Justino Mártir, *Segunda apología,* cap. LXVII.

dos los fieles presentes el pan y la mezcla de agua y vino, los que a su vez dan gracias a Dios. Después del servicio, los llevan también a los ausentes.

A este alimento le llamamos *Eucaristía*. A nadie se admite a ella, si no cree en la verdad de la doctrina y no ha sido bautizado para la remisión de los pecados y de la regeneración; si, finalmente, no vive como Cristo manda, puesto que, para nosotros, este pan y este vino no son como los demás. Del mismo modo que Jesucristo, nuestro Salvador, fue hecho carne por la Palabra de Dios y fue revestido de carne y sangre para nuestra salvación, así se nos enseña que este pan y este vino, sobre los cuales han sido pronunciadas acciones de gracias del mismo Salvador y que, transformándose, nutren nuestra carne y nuestra sangre, son la carne y la sangre de Jesucristo hecho carne»[33].

En su *Diálogo con Trifón,* Justino aún va más lejos en sus afirmaciones. A saber, siguiendo su sistema de alegorías, compara el pan y el vino con las ofrendas de los judíos y, refiriéndose a estos elementos, usa la palabra *sacrificio:*

«La ofrenda de flor de harina, impuesta a los que habían sido curados de la lepra, era una figura del pan de la *Eucaristía* (…) Dice Dios por boca de Malaquías: *Desde el nacimiento del sol hasta su ocaso, mi Nombre es grande entre las naciones; y, en todo lugar, se me ofrecerá incienso y ofrenda limpia, porque grande es mi Nombre entre las naciones.* Dios, hablando así, nos señala a nosotros que, de entre todos los pueblos, le ofrecemos sacrificios, es decir, el pan y la copa de la *Eucaristía*»[34].

Sesenta años más tarde, encontramos en Tertuliano una hermosa descripción de las costumbres religiosas de los cristianos:

«Voy a manifestaros en qué se ocupan los cristianos. Después de haberlos defendido de las calumnias, es preciso darlos a conocer. Unidos por los lazos de una misma fe, de una misma esperanza, de una misma moral, no hacemos más que un cuerpo. Nos reunimos para hacer oración a Dios; formamos una santa conjuración para hacerle una violencia que le es

---

33. Ídem, cap. LXV y LXVI.
34. Véase Levítico 14:10; Malaquías 1:11.
Véase también Justino Mártir, *Diálogo con Trifón,* cap. XLI.

agradable. Le rogamos por el emperador, por sus ministros, por las autoridades, por el estado del mundo presente, por la paz y para que retarde el fin del Universo. Nos reunimos para leer las Escrituras, de donde sacamos las luces y los avisos de los que tenemos necesidad, según las circunstancias. Esta santa Palabra alimenta nuestra fe, levanta nuestra esperanza, fortalece nuestra confianza, estrecha cada día más la disciplina, inculcándonos su preceptos. Es allí donde se dan las exhortaciones y donde se reprende y, en el Nombre de Dios, se pronuncian las censuras. Contando siempre con su presencia, juzgamos con rectitud y, cuando alguno ha merecido ser expulsado de la comunión, de la oración, de nuestras asambleas y de nuestra sentencia es para Él motivo de preocupación. Los ancianos presiden nuestras asambleas; este honor no se adquiere por dinero, sino por el testimonio de un mérito probado: en las cosas de Dios, el dinero no tiene ninguna influencia[35]. Y si entre nosotros se encuentra algún tesoro, no tenemos que avergonzarnos, ni se nos puede acusar de haber vendido la religión. Cada uno de nosotros ofrece voluntariamente todos los meses, o cuando quiere y puede, una modesta cuota, que es la más libre y voluntaria de las contribuciones[36], la que se convierte en depósito de la piedad y que no se malgasta ni en comidas, ni en excesos. Sólo sirve para alimentar y para enterrar a los pobres, para socorrer a los huérfanos, desamparados, a los criados inútiles por su vejez y a los desgraciados que han hecho naufragios. Si hay cristianos castigados en las minas, o encerrados en las cárceles, o desterrados en las islas por causa de su fe, la religión que han confesado, y por la cual padecen, viene en su ayuda.

Existen, sin embargo, personas que nos acusan de esta caridad, como si fuera un crimen. Ved cómo se aman, dicen ellos, que se odian mutuamente. Ved cómo están dispuestos a dar su vida unos por otros, ellos que están siempre dispuestos a matarse unos a otros. Lo único que no critican es que nos llamemos *hermanos,* porque entre ellos, los títulos de parentesco no son otra cosa que expresiones engañosas de afecto… *Hermanos verdaderos* son aquellos que reconocen por Padre al mismo Dios, que han recibido el Espíritu de santidad y que, salidos del seno común de la ignorancia, han visto amanecer el día de la verdad…

---

35. «Ne que enim pretio ulla res Dei constat».
36. «Nam nemo compellitur, sed sponte confert».

Se nos acusa por nuestras cenas, que consideran criminales y demasiado suntuosas. Su nombre ya indica cual es su razón de ser: las llamamos *ágape,* palabra que procede del griego y que significa caridad. Aunque nos cuesten algo caras, nos damos por satisfechos por el bien que recibimos, al mismo tiempo que beneficiamos a los pobres (...) Ya podéis considerar cuán honestas son nuestras comidas, cuando todo lo que en ellas se celebra responde a la tendencia religiosa; nadie se siente humillado. Sólo nos sentamos a la mesa, después de haber elevado nuestra oración a Dios. Cada uno come según el apetito que tiene, y bebe como puede beberse entre personas que profesan la pureza; nos saciamos, teniendo presente que debemos levantar nuestro corazón a Dios. Mientras dura aquel acto, se habla allí, recordando que Dios nos oye. Después de que nos hemos lavado las manos y de que la antorchas están encendidas, se invita a cada uno a que cante alabanzas a Dios. Unos las extraen de las Sagradas Escrituras y otros las componen. Entonces se puede ver si hemos bebido, como dicen. La Cena empieza y concluye con la oración».

Ya en el tiempo de Tertuliano, la participación en común del pan y del vino alrededor de una mesa fue sustituida por una sola persona, que era el anciano que presidía el culto; sobre el particular, escribía Tertuliano:

«El Señor ha ordenado que en las comidas se comiera este pan y se bebiera este vino, a cuyo acto deben participar todos. A la caída de la tarde, los tomamos en nuestras asambleas, y sólo los que presiden tienen derecho a distribuir ambos elementos»[37].

Parece que Tertuliano fue el primero que dio a la Cena el nombre de *sacramento*[38]. Ireneo, que era contemporáneo de Tertuliano, no sólo se sirve de las mismas expresiones místicas que Justino, sino que las acentúa más. Al pan y al vino los llama *sacrificio:*

---

37. Tertuliano, *De la corona del soldado,* cap. III.
38. En el latín clásico, *sacramentum* fue un término jurídico. Más tarde, designaba el juramento militar. En las antiguas versiones latinas del Nuevo Testamento, se emplea frecuentemente para traducir la palabra «misterios» (véase Efesios 1:9; Romanos 16:25; 1ª Corintios 13:2). De ahí surgió la acepción de *sacramento* en sentido religioso. La palabra *sacramento* fue utilizada por los cristianos para traducir el vocablo griego *mysterion,* que significó al principio «designio» o «plan secreto». Por eso, la Vulgata Latina tradujo por *sacramentum* el *mystérion* de Efesios 5:32. Posteriormente, *misterio* se utilizó para referirse a los ritos secretos de iniciación de las religiones místéricas y de ahí pasó a designar los ritos de iniciación cristiana –bautismo, confirmación y eucaristía– llegando a ser sinónimo de *símbolo* y *sacramento.*

«...la ofrenda que Dios ha ordenado que la Iglesia ofrezca en todo el mundo (...) lo que no pueden hacer los herejes en sus conventículos».

En otra parte, dice:

«Así como el pan, que es producto de la tierra, deja de serlo cuando sobre él ha sido invocado el Nombre de Dios para transformarse en *Eucaristía*, así nuestros cuerpos, cuando participan del sacramento, ya no son corruptibles, sino que pueden esperar la resurrección para la eternidad»[39].

Hipólito de Roma, hacia el año 225, aporta una descripción mucho más completa de las oraciones que acompañaban el banquete eucarístico. En sus días, la oración comenzaba con las mismas palabras que registra Justino, que indica una comunidad de espíritu y costumbres:

«Te damos gracias, oh Dios, por tu Hijo bien amado Jesucristo, a quien en estos últimos tiempos nos has enviado como Salvador. Él es tu Palabra inseparable; por Él has hecho todo y en ello te has complacido. Lo enviaste del cielo al seno de la virgen, y llevado en su seno se hizo carne y se manifestó como Hijo, nacido del Espíritu Santo y de la virgen. Cumpliendo tu voluntad y adquiriéndote un pueblo santo, extendió las manos en el sufrimiento para rescatar del sufrimiento a los que creen en Él. Y puesto que fue entregado al sufrimiento voluntario para desarmar a la muerte y romper las cadenas del diablo, para aplastar a los infiernos e iluminar a los justos, para plantar un mojón y anunciar la resurrección, tomó el pan y dándote gracias dijo:

Tomad y comed, éste es mi cuerpo que es partido por vosotros.

Igualmente tomó el cáliz diciendo:

Esta es mi sangre que es derramada por vosotros. Cuando hiciereis esto, hacedlo en memoria mía.

Recordando, pues, su muerte y su resurrección, te presentamos el pan y el cáliz dándote gracias por habernos juzgado dignos de comparecer ante

---

Durante siglos la palabra *sacramento* se aplicaba a centenares de sacramentos. San Agustín llegó a enumerar hasta 304 sacramentos. Después de él, el sacramento vino a definirse como «un signo exterior y visible de la gracia interior y espiritual». A partir del siglo XII, se comienzan a destacar los siete sacramentos actuales de la Iglesia católica. La Reforma los redujo a dos, Bautismo y Santa Cena, como instituidos por Cristo. El Concilio de Trento respondió diciendo que «los sacramentos de la nueva ley son siete, ni más ni menos» (véase F. Lacueva, *Dict. teológico ilustrado*, art. «Sacramento», CLIE, Terrassa, 2001).

39. Ireneo, *Contra las herejías IV*, cap. XVIII.

Ti y de servirte como sacerdotes. Y te rogamos envíes el Espíritu Santo sobre la oblación de la santa Iglesia. Reuniéndola en la unidad, da a todos el derecho de participar en tus santos misterios y ser llenos del Espíritu Santo, fortalecidos en la fe en la verdad, para que te alabemos y glorifiquemos por tu siervo, Jesucristo, por quien es dado honor y gloria a Ti, Padre, y al Hijo con el Espíritu Santo, en tu santa Iglesia, ahora y por toda la eternidad. Amén»[40]. Las oraciones no estaban fijadas en fórmulas de un modo absoluto. El presidente de la asamblea podía improvisar sus variantes y añadir algunas frases en relación con las preocupaciones de la comunidad de fieles. La ceremonia tenía un carácter colectivo. Los asistentes podían intervenir y pronunciar súplicas y bendiciones, uno después de otro, según el orden recomendado por el apóstol Pablo. Sólo «a partir del siglo III, en la Iglesia romana, estas plegarias convergen y se funden en una sola oración, la plegaria de los fieles, que tienden a implorar la misericordia de Dios sobre todas las categorías de lo que se encuentra en el dolor, en el pecado y en el error, enumerando todas las necesidades del pueblo»[41].

Aunque en un principio sólo los bautizados admitidos en la Iglesia podían asistir a la comunión de la Santa Cena, lo que dio ocasión a los enemigos de la fe a inventar bulos sobre prácticas criminales de los cristianos, como el asesinato ritual de niños y relaciones sexuales incestuosas, la celebración eucarística no era un rito secreto que el sacerdote celebrara aisladamente en presencia de la divinidad, sino la expresión y transmisión del pensamiento unánime de los fieles, celebrado todo en la lengua vulgar o común de los participantes.

2. El bautismo

En los primeros años el bautismo se administraba inmediatamente a los que profesaban la fe, según vemos relatado ampliamente en Los Hechos de los Apóstoles (2:41; 8:36–38; 16:30–33). Pero bien pronto, a principios del siglo II, el bautismo se llegaba a aplazar hasta dos o tres años, esto es, el tiempo de preparación de los candidatos al bautismo, o

---

40. Hipólito de Roma, *La tradición apostólica*, I, p. 5.
41. G. Plinval y R. Pittet, *op. cit.*, p. 74.

catecúmenos, quienes eran debidamente instruidos en las grandes doctrinas de la fe. El candidato al bautismo tenía que ser presentado por cristianos amigos o parientes que se ofrecían como garantía de la sinceridad de su actitud; se trata de los *padrinos* y *madrinas*.

El bautismo, del griego *baptizein*, sumergir en agua, no es una práctica original y exclusivamente cristiana. Hay precedentes tanto en el Antiguo Testamento como en las religiones de Egipto, Babilonia y la India, considerado un baño sagrado de purificación de impurezas legales o rituales. En los misterios de Eleusis, el bautismo formaba parte de la iniciación, en la que una sacerdotisa derramaba un vaso de agua sobre la cabeza del neófito desnudo. El culto a Mitra, cuya semejanza con los ritos cristianos fue percibido por los padres de la Iglesia, exigía para su admisión un bautismo para purificación de los pecados morales y para entrar en una nueva existencia.

En el Antiguo Testamento es conocido el baño de agua como medio legal de purificación para los leprosos y personas impuras (Lv. 14:8; Nm. 19:19). En el ambiente del judaísmo precristiano, el bautismo de prosélitos fue practicado por los miembros de Qumrán y requería una conversión y purificación del corazón por el Espíritu Santo previas al rito. Los prosélitos judíos, los que sin ser de raza judía se convertían al

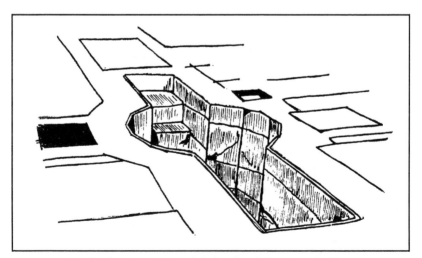

Baptisterio paleocristiano de la basílica de San Juan de Efeso.

judaísmo, practicaban un bautismo que suponía la travesía del mar Rojo y, tras este rito y el de la circuncisión, eran considerados como niños judíos recién nacidos en un sentido predominantemente jurídico, ya que implicaba su deber de observar en adelante la ley. El bautismo de Juan, sin ser idéntico al cristiano, es el modelo más inmediato del bautismo cristiano. Significaba la conversión y el perdón de los pecados, así como la voluntad de formar parte del nuevo pueblo de Dios. El Nuevo Testamento, y los escritores postapostólicos, siempre recalcan la diferencia: Juan bautiza en agua, Jesús en el Espíritu Santo[42].

«Es de tener en cuenta que el verbo griego *baptiszenai*, usado en la narración del bautismo de Jesús, traduce al verbo arameo *tebal*, que es activo intransitivo y no significa por tanto ser bautizado, sino sumergirse. Juan fue testigo de la inmersión de Jesús. Por otra parte, Jesús aprobó la acción profética del bautista»[43].

El apóstol Pablo expuso en Romanos 6 una interpretación distinta y más profunda del bautismo que la del mero pasar a formar parte de la Iglesia. Mediante el descenso a las aguas, el neófito era asimilado ritualmente a Cristo en su muerte, para renacer a una nueva vida con Cristo resucitado. De ahí que el bautismo se convirtiera en el rito cristiano de iniciación con que el neófito era místicamente regenerado. Este significado del bautismo se representaba dramáticamente en el rito primitivo. Los neófitos recibían el bautismo desnudos, con lo que se pretendía simbolizar la renuncia al propio yo. A veces recibían un nombre nuevo, eran revestidos de ropas blancas y se les daba un alimento místico consistente en leche y miel, con lo que se simbolizaba su renacimiento a una nueva vida en Cristo.

Por eso el bautismo se administraba siempre por inmersión, símbolo de muerte y sepultura. El primer testimonio postapostólico de esta práctica nos lo ofrece la *Didaché,* escrita alrededor del año 100 en Siria/Palestina. Leemos:

«Por lo que se refiere al bautismo, debéis bautizar así: después de haberle comunicado antes todo esto, bautizadlo en el Nombre del Padre,

42. Véase Hechos 1:5; Agustín, *Enquiridión,* II, p. 49 (véase también Cirilo de Jerusalén, *Catequesis XVII*).
43. A. Calvo y A. Ruiz, *op. cit.*, p. 127.

del Hijo y del Espíritu Santo y, naturalmente, en agua viva; pero si no tienes agua viva, bautiza con cualquier otra agua. Si no puedes con fría, con agua caliente. Si no tienes nada de eso, entonces derrama tres veces agua sobre la cabeza en Nombre del Padre, del Hijo y del Espíritu Santo»[44].

Por este texto vemos que la forma común de aplicar el bautismo es la inmersión en agua viva o agua corriente, y sólo como una excepción se reconoce la validez del bautismo por infusión, que se usó al principio para bautizar a los enfermos y más tarde a los adultos. Al mismo tiempo se asocia el rito bautismal a la regeneración bautismal, como vemos en un temprano escrito de Justino:

«Todos aquellos que han llegado al convencimiento de que es verdad lo que decimos y enseñamos y que, además, regulan su vida a la doctrina, empiezan por ayunar, para recibir la remisión de los pecados. Todos nosotros ayunamos y hacemos oración con ellos[45]. Después, les acompañamos junto al agua, donde son regenerados, de la misma manera que lo fuimos antes nosotros. En otros términos, reciben el bautismo de agua en el Nombre de Dios el Padre, de Cristo, el Salvador, y del Espíritu Santo. Porque Jesucristo dijo:

Si no sois regenerados (no nacéis de nuevo), no entraréis en el Reino de Dios...

El profeta Isaías indica de qué manera evitarán la condenación los que se arrepientan después de haber pecado:

Laváos, purificáos, quitad de mi vista la maldad de vuestras acciones... Aprended a hacer el bien... Si vuestros pecados fueren como el carmín, serán emblanquecidos como la nieve; si fueren encarnados como la grana, serán blanqueados como la lana»[46].

---

44. *Didaché*, VII.

45. Del latín eclesiástico *baptisterium* (del griego *baptisterion*). El término indica, desde el siglo IV en adelante, un edificio especial contiguo a la basílica, destinado a la administración del bautismo. El motivo de la separación del edificio ha de buscarse en el hecho de que los neófitos eran admitidos en la iglesia sólo después del bautismo. Los primeros batisterios eran de planta central, pentagonal, de cruz griega, a más menudo octogonal o circular, con cubierta de bóveda o de cúpula, pero todos indistintamente contenían en el centro del vano una pequeña piscina de 70–75 cm. de profundidad, a la que se descendía por medio de escalones y adonde el agua llegaba desde lo alto. Este tipo de bautisterio resistió a la desaparición del bautismo por inmersión (siglo XI); pero desde el siglo XIII fue cada vez menos frecuente, porque se empezó a administrar el bautismo en la misma iglesia, colocando la pila bautismal en una capilla lateral próxima a la puerta de entrada de la ésta.

46. Cirilo de Jerusalén, *Catequesis mistagógicas II*.

A pesar de esto, Justino concedía su verdadero valor al acto externo. En su tiempo, la espiritualidad de las enseñanzas de Cristo y de los apóstoles no había sido ahogada por la interpretación material de los misterios cristianos. Sobre el mismo pasaje de Isaías, dice Justino: «¿De qué sirve el bautismo, si solo purifica la carne, el cuerpo? ¡Vuestra alma debe ser bautizada y purificada de la cólera, de la avaricia, de la envidia y del odio! Sólo entonces será purificado vuestro cuerpo». Y en otra parte escribió: «Qué necesidad tengo del bautismo de agua, yo que he sido bautizado del Espíritu Santo?»[47].

La *Tradición apostólica* de Hipólito de Roma y la *Apología* de Justino nos demuestran que a mediados del siglo II ya estaba instituida la práctica del catecumenado, o proceso de enseñanza de los candidatos al bautismo. A principios del siglo III y para el siglo IV, la institución bautismal ya se había rodeado de complejas elaboraciones, practicadas por igual casi universalmente. Aunque se observen algunas variaciones en asuntos menores, según las regiones del imperio, el plan general de la iniciación bautismal estaba perfectamente fijado en todas las iglesias. En algunos lugares se bautizaba una vez al año en la vigilia pascual. En oriente sobre todo, se bautizaba con Pascua, en Pentecostés o en Epifanía.

Cuando alguien expresaba su deseo de convertirse, el obispo del lugar le sometía a un tiempo de instrucción prueba para averiguar la calidad de su vida y la sinceridad de su interés. Durante un primer escrutinio o examen de vida, el obispo escrutaba a cada aspirante y decidía si era digno o no de prepararse para el bautismo. Después empezaban los exorcismo cotidianos para ayudar a los «luchadores» a combatir a Satanás. Le seguían ayunos, penitencias, «escrutinios» y así llegaban poco a poco a despojarse del «hombre viejo» acostumbrado a las cosas del mundo. Cada cual se disponía así a la gran «mudanza» de su bautismo y proseguía su instrucción bajo la cátedra del obispo. El bautismo se realiza en

---

47. «La *disciplina del arcano* (expresión del teólogo protestante Juan Dayeus, año 1666, que aun sin ser muy exacta ha hecho fortuna hasta nuestros días) cayó en desuso a mediados del siglo V después de representar un capítulo decisivo en la estructuración de la educación cristiana, porque, en efecto, logró comunicar a la catequesis una importancia relevante y desarrollar eficazmente la didáctica de la iniciación en la doctrina y la vida cristianas» (Juan Manuel Moreno, Alfredo Poblador, Dionisio del Río, *Historia de la Educación*, p. 141, Paraninfo, Madrid, 1974).

un edificio específico para tal ocasión, el *bautisterio*[48], donde se encontraba la piscina bautismal en la que era sumergido el neófito: «Después fuisteis llevados a la santa piscina del bautismo, del mismo modo que Cristo lo fue desde la cruz al sepulcro. Se os preguntó a cada uno de vosotros si creía en el Nombre del Padre y del Hijo y del Espíritu Santo, y después de confesar esto, fuisteis sumergidos tres veces en el agua, y otras tantas sacados; y con esto significasteis la sepultura de los tres días del mismo Jesucristo»[49].

Para un cristiano, decía Ambrosio de Milán, la primera cualidad es la fe. Fe que comenzaba por confiar en el buen hacer de la Iglesia, pues el candidato ignoraba por completo en qué consistían las ceremonias por las que tenía que pasar. Esto se hacía para conservar el valor emocional de las mismas, a la vez que por la persistencia de los viejos moldes «iniciáticos» del medio ambiente sociorreligioso. No se olvide que a los catecúmenos también se les exigía, desde el principio, el juramento del «secreto iniciativo». Bajo graves penas eran amonestados a no contar a nadie lo que escucharan durante su tiempo de aprendizaje[50].

Entonces, el domingo de Ramos, el obispo reunía a los aspirantes en el bautisterio para dictarles los doce artículos del Credo, que según mencionada la tradición de los ritos mistéricos no se podían escribir. Se lo tenían que aprender en seguida de memoria para recitarlos públicamente ante la asamblea de los fieles antes del gran día del bautismo: «Vayamos ahora a recitar de nuevo la profesión de fe y pronunciadla con diligencia mientras yo la digo, y recordadla»[51].

El catecúmeno recién bautizado tenía la obligación de asistir del lunes al domingo después de Pascua a los sermones de la catequesis especial, llamada *mistagógica,* que el obispo predicaba. En ella descubría el pleno significado de los ritos bautismales por los que había pasado durante la noche pascual. Con esto se afirmaba que el rito en sí no era nada sin la

---

48. Cirilo de Jerusalén, *Cartas XVIII*, p. 21.
49. Iluminados, del griego *photizomenoi*, dado que uno de los nombres dados al bautismo era «iluminación», en griego *photismos*, para señalarlo como puerta de entrada, iniciación en los misterios cristianos, que el mismo Espíritu Santo se encarga de aplicar a los llamados y elegidos. «Que la iluminación bautismal inunde vuestros ojos, vuestro olfato, vuestro cuerpo entero», escribe Gregorio Nacianceno (*Orat.* 40, n. 3).
50. Cirilo de Jerusalén, *Protocatequesis*, p. 12.
51. En el APÉNDICE, encontrará el lector la traducción completa de la *Didaché* o «Enseñanza

plena comprensión del mismo. Los sacramentos, ciertamente, imparten la vida, pero sólo quienes conocen la doctrina pueden experimentar lo que ella contiene.

Toda la enseñanza impartida a los *iluminados*[52], como se conocía a los candidatos al bautismo, estaba envuelta en el misterio, como fue costumbre durante siglos. Se imponía a los oyentes que no revelasen nada de lo que allí aprendían, pese al carácter inocente de la doctrina. Los catequistas temían que los frívolos e inconstantes torcieran el sentido de la enseñanza cristiana y opinaran de ella temerariamente. Una y otra vez el maestro cristiano pide a sus oyentes que no revelen nada de cuanto allí aprenden. La enseñanza entonces era una cuestión muy privada y se impartía en el contexto de gremios y sociedades que guardaban con mucho celo sus secretos profesionales y sus ideas principales:

«Cuando se pronuncie la catequesis, si algún catecúmeno te pregunta qué dijeron los maestros, no le digas nada, pues te encomendamos los misterios y la esperanza del siglo futuro. Guarda el secreto a quien te lo transmita. Y no te diga nadie: *¿Qué mal te va a ti que yo también lo sepa?* Porque también los enfermos suelen pedir vino, y si se les da cuando no se debe, se les acarrea el frenesí, y de aquí nacen dos males: que el enfermo llega a morir y el médico es vituperado. Lo mismo ocurre al catecúmeno que oye los misterios por boca de un fiel; que el catecúmeno cae en la locura (porque no entiende lo que oye y desacredita al que se lo dice), y el fiel debe ser condenado por traidor e imprudente. Tú ya estás en la proximidad, pero guárdate de hablar nada temerariamente, no porque lo que se dice no sea digno de ser contado, sino porque son indignos los oídos de quien lo escucha. Algún día fuiste catecúmeno y yo te contaba las cosas antes dichas; mas cuando por experiencia conozcas la sublimidad de lo que se te enseña, entonces verás que los catecúmenos no son dignos de oír tales cosas»[53].

Ya en tiempo de Tertuliano (año 200), se complica el rito y se acentúa la creencia de que el acto externo posee cierto poder y virtud. Sin embar-

---

de los doce apóstoles», un documento recién descubierto. Allí se indica lo que debe durar el ayuno: uno o dos días.

52. Justino Mártir, *Primera apología,* cap. LXI.
53. Justino Mártir, *Diálogo con Trifón,* cap. XIV, XXIX.

go, no se llegó a creer en su efecto mecánico independiente de la fe. He aquí lo que dice Tertuliano:

«Poco antes de entrar en el agua, hacemos profesión solemne de renunciar al diablo, a sus pompas y a sus emisarios, lo que hacemos en manos del presidente y en presencia de toda la asamblea. En seguida, se nos sumerge en el agua por tres veces, con lo cual vamos más allá de la medida evangélica. Al salir del agua, nos dan una bebida compuesta de miel y de leche; y durante una semana entera nos privamos de nuestro baño ordinario»[54].

Luego añade:

«Siguiendo la antigua tradición, cuando salimos de la piscina *(lavacro)*, se nos unge con una unción santa, como cuando los antiguos sacerdotes lo hacían con el aceite del asta. Esta unción no aprovecha solamente a nuestro cuerpo: aprovecha también a nuestra alma, exactamente como el bautismo, que es un acto material, puesto que el acto de sumergirnos en el agua tiene por efecto espiritual librarnos de nuestros pecados. A continuación se nos imponen las manos, invocando al Espíritu Santo en nuestro favor... Y en aquel momento, el Espíritu de santidad desciende del Padre sobre nuestros cuerpos purificados y consagrados (...) Así —añade con acento triunfal—, sin pompa, sin ninguna preparación extraordinaria y sin estipendio alguno, un hombre baja al agua y se le sumerge después de pronunciar algunas palabras. Y —¡Cosa increíble!—, apenas ha sido purificado, su cuerpo ya posee para siempre la vida eterna»[55].

El *Tratado sobre el Bautismo* de Tertuliano fue escrito contra los sectarios de cierta mujer, llamada Quintilla, que poco antes había predicado el Evangelio en Cartago. El autor se manifiesta duro, y hasta

---

54. Tertuliano, *De la corona,* cap. III.
   En nuestros días, los miembros de las iglesias orientales degeneradas, para no borrar el bautismo, no se lavan ni se bañan durante meses y aún años.
55. Tertuliano, *Del bautismo*, cap. VII, VIII.
   Hipólito usa el mismo lenguaje hiperbólico. Así, interpretando tan equivocadamente como Justino Mártir el texto de Isaías 1:18, dice:
   «Observad, queridos hermanos, cómo el profeta ha hablado de antemano del poder purificante del bautismo. Aquel que, lleno de fe, baja a la piscina de la regeneración renuncia al diablo y se une a Cristo; sale resplandeciente de justicia y brillante como el sol» *(Discurso sobre la Santa Teofanía,* cap. X).

grosero, con los miembros de aquella secta, que desechaban el bautismo de agua por inútil y creían que, como en los tiempos de Abraham, la fe era suficiente para la salvación[56]. En aquella época, existían otras sectas que rechazaban el bautismo de agua y la *Eucaristía*. Entre ellas, los *ascodrutos,* o *marcosianos,* que afirmaban que los divinos misterios eran imagen de las cosas invisibles que no podían ser representadas por elementos materiales; que la completa redención conduce al verdadero conocimiento de todo lo que existe[57]. Se les consideraba como a los gnósticos, pero bien pudiera ser que, al par que sostenían principios verdaderos, profesaban ideas equivocadas; como también es probable que su protesta contra el ritualismo invasor les valiera tan inmerecida censura.

El Nuevo Testamento no ofrece información sobre el bautismo de niños. Cuando en los Hechos de los Apóstoles se afirma que hubo familias enteras o «casas» que se bautizaron por completo (Hch. 1:16; 11:14; 16:15, 31,33), la expresión «casa», en griego *oikía*, parece indicar tanto a los niños como a la mujer, los familiares y los siervos. Pero de esta sola formulación difícilmente se puede deducir la existencia de bautismo de niños en la Iglesia Primitiva. Tampoco los textos de Mr. 10:13–16 y Mt. 19:13 pueden aplicarse al bautismo de niños. Se trata más bien de una defensa y bendición de Jesús de los niños como signo de su amor a los pequeños y débiles de la sociedad. La gran comisión misionera se dirige directamente a la evangelización y bautismo de adultos, sin ninguna alusión a los niños (Mt. 28:19; Mr. 16:16). El Nuevo Testamento, pues, guarda silencio sobre este tema y no nos autoriza a sacar argumentos ni a favor ni en contra del bautismo de los niños[58].

Los primeros datos históricos que poseemos sobre el bautismo de niños pertenecen al siglo II y al siglo III sobre el bautismo de niños recién

---

56. En el capítulo II, llama víbora a Quintilla y dice que tales reptiles escogen los lugares secos y sin agua. Y añade:
«Pero nosotros somos como los pececitos y, a ejemplo de nuestro Señor Jesucristo, nacemos de nuevo en el agua, y no tenemos salvación en otra parte».
57. Teodoreto, *Haer. Fab.* I, cap. X.
Ireneo escribe el mismo pasaje, sólo que, en vez de «todo lo que existe», dice «de la inefable grandeza» *(Contra las herejías I,* cap. XXI, § 4).
58. Para Oscar Cullmann, sin embargo, el hecho de que no se diga contra el bautismo de infantes de familias creyentes es una prueba de su admisión para las generaciones que nacen en el seno de una familia cristiana (véase O. Cullmann, *Del Evangelio a la formación de la teología,* ed. Sígueme, Salamanca, 1974).

nacidos. En el siglo V es una práctica muy extendida sin que nadie discuta su legitimidad. Con el paso de la Iglesia Primitiva a la Iglesia de cristiandad en el siglo IV los bautismos de niños se multiplican: «La obligatoriedad civil del cristianismo con la consiguiente masificación de la Iglesia jugaron en verdad un papel decisivo. En una sociedad cristiana la familia actúa también en esto como agente de socialización bautizando a los hijos. Aunque el Nuevo Testamento no afirma nada ni en pro ni en contra del bautismo de los niños, han de ser tenidos muy en cuenta, no sólo los conceptos religiosos sobre la efectividad de los ritos que regían en cada tiempo y lugar, sino también la mentalidad y usos socioculturales de cada época y que en general eran menos individualizados que los nuestros. El papel del padre de familia, por ejemplo, incluía unos derechos sobre todos los de su casa que hoy no estaríamos dispuestos a admitir. De cualquier modo, el bautismo de niños fue al principio el *además* y la excepción, y no lo normal»[59].

Con todo, en pleno siglo IV coexiste también la práctica del bautismo de adultos, en parte por el rigor de la disciplina penitencial antigua, que ocasionó que muchos retrasasen el bautismo hasta la hora de la muerte, en gran parte también por creer que el bautismo de adultos era el más apropiado a la expresión madura de la fe.

Muchos creyentes venerados hoy como santos por la Iglesia católica fueron hijos de familias cristianas que, sin embargo, fueron bautizados de adultos:

«Muchos de ellos son los grandes teólogos del bautismo. San Basilio de Cesarea, hijo de familia cristiana, es bautizado a los veintisiete años; San Ambrosio, hijo de una familia que se gloriaba de contar con mártires, es bautizado a los treinta años, al ser designado por el pueblo como obispo de Milán; San Juan Crisóstomo, San Jerónimo, San Paulino de Nola, todos ellos de tradición familiar muy cristiana, son bautizados entre los veinte y treinta años; San Agustín, el hijo de santa Mónica, es bautizado a los treinta y dos años por San Ambrosio en la vigilia pascual del 387, juntamente con su amigo Alipio y su hijo de quince años (*Confesiones IX*). San Gregorio Nacianceno, hijo del obispo de Nacianzo,

---

59. A. Calvo y A. Ruiz, *op. cit.*, pp. 129 y 130 (véase también F. Lacueva, *Dict. teológico ilustrado*, art. «bautismo», CLIE; J. Jeremías, *Infant Baptism in the First Four Centuries*, Londres, 1960).

se bautiza a los treinta años, después de un naufragio (...) Coexisten, pues, durante bastante tiempo diversas formas de bautismos. Varios motivos indujeron a una generalización del bautismo de niños. El desarrollo de la doctrina del pecado original en tiempos de San Agustín y su controversia contra los pelagianos hizo del bautismo de los niños un argumento en favor del pecado original y reforzó su praxis. Por otra parte, los altos índices de mortalidad infantil aconsejaban un bautismo precoz para asegurar la salvación de los niños»[60].

La única voz discrepante es la de Tertuliano, llevado por su rigorismo moral:

«¿Por qué motivo consideráis necesario el bautismo de los párvulos? Así exponéis a un doble peligro a los padrinos y madrinas: ambos pueden morirse, quedando imposibilitados de cumplir su promesa y, por otra parte, aquellos por quienes han prometido pueden creer ya con malas disposiciones. Sin duda, el Señor, dijo: *Dejad a los niños venir a Mí y no se lo impidáis* (Mt. 19:14). Pero estas palabras quieren decir: *dejadles venir a Mí, mientras crecen, mientras aprenden, mientras se les enseña hasta donde deben llegar, pero no les hagáis cristianos (bautizándolos), hasta que sean capaces de conocer a Cristo»*[61].

Treinta o cuarenta años después, Orígenes invoca a la tradición apostólica en favor del bautismo de los niños:

«Los párvulos son bautizados según la costumbre de la Iglesia».

Y en otra parte añade:

«La Iglesia ha recibido esta tradición de los apóstoles, que los niños deben ser bautizados».

Y es que ya por aquel tiempo se manifestaba la tendencia de dar procedencia apostólica a todas las prácticas consideradas como importantes... Sin embargo, entre el período apostólico y el tiempo en que vivió Orígenes, se fueron acumulando tantos obstáculos, que ya no era posible distinguir con certeza lo que era de procedencia apostólica de lo que no lo era[62].

---

60. Víctor Codina y Diego Irarrazaval, *Sacramentos de iniciación. Agua y espíritu de libertad*, pp. 68 y 69, ed. Paulinas, Madrid, 1987).
61. Tertuliano, *Del bautismo*, cap. XVIII.
Suponemos innecesario observar que estas palabras nada tienen que ver con el bautismo.
62. Neander, *Establecimiento de la Iglesia Cristiana*, cap. I, p. 163 (véase también *Historia Eclesiástica*, cap. I).

Capítulo XI

Adoración y culto

Los judíos, además de las prácticas que exigían el culto público, dedicaban algunas horas del día a la oración. Eran aquellas *la tercia, la sexta y la nona,* que correspondían a las nueve de la mañana, al mediodía y a las tres de la tarde[1]. Los cristianos judaizantes, interesados en la conservación de los lugares para ellos sagrados y en la observancia de sus usos religiosos, y no comprendiendo que la oración debe ser la vida del alma, hicieron que la Iglesia aceptara ciertas costumbres a las que debía someterse todo «verdadero» cristiano en los momentos de oración[2].

1. Oraciones

Así, en el siglo II se manifiestan ya algunas prácticas supersticiosas. Escribía Tertuliano:

«Hay cristianos que, aunque acaben de salir del baño, se lavan las manos antes de la oración; otros, cuando oran, se quitan los mantos, según costumbre de los paganos, como si Dios no les oyera lo mismo que con ellos. Sabemos que Dios oyó la oración de los tres jóvenes hebreos, que fueron echados en el horno encendido, con sus vestidos, sus túnicas y sus mantos».

Y añade:

---

1. Véase Salmos 55:18; Daniel 6:10; Hechos 2:15; 3:1; 10:9.
2. Tertuliano, *De la oración,* cap. XXV (véase también Clemente de Alejandría, *Strom. VII,* cap. VII).

«Tales costumbres nada tienen de común con la religión, ni constituyen un culto razonable; son supersticiones que debemos evitar, porque nos igualan a los paganos»[3].

Tertuliano hubiera podido indicar otras prácticas igualmente perniciosas... Por ejemplo, en su tiempo era frecuente ponerse de pie para la oración, con el rostro vuelto hacia oriente; costumbre que no debía preocuparle mucho, ya que, por cierto, se limitó a observar que, debido a esto, algunos suponían que los cristianos adoraban al sol. Sin embargo, esto no podía atribuirse a los judíos, puesto que aquellos hacían sus oraciones vueltos al poniente. Algunos autores opinan que dicha posición tenía como origen ciertas ceremonias añadidas al bautismo. A saber, el recién bautizado, colocado hacia el oeste, debía renunciar al diablo y, vuelto al oriente, hacía profesión de unirse a Cristo. Es probable, no obstante, que esta práctica se usara en la oración antes que en el bautismo. De todos modos, se menciona esta costumbre en lo concerniente a la oración un siglo y medio antes de que se practicara en el acto del bautismo[4]. Y es que los escritores eclesiásticos de aquellos tiempos distaban mucho de fomentar tal tendencia en la oración. Tanto Tertuliano como Clemente de Alejandría y Orígenes aconsejaron la verdadera oración espiritual, con tanta energía como el que más[5]. Esto es, pues, lo que dijo Tertuliano[6]:

«Somos verdaderos adoradores y sacrificadores los que oramos a Dios en espíritu y le ofrecemos un sacrificio aceptable. ¿Ha rehusado Dios jamás algo de la oración, hecha en espíritu y verdad? ¡Cuántos ejemplos de la eficacia de la oración no registra la historia! Por la oración fueron libertados en la Antigua Alianza: unos, del fuego, otros de las fieras, y otros, del hambre. Pues aún tiene más poder la oración cristiana. Es cierto que no cierra la boca de los leones, ni quita la sensación de dolor, pero da a los que sufren y lloran la fuerza necesaria para soportarlo[7]. La

---

3. Tertuliano, *De la oración*, cap. XIII, XV.
4. Tertuliano, *Apología*, cap. XVI (véase también Clemente, *Strom. VII*, cap. VII; *Constituciones apostólicas II*, § 7, cap. LVII).
5. Orígenes pertenece al siglo III (cada vez que hemos hecho mención de autores posteriores a la época que se está estudiando –lo cual ha sucedido muy pocas veces–, hemos tenido cuidado en hacerlo notar).
6. Tertuliano, *De la oración*, cap. XXVII, XXIX.
7. ¿No es esto ir demasiado lejos? Pues parece que algunos mártires probaron lo contrario...

oración del justo aleja la ira de Dios, nos defiende contra los enemigos e intercede en favor de los mismos perseguidores. La oración puede llamar a las almas que vagan por la senda de la muerte; fortalece a los débiles, devuelve la salud a los enfermos, libera a los que son poseídos por el demonio, abre las cárceles de los inocentes... La oración es la fortaleza de la fe, el arma de ataque y la defensa contra un enemigo que constantemente procura sorprendernos. Armados con ella, hacemos guardia al estandarte de nuestro jefe; puesto que, estando en oración, esperamos el toque de la llamada del ángel. Nuestro Señor, a quien sea el honor y la gloria, por los siglos de los siglos, también oró».

También, Clemente de Alejandría escribió:

«No es solamente en tal o en cual lugar, en tal o en cual templo, ni en ciertos días de fiesta, o en otros señalados, que el verdadero *gnóstico*[8] debe honrar a Dios, sino que debe hacerlo por todo y en todo lugar. Durante su vida, debe ofrecer a Dios la expresión de su gratitud por haberle revelado el camino de la luz (...) El discípulo fiel hará su oración cuando paseare, cuando estuviere hablando con los que le rodean, en silencio, cuando leyere o se preocupare en sus trabajos (...) Nuestra vida entera debe ser una fiesta religiosa, porque alabamos a Dios cuando trabajamos en nuestros campos y cantamos sus alabanzas, cuando surcamos los mares (...) De la oración puede decirse que es una conversación con Dios y, aún cuando no despleguemos los labios, éste oye el grito interior, con el cual le invocamos. Para la oración no hay necesidad de palabras, ya que puede ser la concentración de nuestra alma, fija en Dios, sin distraernos para nada. Aunque fuere por medio de un suspiro salido del fondo del alma, aunque le llamemos con gemidos indecibles, Dios estará cerca de nosotros»[9].

Y Orígenes afirmó:

«¡Cuántos de entre nosotros podríamos informar sobre la eficacia de la oración, si fuéramos bastante agradecidos para recordar las misericordias de Dios! ¡Cuántas almas estériles durante mucho tiempo despiertan de su estado gracias a perseverantes oraciones y, fertilizadas por

---

8. La palabra *gnóstico* está empleada, en este caso, en su favorable aplicación; esto es, «aquel que ha llegado al verdadero conocimiento».

9. Clemente, *Strom. VII,* cap. VII.

el Espíritu Santo, pronuncian palabras de salvación y de verdad! ¡Cuántos enemigos poderosos, que amenazaban en todos los tiempos con destruir nuestra fe, han sido confundidos! ¡Cuántos argumentos capaces de hacer temblar a los creyentes han sido destruidos por la oración! Y tantos ejemplos podríamos citar de fieles que han sido sometidos a duras pruebas, sin sentir ningún daño, ni siquiera el dolor del fuego[10]. ¡Cuántos, por fin, que después de haber abandonado el camino del Señor han sido llamados al arrepentimiento en la puerta misma del sepulcro!».

Y Tertuliano dijo:

«El que ora sin cesar es aquel que une la acción al ruego, puesto que las obras son también una oración. A la palabra del apóstol *orad sin cesar,* no podemos darle otro sentido práctico, si no consideramos la vida del creyente como una continua alabanza, en la cual, la oración propiamente dicha sólo puede ocupar un determinado tiempo»[11].

2. Limosnas

El noble ejemplo dado por los apóstoles fue dignamente imitado por la Iglesia[12]. Oriente y Occidente rivalizaban en generosidad, en el cuidado de las viudas, huérfanos, enfermos, pobres y presos, buscando medios para aliviar a los desgraciados[13]. Sin embargo, una tendencia peligrosa se desarrollaba rápidamente, y era la de considerar los actos de caridad meritorios en sí, como debiendo pesar en el Libro de Dios en favor de los que los ejecutaban. Esta equivocación se manifiesta ya en el libro de *El Pastor de Hermas:*

«Si hicieses mejor lo que Dios prescribe, te labrarías mayor gloria; y Dios te honrará más que si no lo hubieses hecho»[14].

---

10. Véase Daniel 3:27.
11. Tertuliano, *De la oración,* cap. XII y XIII (véase también Neander, cap. I, p. 394 y 395).
12. Véase Gálatas 2:10.
13. «Socorrer a un pobre en su miseria es la mayor gloria que puede caber a un obispo» (Jerónimo, *lec. II).*
Todos los escritores de la antigüedad cristiana rivalizaron en imprimir en la mente de sus oyentes la importancia de dar limosnas con generosidad; pero ninguno como Juan de Antioquía, más conocido como Juan Crisóstomo, el cual destacó por la fuerza y plasticidad profética de sus exhortaciones sobre esta cuestión.
14. *El Pastor de Hermas,* III (véase también *Similitude V,* cap. III).

Desde el punto de vista práctico y de ayuda social, la institución de la limosna como un deber primordial de los creyentes respecto a los necesitados significó una de las vías más importantes para paliar los efectos de las injusticias y las desgracias, significando la única tabla de salvación de los miles de pobres e indigentes que abundaban en las grandes metrópolis sin que nadie hiciese nada por ellos, excepto la Iglesia.

Aunque la palabra «limosna» ha llegado a adquirir un significado peyorativo, y condenable, según criterios modernos, por su incapacidad para cambiar la estructura social, esta palabra viene del griego *eleemosyne*, compasión, de donde se deriva el latín *eleemosyna* y *elimosyna*, y el castellano «limosna», «dádiva caritativa». Así, pues, para los creyentes la práctica generosa de la limosna no era sino dar expresión visible a la misericordia a la que estaban llamados. En las sociedades actuales de bienestar donde el Estado corre con la mayor parte del coste social de los necesitados, de los sin trabajo y de los jubilados, es difícil apreciar el valor que representaba para los pobres la institución de la limosna, cuando el Estado no intervenía sino para reclutar hombres para el ejército y cobrar impuestos, y dejaba la asistencia social a la precaria iniciativa privada. La práctica de la limosna fue la primera institución social del cristianismo, entendida siempre como una obra de misericordia aplicada a la justicia social y como un deber ineludible ante Dios y el prójimo.

Ciertamente se esperaba que los notables de la ciudad repartieran alimentos entre los ciudadanos; de hecho, se esperaba que gastasen grandes cantidades para mantener una sensación de diversión continua y prestigio en el ciudadano normal. Pero el reparto de alimentos y de dádivas nunca llegaba a aliviar las aflicciones de lo más pobres del lugar, pues este reparto se hacía entre los considerados ciudadanos, sin importar que fueran ricos o pobres, de manera que los auténticamente pobres, como los esclavos y los inmigrantes, quedaban excluidos de la «generosidad» de los notables. Las grandes sumas de dinero que entregaban a la ciudad no eran para paliar la aflicción y miseria humana, sino para realzar el *status* del cuerpo cívico en su conjunto:

«La idea de una corriente regular de donaciones en forma de limosnas para la categoría permanente de los afligidos, los pobres, estaba más allá del horizonte de estas personas» (P. Brown, «La antigüedad tardía», *Historia de la vida privada,* Taurus, Madrid, 1991).

Los dirigentes cristianos, como también los judíos, salidos del pueblo y viviendo en medio de él, sabían por experiencia que la miseria de la pobreza podía remediarse, o al menos atenuarse, recurriendo a la distribución de sumas muy pequeñas, al alcance de cualquier casa modesta. Para ellos era obvia la posibilidad mantener un pequeño margen de independencia económica en un mundo tan diferenciado socialmente, recurriendo a modestas medidas de apoyo mutuo. Ofreciendo limosnas y la posibilidad de empleo a los miembros más pobres de su comunidad, la comunidad cristiana podía proteger a los suyos contra el empobrecimiento y, por consiguiente, contra la absoluta vulnerabilidad frente a los acreedores o patronos paganos. Sobre este trasfondo social es preciso comprender la importancia de la práctica de la limosna, que pronto llegó a convertirse en un símbolo de solidaridad filial entre los amenazados grupos de creyentes:

«La substitución final de un modelo de sociedad urbana que había hecho hincapié en el deber que tenían los 'bien nacidos' de alimentar a su ciudad, por otro pasado en la idea de la solidaridad implícita de los ricos para con las aflicciones de los pobres, sigue siendo uno de los ejemplos más claros del paso de un mundo clásico a otro postclásico y cristianizado (Peter Brown, *op. cit.,* p. 264).

La solidaridad se manifestaba principalmente con los de la familia de la fe, pero no se reducía a ella, sino que incluía a todos los hombres, conforme al mensaje evangélico y el dicho de Pablo:

«Entre tanto que tenemos tiempo, hagamos bien a todos, y mayormente a los de la familia de la fe» (Gá. 6:10).

Tal fue el caso que la Iglesia de Roma, conocida por su generosidad, aunque no única, la cual en el año 248 mantenía a unos mil quinientos pobres y viudas, además de su propio cuerpo de obreros, unos 155, y todo gracias a la institución de la limosna.

Todos los escritores de la antigüedad cristiana rivalizan en imprimir en la mente de sus oyentes la importancia de dar limosnas con generosidad, pero ninguno como Juan de Antioquía, más conocido como Juan Crisóstomo, destaca por la fuerza y plasticidad profética de sus exhortaciones sobre la limosna. Aunque educado en la holgura de una casa acomodada, dedicado a los estudios, sin verse obligado a buscar su sustento diario con el sudor de su frente, su gran sensibilidad espiritual y su magnífico conocimiento de la Biblia le inclinaron bien pronto a considerar las necesidades de los más humildes y desfavorecidos por la fortuna como un deber ineludible de los creyentes. Desde sus días de presbítero en Antioquía, Juan llamó la atención sobre los pobres en sus sermones, llegando a denunciar las injusticias cometidas con los obreros en sus salarios, con la viudas y los huérfanos. Como Santiago podía decir: «La religión pura y sin mácula delante de Dios el Padre es ésta: visitar a los huérfanos y a la viudas en sus tribulaciones, y guardarse sin mancha del mundo» (Stg. 1:27).

«Os traigo hoy una embajada, una triste noticia –dice en uno de sus sermones–. Al atravesar la plaza he visto yaciendo en tierra los desgraciados que tiritaban de frío y padecían hambre... ¡Cuántas miserias en la gran ciudad, cuántos lisiados, cuántos mendigos, seres desdichados, cubiertos de tumores y llagas, tirados en la paja o en el estiércol, sin ropa con que cubrirse, muriendo de frío y de hambre! ¡El cristianismo triunfante no logró, pese al deseo de sus máximos dirigentes, eliminar la diferencia entre ricos y pobres, pero nadie puede acusarles de que no lo intentaran! Sólo basta leer a Clemente de Alejandría, quien en su *Pedagogo* censura la lujuria del lujo, que tiene una misma raíz verbal y un mismo cáncer moral.

La mayoría de los habitantes de Antioquía en los días de Juan Crisóstomo decía ser cristiana, unos 100.000 según el cómputo de Juan, que vivían en toda suerte de lujos y comodidades, embelleciendo constantemente la ciudad con teatros, circos y baños públicos. A su lado se encontraba la miseria extrema de los que no tenían nada, uno 50.000 según el mismo cómputo:

«¿Queréis que os ponga en medio a Jesucristo hambriento, desnudo, sujeto, encadenado? –les desafiaba retador–. Pues ¿qué rayos del cielo no os mereceréis, si no hacéis caso de él viéndole aun sin el necesario sustento, y en cambio adornáis con tanto empeño las pieles del calzado?»[15].

---

15. Juan Crisóstomo, *Homilía sobre Mateo*, p. 49.

«El freno de oro de la boca de tu caballo –dice en otro lugar–, ese aro de oro en el brazo de tu esclavo, esos adornos dorados en tus zapatos, son señal de que estás robando al huérfano y matando de hambre a la viuda. Después de que hayas muerto, quien pase ante tu gran casa dirá: *¿Con cuántas lágrimas construyó ese palacio? ¿Cuántos huérfanos se vieron desnudos, cuántas viudas injuriadas, cuántos obreros recibieron salarios injustos.* Y así ni siquiera la muerte te librará de tus acusadores».

Satírico pregunta a su congregación:

«Si os fijáis tanto en el color de vuestros zapatos, ¿cuándo podréis mirar al cielo? ¿Cuándo admirará la hermosura de allá arriba el que se pasma de la hermosura de una pieles y va mirando la tierra? ¿Has arrojado al fango toda tu alma por ese lujo, no haces caso de verla arrastrarse por la tierra, y te ahogas de zozobra por el calzado? Aprende su buen uso y avergüénzate de la estima en que lo tienes. ¡Para pisar el barro y el cieno y todas las inmundicias del suelo se hicieron los zapatos! ¡Y si esto no puedes oír, suéltatelos y cuélgatelos del cuello, o póntelos en la cabeza! Os reís al oírlo, ¡pues a mí me sobrevienen las lágrimas por la manía y solicitud superflua de cosas tan menudas!».

A la luz de la preocupación cristiana por los pobres, rivalizando las iglesias –y sobre todo la de Roma, cuya generosidad era conocida y emulada en todo el mundo–, se entiende la importancia dada a la *limosna* como obra de misericordia, encaminada a mostrar la solidaridad del creyente para con las desgracias de los infortunados. La sociedad romana era dura con los débiles y necesitados. La compasión del sufriente es una nota característica del cristianismo, sin negar que otros, como el budismo, la incluya en su credo en lugar destacado. El filósofo español José Ortega y Gasset dijo que el hombre cristiano dio nacimiento, en occidente al menos, al hombre misericordioso, y a la limosna, la *eleemosyne,* su expresión manifiesta.

Para Juan Crisóstomo, la limosna, aparte de expresar solicitud con el necesitado, es «la reina de la virtudes», que eleva a los cielos a quien la practica:

«Hablemos de la cuarta vía de arrepentimiento. ¿De cuál se trata? De la limosna, reina de las virtudes, que fácilmente levanta a los hombres hasta las esferas del cielo, haciéndose nuestra mejor abogada. La limosna es tan sublime que Salomón la exaltó de esta manera: *Muchos hombres publican cada uno su liberalidad; mas hombre de verdad, ¿quién lo hallará?* (Pr. 20:6).

La misericordia tiene tan grandes alas que perfora el aire; va más allá de la luna; sobrepasa los rayos del sol y llega hasta la bóveda celestial, más allá de los arcángeles y de toda potestad superior, para ubicarse, por último, ante el trono del Rey. Lo enseña la Escritura misma, con aquella expresión: *Cornelio, tus oraciones y tus limosnas han subido en memoria a la presencia de Dios* (Hch. 10:4).

Aquella presencia ante Dios te dará confianza aunque hayas pecado mucho, porque la limosna será tu mejor abogada.

No resiste a la limosna ningún poder de lo alto; te hará restituir lo que te es debido, tiene en sus manos el documento de compromiso por el que el Señor mismo se obliga con explícita declaración: *Cuanto lo hicisteis a uno de estos mis hermanos pequeñitos, a Mí lo hicisteis* (Mt. 25:40).

Por tanto, tu limosna tiene más peso que cuantos pecados puedas haber cometido.

¿No ves en la parábola evangélica de las diez vírgenes el ejemplo de quien habiendo practicado la virginidad quedó fuera del lecho nupcial por no haber practicado la limosna? Dice: *Habían diez vírgenes, de las cuales cinco eran necias y cinco prudentes* (Mt. 25:2).

Las prudentes se habían provisto de aceite; las necias desprovistas de él, dejaron apagar sus lámparas, y por eso dijeron a las prudentes: *Dadnos de vuestro aceite; porque nuestras lámparas se apagan* (Mt. 25:8).

Me lleno de rubor y me vienen ganas de llorar al escuchar que las vírgenes, después de tanta práctica virtuosa en la ascesis virginal, con un cuerpo ya alado en vuelo al cielo, rivalizando con las mismas potestades superiores y en lucha contra las ardientes pasiones, después de haber pisoteado el mismo fuego del placer, finalmente hayan sido llamadas necias; y con razón, porque después de haber hecho lo más, se han dejado vencer en lo menos.

Continúa el Evangelio:

Y las necias dijeron a las prudentes: 'Dadnos de vuestro aceite; porque nuestras lámparas se apagan'. Mas las prudentes respondieron, diciendo: 'Porque no nos falte a nosotras y a vosotras, id antes a los que venden, y comprad para vosotras' (Mt. 25:8 y 9).

No actuaron, entonces, por falta de piedad o por maldad, sino porque en breve tiempo llegaría el novio. Aquellas tenían como las otras las lámparas, pero no el aceite; es decir tenían el fuego de la virginidad, sin el aceite de la limosna. Si no se echa aceite en la lámpara, el fuego se apaga, y si no se practica la limosna, la virginidad desaparece. *Dadnos del aceite de vuestras lámparas,* decían; *no podemos daros,* respondían las otras –no por maldad, sino por temor–, *para que no venga a faltar a nosotras y a vosotras.*

¿Quién vende este aceite? Los pobres que están sentados delante de la iglesia, pidiendo limosna. ¿Cuánto hay que dar? Lo que creas; no propongo cuánto para que no encuentres una disculpa en tu imposibilidad de dar. Gasta cuanto quieras. ¿Tienes un óbolo? Con tal precio se compra el cielo; no porque el cielo valga tan poco, sino porque tal es el precio asignado por la misericordia del Señor. ¿No tienes tampoco un óbolo? Da un vaso de agua fresca:

Cualquiera que diere a uno de estos pequeñitos un vaso de agua fría solamente, en nombre de discípulo, de cierto os digo, que no perderá su recompensa (Mt. 10:42).

El trato pactado en este negocio es el cielo, y nosotros nos despreocupamos. Da pan y recoge el paraíso. Da un poco y recibe mucho; da cosas mortales y recibe las inmortales. Da lo corruptible y conquista lo que incorruptible. Imagínate el ejemplo de un gran mercado, abundantemente provisto, donde a bajo precio por poco se puede comprar mucho. ¿Dejarías escapar de la mano tal ocasión, y no venderíais vuestras propiedades, poniendo todo en segundo lugar para adueñaros de aquel negocio? Tanto empeño demostráis si se trata de cosas corruptibles, mientras que sois despreocupados y perezosos cuando se trata de un negocio que tiene consecuencias eternas.

Da al pobre, porque cuando tengas que callar, se abran para defenderte miríadas de bocas, porque la limosna hecha por ti se constituye en tu defensa: la limosna rescatará tu alma. Por eso como a las puertas de la iglesia están los aljibes llenos de agua para el lavado físico de las manos, así también ante la iglesia están los pobres para la ablución de las manos del alma. ¿Has lavado en esta agua las manos de tu cuerpo? Lava en la limosna las manos del alma. No pongas como excusa tu pobreza.

La viuda que hospedó a Elías estaba en extrema penuria, pero la pobreza no le impidió acogerlo con gran alegría, por eso pudo recoger también los debidos frutos y cosechó las espigas de la limosna. Acaso algún oyente me objetará: *Hazme encontrar un Elías.* Te contesto: *¿Por qué vas buscando un Elías? Te presento al Señor de Elías, y no te preocupas en darle de comer; si se presentase Elías, ¿lo hospedarías?*

Lo ha declarado Cristo, Señor de todo:

Cuanto hicisteis a uno de estos mis hermanos pequeñitos, a Mí lo hicisteis (Mt. 25:40).

Si un rey invitase a uno así a un banquete y dijera a aquellos que están para servir:

Agradecedle mucho de mi parte, él me ha dado de comer y me ha hospedado cuando era pobre; me ha beneficiado tanto cuando me encontraba en estrechases...

¿Acaso cada uno no daría todo el dinero de su bolsa a aquel por quien el rey se muestra tan agradecido? ¿Cómo no haría de todo para defenderlo? ¿Cómo no iban a estar dispuestos todos ellos a esforzarse por ganar su amistad?»[16].

3. Dones del Espíritu

Algunos escritores eclesiásticos de aquel período defendían que los dones que habían ilustrado a la época apostólica, tales como el de curación, el de exorcizar a los endemoniados y hasta el de resucitar a los muertos continuaban en su tiempo. Ya Justino Mártir habló de espíritus malignos arrojados por los fieles que invocaban el Nombre de Cristo[17]. Ireneo confirmó aquella creencia:

---

16. Juan Crisóstomo, *El verdadero arrepentimiento*, Homilía III.
17. Justino Mártir, *Segunda apología*, cap. VIII.

«Hay cristianos que echan los demonios de un modo positivo, de tal manera que los que han sido liberados se hacen cristianos y se juntan a la Iglesia (…) Otros sanan a los enfermos con sólo ponerles las manos encima. Hasta ha habido muertos que han sido resucitados, permaneciendo después muchos años con nosotros (…) La Iglesia estaba unida en ferviente oración y ayuno, y el alma del muerto volvió a él (...) La Iglesia no pide nada a cambio de tales beneficios. Lo que ha recibido gratuitamente de Dios lo da también gratuitamente»[18].

Los mismos escritores de los primeros tiempos de la Iglesia aseguraron que los dones que habían sido concedidos a los fieles en la edad apostólica continuaban en su tiempo, tanto entre los hombres como entre las mujeres. De nuevo Justino, refiriéndose a la profecía de Joel, de la cual Pedro hace mención en el día del Pentecostés, afirmó:

«Aún pueden verse entre nosotros mujeres y hombres poseyendo los dones del Espíritu de Dios (…) Hasta ahora permanece entre nosotros el espíritu de profecía».

Igualmente, Ireneo defendía lo siguiente:

«Fieles hay entre nosotros que tienen presentimiento de futuros acontecimientos, tienen visiones y profetizan».

En cuanto a los montanistas, en particular, afirmaban que el don de profecía continuaba manifestándose entre las mujeres y el mismo obispo de Roma, que más tarde los excomulgó, reconocía dones proféticos en dos de los partidarios más distinguidos de aquella secta: dos mujeres, llamadas Priscila y Maximila[19].

4. Culto a las reliquias

Algunos indicios hacen suponer la manera cómo debió de manifestarse la tendencia de venerar las reliquias de ciertos «santos». Así, con motivo de la muerte de Esteban, leemos que «algunos hombres piadosos le enterraron e hicieron gran lamentación sobre él» (Hch. 8:2).

---

18. Ireneo, *Contra las herejías II*, cap. XXXI, § 2; cap. XXXII, § 4.
19. Véase Hechos 2:16–18 (véase también Justino Mártir, *Diálogo con Trifón,* cap. LXXXVII, LXXXVIII, LXXXII; Ireneo, *Contra las herejías II,* cap. XXXI. XXXII; Eusebio, *H. E.,V*, cap. XVI; Tertuliano, *Contra Praxeas,* cap. I).

Se sabe que los huesos que las fieras dejaron del cuerpo de Ignacio fueron recogidos en una tela de lino y llevados a Antioquía para ser enterrados cincuenta años más tarde[20]. Y la Iglesia de Esmirna, a pesar de su protesta de que no daría culto a ningún hombre, ni vivo ni muerto, sino solo Jesucristo, consideró las cenizas de Policarpo como más preciosas que las más ricas joyas y las depositó en un sitio donde los fieles pudieran reunirse para celebrar el aniversario de su martirio[21]. Finalmente, Tertuliano, aludiendo a esta práctica, escribió:

«En cada aniversario, hacemos ofrendas por los muertos y también celebramos el día de su nacimiento»[22].

5. La señal de la cruz

La señal o el significado de la cruz es conocido desde muy antiguo... Probablemente, al principio, sólo era una señal por la que se daban a conocer los cristianos. Pero pronto se transformó en una práctica, en la que la señal externa sustituyó fácilmente el culto de corazón del creyente. A ésta se le atribuía la virtud de ahuyentar a los malos espíritus y se la consideraba un sortilegio contra las tentaciones, las enfermedades o los accidentes.

Es evidente, pues, que ya en el tiempo de Tertuliano se había generalizado la señal de la cruz:

«En todos nuestros viajes y caminos, al entrar, al salir, cuando nos vestimos, nos calzamos, en el baño, en la mesa, al encender las lámparas, al acostarnos, al sentarnos, en una palabra, en todos los actos de nuestra vida diaria multiplicamos la señal de la cruz sobre nuestra frente (...) Si se buscara en la Biblia el uso de estas y otras prácticas parecidas, no se encontraría. Se dice que tienen su origen en la tradición, que la costumbre es su garantía y que los fieles son los que la practican. Esta costumbre, tradición y creencia se justifica plenamente, de lo cual haréis personalmente la experiencia, si no os la explica quien se haya hecho cargo de ello. Mientras tanto, no dudéis someteros rigurosamente a esta costumbre»[23].

---

20. Véase el CAPÍTULO IV de la PRIMERA PARTE.
21. Véase el CAPÍTULO VII de la PRIMERA PARTE.
22. Tertuliano, *De la corona,* cap. III.
23. «Harum et aliarum ejusmodi disciplinarum si legem expostules scripturarum, nullam inve-

Pero Tertuliano no escribió siempre en el mismo sentido; suyas son estas hermosas palabras: «Cristo es la Verdad, no la costumbre»[24].

Añadamos a esta afirmación de Tertuliano el siguiente testimonio involuntario sacado de las *Homilías clementinas,* que, aunque dirigido contra los griegos, se puede aplicar perfectamente a la Iglesia: «Existe una inmensa diferencia entre la verdad y la costumbre. A la verdad se la encuentra cuando honradamente se la busca. La costumbre, por el contrario, se apoya en la verdad o en la mentira; se la adopta, no por razones, sino por preocupación, al *acaso* o por la simple opinión de los que vivieron antes. Es siempre difícil repudiar una antigua costumbre por absurda que nos parezca»[25].

6. Culto a las imágenes

Acerca de esta práctica, de capital importancia, la Iglesia conservaba su primitiva pureza. Ya hemos dicho que los paganos acusaban a los cristianos de no tener imágenes en sus cultos[26], y nada les hubiese sido tan antipático como el culto a las imágenes en sus cultos. Hasta los paganos de cierta cultura las rechazaban. Zenón prohibía los templos y las imágenes, y es afirmación admitida que durante ciento setenta años los romanos no tuvieron imágenes en sus templos: les parecía una impiedad la representación de las cosas divinas por instrumentos perecederos, considerando que «a la divinidad sólo por el espíritu se la concibe»[27].

Un motivo particular confirmaba, empero, a los primitivos cristianos en la proscripción de las imágenes. A saber, motivada por la interpretación judaica del segundo mandamiento, algunos de sus doctores prohibían

---

nies; traditio tibi prætendetur auctrix, consuetudo confirmatrix, et fides observatrix. Rationem traditioni et consuetudini et fidei patrocinaturam aut ipse perspicies, aut ab obliquo qui perspexerit disces; interim nonnullam esse credes, cui debeatur obsequium obsequium» (Tertuliano, *De la corona,* cap. IV, edición de Lipsiæ, 1839).

24. «Christus Veritatem se nom Consuetudinem nominavit» (Tertuliano, *Que las Vírgenes deben usar velo,* cap. I). (Véase también Juan 14:6).

25. Tertuliano, *Homilias Clementinas IV,* cap. XI (véase también Clemente de Alejandría, *Exhortaciones a los gentiles,* cap. XII).

26. Véase el CAPÍTULO VII de la PRIMERA PARTE.

27. Plutarco, *Vida de Numa,* cap. VIII.

hasta las pinturas. Tertuliano condenaba las caretas usadas por los actores, en la creencia de que si Dios prohíbe hacer ninguna imagen, no debe copiarse la representación del hombre, que ha sido creado a imagen de Dios[28]. No es menos rígido Clemente, cuando dice: «Nos está absolutamente vedado profesar algún arte engañoso: *No te harás ninguna imagen de lo que hay en el cielo, ni en la tierra...*» (Éx. 20:4-6)[29].

Orígenes alaba a los judíos, que prohibían las pinturas y esculturas, para no caer en la tentación de hacerse ídolos, porque «es un arte que distrae a los insensatos y atrae la admiración de las cosas terrestres, en vez de fijarla en Dios»[30].

Se cree que fueron las costumbres domésticas las que, poco a poco, facilitaron la introducción del culto a las imágenes en la Iglesia. «La mirada del cristiano tropezaba a cada instante con objetos que le recordaban la mitología pagana. Encontrábanse pinturas licenciosas en todas partes; en los almacenes, en los sitios públicos de reunión y en los dormitorios; hasta en los vasos, las sortijas y en los sellos había grabados provocando la lujuria...»[31].

Así, los cristianos sustituyeron estos grabados y pinturas por otros que les recordaban las enseñanzas y los hechos evangélicos. Refiriéndose a esto, dice Tertuliano:

«Empecemos por grabar en nuestros vasos las parábolas, como por ejemplo, la de la oveja perdida que el Señor buscó y que lleva sobre sus hombros».

En otro lugar, repite el mismo pensamiento, respecto a aquella parábola[32]. Clemente, que en esta ocasión parece olvidar sus anteriores prohibiciones, habla de las sortijas de los cristianos, aconsejándoles que hagan grabar en ellas una paloma, un pez, una nave con las velas extendidas, un arpa, un áncora, o un pescador, que les recuerden al apóstol y a los niños sacados del agua (del bautismo). También recomienda que se abstengan

28. Tertuliano, *De los espectáculos,* cap. XXIII.
29. Clemente, *Exhortación a los gentiles,* cap. IV.
30. Orígenes, *Contra Celso IV,* cap. XXXI.
31. Clemente, *A los gentiles,* cap. IV (véase Neander, cap. I).
32. Tertuliano, *De la modestia,* cap. VII, X.

de las representaciones de ídolos, con los cuales nada tienen que ver los cristianos; como también deben abstenerse de representar el arco, la espada y el vaso, porque los cristianos deben ser pacíficos y sobrios[33]. Cualquier intento que se hubiera hecho en el siglo II y III para introducir pinturas o estatuas en el culto habría encontrado la resistencia más enérgica. En el siglo IV, Eusebio escribe indignado a Constancia, hija de Constantino, y le dice:

«¿Cuál es esa imagen de que me habéis escrito, que decís que es la imagen de Cristo? ¿De qué clase es? ¿Habéis visto tal imagen en alguna iglesia o habéis oído decir que la haya en alguna de ellas?».

Y añade que a una mujer le había quitado dos retratos de un hombre en traje de filósofo, que suponía era la representación del Salvador y de Pablo, temiendo que «los cristianos se parecieran a los paganos, que transportan sus dioses de un lado a otro»[34]. En cuanto al uso de los crucifijos, es aún posterior...

7. Evangelios apócrifos

Uno de los obstáculos interiores contra el cual tuvo que luchar el cristianismo fue la publicación de evangelios apócrifos y de pretendidos «cánones apostólicos». Se supone que muchos de ellos fueron escritos por las sectas heréticas, o por algunos miembros de la Iglesia que pretendían hacer triunfar sus opiniones particulares sobre el Dogma o sobre la moral. Denis de Corinto (años 168–177) se lamentaba ya de las falsificaciones introducidas en el texto de los Evangelios, y aún en sus propias epístolas:

«A ruego de nuestros hermanos, he escrito algunas cartas, que han sido falsificadas por los ministros del demonio, donde se han permitido hacer algunas añadiduras y cambios. ¡Para ellos también llegará la condenación! Ya no puede extrañarnos saber que el texto de las Sagradas Escrituras haya sido falsificado por algunos, cuando escritos de un valor infinitamente inferior no han sido respetados»[35].

---

33. Clemente, *Pedagogía III*, cap. XI.
34. La Cueva, *Dict. teológico ilustrado*, art. «Imágenes».
35. Eusebio, *H. E., IV*, cap. XXIII.

Capítulo XII

Organización de la Iglesia

Para los judíos, la sinagoga no sólo era el lugar destinado al culto, sino que además les servía como tribunal y casa capitular. Ésta tenía dos clases de empleados: unos dedicados al culto y a la instrucción y otros a los asuntos civiles. La reunión del sábado estaba dedicada a la oración, a la lectura de los libros santos y a la exhortación, y era presidida por uno de los jefes de la sinagoga[1]; mientras que las audiencias y las asambleas que se celebraban durante la semana eran presididas por los jefes del pueblo o *ancianos*. El mismo orden fue conservado en las iglesias judeocristianas; las audiencias continuaron celebrándose como de costumbre los lunes y los jueves, pero la presidencia de ambas fue cedida a los *ancianos*.

1. Ministerios eclesiales

En los escritos del Nuevo Testamento, los ministros de las iglesias ponen el acento en el anuncio y predicación del Evangelio (1 Co. 1:17); incluso cuando presiden la oración, celebran la fracción del pan y administran los asuntos ordinarios. No se les compara con los sacerdotes del judaísmo o paganismo. Toda la comunidad cristiana es un pueblo sacerdotal (1 P. 2:9). Jesucristo es el único Sumo Sacerdote, y no se reconoce ningún otro. Sin embargo, poco a poco, bajo la influencia de la lectura del Antiguo Testamento y también por comparación con las otras religio-

---

1. Véase Lucas 8:41; Hechos 18:17.

nes, el acento recaerá, para los ministros cristianos, en su función litúrgica comparable a la de otros cultos. A comienzos del siglo III, Hipólito utiliza el lenguaje sacerdotal para hablar de los responsables de las comunidades cristianas. Esto explica la ambigüedad de la palabra *presbítero*,·que significa etimológicamente *anciano*, pero que pasa a ser el «encargado de una función sagrada en el culto», con la *Eucaristía*, considerada como «sacrificio», como la máxima expresión de la celebración cristiana.

Es curioso, como hace notar el profesor Norbert Brox, «que los fundamentos bíblicos de las instituciones cúlticas de la Iglesia se tomen a partir del siglo IV exclusivamente del Antiguo Testamento, sin tener en cuenta la crítica o las correcciones que de esa mentalidad hacen Jesús y los los primeros cristianos. Esto vale sobre todo por lo que respecta a la pureza de los sacrificios de los sacerdotes y del culto, ideas que sólo podían derivarse de textos veterotestamentarios y extracristianos, ya que se trataba de instituciones ajenas al cristianismo primitivo»[2].

La comunidad de Jerusalén y las otras que procedían del judaísmo se estructuraron según el modelo de las comunidades judías. Al frente de ellas no está una sola persona, sino un «colegio» de ancianos o presbíteros, que se trata de grupo de personas de competencia reconocida. Así, en los Hechos de los Apóstoles vemos que la organización de las comunidades palestinenses se dirigen colegialmente por un cuerpo de presbíteros o ancianos (véase Hch. 11:30; 15:21).

Por otra parte, en Antioquía aparece una iglesia misionera con una doble organización ministerial; una residente y otra itinerante. La primera son los *profetas y doctores*, que transmiten la Palabra de Dios a la asamblea, comentan y estudian las Escrituras. Los segundos son los *misioneros itinerantes*, responsables de la evangelización, viajando de un lugar a otro, comisionados por toda la Iglesia.

Los profetas del Nuevo Testamento hablan en el Espíritu, como hacían sus homólogos del Antiguo Pacto (1 Co. 14:29–32; *Didaché XI,* pp. 7 y 8), pero su oficio principal consiste en desempeñar el importante papel de la predicación o *kerygma*, que es la nota destacada de la Iglesia cristiana. Después de la lectura bíblica, los profetas hacían lo que hoy se

---

2. Norbert Brox, *Historia de la Iglesia Primitiva*, p. 103, ed. Herder, Barcelona, 1986.

llama sermón u homilía. Los maestros o doctores aparecen muchas veces asociados a los profetas, como demuestra la doble expresión «profetas y maestros» (Hch. 13:2; *Didaché XV,* p. 1). Su misión era asegurar la enseñanza sistemática de las Escrituras, a la manera de los rabinos judíos de la época, con quienes algunos habían estudiado previamente a su conversión, Pablo y Apolos, por ejemplo (véase Hch. 22:3; 18:24).

Los misioneros–apóstoles (griego *apóstolos,* enviados) como Pablo y Bernabé fundan comunidades locales, frente a las cuales ponen a ciertos responsables llamados *epíscopos* (del griego *episkopos,* «inspectores o vigilantes») y a *diáconos* («ministros o servidores»). Estos *epíscopos* reciben el título de *presbíteros* en Tito 1:6–9, lo que indica su identidad y muestra que en aquel tiempo ambos oficios no estaban diferenciados. Pero tanto en las comunidades en territorio judío, como en las iglesias de la gentilidad, el modo de gobierno obedece a una estructura plural en número de dirigentes y colegial en sus formas, que en un caso estaba formado por presbíteros–ancianos y en otro por obispos–pastores.

En la sociedad grecorromana *obispo* era el nombre de un cargo, probablemente aplicado al que se le confiaba el tesoro y la administración, que quiere decir «vigilante e inspector», nombre adoptado desde el principio por las iglesias cristianogentiles, quizás por ser un vocablo de uso profano normal, no religioso, pues a los primeros cristianos todo lo concerniente a la religiosidad de sus días les sonaba a demoníaco. Sea como fuere, se puede decir con seguridad que durante el siglo I y principios del II, los títulos de anciano (o presbítero) y obispo son equivalentes y eran empleados indistintamente[3]. Los así llamados eran pastores y administradores de las asambleas de fieles. Así, Jerónimo podía escribir:

«El anciano es lo mismo que el obispo y, antes de que bajo la influencia del diablo se hubiesen multiplicado los partidos, las iglesias eran gobernadas por el consejo de ancianos»[4].

---

3. La *Epístola* de Clemente de Roma nos ofrece el último ejemplo de ello, a no ser que la *Didaché* sea posterior a aquel documento. En tiempo de Ignacio (107–116), se había establecido ya la diferencia, al menos en Siria y Asia Menor. En su *Epístola a Policarpo,* habla de los que «se someten al obispo, a los presbíteros y a los diáconos» (cap. VI).

4. Jerónimo, *Sobre Tito* (véase también W. Walker, *Historia de la Iglesia cristiana,* p. 87, ed. CNP, Kansas City, 1988, 8.ª ed.; K.S. Latourette, *Historia del cristianismo,* vol. I, pp. 155ss., CBP, El Paso 1982, 6.ª ed.; Alfred Küen, *Ministerios en la Iglesia,* CLIE, Terrassa, 1995).

Y en otro lugar:

«Al principio, las iglesias se gobernaban por el consejo común de los presbíteros, pero luego fue elegido uno de ellos que estuviera sobre los demás, como remedio contra los cismas (...) Y así, poco a poco y para evitar disensiones, todo el cuidado y solicitud le fue concedido a uno»[5].

A partir del siglo II, del cuerpo o colegio de epíscopos va destacando poco a poco un presidente que pronto se quedará con el nombre de obispo a título de exclusividad y se distinguirá claramente del colegio o cuerpo de presbíteros. El diácono está vinculado a la persona del epíscopo. Quedan así situados los tres grados del ministerio que llega hasta nuestro días en las iglesias episcopales: obispo, presbítero (sacerdote) y diácono. Las siete cartas de Ignacio de Antioquía son el primer testigo y los documentos más antiguos de cuantos conocemos en favor de la existencia del ministerio «episcopal monárquico»[6].

Afirman varios escritores que la creación del *episcopado* y el poder que se le dio no son señales de decadencia de la Iglesia, sino que, teniendo en cuenta las condiciones de la naturaleza humana, aquello fue el resultado de una necesidad[7].

---

5. Jerónimo, *Carta 146*.
6. «Lo que no sabemos es cómo se desarrolló la evolución. Lo cierto es que por la misma época en otros lugares, por ejemplo en Roma, todavía se daban las direcciones colegiadas de las comunidades. El desarrollo de los ministerios eclesiásticos rápidamente se diversificó en los distintos lugares. Pero a lo largo del siglo II el ministerio del obispo monárquico acabó por imponerse de forma unitaria en todas las iglesias regionales... La unicidad del obispo simbolizó la unidad de la comunidad, además de conferir la dirección de la eucaristía al obispo; bajo todos los aspectos el obispo es el centro y cabeza de la comunidad que le sigue. Por debajo del obispo están los presbíteros como un grupo específico además de los diáconos» (Norbert Brox, *op. cit.,* p. 124, Herder, Barcelona, 1986).
7. Véase Milman, *Historia de la Cristiandad,* cap. III.
No pretendemos negar que la Iglesia deba adaptarse a las diversas maneras de ser de la sociedad civil. Es cierto que son completamente diferentes las leyes que rigen la Iglesia de las que gobiernan los imperios. Sus pastores deben someterse unos a otros en amor. En algunas ocasiones, sin embargo, son necesarios una mano fuerte y una autoridad acatada. Un crítico benévolo de nuestro libro ha dicho en los siguientes términos cuál era la posición de los obispos en aquellos tiempos de la Iglesia:
«Sin desconocer la dificultad, ni ninguna de las críticas fundadas que dificultan el crearse una opinión, debe reconocerse que sólo el régimen episcopal era conveniente para dirigir las recién establecidas comunidades, compuestas de elementos tan diferentes. La autoridad del obispo era muy parecida a la que los gobernadores absolutos recibían del César».
Después de mencionar las numerosas obligaciones de los obispos, añade:
«La cantidad y la clase de estos deberes nos dan una idea del grado de respeto que inspiraba a

El *obispo*, en los primeros tiempos, sólo ejercía autoridad sobre su congregación. A medida que aumentaron las congregaciones, en vez de nombrar nuevos *obispos*, lo que se hacía era delegar a los *ancianos* pertenecientes al consejo del episcopado o a la iglesia más cercana. De este modo, las nuevas iglesias dependían de las antiguas y se extendían los episcopados. La influencia de los obispos aumentó a medida que los sínodos se multiplicaron. Y aunque al principio los *ancianos* ocupaban en ellos su lugar y tenían su representación, los que representaban a la congregación eran principalmente los *obispos*[8].

Paulatinamente, los obispos, que antes habían tenido la misma categoría y habían sido independientes unos de otros, dejaron de serlo. Las ciudades más grandes del imperio, como Antioquía, Corinto, Efeso, Alejandría y Roma, compartieron con Jerusalén una autoridad y veneración especiales. Llamábanse *cátedras apostólicas, o iglesias madres*. Cuando en los días de Adriano, la Iglesia de Jerusalén dejó de existir, Roma ocupó el primer lugar. Sus *obispos* estaban al frente de la comunidad cristiana más rica, cuya generosidad se hacía sentir hasta en las más lejanas iglesias[9].

La expansión del cristianismo por todo el orbe conocido hizo necesario una división geográfica que permitiera una organización eclesiástica territorial, pues si bien es cierto que cada iglesia local gozaba de gran autonomía e independencia, todas ellas se sabían parte de un todo más amplio: la Iglesia universal. Con este fin, la Iglesia adoptó la división

---

aquel que los cumplía con fidelidad y cómo se justifica que ningún honor fuera demasiado grande para él, mientras no estuviera en oposición con la doctrina. Era un verdadero juez digno de doble honor, del que habla el apóstol. Se comprende que se considerase como la mayor herejía aquella que ponía en duda su autoridad. En aquellos tiempos, tan turbulentos como bárbaros, cuando los que componían aquellas comunidades ardían en un celo tan ardiente como nuevo, la posesión de un buen obispo era una verdadera panacea. El que la Iglesia haya tenido tantos y tan buenos obispos durante aquella época es uno de los más importantes triunfos de nuestra fe, considerando el método usado por los perseguidores, que consistía en herir al pastor para que las ovejas fueran dispersadas, y si se tiene en cuenta que aceptar las funciones episcopales era generalmente el preludio del martirio» (W. Beck, *Thoughts on Church Origins,* en el *Friend s Quarterly Examiner,* abril de 1884).

8. Gieseler, op. cit., I, p. 287.

9. Dionisio de Corinto (162–170) escribía lo siguiente a Sotero, obispo de Roma: «Desde tu elevación al episcopado, has tenido la costumbre de enviar regalos a cada iglesia. Así, ayudando a los pobres y socorriendo a los que padecen en las minas, os habéis portado como lo hacían los romanos, vuestros antepasados» (Eusebio, *H. E.,* IV, cap. XXIII).

política del imperio romano en provincias. Como en tantas otras cuestiones ajenas al mensaje central del Evangelio, la Iglesia no creó nada nuevo, sino que se limitó a utilizar las instituciones ya existentes cuando éstas favorecían sus propósitos.

Del mismo modo que la vida política y social de las provincias se concentraba en sus capitales, la comunidad cristiana de una ciudad importante se convirtió en el centro de referencia para los cristianos de la provincia respectiva. Y así como las diferentes ciudades tenían una importancia distinta en el orden político, también las iglesias tenían una diferencia de importancia jerárquica entre ellas, dando lugar a una jerarquía dentro de la jerarquía[10], pues es evidente que los obispos de las ciudades más importantes del reino o del imperio adquirían automáticamente una importancia mayor que los de las ciudades más pequeñas.

A partir del siglo III, los sínodos se celebraron en la respectiva capital de provincia, convocados y presididos por el obispo del lugar, que con ello alcanzaba una cierta preeminencia sobre los otros obispos de la provincia. Así surgió la institución de los metropolitanos, cuya jurisdicción se extendía a toda la provincia, con primacía sobre los otros obispos de su distrito. Era un hecho que venía desde largo tiempo atrás, sin que tuviera otra justificación que la realidad histórica. Ahí se daba una adecuación de la estructura eclesiástica a la organización imperial. Así como el imperio se dividía en diócesis con varias provincias, y cada una de esas diócesis era gobernada por un alto funcionario, la Iglesia adoptó este mismo sistema para hacerlo suyo.

En virtud a esta evolución jerárquica se llegó a una división a gran escala de la Iglesia antigua, que dio origen a los patriarcados, figurando

---

10. La palabra jerarquía procede del griego *hieros* «sagrado» y *arkhe* «principio, orden». Los reformadores del siglo XVI se opusieron a este término aplicado a los ministros de la Iglesia. Así, Calvino dice:

«Algunos denominaron esta clase de gobierno *jerarquía,* impropiamente a mi parecer, o por lo menos con un nombre inusitado en la Escritura. Porque el Espíritu Santo ha querido evitar que, cuando se tratase del modo de gobernar la Iglesia, nadie inventase dominio o señorío alguno» (J.Calvino, *Institución de la religión cristiana,* vol. I, p. 851, FELIRE, Barcelona).

«La palabra 'jerarquía' no es conocida antes del pseudo Dionisio el Areopagita, cuyos escritos son anteriores al año 531 y posteriores a las obras del neoplatónico Proclo (muerto en 485). Es aplicado ya a los coros angélicos que no tienen todos la misma dignidad, ya a la Iglesia que tiene distintos grados, siendo el episcopado el más elevado de todos» (Henri Chirat, *La asamblea cristiana en tiempos de los apóstoles,* p. 37, Stvdivm, Madrid, 1968).

un obispo–patriarca a la cabeza de los obispos que presidían las diócesis de sus provincias. Cinco fueron las ciudades con categoría patriarcal, nunca alcanzada por el resto: Alejandría, Antioquía, Roma, Constantinopla y, por último, Jerusalén. En Oriente había cuatro patriarcados, mientras que Occidente contaba con uno solo: Roma, lo que explica la importancia eclesiástica y evolución posterior de esta iglesia y su pretensión de primacía sobre la Iglesia universal[11].

Respecto a la figura del obispo como dirigente de la comunidad, la evolución corrió pareja a la de las iglesias locales. Se puede decir que la Iglesia se hizo a imagen y semejanza de las estructuras políticas del imperio. El modo de ejercer autoridad, las vestiduras de sus ministros[12], el alcance de su jurisdicción, fue calcado por los dirigentes eclesiásticos de las autoridades civiles.

Mientras la Iglesia dependió de su matriz judía, las asambleas cristianas reflejaban la estructura de las sinagogas, con un consejo de ancianos al frente de las mismas, pero a medida que el cristianismo se gentiliza, se vuelve grecolatino y la autoridad pasa de los ancianos o presbíteros (*presbyteroi*) a los obispos (*episcopos*). La autoridad se concentra ahora en una persona que a su vez acrecienta sus poderes y, en consecuencia, es sacralizada en sus funciones. Como ya hemos apuntado, en el siglo II vemos recortarse con personalidad propia la figura del obispo, que destaca

---

11. Diocleciano había distribuido el territorio en el imperio romano en cuatro tetrarquías; tres pertenecían a oriente y sólo una, Roma, a occidente, de modo que al patriarcado de Roma pertenecían las prefecturas romanas de Italia, Galia e Ilírico. Cada patriarcado comprendía varias provincias o sedes metropolitanas, y éstas, a su vez, abarcaban varias diócesis (distritos administrativos en el imperio). Lo que hoy se llama parroquia, en cuanta unidad agrupada dentro de una misma diócesis, empezó a cobrar cierta importancia en el siglo IV y alcanzó su actual significación cuando el cristianismo, tras la conversión de los pueblos bárbaros, se extendió a las zonas rurales. España formaba parte del patriarcado de Roma y tenía cinco provincias eclesiásticas.

12. «No hay seguridad acerca del tiempo que los miembros del clero se distinguieron de los laicos por sus trajes especiales, pues en el principio parece que no había diferencia alguna en la ropa. En efecto, mientras duraban las persecuciones, semejante distinción habría señalado a los miembros del clero para el arresto. Aun después de que hubieron cesado las persecuciones, en el siglo V, uno de los papas expresamente prohibió todo vestuario eclesiástico especial, pero el hecho de que él hallara necesario decretar esta prohibición puede ser evidencia de que tales trajes estaban en uso en otros lugares y que Roma estaba aferrándose a una costumbre más vieja. En aquel entonces la ropa que llevaban en público los oficiales civiles romanos era una prenda interior, una túnica, con mangas o sin ellas, y exteriormente una inmensa capa sin mangas y sin abertura en frente que era pasada sobre la cabeza... En siglos posteriores estas prendas, consagradas y modificadas convencionalmente, llegaron a ser parte del vestuario especial del clero» (K.S. Latourette, *op. cit.*, p. 266).

del consejo de ancianos y que es quien verdaderamente ejerce la autoridad. No son los ancianos sino el obispo la máxima autoridad, en un proceso gradual de jerarquización que afecta a los mismos obispos, divididos ahora en metropolitanos y patriarcas, dependiendo de la importancia política y económica de las grandes ciudades del imperio. El obispo tendrá más autoridad cuanto más importante sea su sede. Los obispos de las grandes ciudades se convirtieron en objeto de consultas y recursos de parte de las iglesias dependientes del distrito. El prestigio de una iglesia local de haber sido fundada por un apóstol contaba mucho, pero contaba más todavía la importancia político–económica de la ciudad misma.

En cuanto al término *diácono,* decir que el nombre figura en el Nuevo Testamento, para designar a aquellos hombres que eran ungidos para ocuparse de los pobres[13]. Más tarde, se complicaron sus funciones, y pronto se hizo sentir la necesidad de tener *diaconisas,* especialmente en Oriente, que realizaran visitas a mujeres, en lugar de realizarlas los *diáconos,* porque ello podría dar lugar a torpes suposiciones. Las que se dedicaban primeramente a aquellas funciones eran viudas y su misión se limitaba a instruir a las hermanas jóvenes, a acompañar en el acto del bautismo a las recién convertidas y a visitar en sus casas a las mujeres de la comunidad.

El precedente de las mujeres en este tipo de ministerio está bastante claro en los Evangelios y las cartas de Pablo. Allí se lee que varias mujeres seguían a Jesús y le servían con sus bienes (Lc. 8:1–3). Testigos privilegiados de la resurrección, vemos que participaron activamente en el anuncio del Evangelio y en la profecía (Ro. 16:1–3; Fil. 4:2–3; 1 Co. 11:4–5; Hch. 21:9). Pese a todo, es difícil encontrar paralelos exactos con los ministerios masculinos. Las reticencias con el papel activo de las mujeres en las asambleas son importantes (1 Co.14:34ss; 1 Ti. 2:11–14). En 1ª Timoteo 5:3–16, aparecen las *viudas,* consagradas a la oración y a diversos servicios entre las mujeres, como la visita a las enfermas.

Las diaconisas están atestiguadas de manera clara en Siria en el siglo III. Son el equivalente a los diáconos en el ministerio con las mujeres y reciben la imposición de manos:

---

13. Véase Hechos 6:1–6.

«Establecidos por ti, oh obispo, trabajadores de justicia como auxiliares que puedan colaborar contigo con vistas a la salvación. A quienes te agraden de entre todo el pueblo, los escogerás y los establecerás como diáconos, un hombre para la ejecución de las muchas cosas que son necesarias, y una mujer para el servicio de las mujeres. Porque hay casas a las que no puedes enviar a un diácono entre las mujeres, por causa de los paganos, pero puedes enviar a una diaconisa. Y también porque en otras muchas cosas es necesario el oficio de una mujer diácono. En primer lugar, cuando las mujeres bajan al agua [del bautismo], tienen que ser ungidas con el óleo de la unción por una diaconisa, pero que sea un hombre el que pronuncie sobre ellas los nombres de la invocación de la divinidad en el agua. Y cuando la bautizada salga del agua, que la acoja la diaconisa y que ella le diga y le enseñe cómo debe ser conservado el sello del bautismo totalmente intacto en la pureza de la santidad»[14].

El nombramiento estos cargos eclesiásticos se hacía por designación previa la aprobación de toda la iglesia. Así fue cómo se designó a Esteban y a los otros *diáconos,* presentándolos a los apóstoles, para que les impusieran las manos[15].

«Al margen de la posible influencia del judaísmo en el modo de proceder los apóstoles en las elecciones, un hecho se impone con claridad: no existía en aquellos momentos ningún camino institucionalizado de preparación para el acceso a las órdenes sagradas; ninguna posibilidad de observar la valía de los candidatos a través del desempeño de algún ministerio. En cambio, acuciaba la necesidad de comprobar si un determinado miembro de la pequeña comunidad cristiana era idóneo –el más idóneo– para el ministerio jerárquico. Nadie mejor que quienes le conocían perfectamente, porque convivían con él a diario, para testimoniar sobre sus virtudes y reputación. De tal manera que, en cuanto se obtenía el testimonio favorable de todos sobre determinada persona, sólo restaba proceder a la consagración»[16].

---

14. *Constituciones apostólicas III,* cap. XVI (véase también Neander, cap. I).
15. Véase Hechos 6: 5 y 6.
16. Julio Eugui, *La participación de la comunidad cristiana en la elección de los obispos (s. I–V),* p. 28, EUNSA, Pamplona, 1976 (véase también José I. González Faus, *«Ningún obispo impuesto». La elecciones episcopales en la historia de la Iglesia,* Sal Terrae, Santander, 1992).

Los sucesores inmediatos de los apóstoles, procedieron de igual modo.

Clemente de Roma explicó en su *Epístola* (año 97) que los apóstoles, cuando predicaban por la región y por las ciudades, escogían entre los que se habían convertido primeramente y, después de haberlos probado por el Espíritu, les nombraban *vigilantes* y *diáconos,* dándoles además instrucciones a los que deberían sustituirlos tras su fallecimiento:

«Opinamos que los que ellos nombraron, o más tarde fueran nombrados por otros hombres eminentes en piedad, con el consentimiento de la Iglesia, si han cuidado con fidelidad del rebaño de Cristo, no pueden equitativamente ser despojados de sus cargos»[17].

Esta doble elección de funcionario eclesiástico estuvo en vigor durante los dos primeros siglos, hasta que el unánime consentimiento de los *obispos* de la comarca reemplazó el elemento apostólico. Así, escribió Cipriano en el siglo III:

«La misma autoridad divina pide que el *anciano* sea designado en presencia del pueblo, a la vista de todos, y que sea el juicio y el testimonio de todos, el que lo reconozca digno y útil para desempeñar el cargo (...) En cuanto a la ordenación, es preciso atenerse a la costumbre que procede de la tradición divina y de la usanza apostólica, tal cual se mantiene entre nosotros y tal cual está en uso en casi todas las provincias. Es decir, que se reúnen los obispos de la religión y, en presencia de la asamblea, se elige al obispo que se va a ordenar, porque nadie mejor que ella conoce cuál ha sido su vida y la conducta de cada uno de sus miembros»[18].

En otra epístola, resume las condiciones que deben contribuir a la elección de un *obispo:*

«El juicio de Dios, la voz del pueblo y la adhesión de los *obispos,* sus futuros colegas»[19].

Por otra parte, Orígenes dijo:

«Es necesaria la presencia del pueblo en la ordenación de un *obispo,* de un *diácono* o de un *anciano,* para que se pueda escoger para el cargo al más sabio, al más santo y al mejor»[20].

---

17. Clemente, *Ep.,* cap. XLCII, XLIV.
18. Cipriano, *Cartas,* cap. LXVII.
19. Cipriano, *id.,* cap. LIV, p. 5.
20. Orígenes, *Hom.,* cap. VI, *Sobre el Levítico.*

En las *Constituciones apostólicas,* leemos:

«El *obispo* debe ser elegido por todo el pueblo. Después de nombrado y aprobado su nombramiento, un domingo se reunirá la asamblea con la junta de los ancianos y los obispos, para dar su consentimiento»[21].

En el siglo V, el papa León I, apuntó lo siguiente:

«Aquel que debe ser colocado por encima de todos debe ser elegido por todos»[22].

Pero a medida que las tendencias jerárquicas fueron ganando terreno, desapareció gradualmente la libre elección. A saber, en vez de pedir el voto a todos los *obispos* de la región, se contentaban con el del principal *obispo,* al que se le llamó primero *metropolitano,* y *patriarca* después.

Finalmente, la Iglesia perdió completamente el derecho de elegir a sus ministros, y los administradores de la grey dependieron solamente de los emperadores y de los reyes[23].

De todo lo dicho, resulta que en la Iglesia Primitiva el *obispo* ocupaba un lugar muy diferente del que ocupó más tarde. Antes, era un miembro conocido y justamente estimado por la congregación; habiendo sido elegido por los fieles, se constituía el verdadero representante de las aspiraciones y de la actividad de todos, al mismo tiempo que se le consideraba como la personificación de la enseñanza apostólica. Esto es, incluso después de que se hubo formado la colección de los escritos que componen el Nuevo Testamento, distaba mucho de encontrarse un ejemplar en casa, como sucede hoy. En muchas poblaciones, exceptuando el local en donde se celebraba el culto, encontrábanse poquísimos ejemplares de los Evangelios y de las cartas apostólicas, mientras que en muchas otras localidades no había ni uno solo. Era, por consiguiente, necesario que los fieles, para llegar al elemental conocimiento de la verdad, se dirigieran a sus *obispos* y *doctores,* que eran los testigos de las enseñanzas de Cristo.

---

21. *Constituciones apostólicas VIII,* lec. II, cap. IV.
«A las *Constituciones apostólicas,* aunque conteniendo ciertas antiquísimas prescripciones, se las considera posteriores al Concilio de Nicea. Se supone que fueron escritas entre los siglos III y V. Los *Canones apostólicos,* que son coetáneos, están impresos juntamente con las *Constituciones*» (Wordsworth, *Christ. History, Ante Nice. Library, Introducción a las Constituciones apostólicas).*
22. Schaff, *Nicene Christianity.*
23. Lacueva, *Dict. pract. teol.,* art. «Obispo».

2. Sostenimiento del ministerio

Estos *obispos* y *doctores,* que ejercían cargos en la Iglesia, no tenían otros medios de vida, para ellos y sus familias, que lo que ganaban con su trabajo[24]. En aquel tiempo, dignificábase la religión por el trabajo manual, recordando el ejemplo dado por el apóstol Pablo, que vivía de su trabajo, haciendo tiendas. También, a mediados del siglo II, Policarpo, en su *Epístola a los filipenses,* escribió que «los presbíteros están obligados a proveer según sus necesidades, delante de Dios y de los hombres». El mismo principio se conservó durante mucho tiempo después en las iglesias de Oriente.

Gradualmente, no fueron sólo los misioneros, sino también los presbíteros, los que se dedicaron completamente a sus ocupaciones espirituales, haciéndose inevitable proveer a sus necesidades. De la colecta de cada domingo[25], se deducía, pues, una cantidad proporcionada para aquel objeto. Y no fue hasta mucho más tarde que *obispos* y *ancianos* recibieron un sueldo fijo, por cierto, bastante modesto. Natalio, por ejemplo, que a finales del siglo II llegó a ser obispo de una secta herética, recibía como salario mensual ciento cincuenta denarios, una suma considerable para la época[26].

3. Distinción entre *clero* y *laicos*

La palabra *clérigo,* del griego *kleros,* designado por suerte, heredado, puede señalar el método de escoger, como en Hechos 1:26, donde *kleros* se traduce por «parte». Todavía en los tiempos de Jerónimo el término conserva su ambigüedad, puede denotar a los escogidos como pertenencia especial del Señor, o aquellos cuya suerte o porción es el Señor. En el Nuevo Testamento la palabra no se usa para una clase restringida. En 1.ª Pedro 5:3 se usa el plural indicando al pueblo de Dios como un todo. Pero en el tiempo de Tertuliano encontramos que el término se usa

---

24. Neander, *op. cit.,* cap. I.
25. En Cartago se hacía una vez al mes (véase el CAPÍTULO X de la PRIMERA PARTE).
26. Eusebio, *H. E., V,* cap. XXVIII.

para referirse a una clase de ministros ordenados en la Iglesia. Laico, por su parte, procede del griego *laos,* pueblo, y describe a todo el pueblo de Dios. Históricamente designa a los miembros de la Iglesia que no han sido ordenados para el ministerio (*lego* es un derivado castellano, aplicado a los religiosos no sacerdotes). La distinción es especialmente marcada en las iglesias de Roma y Ortodoxa Oriental, mientras que en las iglesias evangélicas el laicado, en especial desde los días de Wesley, supone su elemento más dinámico y emprendedor[27].

El resultado de esta división fue que a medida que el llamado clero se iba especializando, el cristianismo se fue decantando cada vez más como una religión con sus ritos especiales y sus lugares de culto o templos a cargo de personas especializadas:

«Todo un mundo sagrado separado del mundo profano. Todo ello contribuyó a que el pueblo se alejara progresivamente de la participación activa en la liturgia, de la que quedaba desplazado, y tuviera que buscarse sus propios modos de expresión religiosa: religiosidad popular. Y no faltaron tentativas, unas veces aceptadas por la iglesia oficial, rechazadas otras, de salir al paso de lo que ellos creían un alejamiento del Evangelio, mediante la vuelta a la simplicidad, a la pobreza y al estilo fraternal de la Iglesia Primitiva»[28].

Durante la época apostólica, y en la Iglesia Primitiva en general, no se conocía la distribución *clero y laicos...*

«Cristo, al quitar todo lo que alejaba a los hombres de Dios, había separado igualmente lo que distanciaba a los hombres entre sí. Todos tenían el mismo Soberano Sacrificador, el mismo Mediador, por quien todos los hombres reconciliados con Dios forman parte de la raza sacerdotal y espiritual. Tenían el mismo Rey celestial, el mismo Guía, el mismo Maestro; gracias al cual aprendían todos a conocer a Dios. El mismo Espíritu los vivificaba a todos; tenían una misma fe y una misma espe-

27. F. Lacueva, *Dict. pract. teol.,* art. «clérigo», «laicos» (Mario E. Fumero, *Los ministerios y el discipulado en la Iglesia normal,* Peniel, Tegucigalpa, 1998; David Haney, *El Señor y sus laicos,* CBP, El Paso; Javier Hervada, *Tres estudios sobre el uso del término laico,* EUNSA, Pamplona, 1973; A.G. Hamman y P. Chauvet, *Sacerdocio de los bautizados, sacerdocio de los presbíteros,* DDB, Bilbao, 2000; R. Mahoney y R. Frost, *Cómo Jesús edifica su Iglesia. Cada miembro un ministro,* World MAP, Burbank, 1991; Ray C. Stedman, *La Iglesia resucita,* CLIE, Terrassa, 1975; Varios, *El laicado en la Iglesia,* UPS, Salamanca, 1989).
28. A. Calvo y A. Ruiz, *op. cit.,* p. 48.

ranza. Todos los creyentes debían igualmente consagrar su vida entera a dar gracias a Dios por su redención; todos debían anunciar el poder misericordioso de aquel que los había llamado de las tinieblas a la luz. Todos debían hacer de su vida un constante sacerdocio; no eran sólo algunos privilegiados los que debían trabajar por el adelantamiento del Reino de Dios y la difusión del Evangelio en cada congregación. Finalmente, cada uno, según los dones que Dios había concedido a su naturaleza, renovada y ennoblecida por el Espíritu Santo, debía contribuir al bien de toda la Iglesia»[29].

«Todos los cristianos estaban al mismo nivel». *Vosotros sois todos hermanos,* había dicho el Maestro. Las diferencias que Pablo había establecido entre los cristianos no provenían del cargo que desempeñaban, sino de la variedad de sus dones espirituales (...) El don de presidir no es por su naturaleza distinto del don de curación. Los términos *el que preside, el que exhorta, el que practica la misericordia* indican dones del mismo género, de los cuales, y en diversos grados, participaban todos los cristianos»[30].

A la evolución descrita sobre la gradual diferenciación entre obispos y presbíteros, clero y laicos, hay que añadir la intrusión del nombre *sacerdote* aplicado al ministerio cristiano. Intrusión sí, por lo que representa de recaída en el antiguo sistema religioso judaico y pagano, al que los cristianos primitivos se opusieron desde el principio. La función principal y casi exclusiva de los primeros propagadores del cristianismo es la predicación o anuncio del *kerygma* cristiano. El suyo es un ministerio verbal, consistente en anunciar el Evangelio, hasta el punto de que Pablo llega a decir que da gracias a Dios por no haber bautizado a nadie, excepto a Crispo y a Gayo, «pues no me envió Cristo a bautizar, sino a predicar el evangelio» (1 Co. 1:14–17).

Por la fuerte influencia del medio ambiente sociorreligioso, el cristianismo conoce bien pronto un proceso de *sacralización,* adquiriendo el aspecto externo de una religión, aceptando algunos de los moldes de concepto tradicional romano de *religio.* Se sacralizó el tiempo –domingo y fiestas cristianas–, el espacio –templos–, los objetos –cáliz, altar– y a las personas, es decir, sacerdotes encargados del culto; éstos, a raíz del

29. Neander, *Historia de la Iglesia,* cap. I.
30. Hatch, *Early Christian Churches,* lect. V, p. 119.

edicto de Milán (año 313), alcanzarían un *estatus* especial y privilegiado, equiparados a los funcionarios del estado, distanciándose así del resto y de la comunidad y adquiriendo más poder sobre ésta: «El orden sacerdotal constituirá un estamento en la sociedad y no solamente en la Iglesia. Los que pertenezcan a él son considerados como funcionarios escalafonados según su rango. Las palabras *ordo* y *ordinatio* eran los términos clásicos para designar el nombramiento de funcionarios imperiales y tenía, además, la significación secundaria de clase social diferente de pueblo o plebe, marcando así la diferencia entre el clero y el resto de la comunidad»[31].

En los días de Juan de Antioquía, el oficio sacerdotal ya está consagrado como ministro de culto cuya tarea principal consiste en celebrar la Eucaristía entendida como sacrificio y con claras referencias al ritual del Antiguo Testamento. Para él la Eucaristía cristiano es «Sacrificio tremendo y terrible»[32].

«Porque el sacerdocio se ejercita en la tierra, mas pertenece al orden de las cosas celestiales, y con razón; porque no ha sido algún hombre, ni ángel, ni arcángel, ni alguna otra potestad creada, sino el mismo Paráclito el que ha instituido este ministerio, y el que nos ha persuadido a que, permaneciendo aún en la carne, concibiésemos en el ánimo el ministerio de los ángeles.

De aquí resulta que el pastor debe ser tan puro como si estuviera en los mismos cielos entre aquellas potestades. Terribles a la verdad, y llenas de horror eran las cosas que precedieron el tiempo de la gracia, como las campanillas, las granadas, las piedras preciosas en el pecho y en el humeral, la mitra, la cidaris, o tiara, el vestido talar, la lámina de oro, el *sancta sanctorum* (Éx. 28), y la gran soledad que se observaba en lo interior de él. Pero si alguno atentamente considerase las cosas del Nuevo Testamento, hallará que en su comparación son pequeñas aquellas tan terribles y llenas de horror, y que se verifica aquí lo que se dijo de la ley:

Porque aun lo que fue glorioso, no es glorioso en este respecto, en comparación con la gloria más eminente (2 Co. 3:10).

---

31. A. Calvo y A. Ruiz, *op. cit.*, p. 40.
32. «No hacemos otro sacrificio, como lo hacía entonces el pontífice, sino que siempre ofrecemos el mismo, o mejor: hacemos conmemoración del sacrificio» (Crisóstomo, *Hom. 17 en He.*, p. 3).

Porque cuando tú ves al Señor sacrificado y humilde y al sacerdote que está orando sobre la víctima y a todos teñidos de aquella preciosa sangre, ¿por ventura crees hallarte aún en la tierra entre los hombres, y no penetras inmediatamente sobre los cielos y apartado de tu alma todo pensamiento carnal, con un alma desnuda y con un pensamiento puro, no registras las cosas que hay en el cielo? ¡Oh, maravilla! ¡Oh, benignidad de Dios para con los hombres! Aquel que está sentado en el cielo a la diestra del Padre, se pone en aquel momento en las manos de todos; todos pueden entonces contemplarle con los ojos de la fe»[33].

Estamos un poco lejos del cuadro que nos ofrece el Nuevo Testamento[34].

«El Reino de Cristo desconoce la casta sacerdotal, ya que hay una tribu especialmente encargada de ofrecer sacrificios, ni casta de hombres entre la humanidad y Dios, cuya intervención es necesaria para que los hombres sean reconciliados con Dios y perdonados (…) Cada individuo es un miembro de la Iglesia y, en tal concepto, sacerdote del Altísimo (…) El título de sacerdote, en ninguno de los documentos procedentes de la Iglesia apostólica, sirve ni una sola vez para designar función o cargo especial alguno. El Evangelio considera como sacerdotes a los santos, a los miembros de la familia cristiana (…) Individualmente, son iguales todos los cristianos (…) Tertuliano fue el primero que emitió pretensiones sacerdotales en favor de los ministros cristianos»[35].

En el siglo II y III, es desconocido el oficio de *sacerdote,* pero la tendencia a crearlo es indudable. Ignacio pudo tener ideas de alto poder episcopal, mas no del sacerdotal, del cual, también estaba exento su hermano Policarpo. Para Justino Mártir, los cristianos eran la verdadera raza

33. Juan Crisóstomo, *Los seis libros sobre el sacerdocio III,* p. 3.

34. Véase F. Lacueva, *Dict. pract. teol.,* art. «sacerdocio» (véase también Elías Royón, *Sacerdocio: ¿Culto o ministerio?,* UPC, Madrid, 1976).

35. Lightfoot, *Comentario a la Epístola a los Filipenses,* p. 179, Londres, 1895, 3.ª ed. En efecto, Tertuliano, llama *sumo sacerdote* al obispo *(Del Bautismo,* cap. XVII).

He aquí el pensamiento íntegro del Dr. Lightfoot sobre el particular:

«Es muy importante que no perdamos de vista este ideal. Por la importancia que le concedo, me he detenido más tiempo en ello. Las indicaciones que acabo de hacer, por detalladas que sean, al dejarlas incompletas, darían una idea equivocada, a lo menos incompleta, de la verdad (…) Así como la Iglesia, para poder cumplir su misión, usa determinados días y edificios, también necesita jefes y doctores, hombres encargados de ejercer el ministerio de la reconciliación; en una palabra, una

del más alto sacerdocio, pues ofrecían sacrificios agradables a Dios[36]. En Ireneo, la dignidad sacerdotal es la porción del justo, y el corazón santificado, la vida justa, la fe, la obediencia y la rectitud son los sacrificios que Dios ama[37]. Mas a finales del siglo II y principios del III comienzan a aparecer claros indicios de un cambio... Así, Tertuliano, en África, habla del orden sacerdotal y de ofrendas sacerdotales. También, describe al *obispo* como el *sumo sacerdote* y *pontífice máximo*[38]. Por su parte, Hipólito, en Italia, reclama para sí, como sucesor de los apóstoles, el supremo sacerdocio[39]; mientras Orígenes, en Alejandría, aunque establece el sacerdocio universal y los sacrificios espirituales[40], también indica la semejanza del nuevo ministerio con los antiguos sacerdotes y levitas. Hacia la mitad de aquel siglo, había Cipriano revestido al nuevo *clero* con las dignidades del antiguo, «atribuyéndole funciones de sacrificador y carácter de intercesor»[41].

Sucesivamente, la tendencia a un *clero* de orden sagrado fue ganando terreno en la nueva sociedad. Poco a poco, las congregaciones renunciaron voluntariamente a los privilegios y a los cargo de una vida verdaderamente cristiana y confiaron el cuidado de sus intereses espirituales a los *obispos* y *ancianos*. No tardaron éstos en atribuirse cierta superioridad y en reservarse el título de *cleri*, o *clero (herencia de Dios)*, que hasta entonces había sido común a todos los cristianos.

4. Autoridad y disciplina en la Iglesia

La aplicación del principio que regía la elección de los funcionarios en la Iglesia Primitiva se encuentra en todas sus transacciones. Cuanto se hacía, no sólo era por la autoridad de los *ancianos* y *vigilantes,* sino por la de toda la Iglesia, dirigida por el Espíritu Santo[42]. En el Concilio de

clase de hombres, a quienes podemos llamar *clero*» (p. 179 y 180).
36. Justino Mártir, *Diálog.,* cap. CXIV, CXVII (véase también *Primera apología,* cap. LXVI, LXVII).
37. Ireneo, *Contra las herejías,* cap. IV, pp. 3 y 4, 8, 17, 134.
38. Tertuliano, *Exhortación a la castidad,* p. 7 (véase también *De prescripciones, Hær.,* p. 41; *Del bautismo,* p. 17; *De pudicitia,* p. 1).
39. Hipólito, *Refutación de todas las herejías I,* Proem.
40. Orígenes, *Homil. in Lev. 9: 9 y 10.*
41. *Contemporary Review,* julio de 1885, *In. Evang. Joh I,* p. 3
42. Véase Hechos 15:28.

Jerusalén, las cartas a los fieles fueron dirigidas en nombre de los após-toles, de los *ancianos* y de los hermanos; y los que fueron enviados para llevarlas las recibieron de manos de los apóstoles, de los *ancianos* y de los hermanos de la Iglesia[43].

Pablo, en las instrucciones que dirige a los corintios, profesa el mismo principio al tratar de los incestuosos:

«En Nombre del Señor Jesús, juntados vosotros y mi espíritu, con el poder de nuestro Señor Jesús...» (1 Co. 5:4).

Y Cipriano, obispo de Cartago, que tenía ideas muy exageradas sobre el episcopado, continuó aquella práctica en el año 252, y escribía lo siguiente a los *ancianos* y *diáconos:*

«Desde el principio de mi episcopado, determiné no hacer nada sin contar con el consentimiento de los fieles».

Y en su carta *Sobre los renegados,* dijo:

«Es necesario al bien parecer y a la disciplina (...) que los principa-les funcionarios de la Iglesia y el clero, delante de todos los de la con-gregación, que han permanecido fieles...»[44].

Hipólito, quien falleció en 235, refiriéndose a las doctrinas hetero-doxas de cierto Noeto, explicó que los ancianos que de ello tuvieron conocimiento hicieron comparecer a Noetus ante la Iglesia de Esmirna, para que fuese examinado por ella. Después de un segundo examen, lo excomulgaron[45].

Aunque durante el siglo III algunas veces se consultase a la congre-gación, pronto se perdió aquella costumbre. Es probable que en lo suce-sivo fuera difícil, en asuntos de esta clase, que se solicitara la interven-ción de los fieles. De este modo, las iglesias fueron perdiendo gran parte de su fuerza y de su independencia.

Con referencia a la disciplina en la Iglesia Primitiva, decir que ésta era objeto de grandísimo interés:

«En lo relativo a las relaciones del gobierno de la Iglesia y de la vida civil, nos es muy difícil comprender la importancia de la disciplina en la Iglesia Primitiva. Estas comunidades, hasta cierto punto, sólo perma-

---

43. Véase Hechos 15.
44. Cipriano, *Cartas,* cap. V, p. 4; cap. XIII, p. 2.
45. Hipólito, *Contra la herejía de Noetus,* cap. I.

necían a causa de su rígida disciplina. El lazo de una fe común era menos fuerte que el del ideal y de la vida comunes. Si el credo tenía cierta vaguedad, no sucedía lo mismo con el código moral. El Reino de Dios, que es un reino de justicia, había venido a una raza perversa y malvada, y las comunidades cristianas sólo podían sostenerse por una extrema circunspección. La pureza moral era una virtud, a la cual era preciso aspirar. Si la sal perdía su sabor, ¿con qué le sería devuelto? ¿Si la luz del mundo llegara a oscurecerse, quién le devolvería su esplendor? Los eclesiásticos de cada congregación eran los guardianes de esta pureza moral. Estaban obligados a velar por las almas y a dar cuenta de ellas. Semana, tras semana, y en ciertas ocasiones –como se había hecho en las sinagogas–, se reunía la asamblea de los fieles, cada dos días, no sólo para la oración, sino también para velar por la disciplina»[46].

Tertuliano nos describe la humillación que se imponía a los que habían cometido pecados graves y a los que habían renegado de la fe. Éstos debían hacer confesión pública *(exomolegesis),* que consistía en que el penitente se colocaba de manera que excitara compasión:

«Debe echarse en saco de ceniza (…) humillar su espíritu en la aflicción y, en vez de los pecados que antes cometía, debe entregarse a la mortificación. Su alimento será el más simple que fuere posible, cuidando más de su alma que de su estómago; la carne será reemplazada por la oración y el ayuno; noche y día deberá gemir, llorar y dar gritos de dolor delante de Dios; finalmente, se arrastrará a los pies de los *ancianos,* besará las rodillas de los elegidos y suplicará a todos los hermanos que unan sus oraciones a la suya, para hacerse digno del perdón de Dios».

Más tarde, Tertuliano se lamentaba de ver cómo se abandonaba aquella costumbre:

«La mayoría la rechaza como sospechosa de ostentación, o difiere aplicarla»[47].

Orígenes, un siglo más tarde, escribía las siguientes líneas:

«Los cristianos consideran muertos a los que han caído en la lujuria o en algún otro pecado grave, y lamentan su pérdida como si hubieran fallecido. Efectivamente, para Dios, están muertos y perdidos. Si más

---

46. Hatch, *Early Churches,* lec. III (véase también el CAPÍTULO X de la PRIMERA PARTE).
47. Tertuliano, *Sobre el arrepentimiento,* cap. IX y X.

tarde, se manifestara cambio en ellos, se les recibe como si hubieran resucitado; pero antes de ser admitidos en la Iglesia, se les exige una preparación más prolongada que la primera vez y ya no se les confía ningún cargo eclesiástico»[48].

Temprano se manifestaron algunos abusos en lo concerniente a la disciplina, haciéndose la distinción entre *pecados mortales* y *veniales;* confundiendo el arrepentimiento del corazón, con demostraciones puramente externas de arrepentimiento. La aplicación y el ejercicio de la disciplina pasó entonces de la jurisdicción de la asamblea a manos del *clero* y, sin dar mayor salto, concedióse más importancia a la absolución del *sacerdote,* que al perdón de Dios. A saber, Firmiliano, en el siglo II, obispo en Cesarea de Capadocia y amigo de Orígenes, escribía a Cipriano:

«Aquí, los *ancianos* y los que presiden el culto reuníanse una vez al año, para tomar acuerdo respecto de la readmisión en la Iglesia, por el arrepentimiento, de los hermanos que han caído en el pecado; no para que crean que pueden recibir de nosotros el perdón de los mismos, sino para que, por este medio, lleguen a sentir y a desear ofrecer al Señor una completa reparación»[49].

5. Lugares destinados al culto

Al principio los cristianos se reunían en casas particulares, especialmente aquellas suficientemente amplias para dar cabida al cada vez más numeroso grupo de fieles. En oriente solían utilizar la sala del piso superior bajo el techo, que es el lugar más tranquilo y discreto (Hch. 20:7–11). En occidente el lugar de reunión podía ser el comedor de la casa romana de un cristiano acomodado. La sala de baño o la piscina servía para los bautismos, pues, como se sabe, la palabra *bautisterio* significa piscina y *bautismo* equivale a inmersión. Cuando el clima era bueno y agradable se reunían en el patio de una casa, en un huerto o en un cementerio.

A partir del siglo II, algunos cristianos regalaron sus casas dedicadas especialmente al culto. Desde mediados del siglo III, se construyen

---

48. Orígenes, *Contra Celso III,* cap. LI.
49. Firmiliano, *Carta impresa con las de Cipriano,* núm. LXXIV, § 4. (véase también Juan Arias, *La pena canónica en la Iglesia Primitiva,* EUNSA, Pamplona, 1975).

verdaderas iglesias, o lugares destinados al culto, según lo permitan las autoridades civiles. El edificio más antiguo que se conoce es la casa–iglesia de Dura–Europos en el Eufrates (hacia el año 250). Sabemos que en tiempo de Diocleciano los edificios religiosos cristianos eran ya numerosos, puesto que, como parte de su programa persecutorio, ordenó que fueran demolidos.

«Los judíos tenían su sinagoga pública, o su *proseucha*[50] particular. Ningún signo exterior indicaba dónde se reunían los cristianos. El cementerio donde enterraban a sus muertos era un bosque retirado, y los sitios donde se reunían aquellas pacíficas asambleas eran sencillas habitaciones»[51].

«Durante casi dos siglos, no hubo lugares destinados exclusivamente al culto; pero, desde esta época, se encuentran varias alusiones, tan vagas, que no sabemos si se trataba de la congregación o del lugar donde se reunían»[52].

Sea como fuere, es significativo y digno de atención, que la Iglesia, durante el período de su nacimiento y de su mayor desarrollo, no tuviera edificios consagrados especialmente al culto. Clemente de Alejandría no se contenta con citar las palabras de Pablo en Atenas –«Dios no habita en templos hechos por la mano del hombre» (Hch. 17:24)–, sino que menciona a los poetas y a los filósofos paganos. Invoca la hermosa palabra de Eurípido, cuando dijo:

«¿Qué casa construida por obreros, qué paredes serán suficientes para contener la forma divina?».

Y la cita del estoico Zenón:

«No debemos construir ni templos, ni imágenes, porque ninguna obra humana es digna de los dioses. ¿Para que edificaremos templos? Un templo no debe ser considerado como *casa santa*, puesto que nada de lo que los albañiles y otros artistas construyan tiene mucho valor, ni puede ser considerado como santo».

Y en otra parte, añade:

«La Iglesia es la asamblea de los escogidos, y no el lugar donde se reúnen»[53].

50. «Sitio destinado a la oración».
51. Milman, *op. cit.*, cap. II, p. 179.
52. *Christ. Instit.*, p. 176.
53. Clemente, *Strom. V,* cap. XI (veáse también *Strom. VII,* cap. V).

Capítulo XIII

Fiestas y hábitos santificados

Desde la creación, Dios instituyó un día de descanso para el mayor bien de la humanidad. Bendijo y santificó el séptimo día «porque en él descansó de la obra que había concluido» (Gn. 2:3). Más tarde, confirmó esta institución mediante la ley dada al pueblo de Israel; asegurando su observancia por medio de la descripción de ciertas ceremonias, mantenidas por penas muy severas. En la Nueva Alianza, continuó la celebración del mismo día, pero, con las demás leyes patriarcales y mosaicas, fue investida de mayor gloria, y la esclavitud de la letra reemplazó la libertad del espíritu.

Posteriormente, se creía, empero, que como el Señor había resucitado el primer día de la semana, este día estaba revestido de santa alegría y gratitud, y la Iglesia, andando el tiempo, lo prefirió al sábado judaico.

El primer día, pues, se convirtió para ellos en su sábado o séptimo día. En él se reunían «para partir el pan» (Hch. 20:7); y «presentar sus ofrendas» (1 Co. 16:2).

Al especificar «cada primer día de la semana» se deduce que no se menciona como un día elegido por azar, sino que con toda probabilidad era el día en el que tenían por costumbre reunirse de un modo habitual. Aprovechando, pues, esa reunión semanal, Pablo quiere que, entre otras cosas, presenten y se recojan las ofrendas para los necesitados. Juan, en el Apocalipsis, menciona ese día como perteneciente a una categoría especial o santa, como perteneciente al Señor . Es evidente que en la mente cristiana se ha consumado el cambio del sábado al domingo como séptimo día para el Señor:

«Yo estaba en el Espíritu en el día del Señor» (Ap. 1:10).

Para Tertuliano no hay ni la menor duda de que el sábado era sombra y figura del día de Cristo, cuyo advenimiento cumple y da por terminada la vieja ley de Moisés:

«Hasta donde la abolición de la circuncisión carnal y de la ley vieja se demuestra como habiendo sido consumada en su tiempo específico, así también queda demostrado que la observancia del sábado ha sido temporal.

Ya que los judíos dicen que desde el principio Dios santificó el séptimo día, al descansar de todas sus obras que hizo, y de ahí que, de la misma manera, Moisés dijera a su pueblo: *Mas el séptimo día será reposo para Jehová tu Dios: no hagas en él obra alguna, tú, ni tu hijo, ni tu hija, ni tu siervo, ni tu criada, ni tu bestia, ni tu extranjero que está dentro de tus puertas* (Éx. 20:8–11), *excepto solamente que aderecéis lo que cada cual hubiere de comer* (Éx. 12:16). De aquí entendemos nosotros que todavía más tenemos que guardarnos de «obras serviles» no sólo cada séptimo día, sino en todo tiempo.

Aquí surge una pregunta para nosotros, ¿qué sábado desea Dios que guardemos? Porque las Escrituras señalan un sábado eterno y un sábado temporal. El profeta Isaías dice: *Luna nueva y sábado, el convocar asambleas, no las puedo sufrir: son iniquidad vuestras solemnidades* (Is. 1:13). En otro lugar dice: *Habéis profanado mis sábados* (Ez. 22:8). De donde discernimos que el sábado temporal es humano y que el sábado eterno es considerado divino; acerca del cual predice Isaías: *Y será que de mes en mes, y de sábado en sábado, vendrá toda carne a adorar delante de Mí, dijo el Señor* (Is. 66:23); de ahí que entendemos que se ha cumplido en el tiempo de Cristo, *cuando toda carne*, esto es, toda nación, *ha venido a adorar en Jerusalén* a Dios Padre por medio de Jesucristo, su Hijo, tal como estaba predicho por el profeta:

He aquí, prosélitos irán por Mí a Ti.

Así, por tanto, antes de este sábado temporal, había también un sábado eterno previsto y predicho; tal como antes de la circuncisión carnal había también una circuncisión espiritual prevista»[1].

---

1. Tertuliano, *Respuesta a los judíos*, IV.

1. Días sagrados

En nuestros tiempos, varias iglesias consideran que existe un lazo de filiación directa entre el sábado y el domingo y quieren que éste sea estrictamente celebrado al igual que el domingo. De hecho, según las *Constituciones apostólicas,* la celebración del sábado judaico habría de celebrarse al mismo tiempo que el domingo.

Pero la Iglesia Primitiva, en su mayoría, no lo estimaba así... Así, Atanasio, Ambrosio, Crisóstomo, Jerónimo y Agustín opinaron que la festividad sabatina había quedado abolida considerando que la nueva institución del domingo había sido establecida para recuerdo perpetuo de la resurrección. El papa León *el Grande* (440–461) expresó de modo elocuente la misma tendencia, aunque con mezcla de ideas sacerdotales, propias de su tiempo:

«Lo más glorioso que existe en el plan divino hállase concentrado en el día de la resurrección. La creación empezó entonces; la muerte fue vencida cuando apareció la vida. En aquel día, los apóstoles recibieron la trompeta del Evangelio que debía resonar por todas las naciones, al par que el sacramento de la regeneración, que debían llevar a todo el mundo. En aquel día fue cuando el Señor se presentó a sus discípulos reunidos en la cámara alta y, soplando sobre ellos, dijo:

Recibid el Espíritu Santo. A los que perdonéis los pecados, les serán perdonados, y a los que se los retuviereis, les serán retenidos (Jn. 20: 22 y 23).

Finalmente, cumplióse también en aquel día la promesa del Señor, y los apóstoles recibieron el Espíritu Santo (...) Y por esta regla dada por el Señor mismo, sabemos que este día es depositario de todos los beneficios de la Gracia, y en él debemos exaltar los misterios de las bendiciones sacerdotales»[2].

Por otro lado, las iglesias judeocristianas, aunque celebraron el domingo, continuaron con la observancia del sábado. A aquellas iglesias hay que

---

2. León *el Grande, Epístola IX a Dioscoro.*

Tertuliano, en su tratado *De la corona*, menciona por vez primera el abandono de todo trabajo profano en el día del Señor. Constantino *el Grande* confirmó esta costumbre por medio de una ley (véase el CAPÍTULO X de la SEGUNDA PARTE). Los emperadores Valentiniano I y II prohibie-

atribuir la costumbre, que pronto se generalizó en Oriente, de no ayunar en sábado y de permanecer de pie durante las oraciones en la iglesia en aquel día[3]; al contrario de lo que acontecía en Occidente, y en particular en Roma, donde se hacía una enérgica campaña contra las ideas de los judeocristianos. Sin embargo, más tarde llegó a prevalecer la costumbre de considerar el sábado como día de ayuno[4].

2. La Pascua

No contentándose con la celebración de los sábados, los judeocristianos conservaron las festividades del Antiguo Testamento, a las cuales estaban acostumbrados; mientras que los cristianos de Occidente, que habían recibido el Evangelio por medio del apóstol Pablo, no celebraron, al parecer, ninguna festividad religiosa anual. Por lo que, cuando en las iglesias de Oriente y de Occidente comenzó a conmemorarse la crucifixión y resurrección de Cristo, se manifestaron diversidad de criterios respecto a los días en que debían celebrarse aquellos aniversarios.

Así, en Oriente, donde prevalecían las ideas judaicas, señalóse el día de la Pasión, según la Pascua judaica, dándose el caso de que ni el día de la crucifixión cayera en viernes ni el de la resurrección en domingo. En cambio, en Occidente, donde no se hacía caso del calendario hebreo para la celebración de aquella fiesta, se preocuparon más en señalar los días de la semana, que los del mes. Evidentemente, fue coincidencia buscada por Dios el que la Pascua, testigo de los padecimientos del Salvador, fuera víspera de un sábado. De lo que resultó que en el séptimo día se conmemorara la crucifixión, y en el primer día de la semana, la resurrección del Señor.

---

ron la cobranza de los tributos y la continuación de los asuntos judiciales durante este día. Teodoro *el Grande* (386) y Teodoro II (425) prohibieron las representaciones teatrales en domingo y León y Antemio (460) prohibieron también toda diversión mundana. En el siglo VI parece que la fiesta del domingo fue celebrada estrictamente, puesto que el Sínodo de Orleans (538) declaró que «es una superstición judaica considerar que en domingo no se debe pasear, ni montar a caballo, ni barrer la casa, ni preparar la comida. Si se prohíbe el trabajo en los campos, es para que los fieles puedan visitar la iglesia y hacer oración» (Schaff, *Nicene Christianity,* pp. 378, 385).
3. Se consideraba una humillación estar de rodillas en el día de acción de gracias.
4. Neander, *op. cit.,* cap. I.

En aquel tiempo no se daba importancia ninguna a tal diversidad, ni se la consideraba suficiente para que pudiera dar lugar a discusión: se sabía que el Reino de Dios no consiste en comida ni bebida, ni en ninguna costumbre, por establecida que fuese. Cuando Aniceto, obispo de Roma, recibió la visita de Policarpo[5], tal divergencia fue objeto de su conversación. Afirmaba Aniceto que los ancianos que antes que él habían presidido la Iglesia de Roma no habían aceptado jamás la costumbre oriental[6]. Por otra parte, Policarpo decía que él lo había practicado ya, juntamente con el apóstol Juan. Ambos llegaron a la conclusión de que aquella diferencia de apreciación no comprometía en nada ni a la unidad, ni a la comunión entre las iglesias. Como prueba de ello, Aniceto invitó a su huésped a que presidiera en su lugar un servicio de Santa Cena[7].

En los últimos años del siglo II, durante el episcopado de Víctor en Roma, este tema originó una controversia que se hizo general: la Iglesia de Roma, por un lado, apoyada por la de Tiro de Cesarea en Palestina, de Jerusalén y de Alejandría; por otro, las iglesias de Asia Menor, a cuyo frente se puso Polícrates, obispo de Efeso.

Agrióse la discusión y se convocaron Sínodos. Los obispos del Asia Menor decretaron que la Pascua debía celebrarse el día catorce de la luna, sin preocuparse del día que le correspondiere, porque en aquella fecha se había inmolado al cordero pascual. La Iglesia de Roma y las que seguían su tendencia en este asunto resolvieron que los cristianos debían celebrar la resurrección del Señor sólo en domingo. Perseveraron en su opinión los obispos del Asia Menor, por lo que, el obispo de Roma, soberbio e imbuido por su jerarquía, quiso excomulgarles del cuerpo de la Iglesia; lo que le valió severa amonestación de varios obispos y, en particular, de Ireneo, obispo de Lyon:

«Los apóstoles nos han enseñado a juzgar, no por comida, ni bebida, ni por una fiesta, ni sábados, ni nuevas lunas[8]. ¿Qué significan estas disputas? ¿Cuál es el origen de tales divisiones? Es verdad que celebra-

---

5. Cinco años antes de su martirio.
6. Este pasaje es bastante oscuro; se ha llegado a suponer que, hasta entonces, la Iglesia de Roma no había celebrado la Pascua.
7. Dionisio de Corinto, *Eusebio, H. E., V,* cap. XXIII y XXIV.
8. Véase Colosenses 2:16.

mos la fiesta, pero también lo es que lo hacemos con malicia y maldad, destrozando la Iglesia de Dios. Nos agarramos a lo exterior y descuidamos la fe y la caridad, que tienen mucha más importancia. Como los profetas nos enseñaron, los ayunos y fiestas celebrados en estas condiciones son abominación al Eterno»[9].

Más tarde, desgraciadamente, llegó el día de la realización del proyecto de Víctor, y la Iglesia visible se dividió en dos ramas[10].

Excepto las fiestas de la Pascua y del Pentecostés, de las que Tertuliano hace mención, es probable que los paganocristianos del siglo II no celebraran ninguna otra[11].

3. Los nombres paganos de los días de la semana

Debido a su celo por renunciar a todo lo que les recordara la idolatría, los cristianos primitivos sentían escrúpulos de dar nombres paganos a los días de la semana. Habían aprendido de los judíos nombres más sencillos: *el primero, el segundo, el tercer día...* Contentándose con modificar el nombre del primer día, al que llamaban el *día del Señor.* Esta costumbre duró algún tiempo.

En cambio, Justino Mártir y Tertuliano, cuando escriben para los paganos, se sirven de los nombres clásicos. Justino, por ejemplo, refiriéndose al primer día de la semana, dijo: «el día llamado del sol»[12]. Desde el edicto de Constantino (321), donde fue llamado «el venerable día del sol», se usaron los dos términos para designarlo. Sin embargo, Filastrio, en 380, condenó como herético el uso de los nombres planetarios para la designación de los días de la semana[13].

---

9. No es completamente cierto que la cita que acabamos de apuntar sea exactamente la de la carta de Ireneo a Víctor. Se trata de uno de los fragmentos de los escritos de Ireneo extraviados, sin título ni contexto. El testimonio de Eusebio y del historiador eclesiástico Sócrates apoyan su autenticidad. Dice Eusebio:

«Algunos obispos hablaron con gran severidad a Víctor... Entre ellos, Ireneo, que le advirtió como debía» *(H. E., V,* cap. XXIV).

Y, según el testimonio de Sócrates, «Ireneo censuró severamente a Víctor, a causa de su violento arrebato» *(H. E., V,* cap. XXII).

10. Véase el CAPÍTULO XI de la SEGUNDA PARTE.

11. Tertuliano, *De la idolatría,* cap. XIV (véase también *Del Bautismo,* cap. XIX).

12. Véase el CAPÍTULO X de la PRIMERA PARTE.

13. *Dict. Christ. Antiq.*

4. El matrimonio

En la antigua Roma, la legislación dificultaba el matrimonio y las costumbres lo habían degradado. Solamente los ciudadanos romanos podían legitimarlo, aunque con la condición de que la mujer no fuera igual al hombre, sino su criada. Ni siquiera en los mejores tiempos de Grecia, mereció el matrimonio que se le considerara más que como el medio de aumentar la generación, y a la mujer, como el ama de casa, con la misión de vigilar a los esclavos. Se desconocía la idea de una unión, cuyo objeto era la mutua ayuda. De ahí se deducía, naturalmente, un menosprecio general por aquella institución divina; divorcios frecuentes, infanticidios, numerosos nacimientos ilegítimos y otros peores males...

Sólo el Evangelio podía remediar tanto escándalo y tanta maldad; era como la madera que se debía echar a aquellas aguas amargas, para dulcificarlas[14]. Gracias al Evangelio, el matrimonio volvió a ser un estado honroso y santo, que devolvió al mundo el hogar doméstico, con sus virtudes y bendiciones[15]. Escribía Tertuliano:

«¿Dónde hallaríamos términos suficientes para describir la dicha de un matrimonio que la Iglesia ha cimentado y que ha sido sellado con la bendición? Los ángeles lo anuncian al cielo y el Padre confirma la bendición. ¡Cuán agradable es el yugo de dos creyentes que participan de la misma esperanza, de la misma disciplina, de las mismas obligaciones! Siendo verdaderos compañeros de servicio, unidos en cuanto a la carne, unidos en cuanto al espíritu, juntos dirigen sus oraciones a Dios; juntos hacen sus ayunos, instrúyense, exhórtanse y consuélanse mutuamente. Juntos se les encuentra en la Iglesia y juntos se sientan a la mesa del Señor. Están unidos lo mismo en las pruebas y en la persecución, que en el consuelo. Nada se ocultan el uno al otro, ni se evitan, ni se importunan. Visitan al pobre con buena voluntad, ayudan al indigente y hacen limosna sin temor a mutuas recriminaciones. En la intimidad del hogar, cantan los salmos y, en competencia, luchan por ver quién de ambos cantará mejor las alabanzas de Dios. Cristo, que lo ve, se alegra por ello, y

---

14. Véase Éxodo 15: 23–25.
15. E. Saldón, *Matrimonio, misterio y signo. Del siglo I a San Agustín*, EUNSA, Pamplona, 1971.

les envía su paz (...) Donde exista entre dos seres tal unión, Cristo permanece en ellos, y donde Él habita, el maligno nada puede hacer»[16].

También Clemente de Alejandría escribía sobre el particular: «El matrimonio es como una santa pintura que debe preservarse de todo lo que pudiera atenuar su luz. Los esposos cristianos deben, en todo tiempo, confesarse al Señor, lo mismo durante el sueño, que cuando aparece la santa luz del día; juntos deben ofrecer a Dios sus oraciones y sus acciones de gracias, lo mismo al levantarse que al acostarse. Deben mantener la piedad en sus almas y permanecer dueños de sus cuerpos»[17].

Poca cosa se sabe acerca de cómo los primeros cristianos celebraban sus matrimonios. Ningún cristiano de la época nos ha legado descripción alguna de ello. Ciertas alusiones, sin embargo, nos permiten formar una idea de las ceremonias que se usaban a finales del siglo II. Es evidente que eran sencillísimas...

El matrimonio entre los judíos se celebraba sin ninguna ceremonia religiosa. El acto esencial consistía en el cortejo que acompañaba a la novia desde la casa de su padre a la de su novio o del padre de éste[18]. En la ceremonia cristiana, los dos puntos principales eran el anuncio del matrimonio y su aprobación por la Iglesia.

«Es conveniente –escribía Ignacio– que los que celebren el matrimonio soliciten la aprobación del vigilante (u obispo) para que resulte según Dios y no según la concupiscencia»[19].

Y apuntaba Tertuliano:

«Los matrimonios que permanecen secretos, es decir, que no han sido anunciados a la Iglesia, se exponen a ser considerados como cercanos al adulterio y a la fornicación»[20].

Igualmente, en su tratado *De la monogamia,* dice que es costumbre pedir el consentimiento del obispo, de los ancianos, de los diáconos y de las viudas[21].

---

16. Tertuliano, *A su mujer II,* cap. VIII.
17. Clemente, *Strom. II,* cap. XXIII.
18. Samuel Vila, Santiago Escuain, *Nuevo Diccionario Bíblico Ilustrado,* art. «matrimonio» (CLIE, Terrassa).
19. Ignacio, *Epístola a Policarpo,* cap. V.
20. Tertuliano, *De la modestia,* cap. IV.
21. Tertuliano, *De la monogamia,* cap. XI.

Ya se ha visto que en la ceremonia se pronunciaba una bendición sobre los esposos, probablemente por el obispo o por el anciano que presidía el culto, y que los novios comulgaban juntos[22]. Andando el tiempo, inventáronse ceremonias mucho más complicadas, lo mismo para los noviazgos que para el matrimonio. Más adelante nos ocuparemos de ello...

5. Ascetismo y ayuno

Las tendencias hacia el ascetismo, que durante mucho tiempo habían caracterizado a las religiones orientales, aparecieron prontamente en la Iglesia cristiana.

Por un lado, ya hemos notado la importancia que se daba a la observancia del ayuno y que prevaleció inmediatamente después de los tiempos apostólicos. *El Pastor de Hermas,* a pesar del apego que demuestra a ciertas tendencias supersticiosas, se lamenta de aquella corriente. He aquí un diálogo extraído de sus *Semblanzas:*

«Mientras sentado en la montaña ayunaba y daba gracias al Señor por lo que conmigo había hecho, sentóse cerca de mí el Pastor, y me dijo:

– ¿Por qué razón has venido aquí tan temprano?

– Porque hago una *estación*[23].

– ¿Qué es una *estación?* –me preguntó.

– Es la práctica de un ayuno.

– ¿Y cuál es el ayuno que observas?

– El que me han enseñado a practicar.

– Tú desconoces –me dijo– cómo se debe ayunar para agradar al Señor, por lo que tu ayuno no tiene valor ninguno. Yo te explicaré lo que es un ayuno, según sus preceptos, alejando de tu corazón todo deseo va-

---

22. Neander, *op. cit.,* cap. I.

Otros suponen que la palabra *oblación* quería decir «una ofrenda», lo que significaría que los recién casados hacían dádivas a la Iglesia.

23. *Estación* es una de las palabras usadas por los autores más antiguos para designar los días de ayuno, ya fuese porque estos se celebrasen en determinados días *(stats diebus),* ya porque se considerase a los ayunos como etapas militares *(stationes)* contra los ataques del enemigo *(Dict. Christ. Antiq.,* art. «Statio»).

no. Si esto hicieres, tu ayuno será grande, verdadero y agradable al Señor. Procura no pronunciar ninguna palabra, guárdate de todo deseo perverso y purifica tu corazón de todas las vanidades del mundo. El día que ayunes, conténtate con tomar pan y agua; después haz la cuenta de lo que te hubiere costado tu comida ordinaria, y da su importe a la viuda, al huérfano y al pobre. De este modo, tu abstinencia servirá de ayuda a los menesterosos, quienes rogarán al Señor por ti»[24].

6. El celibato

Pero, además, las tendencias ascéticas se manifestaban en los honores que se prodigaban a las personas que permanecían célibes, quizás por influencia del dualismo maniqueo que consideraba mala la sexualidad. La glorificación de la virginidad y abstinencia sexual son una constante en la historia de las religiones.

Temprano aún, tal vez en los tiempos de los apóstoles, el celibato fue considerado como más santo que el estado del matrimonio[25].

Más aún, las segundas nupcias eran consideradas como «pocos honrosas», y algunos escritores llegaron a afirmar que eran, incluso, criminales[26].

Se trata del partido rigorista de los novacianos y los montanistas contrarios a las segundas nupcias, entre quienes figuraba Tertuliano, autor del célebre tratado *De monogamia*. Pero escritores eclesiásticos como Cirilo de Jerusalén se enfrentaron a este rigorismo excesivo e imprudente, sin por ello dejar de tener en alta estima el celibato:

«Los que se casan una sola vez no juzguen ni reprueben a los que contraen segundas nupcias. Cosa hermosa y admirable es la continencia, pero se permite contraer un segundo matrimonio a los débiles para que no caigan en fornicación. Porque dice el apóstol:

24. *El Pastor de Hermas, Semblanza V,* cap. I, III.
Este escrito, especie de novela, fue uno de los libros más popularizados entre los cristianos del siglo II. Algunos lo llaman *el Progreso del Peregrino de la Iglesia Primitiva.*
25. Fragmentos de Ignacio, cap. VI, IX, citados por Wordworth en *Historia de la Iglesia.*
26. Tertuliano es quien calificó las segundas nupcias como «adulterio».

Digo pues a los solteros y a las viudas que bueno les es si se queda-
ren como yo. Y si no tienen don de continencia, cásense; que mejor es
casarse que quemarse (1 Co. 7: 8 y 9).

Todo lo demás, fornicación, adulterio y todo género de lujuria sean des-
echados en un lugar lejano. En cambio, consérvese el cuerpo puro para
el Señor, a fin de que Él le pueda mirar también. Aliméntese el cuerpo con
lo necesario para vivir y sirva sin impedimentos, no para entregarse a
los placeres»[27].

«Entre nosotros –argumentó Atenágoras (177)–, encontraréis hombres y mujeres que, en la esperanza de vivir en comunión más íntima
con Dios, llegan célibes a la vejez»[28].

Había también algunos cristianos que, como los ermitaños de los
siglos III y IV, se alejaban del trato de los hombres, para dedicarse a la
meditación y a la oración. Sin embargo, prevaleció una concepción más
sana de lo que debía ser la vida del cristiano. Así, el autor de la *Epístola*
de Barnabás condenó en los siguientes términos a los que se dejaban
llevar por aquellas exageraciones:

«No os alejéis del mundo, como si fuerais perfectos, sino al contrario,
juntáos y procurad lo que convenga a vuestro mutuo provecho, pues la
Escritura dice: *¡Desgraciados los que son sabios a sus propios ojos y se*
creen inteligentes! (Is. 5:21)»[29].

Y Clemente de Alejandría, con el estilo claro y enérgico que le es
propio, dice sobre el mismo tema:

«El cristiano más adelantado debe tener por regla el ejemplo de los
apóstoles (…) No es haciendo vida solitaria, como probaremos lo que
somos. Aquel que, como esposo y padre de familia, soporta las dificultades que le rodean provee al sostén de su esposa, de sus hijos, de sus
criados, de su posición, sin menguar su amor para con Dios, éste puede
demostrar lo que es. Claro que, el hombre que no tiene familia, se evita
muchas pruebas. Pero como no debe pensar en otro más que en sí mismo,
es bastante inferior a aquel que, además del cuidado de todo lo que pudiera alejarlo del camino de la salvación, cumple muchos de los deberes de

---

27. Cirilo de Jerusalén, *Catequesis*, IV, p. 26.
28. Atenágoras, *Mensaje para los cristianos,* cap. XXXIII.
29. *Epístola de Barnabás,* cap. IV.

la vida social y se muestra en su familia como un reflejo de la Providencia»[30].

7. Funerales y lutos

Los cristianos primitivos no quisieron continuar el uso clásico de quemar a los muertos[31]. Preferían seguir la costumbre del antiguo pueblo de Dios, *devolviendo al polvo lo que del polvo procedía*[32]. Y es que la cremación originaba grandes preocupaciones a los cristianos. En primer lugar, les hacía recordar el paganismo; y, por otra parte, parecía que negaba la doctrina de la restauración del cuerpo. Muchos seguían la costumbre judaica, procedente de Egipto, que consistía en embalsamar a los muertos. Esto es, el interlocutor pagano del *Diálogo* de Minucio Félix, Cecilio, acusó a los cristianos de prohibir el uso de los perfumes a los vivos y de reservarlos para los funerales[33]. En cambio, Tertuliano, en su *Apología,* defendió lo siguiente:

«Es verdad que no compramos incienso; si los árabes se quejan por ello, los sabeos saben que compramos los aromáticos para embalsamar a los muertos, en mayor cantidad de la que vosotros usáis ahumando a vuestros dioses»[34].

Las nuevas, al par que gloriosas esperanzas traídas por el Evangelio, debían hacer que los cristianos despreciaran y desecharan toda clase de lutos, tales como el saco, la ceniza y los vestidos rotos de los judíos, o los trajes negros de los romanos y los llantos y lamentos de alquiler, tan preferidos en Oriente y Occidente. Igualmente, reprobaban, como rozando la idolatría y tendente a la orgía, el hecho de coronar con flores la cabeza de los muertos[35].

---

30. Clemente, *Strom. VII,* cap. XII (véase también Neander, cap. I).
31. Hasta la época de Silla (78 a. C.), los romanos enterraban a sus muertos (Cicerón, *De Legg.,* cap. II, p. 22). Por este tiempo fue cuando los griegos introdujeron la cremación, costumbre que, sin embargo, nunca llegó a ser universal y, desde la era cristiana, se generalizaron los entierros. Tal vez constituyó a ello la arraigada convicción de los cristianos sobre el particular. A finales del siglo IV ya no se quemaba a los muertos *(Dict. Christ. Antiq.,* art. «Catacumbas»). (Véase también Parker, *Arqueología de Roma,* «Catacumbas»).
32. Véase Eclesiastés 12:7.
33. Minucio Félix, *Octavio,* cap. XII.
34. Tertuliano, *Apología,* cap. XLII.
35. Clemente de Alejandría, *El pedagogo II,* cap. VIII (véase también Tertuliano, *De la Corona,* cap. X).

Cipriano expresó en términos enérgicos en qué consistía el luto, en las siguientes líneas consagradas a los que fallecieron de la peste durante los reinados de Gallo y de Valeriano[36]:

«Cuántas veces y con cuánta claridad me ha sido revelado, gracias a la infinita bondad de Dios, que yo debía declarar públicamente que nuestros hermanos llamados a dejar este mundo por orden de Dios no deben ser objeto de nuestras lamentaciones, porque para nosotros no son perdidos, sino que se nos han adelantado. Debemos suspirar, anhelando juntarnos con ellos, pero no debemos gemir por ellos, como tampoco debemos vestirnos de negro aquí, cuando ellos visten de blanco en el cielo»[37].

Más tarde, preguntaba Agustín:

«¿Por qué hemos de desfigurarnos con trajes negros, a no ser que queramos imitar a las naciones incrédulas, tanto en sus lamentaciones, como en su luto? Estas costumbres son bárbaras e ilícitas. Aunque no fuera así, no es conveniente servirnos de ellas»[38].

Finalmente, decir que el féretro era llevado en hombros por los parientes o amigos íntimos del difunto. Durante el camino hacia el cementerio, éstos «cantaban himnos de esperanza y de gratitud»[39].

8. Las catacumbas

A los cristianos en Roma se les enterraba en las catacumbas, extenso cementerio, testimonio de su fe y de su esperanza. Como la ley prohibía las inhumaciones dentro de la ciudad, se destinaban a cementerios subterráneos cavados en las colinas que rodeaban la capital, particularmente, en las situadas al sur y a la derecha del Tíber. Las catacumbas se abrían en la *tufa granolare,* una de las tres capas volcánicas de que está compuesto aquel suelo. Éstas se componían de corredores y estrechas galerías que, confundiéndose unas con otras, a veces terminan en pla-

---

36. Años 251–260.
37. Cipriano, *De la mortalidad,* cap. XX.
Esta cita pertenece al siglo III y IV; pero hemos decidido colocarla en esta PRIMERA PARTE porque, si tales costumbres originaron tales objeciones en el siglo III y IV, con cuánta más razón debieron originarlas en el siglo II.
38. Agustín, Sermón II, *De consol. mort.*
39. J. F. Hurst, *Historia compendiada de la Iglesia,* pp. 112 y 113 (CLIE, Terrassa, 1985).

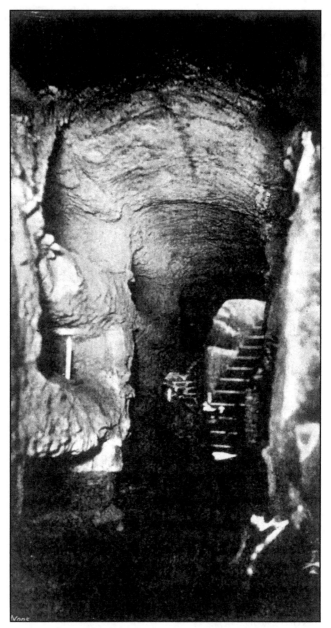

Corredor y escalera de la catacumba de Pontiano.
Restauración del siglo IX (tomada al magnesio).

zoletas. La altura de las galerías variaba entre cinco y ocho pies, mientras que la anchura, sólo era de dos pies y medio a tres. Cuando se había llenado una galería, se cavaba otra debajo, y otra después; habiéndose encontrado hasta cinco, unas debajo de otras. La comunicación de una a otra se hacía por medio de escaleras o de rampas[40].

A ambos lados se levantaban unos nichos horizontales, parecidos a los camarotes de un buque, que podían encerrar un cadáver. A estos nichos se les llamaba *loculi*[41]. En cada galería había entre cinco a ocho filas de *loculi* o sepulturas.

Los espacios más grandes, que se cerraban con puertas, eran destinados a sepulturas de familia[42], y se les llamaba *cubicula*. Cada catacumba estaba situada en una colina o altura separada de las otras por algún valle; de ahí que apenas se comunicara alguna con otra. En Roma, se cuentan hasta cuarenta de estos cementerios. Algunos fueron destinados a la sepultura de los judíos, mientras que en otros se enterraban igualmente a los paganos y a los cristianos. Los cadáveres eran envueltos en una sábana de lino: se les embalsamaba o se les echaba cal viva para que fueran consumidos. Una vez puesto el cadáver en el *loculus,* se cerraba con una teja plana, o con una lápida de mármol, ajustada con mortero.

Un *loculus,* según las inscripciones cristianas de De Rossi.

40. Las catacumbas han sido restauradas tantas veces que es muy difícil encontrar algún trozo en su estado primitivo. El grabado que acompaña a este CAPÍTULO da una idea de cómo estaban construidas las galerías...

41. Una tumba para dos cuerpos se llamaba *bisomus.*

42. Los restos mortales de los ricos eran colocados en *sarcophagi* y en cuevas que cuando eran abovedadas se las llamaba *Arcasolia.*

Durante mucho tiempo, se ha creído que las catacumbas habían sido construidas secretamente; que contenían habitaciones y que sus entradas eran tan disimuladas, que ni el público, ni las autoridades se apercibieron de su existencia. Excepto durante las persecuciones, que generalmente duraban poco, los cristianos vivían como los demás ciudadanos y como todos, eran protegidos por las leyes.

Así, pues, es un error imaginarse las catacumbas como un refugio secreto en tiempos de persecución, o como centros de reunión de los creyentes. Como hemos dicho, no fueron excavadas para los vivos, sino para los muertos:

«Es difícil imaginar un lugar menos adecuado como local de reunión que las catacumbas romanas. Apenas hay en ellas un espacio donde puedan apretujarse un centenar de personas. La seguridad en las catacumbas no era mayor, antes bien, menor que en las iglesias urbanas. Los cementerios eran conocidos del público y de la policía, lo cual no era siempre el caso con los lugares de culto establecidos en casas particulares. Aparte de esto, la antigüedad no nos ha transmitido una sola noticia fidedigna de la celebración de una misa en las catacumbas, mientras que abundan los datos referentes a las iglesias de la ciudad»[43].

Sólo de manera excepcional se utilizarían las catacumbas como refugio de los perseguidos. Como es de suponer, aquella estancia era sólo accidental, puesto que las catacumbas no estaban destinadas a ser habitación, ni reunían condiciones para ello. Por estas razones hay que prestar poco crédito a los que dicen que los cristianos pasaban en ellas varios meses.

Las catacumbas son miríadas de tumbas, o más bien de nichos funerarios colocados unos sobre otros a lo largo de galerías interminables. Una costumbre muy anterior al cristianismo había establecido ciertas reuniones alrededor de las tumbas para celebrar comidas fúnebres. En ese contexto hay que colocar que ciertos banquetes o ágapes cristianos hayan tenido lugar junto a la sepultura de los primeros fieles, entre los que estaban los mártires[44].

---

43. Ludwing Hertling, *op. cit*, p. 55.
44. Georges Plinval y Romain Pittet, *op. cit.*, p. 77.
Agustín cuenta cómo su madre tenía la costumbre de llevar comestibles para el ágape con los

Con los muertos, a menudo enterraban objetos diversos[45]. Los paganos suponían que la vida futura era la continuación de la presente, por lo que, cada uno continuaba en sus ocupaciones y mantenía sus afectos. Los antiguos romanos, como otros muchos pueblos de la antigüedad, tenían la manía de colocar en las tumbas de sus deudos objetos y herramientas que habían utilizado en vida. La costumbre, tal vez, contribuyó a que en los primeros tiempos del cristianismo algunos fieles siguieran la corriente. Parece, sin embargo, más natural suponer que las tumbas, en las cuales se han encontrado adornos, juguetes, herramientas y otros objetos, son relativamente recientes, pudiéndose referir al tiempo en que las persecuciones habían cesado y que era más fácil la admisión en ellas de los paganos y, por lo tanto, mayor su número.

En las tumbas de mujeres, por ejemplo, se han encontrado muchos objetos de tocador y de adorno, tales como espejos, peinetas, horquillas, alfileres de marfil, vinagreras, brazaletes, collares, pendientes, alfileres de adorno, sortijas, sellos y hasta botones de diversas clases. En los nichos de niños, se han encontrado campanillas de bronce, alcancías de tierra cocida, ratones de tierra y de metal, muñecas de hueso y de marfil. Igualmente se han encontrado, en algunos *loculi,* mangos de cuchillo de marfil, cabezas de clavos, dados, pesas de piedra y pececillos de cristal, con nombres grabados. También se ha tropezado con herramientas de diversos oficios y una infinidad de lámparas de bronce y de tierra cocida, llevando la mayor parte de ellas el monograma de Cristo. Además, se han encontrado algunos vasos de vidrio que, parece, habían contenido un líquido encarnado, que algunos suponen haya sido el vino eucarístico[46].

---

hermanos en las tumbas de los mártires, costumbre prohibida por los obispos debido a los abusos: «Sucedió en una ocasión que mi madre, según la costumbre africana, llevó a las tumbas de los mártires tortas de harina con miel, panes y vino puro. El portero se negó a recibírselos diciendo que el obispo [Ambrosio] lo tenía prohibido y ella, con humilde obediencia, se plegó a su voluntad y no dejé de admirarme de la facilidad con que renunció a una costumbre que le era querida, en vez de criticar costumbres diferentes» (Agustín, *Confesiones VI, 2*).

45. Norbert Brox, *Historia de la Iglesia Primitiva*, p. 45, Herder, Barcelona 1986 (véase también Michael Green, *La evangelización y la Iglesia Primitiva,* Certeza, Buenos Aires, 1982; K.S. Latourette, *op.cit.*, p. 113; Wayne A. Meeks, *Los primeros cristianos urbanos,* Sígueme, Salamanca, 1988; Gerd Theissen, *Estudios de sociología del cristianismo primitivo,* Sígueme, Salamanca, 1985; Henri Marrou, *2000 años de cristianismo*, p. 104, Sedmay, Barcelona, 1979; K.S. Latourette, *op. cit.*, pp. 22 y 23).

46. J. Danielon y H. I. Marrou, *Nueva historia de la Iglesia*, vol. I (ed. Cristiandad, Madrid, 1964).

Enterrador, según un fresco de la Catacumba de Calixto
(tomada al magnesio). Siglos II-IV.

No tardaron en aparecer en las cubiertas de los nichos algunas inscripciones, que más tarde fueron adornadas con pinturas y esculturas. En muchos de los letreros sólo se lee el nombre del difunto; en algunos se leen ciertas palabras, como testimonio de su fe y de su esperanza; otros, finalmente, sólo contienen la palabra «paz», cuyo significado no es necesario explicar, porque es el sentido de todas las inscripciones. Las más antiguas están escritas en griego. Según la costumbre, en muchas otras inscripciones latinas se usaban las letras griegas. Y en algunas tumbas, en vez de palabras, había grabadas algunas alegorías de la fe cristiana, como la palma, la paloma, el áncora[47], un barco navegando hacia el cielo, un pez[48] y, especialmente, el Buen Pastor[49]; otras contienen símbolos de la profesión del difunto, o escenas del Antiguo o del Nuevo Testamento.

Finalmente, hay tumbas con grabados e inscripciones. Las más antiguas, ya sean grabadas en piedra, en yeso, o en las tejas planas que cubren el *loculus,* son más breves y más sencillas. A medida que la Iglesia adquiere más importancia, especialmente desde su unión con el Estado, bajo el imperio de Constantino, las inscripciones son más largas y contienen más alabanzas.

Para indicar la fecha de las tumbas, ha sido necesaria una gran erudición. Las que contienen los nombres de los cónsules han podido ser fácilmente comprobadas; otras, por indicación de analogía, han podido serlo también. La mayoría, sin embargo, son de fecha incierta.

Como muestra, copiamos algunas inscripciones sacadas de la conocida colección del Museo de Letrán y reproducidas según las fotografías de Parker. La mayoría son posteriores al año 200. Es, sin embargo,

---

47. El áncora es el símbolo del término de la vida bien empleada; el fin de un buen viaje (Maitland).

48. Los términos griegos de la palabra «pez» *(ichthys)* contienen las iniciales de los Nombres de Cristo: *Iesous Christos Theou Hyios Soter* (Jesucristo, Hijo de Dios, Salvador).

49. El emblema del Buen Pastor, que a primera vista parece esencialmente cristiano, tiene un origen clásico. Procede de Grecia y fue adoptado por los romanos. En la tumba de una familia romana muy notable, la de Nasons, en medio de varias figuras mitológicas, hay el grabado de un pastor con una oveja en los hombros, un cayado en la mano y los símbolos de las cuatro estaciones a su alrededor. Nada fue más fácil que transformar aquello, suponiendo que representaba al Buen Pastor. En una de las catacumbas hay una pintura representando a un pastor, con traje romano, llevando en la mano una flauta de Pan (S. R. Maitland, *La Iglesia en las catacumbas,* pp. 255–258, Londres, 1852).

probable que las inscripciones más breves sean anteriores y, por consiguiente, pertenezcan a la época que estudiamos[50].

Existen poquísimos epitafios que señalen las tumbas de algunos mártires y que pertenezcan a la época de las persecuciones. Un erudito francés ha dicho con mucha exactitud que los restos de los mártires es lo único que ha quedado, aún en sus tumbas, de aquellos héroes de la fe. De su vida y de su muerte, únicamente se han encontrado algunos vasos, algunos pedazos de cristal, algunos objetos que recordaban su profesión o algún símbolo de su fe. Si sólo estudiáramos las catacumbas, teniendo en cuenta cuán pocas alusiones hay de los padecimientos de los mártires, se podría suponer que las persecuciones no causaron víctimas[51].

Con todo, aún quedan algunas inscripciones de esta clase. A saber[52]:

«Aquí descansa Lannus, mártir por Cristo. Padeció bajo el poder de Diocleciano. Esta sepultura está destinada también a sus descendientes».

«Aquí descansa en paz Gordiano de Galia, mensajero que murió con toda su familia a causa de su fe. Su criada, Teófila, ha hecho esto».

«Primicias descansa en paz. Después de haber padecido muchos males, a los treinta y ocho años soportó con valor el martirio. Su esposa levanta este recuerdo, destinado al más apreciable y más acreedor de los maridos».

Ya hemos dicho que los paganos y los judíos enterraban a sus muertos en las catacumbas. Algunas de las inscripciones paganas revelan gran cariño conyugal, o expresan afectos naturales de los que la caída de la humanidad no les despojó completamente, pero que, sin Cristo, no van más allá del sepulcro...

«Jamás dijo a su marido ninguna palabra malsonante».

«Su primera falta fue morirse».

---

50. Una de las inscripciones descubiertas, se supone, pertenece al año 72. Algunas inscripciones son ciertamente del siglo II. El epitafio de Marius, que se remonta al reinado de Adriano, y el de Alejandro, que contiene el nombre de Antonio *el Piadoso,* son considerados apócrifos (Northcote, *Epitafios de las Catacumbas,* 1878, p. 32).

Véase Juan Carmona Muela, *Iconografía cristiana,* Altaya, Madrid, 1998.

51. Raoul Rochette, *Cuadro de las Catacumbas,* p. 194 (véase también Maitland, *La Iglesia en las Catacumbas,* p. 151).

52. Maitland, *op. cit.,* pp. 127–129.

«Aunque muerta, está viva para mí y permanecerá excelente a mis ojos».

Un liberto puso el siguiente epitafio sobre la tumba de un compañero, lo que demuestra su más sincera amistad: «Aulus Memmius Urbanus a Aulus Memmius Claurus, el más querido de mis compañeros. Nunca tuvimos la menor querella. Apelo al testimonio de los dioses superiores e inferiores, como que lo que digo es verdad. La primera vez que nos vimos fue en el mercado de esclavos; más tarde recibimos la libertad en la misma casa. ¡Sólo este día fatal ha podido separarnos!».

Es conmovedora también la siguiente inscripción: «¡Adiós, adiós, tú que fuiste la más cariñosa! ¡Para siempre, adiós!».

Estas manifestaciones de afecto natural eran demasiado débiles para disipar la obscuridad que rodeaba al mundo pagano. Los epitafios paganos exponen los pensamientos de hombres que no tienen ni esperanza, ni Dios en el mundo. Unos son epicúreos, otros cínicos o escépticos, otros revelan el orgullo y otros, finalmente, demuestran la desesperación y la desconfianza.

Véanse éstas:

«La fortuna hace muchas promesas y no cumple ninguna. Vive, pues, al día y para lo presente, puesto que no te pertenece otra cosa».

«Toda mi vida he buscado ganar, y siempre he perdido. Ahora que ha venido la muerte, no puedo ya ganar ni perder. A ti, que lees estas líneas, te deseo que vivas feliz».

«He vivido como he querido, pero no sé por qué motivo he muerto».

«Aquí descansan los huesos de Nicen. Vosotros los que quedáis sobre la tierra, vivid bien. ¡Adiós! ¡Salud a vosotras, sombras, recibid a Nicen!».

«He sido piadoso y santo; he vivido cuanto he podido, no he tenido procesos, ni disputas, ni deudas por juego, ni por otras causas. Siempre he sido fiel a mis amigos y, si mi fortuna ha sido modesta, en cambio mi alma ha sido grande».

«En cierto tiempo yo no existía, ahora tampoco. ¿Cómo ha sido esto? Ni lo sé, ni me preocupo de ello».

«Nuestro hijo era nuestra única esperanza, hoy no nos queda más que cenizas y gemidos».

He aquí el epitafio de una joven:

«Levanto mis manos contra Dios (la escultura representa dos manos levantadas), porque, a pesar de no haber hecho ningún mal, me ha quitado la vida a los veinte años».

«Cayo Julio Máximo, fallecido el quinto mes de su segundo año. ¡Oh, destino sombrío, que te complaces en la muerte! ¿Por qué mi querido Máximo, que aún ayer descansaba sobre mi seno, me ha sido tan rápidamente arrebatado? Ahora, oh madre, mira esta piedra que cubre su tumba!».

Formando contraste con los anteriores, hagamos mención de otro epitafio, que será el último que citemos. El nombre y la edad han sido borrados, pero «la fe quitó a la muerte su aguijón y al sepulcro su victoria»:

«Bendito sea el Nombre del Señor, que había dado y que volvió a tomar. Vivió, y acabó su vida en paz»[53].

Explicaciones de las láminas sobre las catacumbas:

Lámina I

1. «Aelia Bictorina posvit Avreliae Probae» *(A Aurelia Proba, Aelia Victorina).* El pavo real era uno de los emblemas de la inmortalidad. Del siglo III o IV.

2. No ha sido posible restaurar completamente esta inscripción: «Hic est positvs Bitalis Pistor una s hic es rs XII. qvi bicsit ap nvs pl minvs n XLV. dep[o]sitvs in pac[e] i natale domnes Sitiretis tertivm idvs Febb consvlatvm Fl Vincentivvs conss» *(Aquí yace Vitalis, panadero, de la 12.ª región –de la ciudad de Roma–, que vivió casi cuarenta y cinco años y fue enterrado en paz, en el aniversario de San Sitiretis, el 11 de febrero, siendo cónsul Flavio Vincentio).* Debajo hay un almud romano. Esta tumba es del año 401[54].

3 al 13. Emblemas de diversas profesiones: albañil, cardador de lana, tonelero, herrero, cirujano, etc[55].

5. «Avr Venerando nvmvl qvi vixit ann XXXV Atilia Valentina fecit marito benemerenti in pace» *(A Aur Venerandus, cambista, que vivió treinta y cinco años; Atilia Valentina a su esposo, que bien lo merecía. In pace).* Con mucha frecuencia se halla el epíteto «bien lo merecía». Del siglo III o IV.

8. «Maximinvs qvi vixit annos XXII amicvs omnvm» *(Maximino vivió veintitrés años. Fue amigo de todos).* Del siglo III o IV.

53. Northcote, *Epitaphs of the Catacombs,* pp. 59–72 (véase también Maitland, *op. cit.,* p. 42).
54. De Rossi, *Inscriptiones Christianae.*
55. Los primeros exploradores de las catacumbas suponían que todos los nichos contenían restos de los mártires –opinión generalizada aún en Roma– y que todos los utensilios representados eran instrumentos de tortura.

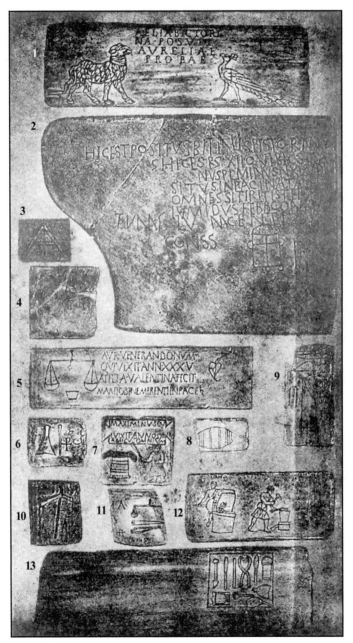

Lámina I

Lámina II

1. «Cassane Vitalloni alvumno benemerenti qvi vixxit annos XXI» *(A Casseanus Vitallonio, mi discípulo, que bien lo merecía, vivió ventiún años)*. Del siglo III o IV.

2. «Felici filio benemerenti qvi vixit anuos XXIII dies X qvi exivit virgo de saecvlv et neofitvs impace. Parentes fecervnt. Dep. III. nonas Aug.» *(A su hijo Félix, que bien lo merecía; vivió veintitrés años y diez días. Durante su estancia en este mundo, fue neófito y se mantuvo virgen. In pace. Sus padres. Fue enterrado el 2 de agosto)*. 3 al 8. La mayor parte de los lemas están sacados de la Biblia.

3. Inscripción griega que dice: «Durante su vida, Moisés preparó esto para él y su mujer». Acompaña el emblema del Buen Pastor. No se sabe lo que representa la mujer; tal vez a la Iglesia, la esposa de Cristo. Del siglo III.

4. «Bictorina in pace et in Christo (el monograma)» *(Victorina, en la paz de Cristo)*. Se supone que el objeto representado es un almud, como en el número 2 de la segunda lámina.

5. Cinco escenas bíblicas: el Buen Pastor; el Arca de Noé, la tentación de Adán y Eva; Elias y su carro; Daniel en el foso de los leones. Además, las palabras siguientes: «Vipas Pontiz in ae[t]erno» *(Poncio, ojalá vivas eternamente)*. Del siglo III.

6. Un buque y un faro. «Firmia Victora qve vixi annis LXV» *(Firmia Victora, que vivió sesenta y cinco años)*.

7. «Asellv benemberenti qvi vicxit anuv sex mesis octo dies XXIII» *(A Aselo, que bien lo merecía, vivió seis años, ocho meses y veintitrés días)*. Están los bustos de los apóstoles Pedro y Pablo. Del siglo III o IV.

8. Este epitafio, escrito en letras griegas, es muy interesante. Desgraciadamente, presenta alguna oscuridad. El Buen Pastor, con la oveja sobre los hombros, protegiéndola contra el dragón y contra el león, indica el rescate espiritual, expresado en la inscripción por la palabra «vencedores». Los que triunfaron eran probablemente dos hermanos que fueron mártires, llamados *Veratii,* maridos de Julia y de Onésima, e hijos de Lazaria, cuyas piadosas mujeres les levantaron aquel monumento. La inscripción termina con el siguiente aforismo: «Tal es la vida». Del siglo III.

9. El Buen Pastor (fragmento). La inscripción termina con estas palabras: «In pace».

10. «Pontivs Leo se bivo fecit si [bi]et Pontia Maza cozvs vzvs fecervut filio svo Apollinari benemerentti» *(Pontio Leo preparó esto en vida, lo mismo que su esposa Pontia Maza -o Máxima-; los hicieron para su hijo Apolinario, que bien lo merecía)*. La imagen del león es una alusión al nombre. De los siglos III o IV.

Lámina II

Capítulo XIV

Moralidad cristiana y expansión misionera

Nuestro plan nos conduce a descubrir cuál era el carácter moral de la Iglesia, su estado interior y sus relaciones con el mundo durante los dos primeros siglos. Así, M. de Pressensé escribió:

«Las grandes sociedades misioneras, que tanta importancia han alcanzado en nuestra sociedad moderna, no tenía razón de ser en la Iglesia durante los siglos II y III, por la sencilla razón de que toda ella era una sociedad esencialmente misionera. Acampada, más que establecida en el mundo, atacada por el paganismo que la rodeaba, sólo podía vivir combatiendo. La conquista le era necesaria para su defensa, y sólo por ella pudo vencer. Exteriormente, su misión no se distinguía de su trabajo interior, puesto que, para encontrar al mundo pagano, al cual se quería evangelizar, bastaba con salir a la puerta de su casa, o llegarse a la plaza de su propia ciudad. La civilización del imperio era obra del paganismo, que no pretendía engañar a nadie.

Para la Iglesia, el hombre instruido, lo mismo en Roma, que en Alejandría, no era más que un pagano, cuya conversión era más difícil que la de un bárbaro germánico o escita, porque tenía más medios intelectuales para resistir a la verdad (…) No se exigían estudios preparatorios, ni a misioneros, ni a obispos, ni a pastores… Las circunstancias eran a menudo motivo suficiente para que surgiera una misión. De todos modos, donde aparecía un cristiano, aunque fuera en apartadas regiones, levantaba la cruz y se creaba un núcleo de fieles que constituían una nueva iglesia»[1].

---

1. M. de Pressensé, *Historia de los tres primeros siglos,* serie 2ª, tomo I.

En su condición de *religión ilícita*, la Iglesia no podía hacer manifestaciones públicas de su fe, y mucho menos poner en marcha programa multitudinarios de captación de nuevos fieles. La captación de nuevos cristianos se dio ante todo con la mera presencia de los cristianos. Esto es un hecho notorio y sorprendente:

«Con su estilo de vida claramente distinto, con sus conversaciones sobre la nueva fe y con su vida comunitaria, los cristianos atraían la atención sobre sí. Los numerosos contactos sociales de la vida cotidiana se revelaban *captores*. En este tipo de captación participaban prácticamente todos los cristianos, por cuanto que su manera de ser podía hacer que otras personas los escuchasen y se dejaran convencer. En consecuencia surgía el cristianismo doquiera llegaban los cristianos en su condición de marineros, emigrantes, mercaderes, funcionarios, soldados, esclavos o prisioneros de guerra. Así, pues, durante los primeros siglos la misión no fue (como tampoco lo había sido en exclusiva ya en el cristianismo primitivo) un asunto de predicación, de *misioneros de oficio* y de organización, sino más bien la manifestación elocuente y directa de la convivencia de cristianos y no cristianos. La historia de la Iglesia es en este aspecto una historia de misión».

También es importante señalar que en su comienzo el cristianismo era urbano. Se movía a lo largo de las rutas comerciales que unían a una ciudad con otra. El carácter de los grandes núcleos urbanos era cosmopolita, abierto, repleto de alternativas, frente al tradicionalismo rural, fiel a sus viejas costumbres, y, por otra parte, ignorantes del griego popular, que jugó un papel tan importante en la comunicación y extensión del Evangelio.

Otro mito sobre los orígenes del cristianismo consiste en decir que fue la religión de los esclavos por excelencia. Que su mensaje de amor y fraternidad entre los hombres apeló principal y esencialmente a los desposeídos y a las clases marginales de la sociedad. Es una vieja tesis socializante que no se sostiene ante los hechos. Todo parece indicar que las relaciones entre los estratos sociales altos, medios y bajos en la Iglesia Primitiva respondían aproximadamente a los porcentajes de la sociedad coetánea. Todos los historiadores eclesiásticos modernos afirman unánimemente que el cristianismo, aunque en un principio diera la sensación de estar compuesto por gente pobre y sencilla, bien pronto caló en todas las clases de la sociedad. La proporción de ricos y pobres en la Iglesia fue la misma que en la población total del imperio:

«El cristianismo se extendió durante los siglos II y III en todas las capas sociales de la población, no solamente entre los miserables, sino también entre las élites».

¿Fueron frecuentes las conversiones en masa, como las descritas en los primeros capítulos de Los Hechos de los Apóstoles? Ni mucho menos. Como escribe el profesor Latourette de forma lapidaria:

«La tesis de más de un historiador moderno de que el cristianismo se esparció a la manera de una oleada de entusiasmo es totalmente falsa».

El crecimiento fue rápido y constante, pero sin alcanzar a la mayoría de la población; aun con todo, un número importante de personas solicitaban el bautismo para ingresar en la Iglesia. A los pocos años de su existencia, el cristianismo ya había penetrado profundamente en los centros más vitales del Imperio romano. Para comprender mejor la significación de este fenómeno extraordinario, ténganse presentes los pequeños principios y la absoluta falta de medios humanos con que los apóstoles iniciaron su actividad misionera. Los mismos escritores paganos fueron los primeros en notar el progreso relativamente rápido e intenso del cristianismo. Plinio, el procónsul de Bitinia, escribe al emperador Trajano informando de las innumerables personas de toda edad y condición, tanto en las poblaciones pequeñas, como en las grandes, que habían abrazado la nueva religión. Otro tanto dice Tácito, durante el reinado de Nerón.

Además, y en cumplimiento del mandato misionero de Cristo, la difusión del Evangelio alcanzó los lugares más remotos del mundo entonces conocido, dando lugar a su expresión geográficamente *ecuménica,* que obedecía a motivos puramente religiosos, «la universalidad del mensaje del Evangelio para todos los pueblos de la tierra»; así lo describe Eusebio en su *Historia eclesiástica*:

«Muchos de los inmediatos sucesores de los apóstoles imitaron su celo, construyendo las iglesias que aquellos habían fundado, llevando a países lejanos el Evangelio y esparciendo por toda la tierra la semilla del Reino de Dios.

Sí, siguiendo las órdenes del Señor, numerosos evangelistas distribuyeron sus bienes a los pobres, consagrándose a la predicación de Cristo y a la difusión de los escritos evangelísticos. Cuando habían logrado sentar el fundamento de la fe, establecían pastores, a quienes confiaban el cuidado de los recién convertidos, mientras que ellos marchaban a otra parte, y muchas veces a las naciones más lejanas. La gracia de Dios les acompañaba y el Espíritu Santo obraba en aquella edad con poder tal que, a su predicación, asambleas enteras se convertían al Evangelio»[2].

Innecesario nos parece afirmar que aquellos oscuros evangelistas, cuyos nombres han sido olvidados, mientras que su labor ha quedado, merecen un honor especial en la Iglesia. También es digno de llamar la atención el hecho de que los tiempos más gloriosos de la Iglesia han sido aquellos en los cuales apenas tuvo historia...

Ya a finales del siglo II, el Evangelio había traspasado los límites del imperio. Justino Mártir, en su *Diálogo con Trifón,* dijo:

«Ya no existe raza humana, sea cual fuere su nombre, griega o bárbara, que viva en poblados o que haga vida errante, en la cual no se hagan curaciones ni se den acciones de gracias en el Nombre de Jesús crucificado»[3].

Al leer estas líneas, es natural que nos hagamos cargo de los conocimientos geográficos de aquellos tiempos. Lo cierto es que el Evangelio había pasado el Eufrates, siendo predicado en los pueblos Partos, en la Persia, en la Media[4], en África, hasta el Alto Egipto, la Numidia y la Mauritania, en Europa; en España, en la Gran Bretaña[5], en la Germania libre y en la romana...

---

2. Eusebio, *H. E., III,* cap. XXXVII.

3. Justino Mártir, *Diálogo con Trifón,* cap. CXVII.

4. Se cuenta que en Edesa de Mesopotamia, ciudad importante en las tradiciones eclesiásticas, los cristianos tenían ya en el año 202 una iglesia construida según el modelo del templo de Jerusalén (Neander, *op. cit.,* cap. I, p. 111).

5. No sabemos si Pablo cumplió su deseo de venir a España (Ro. 15:19–29). Desde luego el apóstol Santiago el Mayor no tuvo nada que ver con la misma. Todo parece indicar el norte de África como punto de partida del cristianismo en la península ibérica. Entró, quizás, por un medio tan relativamente sorprendente como el ejército romano, que en más de una ocasión y lugar constituyó un decisivo vehículo de cristianización. Se explica por el contacto a que obliga la vida castrense y por los frecuentes traslados de unidades, que transportan consigo nuevas ideas y costumbres, o el veterano licenciado que trae de regreso al hogar el conocimiento de otras gentes y otras creencias. Parece que la *Legio VII Gemina* estacionada en el norte de África fue diseminada por el norte de la península ibérica, por la zona de Astorga–León, Mérida y Zaragoza, donde para el año 254 se

Ireneo también informó que, entre los germanos independientes, la propagación oral del Evangelio precedió a la difusión de los Sagrados Libros, y que varias tribus bárbaras tenían las palabras de salvación escritas, no con tinta ni papel, sino en el corazón, por el Espíritu Santo[6]. Finalmente, Tertuliano, en su Apologética, escribía: «Somos de ayer, y lo llenamos todo: lo mismo se nos encuentra en las ciudades, que en los campos, que en las islas; en vuestros palacios, como en vuestras aldeas y concejos. Estamos en Palacio, en el Senado, en la plaza pública; sólo abandonamos vuestros templos... Si nos alejáramos de vosotros, os quedaríais sorprendidos de vuestra soledad»[7].

Si los páganos se admiraban, e incluso se ofendían de ver un número creciente de personas pasándose al cristianismo y olvidando así sus antiguos dioses y costumbres, los cristianos, en especial los llamados

documentan comunidades cristianas. Marcelo, centurión de la *Legio VII Gemina,* posiblemente de origen hispánico, fue martirizado en Tánger por su fe cristiana. Soldados mártires de la mencionada legión fueron Prudencio, Celedonio y Emeterio.

Al lado del ejército se encuentran también el comercio y los comerciantes como factores estratégicos de expansión de las doctrinas cristianas. Mercaderes de antiguo, los norteafricanos mantenían una estrecha relación comercial con los peninsulares de Iberia. Dos de ellos, Cucufate y Félix, fueron martirizados en Barcelona y Gerona, respectivamente. Félix era en realidad un misionero africano disfrazado de mercader, que predicó en Barcelona, Ampurias y Gerona. Cucufate, o Cugat, nació en Scillis, de padres nobles y cristianos, y fue de África a Barcelona. Por las ciudades de donde proceden los mártires de la persecución de Diocleciano –Barcelona, Gerona, Zaragoza, Valencia, Calahorra, León, Mérida, Sevilla, Alcalá de Henares, Córdoba y Toledo–, se deduce que el cristianismo había hecho progresos en ciudades de la costa o situadas en las grandes vías de comunicación mercantil (véase Luis García Iglesias, *Historia de España Antigua II, Hispania Romana,* cap. XX, ed. Cátedra, Madrid, 1978; véase también A. Tovar y J. M. Blázquez, *Historia de la Hispania romana,* ed. Alianza, Madrid, 1980, 2.ª ed.).

Las primeras noticias documentales del cristianismo en España son un texto de Ireneo, fechado en torno a los años 182-188, la *Apología* de Tertuliano, a principios del siglo III, y una carta de Cipriano de Cartago, fechada en el año 254. Esta carta atestigua la existencia en España de comunidades bastante organizadas con diáconos, presbíteros y obispos.

El Concilio de Elvira (Granada), celebrado hacia el año 300, es una confirmación de la abundancia de iglesias establecidas a lo largo del siglo III. 19 comunidades estaban representadas en él por sus respectivos obispos; otras 18 comunidades, por sus presbíteros; 23 iglesias de la provincia Bética, 8 de la Cartaginense, 3 de la Lusitania, 2 de la Tarraconense y 1 de la Galecia.

Tertuliano hace mención de la Gran Bretaña, situada fuera de los límites del imperio *(Contra los judíos III,* cap. IV).

6. Ireneo, *Contra las herejías III,* cap. IV.

7. Se cree que el *Apologético* o *Apología contra los gentiles* de Tertuliano fue escrita entre los años 198 y 217 (Tertuliano, *Apologético,* cap. XXXVII).

A pesar de tener en cuenta la seriedad de Tertuliano, hay que rebajarla bastante en esta ocasión; la pasión y la retórica contribuyen a hermosear el cuadro.

apologistas o defensores de la fe, como Justino, Ireneo, Tertuliano y Orígenes, vieron en esta expansión un cumplimiento de las profecías del Antiguo Testamento y una prueba y confirmación del carácter divino del mensaje cristiano, creencia que sigue manteniendo Agustín muchos años después.

Orígenes razona de la siguiente manera:

«Ya que a pesar de haber existido numerosos legisladores entre los griegos y los bárbaros, y también incontables maestros y filósofos, que profesaron declarar la verdad, no recordamos ningún legislador que fuera capaz de producir en las mentes de naciones extranjeras un afecto y un celo hacia él que les condujera voluntariamente a adoptar sus leyes, o a defenderlas con toda la fuerza de su mente. Nadie, pues, ha sido capaz de introducir y hacer conocer lo que a él le pareció la verdad, entre, no digo muchas naciones extranjeras, sino hasta entre los individuos de una nación sola, en tal manera que el conocimiento y la creencia del mismo debería extenderse a todos. Y aún así no hay duda de que este fue el deseo de los legisladores, que sus leyes se observaran por todos los hombres, si es posible; y de los maestros, que lo que a ellos parecía la verdad fuera conocida por todos. Pero sabiendo ellos que de ningún modo podrían tener éxito en producir tan grande poder como para llevar a las naciones extranjeras a obedecer sus leyes, o a tener en consideración sus declaraciones, no se aventuraron ni siquiera a ensayar una tentativa, no fuera que el fracaso de la empresa sellara su conducta con la marca de la imprudencia. Y aún con todo hay en todas partes del mundo –en toda Grecia y todos los países extranjeros– innumerables individuos que han abandonado las leyes de su país y a los dioses en quienes habían creído para prestar obediencia a la ley de Moisés y al discipulado y la adoración de Cristo; y habiendo hecho esto, no sin excitar contra ellos el odio intenso de los adoradores de imágenes, de modo que con frecuencia han sido expuestos a torturas crueles, y a veces hasta la muerte. Y aún así ellos abrazan y perseveran con todo afecto las palabras y las enseñanzas de Cristo. Podemos ver, además, cómo aquella religión creció en un corto espacio de tiempo, haciendo progresos en medio del castigo y muerte de sus adoradores, del pillaje de sus bienes y de las torturas de toda clase que soportaron. Este resultado es de lo más sorprendente, pues sus maestros no fueron hombres de ingenio, ni muy numerosos; y aún así estas palabras son predicadas en todas partes del mundo, de modo que griegos y bárbaros, sabios e ignorantes, adoptan las doctrinas de la religión cristiana»[8].

«De ayer somos –escribe Tertuliano, orgulloso y retador, dirigiéndose a los magistrados gentiles– y ya hemos llenado todo lo vuestro: ciudades, islas, fortalezas, municipios, aldeas, los mismos campos, tribus, decurias, palacio, Senado, Foro; a vosotros sólo os hemos dejado los templos»[9].

En un tono más moderado, y teniendo los escritos del Antiguo Testamento, Tertuliano observa que la extensión universal del mensaje evangélico no es sino el cumplimiento de las viejas profecías:

«Porque, ¿a quién más han creído las naciones universales, sino al Cristo, que ya ha venido? Porque, ¿en quién creyeron las naciones citadas? Partos y medos, y elamitas, y los que habitamos en Mesopotamia, en Judea y en Capadocia, en el Ponto y en Asia, en Frigia y Panfilia, en Egipto y en las partes de África que están de la otra parte de Cirene, y romanos extranjeros, tanto judíos como convertidos (Hch. 2: 9 y 10), y otras naciones (v. 5).

¿Cómo, por ejemplo, para este tiempo se sometieron a Cristo pueblos inaccesibles a los romanos, como las variadas razas y naciones de las Galias y los límites diversos de los moros (Mauritania), todos los límites de España y los lugares de los bretones (Britania), y de los sármatas, y dacios, y germanos, y escitas, y de muchas naciones remotas, y de provincias y muchas islas, a nosotros desconocidas, que escasamente podemos enumerar? En todos estos lugares reina el Nombre del Cristo que ha venido, *ante quien las puertas de todas las ciudades han sido abiertas y ninguna cerrada, ante quien se han quebrantado puertas de bronce, y hecho pedazos los cerrojos de hierro* (Is. 45: 1 y 2). Aunque también haya un sentido espiritual en estas expresiones, que los corazones de los individuos, bloqueados de varios modos por el diablo, sean quebrantados por la fe de Cristo, todavía han sido cumplidas claramente, puesto que en todos estos lugares mora el pueblo del Nombre de Cristo[10].

---

8. Orígenes, *Tratado de los principios IV*, cap. I, pp. 1 y 2.
9. Tertuliano, *Apología*, XXXVII, p. 4.
10. Tertuliano, *Adversus judaeos* o *Respuesta a los judíos*, VII.

Contemplemos las naciones universales emergiendo desde la venida de Cristo del vórtice del error humano hacia el Creador Dios y su Cristo; y si te atreves a negar que esto ha sido profetizado, inmediatamente te recuerdo la promesa del Padre en los Salmos, que dice: Mi hijo eres Tú; Yo te engendré hoy. Pídeme, y te daré por heredad las gentes, y por posesión tuya los términos de la tierra» (Sal. 2:7 y 8). Porque no serás capaz de afirmar que David es el Hijo, en lugar de Cristo; o que los términos de la tierra fueron prometidos a David, que reinó dentro de los límites de un solo país, Judea, en lugar de a Cristo, que ya ha cautivado el orbe entero con la fe del Evangelio. Dice Isaías: *Te guardaré y te pondré por alianza del pueblo, por luz de las gentes; para que abras ojos de ciegos –tales como los que yerran–, para que saques de la cárcel a los presos –de sus cárceles de pecado–, y de casas de prisión –esto es, la muerte– a los que se asientan en tinieblas– de la ignorancia* (Is. 42: 6 y 7).

Y si estas bendiciones derivan de Cristo, no pueden haber sido profetizadas de ningún otro que de Él, en quien nosotros consideramos que se han cumplido»[11].

«Por tanto, si tú ves las naciones del mundo emergiendo de la profundidad del error humano hacia Dios el Creador y su Cristo, lo que no puedes es atreverte a negar que haya sido profetizado según la promesa. Tampoco serás capaz de justificar que el sujeto de aquella predicción fue el hijo de David, Salomón, en lugar de Cristo, el Hijo del Dios; ni los términos de la tierra como prometidos al hijo de David, que reinó dentro de los límites de la tierra de Judea solamente, sino a Cristo, el Hijo de Dios, que ya ha iluminado el mundo entero con los rayos de su Evangelio. En resumen, y una vez más: *tu trono, eterno y para siempre* (Sal. 45:6; cf. He. 1:8) es más apropiado a Cristo, el Hijo del Dios, que a Salomón, el rey temporal que reinó sobre Israel solamente. Porque actualmente todas las naciones invocan al Cristo que no conocieron; y mucha gente acude al cuerpo de Cristo, que ignoraban en otros tiempos. No puedes afirmar que esto ocurrirá en el futuro, a no ser que niegues que estos eventos han sido profetizados, los cuales puedes ver delante de tus

---

11. Id., XII.

ojos. O que creas que se han cumplido al mismo tiempo que los lees. Una y otra posición llevan a afirmar que todo lo que se ha profetizado se ha cumplido en Él»[12].

Reparemos en unos cuantos hechos y tratemos de aclarar un enigma que nos presenta la rápida extensión del cristianismo. No fue mediante la espada y el poder humano, sino todo lo contrario, pese a la espada y las cárceles del Estado perseguidor y de las masas enfurecidas, que culpaban a los cristianos de cualquier desgracia que se diera entre ellos: incendios, sequías, epidemias, aluviones de agua, etc. Tampoco se debió a la fuerza de una élite intelectual. Escribiendo a los cristianos de la gran metrópoli de Corinto, Pablo se refiere a ellos como una comunidad de personas no muy doctas, a la luz de las requisitos académicos; tampoco poderosas ni nobles, sino débiles y algo necias a los ojos de sus contemporáneos (1 Co. 1:26). Sin embargo, estos hombres y mujeres sencillos, de extracción social baja, sin influencia sobre el aparato del Estado, ni simpatía ante sus conciudadanos, sin nada que humanamente les recomendase para convertirse en un culto popular, a la vuelta de un par de siglos se constituirían en el sector más firme e influyente del Imperio, después de haber atravesado largos e interminables períodos de persecución inaudita, de menosprecio y limitaciones sin número a la expresión pública de sus creencias.

Se puede decir que con el mundo en contra, el cristianismo ganó al mundo. Tampoco se puede argumentar que el cristianismo aprovechó un «vacío religioso». El mercado religioso estaba tan saturado como ahora, o más. Cada nuevo amanecer traía un grupo religioso diferente. Desde un punto de vista humano, el cristianismo tenía todas las de perder; como Pablo, su más grande misionero o propagandista reconocía: «nuestro mensaje es un escándalo para los judíos y una locura para los griegos». Los judeocristianos trataron de evitar el escándalo, los gnósticos la locura, pero lo único que lograron es convertirse en nuevos escollos y peligros para el cristianismo.

La fraternidad entre los hombres predicada por el Evangelio tampoco puede dar razones suficientes que expliquen su éxito, pues ya existían

---

12. Id., XIV.

numerosas fraternidades, muy atractivas desde el punto de vista humano, conocidas como *religiones de misterios*, provenientes de Egipto y Oriente que, a pesar de ser tenidas con frecuencia como sospechosas por las autoridades, se ganaron rápidamente una gran clientela procedente de todos los medios sociales, tal vez porque respondían a un sentimiento de piedad individual.

El poder taumatúrgico o sanador de algunos cristianos bien podía ser contrarrestado por los numerosos curanderos y sanadores que deambulaban por todos los sitios, así con astrólogos, mánticos y profetas. Si añadimos los cultos nacionales, olímpicos o capitolinos (Zeus, Apolo, Atenea, etc) –rechazados por los cristianos–, el culto imperial, el culto a los héroes y muertos con sus cofradías especializadas, las escuelas filosóficas y las academias, todo hacía impredecible el triunfo del cristianismo. El afán de saber lo satisfacía mucho mejor el ejército de sabios, pedantes, retóricos y pseudofilósofos de la época, que aquellos que abiertamente llamaban a la sabiduría locura. Las necesidades emocionales y físicas de salud, seguridad y protección grupal, estaban cubiertas por los múltiples cultos mistéricos, con sus charlatanes y taumaturgos, con sus fiestas y cenas en común. A pesar de todo, fue el cristianismo quien se alzó con la victoria e impuso a la sociedad su fuerza numérica. Constantino, buen gobernante y buen político, no hizo nada para facilitar este fenómeno, simplemente reconoció o admitió una verdad de hecho: sus súbditos eran mayoritariamente cristianos, en la capital y en las provincias. En consecuencia, Constantino abrazó esta religión, quizás con más sinceridad de la que se le suele atribuir[13].

¿Cuál fue, pues, la clave del triunfo del cristianismo? ¿Su fuerza moral? También el mitraísmo[14], inspirado en la religión irania, tenía un alto contenido moral y orientación de «guerra espiritual» o lucha contra las fuerzas del mal, que lo hizo muy popular en todo el Imperio. ¿Su oferta

---

13. F. Bajo, *Constantino y sus sucesores. La conversión del Imperio*, Akal, Madrid, 1990 (véase también Alistar Kee, *Constantino contra Cristo*, Martínez–Roca, Barcelona, 1990).

14. Mitra era un antiguo dios iranio del cielo y la luz, tutelar de las legiones romanas. Su fiesta se celebraba el 25 de diciembre y fue un peligroso competidor del joven cristianismo. Un bautismo purificaba a sus seguidores de pecados morales y los introducía en una nueva existencia. Celebraban también banquetes sagrados. Los miembros de la asociación se consideraban hermanos y sufragaban los gastos con aportaciones voluntarias.

de salvación gratuita? El culto helenizado de Isis, en el que se ingresaba mediante el bautismo individual, garantizaba la limpieza de los pecados de los adeptos. El extendido y popular culto a Cibeles, la Gran Madre, era mucho más atractivo que el culto a un «Dios varón crucificado». A su vez, el cristianismo no siempre ofrecía una imagen unitaria, dividido como estaba desde el principio en partidos rivales, herejías y grupos cismáticos.

La unificación del Imperio, la lengua común *koiné*, la tendencia monoteística que latía en germen, la elevada moral de los cristianos, los carismas y los milagros, sin omitir el ejemplo heroico de los mártires, pueden explicar la rápida propagación del Evangelio, pero no su aceptación universal. Para entender lo que realmente pasó hay que recurrir a un elemento casi metafísico y totalmente paradójico en el cristianismo: su integración en la cultura grecorromana y lo que algunos han llamado la «fuerza misma de la verdad evangélica»[15].

Un juez tan imparcial como el historiador Chester G. Starr respondió de este modo a la pregunta de por qué el cristianismo superó a todos los cultos religiosos de la época, pese a sus indubitables atractivos para la masa del pueblo:

«Porque todos estos cultos no estaban plenamente integrados en la cultura grecorromana. Esta deficiencia esencial no se dio en el cristianismo»[16].

Por extraño que pueda parecer, aquellos cristianos débiles e ignorantes de los primeros tiempos lograron identificarse con la cultura en la que vivían, sin por ello renegar de su fe y de su moral, pagando el precio máximo de la vida, pero con una honradez intelectual y ética que nos sigue impresionando. El cristianismo primitivo no fue un movimiento retrógrado de «vuelta a lo hebreo» –lo antiguo– y rechazo de lo «griego» –lo nuevo–, como algunos pretenden, sino un movimiento varonil y enérgico de apropiación evangélica de todo cuanto era honesto y de buen nombre (Fil. 4:8).

Esto lo confirma el profesor, James al decir:

---

15. Bernardino Llorca, *Historia de la Iglesia católica. Edad antigua*, p. 175, BAC, Madrid, 1996, 7ª ed.

16. C. G. Starr, *Historia del mundo antiguo*, p. 662, Akal, Madrid, 1974.

«Resulta de todo punto evidente que la cristiandad fue la heredera de los tiempos, en el sentido de que satisfacía plenamente las necesidades y demandas espirituales del tiempo en que surgió. De no ser así, difícilmente hubiera podido convertirse en el dinamismo unificador de un Imperio en trance ya avanzado de desintegración. Si triunfó donde los anteriores sincretismos habían fracasado, fue porque no era simplemente un producto sincrético de difusión y evolución como sus predecesores. Su aparición es en realidad el nacimiento de un movimiento genuinamente nuevo en la historia de la religión en la plenitud de los tiempos, cuando los griegos conquistaron a los judíos y los judíos conquistaron a los griegos y el mundo heredó el legado de su lucha de manos de Roma»[17].

Los escritores eclesiásticos de aquel tiempo nos han legado varias descripciones de la vida de la Iglesia, en la cual, al lado de puntos luminosos, hay que reconocer que se encuentran también señales de la decadencia de aquel cristianismo, que tan robusto fue en sus primeros días.

Justino Mártir explicó que muchos paganos, que profesaban odio a los cristianos, se sentían desarmados al ver la humildad con la que aquellos soportaban las injurias, la honradez de su conducta, cuya vida era la confirmación de los principios que sustentaban[18].

Atenágoras, que era un filósofo eminente de Atenas, usó el mismo lenguaje. Habiendo leído las Escrituras para refutarlas, fue convertido por ellas. En el año 177, entregó al emperador Marco Aurelio y a su hijo Cómodo un *Mensaje para los cristianos,* en el cual se lee:

«Hallaréis entre nosotros gentes sin letras: artistas, mujeres, ancianos, los que no podrán defender su fe por medio de palabras; pero sus obras demuestran su convicción de la verdad. No saben hacer discursos, pero hacen buenas acciones (…) Si se les pega, lo soportan; cuando son robados, no van a quejarse al juez. Dan al que les pide y aman a su prójimo como a sí mismos»[19].

---

17. E. O. James, *Los dioses del mundo antiguo,* Guadarrama, Madrid, 1962. A ello hay que añadir que «la helenización del cristianismo fue una suerte para el mismo cristianismo y no, como lo pretendían los protestantes liberales de finales del siglo XIX, una profanación, un debilitamiento o, por emplear la expresión alemana, una «Verweltlichung», una mundanización en el sentido peyorativo» (H. Marrou, *op. cit.,* p. 105).

18. Justino Mártir, *Primera apología,* cap. XVI.

19. Atenágoras, *Mensaje para los cristianos II,* cap. XI, XXXV.

En otro párrafo, respondiendo a la absurda acusación de que los cristianos eran asesinos y comían carne humana, argumentaba: «Las fábulas inventadas contra nosotros no tienen otro fundamento que el rumor público. Nadie se ha tomado la molestia de comprobarlas, como tampoco se ha probado que ningún cristiano haya cometido ninguno de estos crímenes (…) Nosotros ni siquiera podemos presentar el ajusticiamiento de un criminal (…) Mientras que vuestra diversión preferida es la lucha entre los gladiadores y las fieras. En cuanto a nosotros, hemos renunciado a estas diversiones porque consideramos tan culpable al que asiste a ellas, como al actor».

En el siglo siguiente, Orígenes habló sobre el mismo asunto: «Aquellos a quienes se desprecia como si fueran locos e ignorantes y se les trata como a esclavos, tan pronto como se colocan bajo la dirección de Dios y aceptan las enseñanzas de Jesús, renuncian a sus pecados y son purificados, tanto en sus pensamientos como en sus actos, como pudiera serlo el sacerdote más perfecto. Para ellos, los placeres mundanos no tienen ningún atractivo. Los atenienses tenían un *hierofante*[20] que, no creyéndose capaz de dominar sus pasiones, recurrió a la cicuta. Entre los cristianos no hay necesidad de apelar a tales medios, puesto que, entre ellos, hay muchos hombres para quienes la Palabra de Dios es un manantial de pureza, que aleja de su pensamiento todo mal deseo»[21].

Tertuliano, por otra parte, afirmaba que algunos cristianos, olvidando su promesa, frecuentaban los espectáculos. ¡Con qué indignación fustiga su conducta!

«Todos estos apasionados placeres nos son prohibidos. Alejémonos de ellos; sobre todo, del circo, donde tanto imperan. Ved cómo el pueblo se precipita a ellos tumultuosamente, cegado por la pasión, muy excitado por las apuestas. Para el público, el pretor es demasiado lento; los ojos de los espectadores dan vueltas como las bolas dentro de la urna. Con gran ansiedad, esperan la señal y, entonces, penetrados por el mismo arrebato, dan una misma voz. Haceos cargo de su locura: *¡La suerte está echada!*, gritan todos; y cada uno cuenta a su vecino lo que todos han

---

20. Un sacerdote que enseña los misterios de la religión.
21. Orígenes, *Contra Celso VII*, cap. XLVIII.

visto. En realidad, están ciegos, y ni siquiera se aperciben del resultado del juego (…) Y tan pronto se les oye pronunciar maldiciones y recriminaciones, tan apasionadas y sin fundamento, como aplauden sin motivo ni causa alguna (…) A nosotros se nos ha ordenado evitar toda impudicia. El teatro es el centro principal, donde se oye la apología de lo que es repudiado por todas partes (…) ¡Que el Senado y todas las clases de la sociedad se avergüencen de ello! (…) Si lo que sale de la boca del hombre le contamina, ¿cómo no le embrutecerá lo que le entra por la vista y por los oídos?».

Y refiriéndose al anfiteatro, añadía:

«Si son lícitos el salvajismo, la crueldad y la impiedad, podemos ir al anfiteatro (…) Hay quien ve con horror el cadáver de un hombre fallecido de muerte natural y, sin embargo, verá sin emocionarse siquiera los trozos ensangrentados de los cuerpos de los gladiadores, a quienes con látigos y varas se ha obligado a cumplir su criminal tarea… Aun tratándose de los que justamente han sido condenados al anfiteatro, ¿no es monstruoso que, al recibir su castigo, se les obligue a convertirse en asesinos? Yo creería insultar al lector cristiano, al insistir sobre la aversión que deben provocar en él estos espectáculos. Tal vez pudiera yo, mejor que otros, a excepción de los que frecuentan tales espectáculos, entrar en detalles de lo que allí ocurre; pero prefiero ser incompleto, que hacer trabajar mi memoria, recordando aquellas escenas».

Respecto a los espectáculos en general, escribía:

«Todo eso son verdaderas pompas del diablo, a las cuales debemos renunciar los cristianos. Para los paganos, el primer indicio de que uno ha aceptado la fe cristiana es que huye de tales espectáculos (…) ¿Cómo pudiera un cristiano recordar a su Creador, frecuentando los sitios donde no se habla de Él? ¿Cómo podría tener la paz en su corazón, donde se arman disputas por un cochero? ¿Cómo aprendería a ser casto, presenciado las excitaciones del teatro? ¿Los gritos de los actores podrán recordarle las exhortaciones de los profetas? ¿Las canciones de un actor afeminado podrán recordarle el canto de los salmos? ¿Se volverá misericordioso, presenciando las quijadas de las fieras y las esponjas de los gladiadores? ¡Quiera Dios preservar a su pueblo de todo apasionamiento por tan perniciosos placeres! ¿No sería monstruoso salir de la Iglesia de Dios, para ir a la del diablo? ¿Del cielo al cieno?[22] ¿De levantar las manos a Dios, a ocuparlas después en aplaudir a un actor? ¿O en alabar a un gladiador con la misma boca que se dice *amén* en el santuario? ¿O en gritar *que viva para siempre* a cualquier otro que a Dios y a Cristo?»[23].

Aquellos a quienes se dirigían tales acusaciones replicaban, excusándose:

«¿Para qué renunciar a las distracciones públicas, cuando sabemos que Dios nos concede todas las cosas para que usemos de ellas? En ninguna parte de las Escrituras se prohíben los juegos. Elías fue levantado al cielo en un carro; la Escritura nos hablaba de coros, de címbalos, de cornetas y de arpas, y nos dice que David bailaba delante del Arca. El apóstol Pablo, en sus exhortaciones a los cristianos, empleaba términos usados en el circo y en las carreras».

Otros, excusándose en su falta de instrucción y de cultura, decían:

«No podemos ser todos ni filósofos, ni ascetas. Somos ignorantes y, como no sabemos leer, no comprendemos las Santas Escrituras. ¿Se puede ser más exigente con nosotros?».

Tertuliano replica a los primeros:

«¡Cuán ingeniosa es la ignorancia humana, cuando está excitada por temor a que se le prohíban las diversiones del mundo! Es indudable que todo lo que existe procede de Dios. Lo que importa es conocer cuál ha sido el pensamiento de Dios al crearlo y qué uso se debe hacer, para que responda al deseo del Creador. Es indudable que existe mucha distancia entre la pureza original de la naturaleza humana y su corrupción; entre el que la ha creado y el que la ha pervertido... En algunas ocasiones, hasta puede asegurarse que se trata de cosas agradables, inocentes y, si se quiere, excelentes. Porque nadie mezcla el veneno con el jugo del eléboro, a pesar de que este alimento, perfectamente condimentado, aún siendo de gusto exquisito, no deja de ser menos peligroso»[24].

---

22. «De cœlo, quod ajunt, in cœnum».
23. Tertuliano, *De los espectáculos,* cap. XVI, XVII, XIX, XXIV, XXV (véase también Tatiano, *A los griegos,* cap. XXIII, XXIV).
   Cartago, donde vivía Tertuliano, era una ciudad en la que reinaba el lujo y la corrupción, la «Corinto Occidental». ¡Cuántas veces, al leer estas descripciones de carreras, corridas y teatros, se nos ocurre pensar en nuestro siglo!
24. Tertuliano, *De los espectáculos,* cap. XX, XXVII.

Finalmente, invita a los cristianos a que comparen el gozo espiritual y profundo de la fe, con el vacío que dejan los placeres del mundo pagano, y les pregunta cómo han podido ser tan ingratos de no darse por satisfechos con los goces numerosos y excelentes que Dios les procura: «¿Habrá algo mejor que estar reconciliado con nuestro Padre Celestial y el Salvador? ¿Que gozar de la revelación de la verdad, confesar las faltas y ser perdonado? ¿Qué mayor placer puede haber que el sobreponerse a sí mismo? ¿Qué hay más dulce que la libertad verdadera de los hijos de Dios? ¿Que una conciencia pura, una vida pacífica y haber sido liberados de los terrores de la muerte?».

Otro cristiano, del siglo III, contestó de la siguiente manera a las mismas observaciones:

«Mejor sería ignorar las Escrituras, que leerlas de tal modo, puesto que haciéndolo así, las expresiones y ejemplos que tienen por objeto conducirnos al bien se desvían en provecho del vicio».

Y aludiendo a las comparaciones del apóstol Pablo, dice que deberían servir de estímulo a los cristianos para que busquen las cosas provechosas, mientras que los paganos emplean todo su celo en la persecución de los que es perecedero. Y concluye con la sabia máxima de que «la razón es la que debe deducir las direcciones necesarias en las reglas generales dadas por la Escritura sobre los casos particulares que Ésta no especifica»[25].

Y a los que disculpaban la ignorancia, Clemente de Alejandría, les dice:

«Decidme, ¿no nos esforzamos todos en alcanzar la vida eterna? ¿Por qué medios has llegado a la fe? ¿Cómo has llegado a amar a Dios y a tu prójimo? ¿No es ésta la verdadera filosofía? Aunque te excuses porque no sabes leer, sin embargo has oído la Escritura. También se puede alcanzar la fe sin haberla oído leer, porque hay una Escritura divina, al alcance del más ignorante, y Ésta es la caridad. Aún en los negocios de este mundo, se puede obrar con piedad y siguiendo al espíritu»[26].

---

25. «Ratio docet quæ scriptura conticuit».
26. Clemente de Alejandría, *El pedagogo III*, cap. XI, § *De la religión en la vida común* (véase también *El tratado de los espectáculos*, publicado en las obras de Cipriano, cap. II y III; Neander, cap. I).

Algunos objetarán, tal vez, que los *Padres* se mostraron poco indulgentes para con los instintos y necesidades de los que eran menos calificados que ellos. Lo que no tiene réplica es el vicio y la corrupción que reinaba en las diversiones condenadas por ellos y la imposibilidad absoluta de combinar tales diversiones con una vida realmente cristiana. Algunas diversiones les eran, sin embargo, permitidas. Clemente, cita los ejercicios gimnásticos:

«...son convenientes a los niños y muy útiles para los jóvenes, puesto que contribuyen a fortalecer la salud del cuerpo y la energía del espíritu. Son verdaderamente útiles, cuando por ellos no se descuidan deberes más importantes. Otros hay que, desnudándose de sus ropas, luchan, para provocar noble sudor; no por vanagloria, ni se valen de la astucia y de la ostentación, puesto que su único objeto es hacer ejercicio del cuello, de los brazos y del cuerpo en general. Luchando de este modo, se desarrolla la fuerza y la elegancia en los movimientos, lo que me parece muy conveniente. Unos juegan a la pelota; otros hacen largas caminatas. Dedicarse a la agricultura y a manejar el metro son ocupaciones que no deshonran a nadie. Pïttacus, rey de Mileto, se ejercitaba haciendo rodar una muela. Considero ocupación muy honrosa sacar el agua que se necesite para el uso particular, como también aserrar y cortar la madera. Algunos prefieren a todo esto la lectura en alta voz. Excelentes ocupaciones son velar a un amigo enfermo, ayudar al desvalido y proveer a las necesidades de los hombres. Finalmente, como el apóstol Pedro, podemos dedicarnos a la pesca, pero sin olvidar que el discípulo de Cristo tiene una tarea más elevada, que consiste en hacerse pescador de hombres»[27].

Otro motivo de grandes tentaciones era la costumbre de adornar el cuerpo. Para que nos hagamos cargo de ello, basta conocer cuántos tratados han llegado hasta nuestro tiempo, y que nos prueban que muchas señoras cristianas rivalizaban en lujo y elegancia con las señoras paganas. El lujo romano estaba en su apogeo por entonces y los ricos lo fomentaban hasta el exceso. Escribía así Tertuliano al principio de su tratado sobre *El vestido de la mujer:*

«...que si existiese en la tierra la fe, en proporción a la recompensa que se espera en el cielo, desde el día en que conocisteis al Dios vivien-

---

27. Clemente, *El pedagogo III,* cap. X.

te, ninguna de vosotras, queridas hermanas, se procuraría trajes, ni muy llamativos, ni muy costosos».

Y entrando en detalles, añade:

«El estuche más pequeño contiene un patrimonio. Al extremo de un hilo, pende un millón de sesterces[28]. Alrededor de una linda garganta cuelgan adornos de tanto valor que, con lo que se invirtió en ellos, se podrían comprar varios bosques y algunas islas. Se gasta una fortuna sólo en adornar las orejas, y los adornos de cada dedo de la mano izquierda de una mujer valen por un saco de plata (...) Veo mujeres que se tiñen el pelo con azafrán, como si se avergonzaran de no haber nacido en la Germania o en la Galia (...) *¿Cuál de entre vosotros –dice Dios– podrá volver un cabello blanco en negro?*. Estas mujeres hacen mentir a Dios, puesto que en vez de volver el cabello blanco o negro, lo vuelven rubio y, según ellas, más gracioso».

Les recuerda también que, cuando menos lo esperen, puede caer sobre ellas la mano de hierro de la persecución, y pregunta:

«¿Cómo podrá la muñeca, acostumbrada al brazalete en forma de hoja de palmera *(spatalis),* soportar el hierro de las esposas? ¿Y cómo podrá el talón, tan brillantemente adornado, y después de pisar con tanta majestad, soportar, repito, la opresión del cepo? ¿Las esmeraldas y perlas que cubren el cuello podrán ser reemplazadas por la cuchilla del verdugo? Se preparan ya los vestidos de los mártires, y los ángeles nos esperan para llevársenos. Disponed para ir a su encuentro, llevando los adornos de los profetas y de los apóstoles. Que vuestro más delicado tinte sea la sencillez; que la rosa de vuestras mejillas sea la modestia y que la gracia de vuestros labios sea el silencio. Haced que en vuestros oídos penetre la Palabra de Dios, llevando en vuestra garganta el yugo de Cristo. Adornaos con la seda de la integridad y con el lino fino de la santidad. Vestidas con tales ornamentos seréis amadas de Dios»[29].

Clemente de Alejandría dice sobre el mismo tema:

«Aquellas mujeres que embellecen constantemente su exterior, y cuyo interior está vacío, son parecidas a los templos egipcios. Cierto que tienen pórticos soberbios, salas y corredores adornados con columnas, paredes

---

28. Casi 200.000 pesetas (unos 1.117 dólares).
29. Tertuliano, *El vestido de la mujer I,* cap. I, IX; II, cap. VI.

en donde brilla el oro, piedras preciosas, artísticas pinturas y altares cubiertos con telas bordadas. Si entráis en uno de ellos para conocer a los que están dentro, si deseáis ver al dios, cuando el sacerdote haya levantado la cortina, os encontraréis en presencia de un gato o de un cocodrilo»[30]. Donde las señoras romanas lucían particularmente su belleza y sus ricos vestidos era en los baños públicos. Estos establecimientos, de grandes proporciones, podían albergar a millares de personas de uno y otro sexo[31]. Allí se veían mujeres que, para llamar la atención, traspasaban con exceso los límites de la modestia. Clemente hace una brillante descripción del lujo que ostentaban aquellos establecimientos. Levantábanse tiendas de telas finas, que se adornaban con dorados muebles y con vasos de oro y plata, que servían para la comida y para el baño[32].

No se crea que entre los cristianos eran solamente las mujeres las que se dejaban arrastrar por aquellas locuras. Clemente de Alejandría acusa a los hombres de extravagancia y de fatuidad:

«El hombre, en quien habita el Verbo, no se enorgullece adornando su cuerpo; la suprema belleza está en él, puesto que ha sido creado a la Imagen de Dios».

Aun hablando así, y esforzándose en atraer a mejor disposición a aquellos hermanos, no descuidaba Clemente de hacer resaltar esta verdad: «que Cristo, que es el Verbo, es también el gran Instructor»[33].

Otras causas, además de las señaladas, dan indicios de la relajación de las costumbres en aquellos tiempos. Escribía Clemente:

«No me explico lo que sucede. Lo cierto es que las gentes de hoy cambian de costumbres según donde se encuentran. Cuando salen de la asamblea, se vuelven como las gentes con quienes tropiezan. Dejan que se les caiga la máscara de la seriedad, para aparecer tales cuales son. Dejan en la Iglesia lo que han oído, van a jugar, cantan canciones profanas, van a tocar la flauta y hasta juegan con exceso»[34].

---

30. Clemente, *El pedagogo III*, cap. XIII.
31. Parece que en los baños de Caracalla, en Roma, cabían hasta 30.000 personas. Véase Clemente, *El pedagogo III*, cap. V.
32. Se entiende, pues, que entre los cristianos había entonces muchas familias ricas.
33. Véase Clemente, *El pedagogo III*, cap. I, XII.
34. Tertuliano, *El vestido de la mujer*, cap. XI § *Fuera de la Iglesia*; § *Sobre las diversiones y las compañías*.

Con este motivo prohíbe el juego de los dados.

Todas las veces que la Iglesia se mezcla con el mundo es indudable que pierde su enérgico vigor y sus valerosos cachorros de leones se transforman en gansos. Lo mismo ocurrió en aquellos tiempos. El temor a la persecución turbaba la quietud de ciertos cristianos que gozaban de la vida. Debido a esto, y a cierta costumbre autorizada por varios obispos, se consintió en buscar arreglos acomodaticios con los delatores, comprando a la policía, para poder contar con su indulgencia, cuando arreciase la persecución. Según afirma Tertuliano, empeoró tanto este mal, que iglesias enteras se cotizaban para comprar su seguridad[35].

La creciente relajación de la moral se manifestaba también en la facilidad con que se autorizaba el ejercicio de ciertas profesiones u ocupaciones que no se hubieran permitido antes. A saber, había astrólogos, vendedores de incienso para los templos paganos, obreros y escultores que trabajaban dentro y para los santuarios del paganismo. Tertuliano, incluso, afirmaba que había fabricantes de ídolos que ejercían cargos eclesiásticos. A las excusas de los tales, responde Tertuliano con indignación:

«Unos dicen: *Es cierto que hago ídolos, pero no les doy culto.* Como si el motivo que les impide adorarlos no fuera suficiente para que no los hicieran... Tú que haces ídolos para que los adoren otros, ten por cierto que eres tan culpable como ellos. Puesto que no les prestas adoración con incienso sin valor, sino que lo haces con tu inteligencia; no les ofreces en sacrificio la vida de ningún animal, sino que les ofreces tu propia inteligencia. Tu sudor ofreces en libación a los ídolos y delante de ellos quemas la antorcha de tu inteligencia (...) En mi sentir, eres responsable de la idolatría que otros practican. Yo no quisiera por nada del mundo que mi ministerio fuera necesario a quienes, por este medio, hacen lo que no me es lícito hacer a mí»[36].

A juzgar por lo que dice Clemente, hay que reconocer que los cristianos de Alejandría de aquellos tiempos eran poco escrupulosos.

35. Tertuliano, *De la huida en tiempo de persecución,* cap. XII, XIII.

Lo mismo hacían los que se dedicaban a profesiones ilícitas o infames:

«Los austeros marcionitas y los montanistas entusiastas despreciaban tales componendas. Consideraban indigno de la profesión del cristianismo la compra de su tranquilidad, lo mismo que huir de la persecución» (Robertson, *Historia de la Iglesia,* cap. I, p. 65).

36. Tertuliano, *De la idolatría,* cap. VI, XI.

Por último, había cristianos que en sus negocios se hacían acreedores de severas amonestaciones:

«Que aquel que compre o venda –censuró Clemente–, no dé dos precios; diga sólo lo justo, y no transija. Si no se le da lo que esperaba, permaneciendo fiel a la verdad, se enriquecerá en integridad delante de Dios (...) Sobre todo, absteneos de jurar por lo que vendéis o por cualquier otra cosa»[37].

---

37. Clemente, *El pedagogo III*, cap. XI. § *De la religión en la vida común*.

Capítulo XV

Blasfemias contra los cristianos

Durante el período que estudiamos, continuó latente el odio de los paganos contra los cristianos. El vulgo persistió en la errónea creencia de que los cristianos se comían a los niños, que aprovechaban la oscuridad para entregarse a desórdenes y que, finalmente, adoraban la cabeza de un asno. A pesar de las virtudes de la vida cristiana, aquellas calumnias acarrearon a los cristianos, durante mucho tiempo, el desprecio de sus adversarios. Con este motivo, escribió Tertuliano:

«El odio que la mayor parte de las veces despierta el nombre *cristiano* llega a tal punto, que hasta hablan de su profesión, como de un crimen:

– Cayo Leyo es un hombre virtuoso; pero es cristiano –dicen.

– Parece extraño –dice otro– que un hombre tan prudente como Lucio se haya hecho cristiano...

– ¡Parece increíble! Aquella mujer que ha sido tan galante y tan despreocupada, y aquel joven tan virtuoso, ambos se han hecho cristianos...

Algunos se sacrifican en su interés de satisfacer su propia venganza. Marido hay que, aunque esté seguro de la castidad de su esposa, la repudia, porque al hacerse cristiana, se ha vuelto casta. Padre hay que antes soportaba los desórdenes de su hijo, al cual deshereda ahora que es bueno y obediente. Un amo despide a un esclavo fiel, al que antes de su conversión trataba con cariño...»[1].

A pesar del desprecio público y de la persecuciones oficiales, los cristianos eran ciudadanos fieles y pacíficos:

---

1. Tertuliano, *Apología,* cap. III.

«Los cristianos –decía Justino Mártir– estamos dispuestos a todas horas a pagar los impuestos ordinarios y extraordinarios que se nos señalen. Obedeciendo la orden del Maestro, en todas partes somos los primeros en efectuar estos pagos (...) Sólo adoramos a Dios, pero nos complacemos en honrar a los reyes y a los príncipes del mundo»[2].

Y añadía Tertuliano:

«No podemos por menos que honrar y amar al emperador, ya que sabemos que ha sido investido por Dios. Al mismo tiempo, deseamos el bienestar perdurable del imperio sobre el que reina, puesto que Roma permanecerá hasta el fin del mundo. Debierais, sin embargo, saber que nuestra religión nos inculca una paciencia que procede de Dios. A pesar del número considerable que somos, ya que formamos la mayoría en todas las ciudades, nuestra conducta es tranquila y moderada, por lo cual, se puede afirmar que somos más conocidos individualmente que en colectividad, porque sólo se nos reconoce porque hemos dejado nuestros antiguos vicios»[3].

Se acusaba a los cristianos de la disimulación de las ofrendas en los templos paganos. Tertuliano respondía de este modo a dicha acusación:

«Decís que nadie se atreverá a negar que todos los días se siente la disminución de ofrendas en vuestros templos... Es que nosotros no podemos dar a la vez a los hombres y a los dioses; sólo damos a los que nos piden. Si Júpiter alarga la mano, también le daremos algo. Vosotros dais

---

2. Justino Mártir, *Apología*, cap. XVII.
3. Tertuliano, *A Scapula*, cap. II.

Milman no quiere aceptar que tales sentimientos de lealtad fueran tan generales, para lo cual cita dos escritos muy en boga entre los cristianos del siglo II, cuya tendencia era la creación de la quinta monarquía, que se proponía la destrucción del imperio y la del paganismo. Estos libros son el *Segundo libro de Esdras,* de origen judaico, pero con interpolaciones cristianas, y los *Libros sibilinos.* Existían tres colecciones de estas célebres profecías, las cuales habían sido dadas a Tarquido por la sibila y consultadas por el Senado en momentos difíciles y que fueron quemadas ochenta y dos años antes de Jesucristo. Con varias copias que pudieron ser halladas, formóse otra colección que, revisada varias veces, fue también destruida por Honorio (395–423). Los versos sibilinos hoy conocidos son hexámetros griegos compuestos por escritores judíos y cristianos. Fueron compuestos entre los años 170 a. C. y 700 d. C.

De los doce libros de que se componía la colección, sólo se conservan los diez primeros; los dos últimos han desaparecido. Los principales asuntos que trataba son la esperanza de los judíos en una restauración política, la historia del mundo desde el diluvio, las futuras victorias del cristianismo y el *Milenio*; los montanistas, por lo general, esperaban el *Milenio* (Milman, *Historia de la Cristiandad,* cap. II). (Véase también Smith, *Diccionario de la Biblia,* art. «Segundo libro de Esdras»; Jebb, *Primer of Greek Literature,* pp. 160 y 161).

menos ofrendas a vuestros templos, que nosotros hacemos limosnas en las calles. La hacienda pública debe estar agradecida a los cristianos, porque si fuéramos a examinar vuestras declaraciones, nos convenceríamos de vuestros fraudes para con ella; mientras los cristianos, con la misma buena fe que nos impide perjudicar a nadie, pagamos lo que se nos señala. Si se nos acusa de ser inútiles al Estado en un solo punto, en cambio, le recompensamos en los demás»[4].

Con este motivo, rechaza con indignación algunas acusaciones de que eran objeto los cristianos, como, por ejemplo, cuando se les declaraba causantes de las desgracias públicas, como también de ser parásitos de la sociedad. Dirigiéndose a sus adversarios, Tertuliano les asegura que cuanto más hagan contra los cristianos, más aumentarán éstos en número y en poder:

«Acusáis a los cristianos de todos los desastres y de todas las calamidades. Si el Tíber inunda Roma, si el Nilo deja de inundar los campos, si deja de llover, si hay terremotos, si padecemos hambre o pestilencias, se oye gritar por todas partes: *¡Echad a los cristianos a los leones!*[5] Pero, ¿es que antes del nacimiento de Jesucristo no ocurrían tales desgracias?».

Y añade:

«En nada nos parecemos ni a los *brahmanes,* ni a los *gimnosofistas*[6] de la India; ni habitamos en los bosques, ni huimos del comercio de los demás hombres. Damos gracias a Dios, Señor y Creador de todas las cosas; nada rechazamos de cuanto ha creado, de todo usamos con moderación. Nos juntamos con vosotros en la plaza, en el mercado, en los baños, en las tiendas, en las posadas, en la ferias y en todo lugar necesario para las relaciones sociales. Navegamos juntamente con vosotros, formamos parte del mismo ejército, juntos labramos la tierra (…) Vanos son los triunfos del populacho contra los cristianos. La victoria será nuestra, porque preferimos ser castigados a ser infieles a Dios (…) Se nos declara ante los tribunales, porque peleamos por la verdad. Triunfamos,

---

4. Tertuliano, *Apología,* cap. XLII.
5. «Christianos ad leonem». Probablemente estas palabras formaban parte de alguna canción popular en Roma y fuera de ella (véase Wordswoorth, *Historia de la Iglesia).*
6. *Filósofos,* así llamados porque iban descalzos y vestidos ligeramente.

porque conseguimos lo que es objeto de nuestra lucha; nuestro triunfo consiste en complacer a Dios, conquistando la vida eterna. Es cierto que perecemos; pero al morir, nos llevamos lo que es objeto de nuestra ambición. Morimos bendiciendo, y por la muerte escapamos a nuestros enemigos. Ridiculizadnos cuanto os plazca, porque somos atados a los palos y se nos quema como sarmientos. Estos son los instrumentos de nuestra victoria; nuestros adornos y nuestro carro triunfal... Y vosotros, dignos magistrados, cuantos más cristianos inmoléis, más aplausos alcanzaréis del pueblo. Podéis condenarnos, torturarnos y aplastarnos. Vuestra injusticia demuestra nuestra inocencia. Por esta razón, Dios permite que seamos perseguidos (...) Tened entendido que vuestras crueldades son el mayor atractivo de nuestra religión. Cuanto más procuráis destruirnos, tanto más nos multiplicamos; nuestra sangre es la semilla de los cristianos»[7].

Otra clase de enemigos del Evangelio, aparte de los magistrados, de los sacerdotes y del populacho, fueron los filósofos paganos, que manejaban hábilmente contra los cristianos las poderosas armas del sofisma y del sarcasmo. Anteriormente hemos hecho mención de cómo Cecilio atacaba el cristianismo y defendía el paganismo en el *Octavio* de Minucio Félix[8]. Sangrientos impugnadores se sucedieron hasta la época de Constantino...

Entre los que escribieron en este sentido durante los dos primeros siglos, distínguese el epicúreo *Celso*[9]. En el año 160 escribió su *Verdadero discurso*, el cual es conocido únicamente por la refutación que, un siglo más tarde, hizo del mismo el sabio Orígenes.

Entre las críticas de Celso a la doctrina cristiana, en la obra de Orígenes *Contra Celso*, es curiosa la que dirige contra los predicadores del cristianismo y contra sus oyentes. En términos falsos e injustos, las más de las veces, da testimonio de la verdad cristiana, tanto más de admirar, cuanto que ese testimonio es involuntario... He aquí cómo describió a los evangelistas:

---

7. «Semen est sanguis Christianorum». Estas palabras se convirtieron en proverbio (véase Tertuliano, *Apología,* cap. XL, XLII, XLIX y L).
8. Véase el CAPÍTULO VII de la PRIMERA PARTE.
9. Otros suponen que era discípulo de Platón.

«Son gentes sin reputación, que se atreven a llamarse *inspirados*. Van de ciudad en ciudad, y con sus declaraciones llenan los templos y las plazas públicas; se introducen en el ejército, haciendo cuanto les es posible para llamar la atención de todos. Dicen: *Yo soy Dios, soy el Hijo de Dios, soy el Espíritu Santo. El mundo perecía y yo he venido a salvarle. Vosotros, que me oís, moriréis a causa de vuestros pecados. Quiero salvaros; ya volveré revestido con el poder divino. Bendito será el que me honre. En cuanto a los que no me hacen caso, ellos y sus casas serán destruidos por el fuego eterno. Los que desconocen los castigos que les esperan, entonces se arrepentirán y se lamentarán en vano. En cambio, los que han sido fieles gozarán de la vida eterna.*

Para esta propaganda se sirven de palabras ininteligibles, con las que aquellos impostores pretenden apoyar sus perversos designios»[10].

Luego añade:

«En general, los que desean hacer prosélitos para cualquier misterio religioso empiezan por decir que los que quieran participar de la nueva religión deberán ser puros de toda inmundicia, tener un alma inocente y llevar una vida íntegra. Entre los cristianos, sucede lo contrario: llaman a los pecadores, a los simples, a los niños y a los desgraciados, a los cuales ofrecen el Reino de Dios. ¿Sabéis quiénes son estos pecadores? Pues son gente injusta, ladrones, envenenadores, sacrílegos, profanadores de sepulturas»[11].

A lo cual, responde Orígenes con las palabras del Evangelio:

«...los que están sanos no tienen necesidad de médico, sino los enfermos» (Mt. 9:12).

Celso acusa, además, a los cristianos de decir a menudo a sus discípulos:

«No examinéis; creed solamente: la fe os salvará. La sabiduría del mundo es locura; y la locura de la fe es sabiduría».

A lo cual contestó Orígenes que lo mejor sería que todos pudieran abandonar sus quehaceres para consagrarse al estudio de la sabiduría...

---

10. Orígenes, *Contra Celso VII*, cap. IX.
11. Orígenes, *Contra Celso III*, cap. LIX y LXI.

«...pero, ya sea por las necesidades de la vida, ya sea por las debilidades humanas, lo cierto es que son pocos los hombres que pueden dedicarse y realmente se dedican a este estudio. En estas circunstancias, ¿no es preferible que muchos hombres, que antes vivían en el pecado, hayan sido purificados por la fe, aunque no se hayan dado cuenta exacta de ello, ni hayan tenido tiempo, ni medios, para hacer un profundo estudio de las razones en que se apoyan?»[12].

Entre los filósofos enemigos del cristianismo, hay que mencionar también a un amigo de Celso, Luciano de Samosata, que se esforzó en ridiculizar a los cristianos en su libro *La muerte de Peregrino*. Sólo mencionamos este escrito por las afirmaciones que hace el autor sobre la fe y las virtudes de los cristianos:

«Estas pobres gentes se imaginan ser inmortales; por eso, lo desprecian todo, incluso la muerte, ofreciéndose voluntariamente para el suplicio. Su legislador les ha convencido de que son todos hermanos, de que deben abandonar a nuestros dioses, adorar al crucificado y seguir sus leyes. En ellas, aprenden a despreciar las riquezas terrestres y a practicar la comunidad de bienes, cuyas órdenes acatan sin darse cuenta de ellas, ni razonar los motivos en que se fundan»[13].

12. Orígenes, *Contra Celso I*, cap. IX.
13. Neander, *op. cit.*, cap. I.
Un testigo parecido, aunque más simpático, les fue dado por el célebre médico Galeno, que era contemporáneo suyo. En un fragmento de un libro de Galeno, *Sobre la república de Platón*, ya perdido, pero cuyo fragmento nos ha sido conservado por un autor árabe, éste dice lo siguiente:
«Los llamados *cristianos* han fundado una religión sobre parábolas y milagros. Bajo el punto de vista de la moral y de la virtud, en nada son inferiores a los filósofos. Honran el celibato, son sobrios y practican con celo el ayuno y la oración. Son honrados, practican la continencia, no hacen daño a nadie y, en lo concerniente a los milagros, sobrepujan en mucho a los filósofos» *(Dict. of Christ.*, Biog. «Galenus»).

Capítulo XVI

Los cristianos
y las obligaciones civiles

1. El servicio militar

Al tratar del servicio militar, tropezamos con una cuestión de importancia suma: los cristianos de los dos primeros siglos, ¿sirvieron en el ejército imperial? Justino Mártir, al hacer memoria de la profecía de Miqueas, relativa a los frutos del Evangelio, parece indicar que se estaba cumpliendo aquella sentencia en los cristianos de su tiempo; a saber, «que sus espadas serán transformadas en rejas de arado y sus lanzas en hoces». Y añade:

«Nosotros, que en otros tiempos teníamos ideas de guerra, de muerte y de maldad, hemos transformado nuestras espadas en arados y nuestras lanzas en instrumentos agrícolas, y ahora cultivamos la piedad, la justicia, la caridad, la fe y la esperanza que hemos recibido del mismo Padre celestial, por medio de Aquel que fue crucificado»[1].

Estas palabras no deben interpretarse literalmente, siendo probable que fueran la expresión de los cristianos más reflexivos, porque es indudable que muchos cristianos servían en las filas del ejército. Aun descontando la exageración, lo confirman plenamente los términos ya citados de Tertuliano[2].

En muchas ocasiones, se ha creído que para resolver esta cuestión, bastaba recordar la historia de la legión *Fulminante*, cuyo relato ha pasa-

---

1. Véase Miqueas 4:3.
   Véase Justino Mártir, *Diálogo con Trifón,* cap. CIX y CX (véase también *Primera apología,* cap. XIV).
2. Véase el CAPÍTULO XV de la PRIMERA PARTE.

do a la categoría de *leyenda*. Se cuenta que en 174, durante la guerra entre los germanos y los sarmatos, el ejército de Marco Aurelio se vio en un inminente peligro. Los soldados, devorados por una ardiente sed, hallábanse en presencia de un enemigo preparado para el ataque. Entonces, la XII legión, puesta de rodillas, pidió favor al cielo, que respondió con una lluvia torrencial, la cual no sólo apagó la sed de los romanos, sino que aquella tremenda tempestad desconcertó a los bárbaros. La victoria fue de los romanos, y el emperador, para perpetuar aquel hecho milagroso, dio a aquella región el título de *Fulminante* y ordenó que cesaran las persecuciones contra los cristianos[3].

Este relato es completamente inexacto. Aquella legión se llamaba así desde los tiempos del emperador Augusto y la persecución de Lyon tuvo lugar sólo tres años después. Lo que es cierto es el inminente peligro que corría aquel ejército y su casi milagrosa salvación. Los autores paganos lo consideraron como una intervención celestial de Júpiter. Unos creyeron que fue la respuesta a las oraciones del emperador y otros, que a las de todo el ejército; finalmente, hay quienes lo atribuyeron al encantamiento de un mago egipcio[4].

Sea cual fuera la infidelidad de algunos cristianos, la Iglesia, por boca de sus más autorizados doctores, ha dado una respuesta terminante al asunto que estudiamos. Al mismo Tertuliano le parecía incompatible la vocación militar con el ejercicio de la fe cristiana. Por dos razones principales, no podía aliarse el servicio a los ejércitos imperiales con la profesión del cristianismo. En primer lugar, a causa del juramento que debían prestar y de la obligación que tenían los soldados de participar en los actos de idolatría. Y en segundo lugar, porque el servicio militar está en completa contradicción con los mandamientos de Cristo y contra el espíritu de todo el Evangelio. Sobre ambas objeciones, Tertuliano fue muy explícito:

---

3. Eusebio, *H. E., V*, cap. V (véase también Tertuliano, *A Scapula,* cap. IV; *Apología,* cap. V).

4. En uno de estos relatos, se dice que el emperador, levantando las manos a Júpiter, exclamó: «Levanto a ti esta mano que no derramó nunca sangre humana».

Se conservan pinturas que lo presentan en actitud de orar mientras los soldados reciben la lluvia en sus cascos. Existe además una medalla, en la cual se ve a Júpiter lanzando sus rayos sobre los bárbaros que están caídos al suelo (Neander, *op. cit.,* cap. I).

Las expresiones de Tertuliano, en uno de los párrafos citados en el texto, suscitan la duda de si se trata de cristianos o de paganos: «Christianorum forte militum precationibus» *(Apol.,* cap. V).

«Me preguntáis si un creyente puede ser soldado, o si un soldado o un oficial, que no estén obligados a asistir a los sacrificios ni a las ejecuciones capitales, puede ser admitido en la profesión de la fe cristiana. Mi respuesta es que no puede haber unión entre el servicio a los hombres y el servicio a Dios, entre el estandarte de Cristo y el del diablo, entre la luz y las tinieblas... El Señor, desarmando a Pedro, desarmó a todos los soldados. ¿Cómo podrán, pues, luchar sin espada?»[5].

En su tratado *De la corona,* vuelve sobre el mismo asunto, diciendo: «Procuremos conocer si a un cristiano le es lícito ser soldado. ¿Para qué discutir algunos casos particulares, cuando sabemos que el fundamento es ilícito? ¿Puede colocarse servicio humano alguno por encima del servicio a Dios? ¿Podemos tener otro dueño que a Cristo? ¿Podemos renunciar a honrar y a amar a nuestro padre, a nuestra madre y a nuestros parientes, a los cuales la ley nos obliga a reverenciar después de Dios? ¿Se puede ser hombre de espada, cuando el mismo Dios ha dicho que el que tomare la espada perecerá por ella? Aquel a quien se le recomienda la paz, hasta el punto de renunciar a los tribunales para defender su derecho, ¿podrá tomar parte en una batalla? Si al ser convertido fuese soldado, la cuestión cambia de aspecto (...) Y, sin embargo, al ser uno creyente y hacer pública profesión de fe, éste se verá precisado, como muchos han hecho, a abandonar la carrera de las armas o a usar de muchos sofismas para no ofender a Dios o, finalmente, deberá tomar la resolución de aceptar por Cristo la misma suerte que están dispuestos a aceptar los cristianos que no profesan el militarismo»[6].

En el mismo escrito, cuenta la historia de un cristiano que rehusó colocarse la corona de laurel, otorgada a los vencedores[7]. Concedíanse

---

5. Véase Mateo 26:52; Juan 18:36; 2.ª Corintios 10:4 (véase también Tertuliano, *De la idolatría,* cap. XIX).

6. Tertuliano, *De la corona,* cap. XI.
Tertuliano era ya montanista al escribir este folleto. Nadie en la Iglesia observaba como los montanistas los preceptos del Evangelio sobre el particular. En su *Apología,* escrita antes de serlo, dice:
«Oramos por la salud del emperador, por el valor de los soldados...» (cap. XXX).
En cambio, en su escrito *De la paciencia,* probablemente de la misma época, dice que «el servicio de la guerra es sólo propio de los paganos» (cap. VII).
7. Esto es, Severo y uno de sus hijos, si es que no fueron los dos... Asocióse en 190 a Caracalla, y en 208 a Geta.

224 EL CRISTIANISMO DURANTE LOS SIGLOS I Y II

recompensas a los soldados en nombre del emperador. Y cada soldado tenía que adelantarse coronado de laurel. Pero entre los soldados cristianos, que eran numerosos, sólo uno, más firme que los demás, no comprendiendo cómo es que sus compañeros pudieran servir a dos amos a la vez, adelantóse con la cabeza descubierta y la corona en la mano. Y relata Tertuliano:

«Tan pronto como se aperciben del hecho, unos se burlan, otros se indignan. Al oír el murmullo, el tribuno se entera:
– ¿Qué estás haciendo? –le pregunta.
– Yo no puedo ser como los otros.
– ¿Por qué motivo?
– Porque soy cristiano.
Instruido el proceso y puesto a votación, se le declara culpable. Los prefectos decidirán... El soldado se desciñe el traje militar, se quita las botas, entrega la espada y deja caer la corona de laurel. Encerrado en el calabozo, espera la inmaculada corona del martirio (...) Muchos condenan su proceder. Se le censura por su terquedad y falta de reflexión; se le acusa también de impaciencia por morir, porque al rehusar un detalle sin importancia en cuanto al traje compromete a todos los que llevan el nombre de *cristiano*. Y, sin embargo, en medio de tantos soldados convertidos, sólo él se ha mostrado valiente y digno del nombre que llevaba. Algunos murmuran, porque peligra la paz que gozan desde largo tiempo»[8].

De las afirmaciones de Celso, que, como indicamos, escribió en el tiempo de Marco Aurelio, deducimos que eran pocos los soldados cristianos. Celso acusa a los fieles de no ser útiles al Estado, ni como ciudadanos, ni como soldados; de modo que, si todos los ciudadanos hicieran como ellos, el soberano se encontraría aislado y los bárbaros dominarían el mundo. A lo cual, como fiel cristiano, le respondió Orígenes:

«He aquí el problema: si todos los romanos llegaran a aceptar los principios del cristianismo y adoraran solo a Dios, en vez de rendir culto a los dioses y a los magistrados, ¿qué sucedería? Para nosotros, que creemos que cuando dos o tres están de acuerdo para pedir algo a Dios, al Padre de los justos, que está en el cielo, Dios no les rehúsa la petición[9],

8. Tertuliano, *De la corona,* cap. I.
9. Véase Mateo 18:19.

sabemos que si en vez de ser solamente algunos los intercesores, fuera todo el imperio romano quien levantara las manos a Dios, ¿qué no podríamos esperar? Todos rogarían al Verbo, que en cierta ocasión dijo a los hebreos perseguidos por los egipcios: *Estaos quietos, que el Eterno peleará por vosotros* (Éx. 14:14). Y si todos los romanos hicieran la misma oración, vencerían a un mayor número de enemigos que los que venció Moisés. Mejor dicho, guardados por el poder divino, que prometió salvar ciudades enteras por liberar a cincuenta justos, no habría necesidad de que nadie fuera a la guerra».

No obstante, en alguna ocasión, Orígenes pareció salirse del terreno firme en el que se acababa de colocar...

«Nosotros ayudamos a los reyes de la tierra. Revistiéndonos de las armas de Dios, les ofrecemos ayuda casi divina (...) Los sacerdotes de los ídolos procuran no manchar sus manos con sangre humana; por lo cual, ni en tiempo de guerra, forman parte de los ejércitos. Nosotros, que somos sacerdotes y ministros de Dios[10], debemos, mejor que ellos, conservar nuestras manos puras de la sangre de nuestros semejantes y, por nuestras oraciones, luchar juntamente con aquellos que pelean por una causa justa y en favor del rey que reina con justicia, para que todo lo que se oponga a su voluntad sea destruido. Y así como por nuestras oraciones alejamos a los demonios, que son causa de guerras y provocan la violación de los juramentos, turbando de este modo la plaza de las naciones, nosotros, por nuestras oraciones, ayudamos mejor a los reyes, que aquellos que les defienden con las armas. Nadie combate con más éxito que nosotros. No peleamos bajo las órdenes de ningún jefe, a quien no podríamos obedecer, aunque nos lo ordenara; pero combatimos por él, formando un ejército especial: el ejército de los creyentes, que ofrecen sus oraciones a Dios»[11].

Así, parece que Orígenes, en este párrafo, esté argumentando que es lícito a los cristianos orar por el éxito de las armas carnales. Pero está claro que el uso de estas armas está prohibido a los cristianos, de lo cual

---

10. Por lo que antecede, se deduce que el doctor de Alejandría, en este caso concreto, se refería a todos los cristianos.
11. Orígenes, *Contra Celso VIII*, cap. LXVIII, LXX, LXXIII.

resulta que no deben legítimamente hacer oración por su triunfo. Por otro lado, se defiende la idea de que, «si los cristianos hicieran oración para que en todas las naciones los hombres prestaran acatamiento a las órdenes de Cristo y –siguiendo la expresión de Orígenes– en toda ocasión refiriesen su protección a aquel Poder divino, que prometió salvar a ciudades enteras por amor a cincuenta justos, si todos los cristianos lo hicieran así, el objeto de sus oraciones se lograría más pronto y mejor». He aquí, pues, una gran paradoja (más adelante trataremos también de este asunto).

2. La esclavitud

Ya hemos dicho en otro lugar[12] que los esclavos constituían la mitad de los habitantes de la antigua Roma. Tal es, a los menos, la opinión de Gibbon[13], al que han acusado de exagerado. Si se tiene en cuenta que todo trabajo en el campo, en los negocios, en las casas, era hecho por los esclavos, es probable que Gibbon, al sentar tal afirmación, no estuviera lejos de la realidad. De hecho, Plinio habló acerca de un romano rico, que falleció durante el reinado de Augusto, el cual dejó más de cuatro mil esclavos. Y en el siglo III, Ateneo conoció a muchos ciudadanos que tenían diez mil y hasta veinte mil esclavos, más por ostentación que por necesidad.

Difícilmente se podría describir la triste situación de esta clase de hombres y los procedimientos que con ellos se usaban, al par que a los animales y a los instrumentos de labranza. Y es que, para empezar, no tenían existencia política, se les negaban los derechos de padre y esposo y no podían profesar la misma religión que sus dueños. Eran vendidos, azotados, torturados, crucificados. No se admitía su juramento y cuando, aumentando su poder, se les consideraba un peligro para el Estado, se les destruía. Éstas eran las preocupaciones de las cuales participaban no sólo el vulgo, sino hasta los hombres más cultos y más civilizados. Por ejemplo, Aristóteles y Cicerón consideraron la esclavitud como una institución divina; existiendo, según ellos, razas superiores e inferiores,

---

12. Véase el CAPÍTULO I de la PRIMERA PARTE.
13. Gibbon, *Decline and Fall,* cap. I, p. 56.

hasta el punto que Cicerón creyó necesario justificar a Aticos, que estaba afligido por la muerte de uno de sus esclavos[14]. También, Catón aconsejaba a sus paisanos que obligaran a los esclavos a trabajar hasta producirles la muerte y evitar, de este modo, que envejecieran y no sirvieran para nada; pues consideraba a los esclavos como bestias de carga. Además, aconsejaba a los amos que sembraran la división entre ellos, para evitar que conspiraran unidos. Y Columelo declaró, incluso, que cuanto más inteligentes fueran los esclavos, mayores debían ser los castigos que se les impusieran[15].

Es evidente que el cristianismo, al proclamar que Jesucristo había dado su vida por todos los hombres y que en Él ya no había esclavo, ni libre, destruyó de raíz el árbol carcomido de la esclavitud. Pero pasó todavía algún tiempo hasta que la Iglesia comprendiera que su deber era destruir aquella institución. Tal vez, no fuera aún posible en el mundo romano de entonces hacer otra cosa que mejorar las condiciones del esclavo y aceptar como hermano al que se convertía. El apóstol Pablo, por ejemplo, llamó a Onésimo, el esclavo fugitivo, «un hermano muy querido en el Señor» (Flm. 16), y Clemente de Alejandría puso de manifiesto el resultado producido entre los cristianos con las palabras siguientes:

«Debemos tratar a los esclavos como quisiéramos que se nos tratara. Son hombres como nosotros, porque el Dios del esclavo es el mismo que el Dios del hombre libre. Así, pues, cuando cometan alguna falta, debemos amonestarles, en vez de castigarles»[16].

Sin embargo, suponen algunos que la tendencia de la Iglesia de no hacer distinción entre el esclavo y el hombre libre se revela en los epitafios de las catacumbas, cuyo silencio sobre el particular es, a lo menos, curioso. Ya que mientras que las tumbas de los paganos contienen indicaciones sobre la condición del difunto, en las tumbas de los cristianos no se ha encontrado ninguna distinción de este género[17].

---

14. Véase, sin embargo, la *Carta de Cicerón a Tirón* (también R. William Church, *Roman Life in the days of Cicero*, pp. 261–265, Londres, 1877).

15. E. G. Clarke, *Early Christianity and Class Influence,* en la *Revista contemporánea inglesa,* diciembre de 1882 (véase también *Dict. Christ. Antiq.,* p. 1902; Wordsworth, *Church. Hist.,* p. 333).

16. Clemente, *El pedagogo III,* cap. XII

17. *Dict. Christ. Antiq.,* p. 1904.

La distinta valoración del trabajo manual contribuyó indirectamente a elevar la estima del esclavo. Los pueblos antiguos, basados en una economía de guerra, es decir, de botín y pillaje y de prisioneros convertidos en mano de obra gratuita, despreciaban el trabajo manual como ocupación indigna de un hombre libre. Esto explica el escaso progreso de la técnica a pesar de que la ciencia griega había hecho importantes descubrimientos. En algunas ciudades, los dos tercios de los habitantes eran esclavos, que no tenían ningún derecho ni nadie que mirara por ellos, sino para su explotación y castigo. El dueño tenía el derecho de vida y muerte sobre ellos. Eran muy pocos los esclavos que recobraban la libertad y pasaban a la categoría de libertos. El cristianismo, gracias a su legado judío, no miraba el trabajo como algo vil y despreciable, sino que llamaba a la actividad laboral como un modo digno de ganarse la vida y tener recursos para socorrer a los necesitados. El esclavo, pues, que realizaba trabajos físicos, lo hacía como para el Señor (Ef. 6:5–9; Col. 2: 22 y 23).

«El cristianismo socavó la esclavitud al conceder dignidad al trabajo, por servil que pareciera»[18].

3. El juramento

Hemos visto cómo los antiguos escritores eclesiásticos prohibieron el juramento militar, lo cual afecta también a los demás tipos de juramento. En efecto, el juramento en general está prohibido de la manera más categórica en el Nuevo Testamento. Sobre el particular, nada hay tan positivo como las palabras de nuestro Salvador en el *sermón del monte*. Y el apóstol Santiago no es menos enérgico al tratar este punto[19]. Es indudable que el Señor hacía referencia a los juramentos solemnes permitidos por la ley de Moisés. Algunos han supuesto que Jesucristo sólo se refería a los juramentos profanos. Pero tal suposición no puede permanecer en pie ante estas palabras:

«No perjurarás, sino que cumplirás al Señor tus juramentos...».
Cuya conclusión se confirma además por estas palabras.

---

18. K.S. Latourette, *op. cit.*, p. 302.
19. Véase Santiago 5:12.

«Qué vuestro hablar sea *sí, sí; no, no;* porque lo demás que se añada procede del maligno» (Mt. 5:33, 37)[20].

Nuestros lectores conocen ya la opinión de Clemente, que en otra ocasión la desarrolló de la manera siguiente:

«A aquel que, poseyendo el conocimiento de la verdad, se niega a jurar, le basta afirmar con un *sí* y negar con un *no*. Si alguien pusiese en duda su veracidad, le bastará con añadir: *yo digo la verdad*».

Y aludiendo a ciertos cristianos que en alguna ocasión se permitían prestar juramento, añadió:

«La vida de un cristiano debe ser tal que inspire confianza a todos, hasta hacer inútil su juramento. ¿Qué motivos hay para jurar? Será para afirmar que es verdad lo que se dice; si precisamente cuando se dice la verdad, el juramento se hace innecesario (…) Jesucristo dio la norma de lo justo cuando dijo que vuestro *sí* fuera *sí* y que vuestro *no* fuera *no*»[21].

Justino Mártir no es menos claro cuando dice:

«En lo concerniente a la prohibición de jurar y a la obligación de decir siempre la verdad, ved la orden de Cristo»[22].

Y Tertuliano afirma también:

«Nada digo del perjuro, porque el juramento nos está prohibido»[23].

Se cuenta la anécdota siguiente de un discípulo de Orígenes llamado Basilio, que era oficial en el ejército de Séptimo Severo, en el año

---

20. Un eminente hombre de Estado contemporáneo dijo sobre el particular:

«La prohibición del juramento es uno de los preceptos más positivos. La costumbre de jurar para dar fuerza a una afirmación establece una distinción entre la verdad y la veracidad. Si el juramento fuera de algún valor para la confirmación de la verdad, toda la afirmación desprovista de juramento dejaría de tenerlo. Creo que exigir el juramento y prestarlo es lo que más ha contribuido a comprometer y a destruir el respeto a la verdad» (John Bright, *Carta al Daily News).*

W. R. W. Stephens manifiesta la misma opinión, casi en los mismos términos, en su carta a la *Pall Mall Gazette.* A saber, para probar cuán inmoral es la idea de que haya dos clases de verdad, recuerda las costumbres de la Edad Media, en estos términos:

«Nadie puede leer la historia de la Edad Media sin que le llame la atención el desprecio general por la verdad y, sin embargo, existían las sentencias más sublimes sobre la santidad del juramento. No es que entonces se dejaran de violar los juramentos. Esta contradicción tenía por fundamento, no la lenidad del pecado que cometía el que juraba en falso, sino la excesiva habilidad del sistema religioso de aquel tiempo, que había imaginado los medios casuísticos para eludir el cumplimiento exacto del juramento e inventado tantos atenuantes a favor del perjuro» (esta carta ha sido reimpresa en las *Memorias de Lord Hatherley,* cap. II, p. 17, nota).

21. Clemente, *Strom. VII,* cap. VIII, XI.

22. Justino Mártir, *Primera apología,* cap. XVI.

23. Tertuliano, *De la idolatría,* cap. XI.

202. Encargado de acompañar al suplicio a una joven llamada Potamiana, conmovióse al presenciar sus sufrimientos; se convirtió al Evangelio y declaróse dispuesto a obedecer los mandamientos de Cristo, hasta en lo concerniente al juramento militar. Poco tiempo después, presentóse la oportunidad de prestar juramento, a lo que se negó, diciendo serle imposible por ser cristiano. Una vez encarcelado, persistió en su obstinación y murió decapitado[24].

Algunos de los escritores de los siglos sucesivos, Lactancio, Atanasio, Crisóstomo, Epifanio, Jerónimo, Ambrosio y otros, condenaron enérgicamente el juramento. Gregorio de Nacianza, en el acto de su bautismo, prometió abstenerse de jurar[25]. Crisóstomo trató a menudo este asunto:

«Evitad toda clase de juramento. No es lícito jurar, ni para cosa buena, ni para cosa mala. Los labios del cristiano no deben mancharse nunca con juramentos (…) El juramento es un lazo de Satanás (…) Cuando Jesucristo dijo que todo lo que se añade procede del maligno, no quiso decir que la antigua ley procediese del diablo, sino que Él, el Cristo, quería arrancar a los hombres de su antiguo estado de corrupción».

Igualmente, escribió Epifanio:

«Es preciso abstenerse de jurar en el Nombre del Señor, como también abstenerse de usar cualquier fórmula con este objeto, porque el juramento siempre se presta a instancias del diablo».

Finalmente, afirmó Jerónimo:

«No juréis de ningún modo. Si a los judíos se les permitió que juraran en el Nombre de Dios, no era porque fuera justo hacerlo, sino porque era preferible que jurasen en su Nombre que en el del demonio. El Evangelio no admite ninguna clase de juramentos. Para el cristiano, cada una de sus palabras debe valer tanto como un juramento»[26].

Nos parece difícil que cualquiera que estudie sin prevenciones el Nuevo Testamento pueda llegar a otras conclusiones que las que dejamos sentadas. Pero, desgraciadamente, la costumbre ha triunfado muchas veces sobre la verdad...

---

24. Eusebio, *H. E., VI*, cap. V.
25. Ullmann, *Vida de Greg. Naz.*
26. Sixtus Senensis, *Bibliotheca sancta VI.*

A saber, Tertuliano, de quien acabamos de citar una afirmación bien clara, dijo, no obstante, en otra parte: «Si no juramos por los *manes* de los emperadores, lo hacemos por su vida, que es más augusta».

En cuanto a Orígenes, éste llegó a decir: «No queremos jurar por la fortuna de César, ni de nadie que pueda considerarse igual a Dios».

Mencionemos, por último, a Atanasio quien, citado a comparecer ante el emperador Constantino, pidió que se exigiera juramento a sus acusadores[27].

Y es que, poco a poco, se perdió de vista este principio de la religión cristiana. Y en la Iglesia misma se introdujo el juramento...

---

27. Tertuliano, *Apo.,* cap. XXXII (véase también Orígenes, *Contra Celso VIII,* cap. LXV; E. F. Harrison, *Dict. de Teología,* art. «Juramento», Tell, Gran Rapids, 1985).

SEGUNDA PARTE

El Cristianismo durante los siglos III y VI

Sección Primera: Historia del Cristianismo

Mosaico de Felicitas, que se conserva en el palacio archiepiscopal de Rávena.
(copiado del original por Eduardo Backhouse).

Capítulo I

Los mártires de África

Las referencias que hemos hecho acerca de la suerte de la Iglesia llegan hasta el reinado de Séptimo Severo, quien en el año 202 prohibió bajo severas penas la conversión de sus súbditos al judaísmo y al cristianismo. Por lo que podemos deducir, las regiones que más sufrieron a causa de esta prohibición fueron Egipto y África[1].

Ya en el año 200, habían sido martirizados algunos cristianos de esta última provincia, naturales de Scilita en Numidia, quienes conducidos a la presencia del procónsul fueron requeridos para volver al culto pagano, a trueque de obtener el perdón. Uno de ellos, llamado Sperato, respondió:

«–Contra nadie hemos hecho ni dicho mal alguno. A los que nos han dañado, les hemos contestado con palabras de gratitud. Alabamos a nuestro Señor y Rey por todas sus bondades.

–También nosotros somos piadosos –respondió el procónsul– Prestamos juramento por los *manes* del emperador y oramos por su prosperidad, lo que espero hagáis vosotros igualmente.

–En la tierra, no conozco ningún espíritu de rey[2] –replicó Sperato– Sirvo a mi Dios que está en el cielo, a quien nadie ha visto ni puede ver.

---

1. Si bien se conoce por este nombre al continente en general, los romanos acostumbraban a aplicarlo casi exclusivamente al territorio cartaginés. En ninguna otra provincia del imperio había tantos cristianos. Sus ciudades eran ricas y grandes. Más tarde, a causa de las luchas eclesiásticas, de la invasión de los vándalos y de la tiranía de los musulmanes, aquella región, que actualmente constituye la provincia de Túnez, quedó devastada.

2. Hace referencia a los *manes* de los que le hablaba el procónsul.

Yo proclamo al emperador como a mi soberano, por lo cual he pagado siempre todos los tributos. Sin embargo, no me es posible adorar a otro que a mi Señor, el Rey de reyes y dueño de cuanto existe.

Concluido el interrogatorio, fueron encarcelados de nuevo, hasta el día siguiente, que salieron para ser interrogados otra vez. Entonces, Sperato respondió en nombre de sus compañeros:

–Somos cristianos y no queremos renegar de la fe en Jesucristo, nuestro Señor. Haced lo que os plazca con nosotros.

Así, se les condenó a muerte y, conducidos al lugar del suplicio, se arrodillaron para dar gracias a Dios»[3].

Dos años más tarde, tuvo lugar en Cartago[4] el memorable martirio de Perpetua y de sus compañeros. A saber, seis *catecúmenos* jóvenes, de los cuales dos, Revocato y Felicitas, eran esclavos, fueron presos y acusados de ser cristianos, juntamente con Saturnino, Saturio, Secundulo y Vivia Perpetua. Esta última, que era de familia acomodada, tenía sólo 22 años y acababa de enviudar. Su madre era cristiana, pero no su anciano padre. Tenía dos hermanos, uno de ellos era *catecúmeno*. Cuando la prendieron estaba amamantando a su hijo...

He aquí algunos detalles del relato escrito por ella misma, antes de morir:

«Mientras estábamos en poder de nuestros perseguidores, mi padre hizo cuanto le fue posible para alejarnos de nuestra fe.

–Padre mío –le dije–, ¿ves este cántaro en el suelo?

–Sí –me respondió.

–¿Podemos darle otro nombre?

–Ciertamente que no.

–De la misma manera tampoco se me puede dar otro nombre que el de *cristiana,* porque lo soy.

Estas palabras le exasperaron de tal modo que se echó sobre mí como si quisiera arrancarme los ojos».

Antes de ser encarcelados, pudieron aún recibir el bautismo...

---

3. Ruinart, *Acta sincera* (véase también Neander, cap. I).
4. No se sabe con precisión si el suceso que relatamos tuvo lugar en la misma ciudad o en otra llamada *Tuburbio,* situada a cuarenta millas de la capital (Milman, *Historia de la cristiandad,* cap. II, p. 165, n).

«Durante mi bautismo, el Espíritu Santo me inspiró para que no pidiera otra cosa a Dios, sino la fuerza de padecer el martirio con serenidad. Algunos días después fuimos encerrados en los calabozos. La oscuridad era tal que me aterrorizó. ¡Qué día tan horrible! No me era posible soportar el calor producido por tantos presos encerrados, ni la aspereza de los soldados y, sobre todo, era grande la ansiedad que sentía por mi hijo. Esta agonía se prolongó durante algunos días, hasta que me fue concedido permiso para tener conmigo a mi hijo, con lo cual me sentí con gran valor, tanto que la cárcel me parecía un palacio.

Cuando mi padre supo que tenía que ser de nuevo interrogada, renovó sus instancias para hacerme vacilar en la fe...

–Hija mía, ten misericordia de estas canas; ten piedad de tu padre y no le expongas al menosprecio público. Déjate de estas cosas y no seas la causa de nuestra ruina.

Mientras me hablaba así, cayó de rodillas, y me besaba las manos. Ya no me llamaba *hija mía,* sino *señora.* Al considerar sus canas y que era el único en la familia que no se alegraba del martirio, se me partió el corazón. Procuré, pues, consolarle, diciéndole:

–Hasta en el mismo suplicio, sólo podrá sucedernos lo que Dios quiera. Nosotros no confiamos en nuestras fuerzas, sino en que Dios nos sostenga con su poder.

Más tarde, cuando estábamos comiendo, vinieron a buscarnos para llevarnos a la audiencia, donde se había reunido una gran multitud de curiosos. Nos hicieron subir sobre el tablado *(catasta).* El interrogatorio empezó por mis compañeros y cuando me llegó el turno, acercóseme mi padre, llevando a mi hijo en brazos, y me dijo:

–Ten piedad de tu hijo.

El procónsul añadió:

–Compadécete de las canas de tu padre y ten piedad de tu hijo. Sacrifica a la salud del emperador.

–Esto que me pedís no puedo hacerlo.

–¿Eres, acaso, cristiana?

–Sí que lo soy.

Y como no me dejara mi padre y se esforzase en hacer que renegará de mi fe, el procónsul mandó que lo echaran del tablado abajo y que le azotaran con varas. ¡Entonces, sí que sentí su dolor como si me pegaran a mí! El procónsul dictó la sentencia, por la que se nos condenaba a ser arrojados a las fieras... Inmediatamente nos condujeron al calabozo, donde regresamos gozosos».

Desde la cárcel, Perpetua hizo pedir a su padre que le llevara a su hijito. Pero el anciano negóse obstinadamente a satisfacer sus deseos.

Perpetua profesaba ideas muy en boga en su tiempo, pero equivocadas, sobre el estado de los difuntos, por lo cual oró ardientemente en favor del descanso eterno de un hermanito suyo, fallecido a los siete años. Hasta creyó haberle visto liberado de las tinieblas y de las penas.

Uno de sus carceleros, llamado Pudens, conmovido por el valor de los prisioneros, y creyendo ver en ellos el poder de Dios, permitió que varios hermanos entraran en los calabozos para consolarles. El día fatal se aproximaba. El padre de Perpetua hizo un nuevo esfuerzo para convencerla...

«Estaba desconocido a causa del dolor. Arrancándose la barba, echóse a mis pies, con la cara en el suelo, y pronunciaba palabras capaces de conmover al mundo entero. Yo sentí una viva pena al considerar su infortunada vejez».

«Mientras tanto, había fallecido Secundulo y, tres días antes del martirio, Felicitas dio a luz una niña. A causa de los dolores del parto, la pobre joven daba grandes voces. Entonces el carcelero la reprochó, diciéndole:

–Si tales son ahora tus sufrimientos, ¿qué será cuando seas echada a las fieras? Cuando te negaste a sacrificar no habías caído en la cuenta.

–Lo que ahora sufro –replicó Felicitas–, lo sufro por mí. En cambio, lo que padeceré entonces, no lo sufriré sola, sino que compartirá mi pena Aquel por quien la sufriré.

El día del triunfo, los mártires fueron conducidos al anfiteatro. Al verlos, no parecía sino que iban a una fiesta. Perpetua iba la última. Su actitud era solemne y su paso el de una matrona cristiana amada de Dios. No pudiendo soportar las miradas curiosas de la muchedumbre, bajaba los ojos.

Una antigua costumbre, que se remontaba a cuando se celebraban sacrificios humanos, hacía que se obligara a las víctimas a que cubrieran sus cuerpos con vestidos sacerdotales. Con este objeto, se pretendía vestir a los hombres como a los sacerdotes de Saturno y a las mujeres como a las sacerdotisas de Ceres. Las víctimas protestaron en nombre de su fe y de su libertad contra tamaña degradación y, reconocida la justicia de su queja, se les autorizó a que guardaran puestos sus propios vestidos. Perpetua iba al suplicio cantando un himno. Revocato, Saturnino y Saturio amenazaban a las turbas con el juicio de Dios. Una vez llegados a donde estaba el procónsul, le dijeron:

–Ahora nos juzgas a nosotros, pero Dios te juzgará a ti.

Exasperado el pueblo ante tal atrevimiento, pidió, y obtuvo, que fueran azotados con varas. Después, echaron un leopardo y un oso a Saturnino y a Revocato. A Saturio le echaron un jabalí salvaje, que en vez de atacar al mártir, se lanzó contra el guardián. Después le ataron a la jaula abierta de un oso, pero éste no quiso salir.

A Perpetua y a Felicitas les quitaron los vestidos y, envueltas en una red, fueron expuestas a una vaca furiosa. Ante tal espectáculo, especialmente a la vista de la recién parida, los espectadores conmovidos, pidieron que fueran cubiertos sus cuerpos con una vestidura flotante. Perpetua fue la primera lanzada en lo alto por la vaca y, al caerse, recibió un fuerte golpe en los lomos. Apercibida de que su vestido había sido desgarrado, preocupada más por su pudor que por su pena, arregló la ropa sobre su cuerpo. Llamada de nuevo al sacrificio, arregló su cabellera, recordando que *el mártir, al morir, no debe tener desordenados sus cabellos, porque en medio de su gloria no debe llevar señal ninguna de su duelo.*

Apercibiéndose de que Felicitas había sido pisoteada y herida, le dio la mano para que se levantara. Aquellas nobles mujeres permanecieron en pie, en presencia de una muchedumbre indigna de presenciar espectáculo tan conmovedor. El pueblo se sintió conmovido y permitió que aquellas jóvenes fueran retiradas. Acababan de salir de la plaza y Perpetua, como despertando de un profundo sueño, mirando a su alrededor, exclamó: *No puedo decir cuándo se nos lanzará a esta vaca bravía…* Y al recordarle que ya lo había sido, sólo se convenció de ello a la vista de su destrozado traje y de sus propias heridas. A su hermano y a un *catecúmeno* fiel que estaba cerca de ella, les dijo: *Permaneced firmes en la fe, amaos unos a otros y no os escandalicéis por mis padecimientos.*

Saturio, que había sido librado de un oso y de un jabalí, fue arrojado a un leopardo y, antes de que la fiera pudiera lanzarse sobre él, se volvió a Pudens: *Cree con toda tu alma; al irme hacia el leopardo, éste me matará de un solo golpe.* La primera dentellada de la fiera cubrió el cuerpo del mártir de tal cantidad de sangre, que el populacho, aprovechando aquel trance para ridiculizar el bautismo de los cristianos, empezó a dar voces, diciendo: *¡Ya estás salvado! ¡Ya te has purificado!* Luego Saturio, dirigiéndose al soldado Pudens, le dijo: *Adiós, acuérdate de mi fe y que este espectáculo te fortalezca en vez de entibiarte.* En seguida le pidió la sortija que llevaba en el dedo y, mojándola en su sangre, se la devolvió para que la guardara como recuerdo de su martirio. El momento fatal había llegado ya; pero el pueblo, queriendo gozarse en la agonía de los mártires, pidió que fueran llevados a la plaza. Al oírlo, se levantaron todas las víctimas y fueron a colocarse en el centro del anfiteatro. Diéronse el último beso de paz y, uno después de otro, fueron rematados, sin hacer movimiento alguno y sin dar un solo grito. Solamente Perpetua, que había recibido el golpe entre las costillas, lanzó un grito y, cogiendo la temblorosa mano del joven gladiador, la dirigió a su garganta. ¡Así acabaron su carrera terrestre aquellos héroes!».

El autor termina su narración, diciendo: «¡Oh, mártires valientes y benditos! Es con justicia que fuisteis elegidos para la gloria de Nuestro Señor Jesucristo!»[5].

La precedente reseña es conocida desde antiguo, y se la considera auténtica. Se cree que el autor fue contemporáneo y, tal vez, testigo ocular de los hechos. Habría que añadir, además, que si bien hemos prescindido del relato de varias visiones, que ocupan mucho espacio en la narración, la tendencia a lo maravilloso que tanto abunda en este escri-

---

5. Ruinart, Pasión de las santas mártires Perpetua y Felicitas (véase también Neander, *op. cit.*, cap. I).

Los mosaicos de Perpetua y Felicitas son indudablemente del siglo V, cuando Rávena llegó a ser uno de los centros más importantes del arte cristiano.

«Estas dos heroínas recogieron juntas la palma del martirio. Ambas eran casadas y madres; pero, según sus trajes, una era señora y la otra esclava. El vestido de color negro era el distintivo de las esclavas. La Iglesia honra igualmente la fe de cada una de ellas. Al mirar sus retratos, nos llama la atención la firmeza, al par que la serenidad de sus almas, vencedoras de la muerte, y recordamos las palabras del apóstol: *¡Cuántos de nosotros, con la faz descubierta, contemplamos, como en un espejo, la gloria del Señor!» (Thoughts on Church Origins).*

to y algunas particularidades doctrinales hacen suponer que nuestros mártires eran montanistas[6].

Bajo el imperio de Caracalla, de odiosa memoria (211–217), no se persiguió a los cristianos. El sirio Heliogábalo (218–222), que se nombró así mismo sumo sacerdote de Baal Peor, procuró amalgamar el cristianismo con los abominables cultos de aquella divinidad, cuya locura no llegó a realizarse. Alejandro Severo, su noble sucesor (222–235), hizo colocar en el templo de su palacio imperial la imagen de Cristo[7]. Bajo su reinado, fueron admitidos como tales en su corte varios obispos. Pero aún hizo más el emperador: para el nombramiento de los funcionarios del Estado, siguió las reglas usadas en la Iglesia. Esto es, ordenó que sus nombres fueran publicados de antemano, considerando que en el nombramiento de los agentes, a quienes se confiaban la vida y los bienes de los ciudadanos, debían observarse aquellas precauciones que usaban los judíos y los cristianos cuando se trataba del nombramiento de sus sacerdotes[8].

Por otro lado, el paganismo entraba en una nueva fase. La filosofía neoplatónica se esforzaba en apuntalar y dar un carácter más espiritual al ruinoso edificio del paganismo. Así, había tomado algunos principios del cristianismo sobre la moral y sobre el culto, al par que conservaba muchas de sus groseras supersticiones. Pero hay que convenir, y tendremos demasiadas ocasiones para probarlo, que si el paganismo se aproximaba paulatinamente al cristianismo, éste se acercaba a aquel de un modo irrevocable[9].

6. J. K. L. Gieseler, op. cit., I, p. 234 (véase también Milman, op. cit., cap. II, p. 165).
«En nada disminuirá la admiración del lector, cuando sepa que los mártires eran montanistas. Muchos miembros de las sectas, condenados por herejes –los marcionistas en particular–, han dado a la Iglesia algunos de los más nobles héroes espirituales» (Cooper, Free Church, p. 272).
7. Las otras estatuas eran las de Abraham, Orfeo y Apolonio de Tiana. Este último era un filósofo influenciado por Pitágoras, que dijo haber sido revestido con un poder sobrenatural y cuya escuela filosófica quiso oponerse al Salvador (Lampridio, Alex. Severus, cap. XXVIII).
Cuenta el mismo autor que estaba el emperador tan enamorado de la máxima cristiana «no hagas a otros lo que no quieras para ti», que la hizo grabar en el frontis de su palacio y en todos los monumentos públicos (Ibid., cap. L).
8. Ídem, Vida de Heliogábalo, cap. XI, IX.
9. Gieseler, op. cit., I, pp. 205–207 (véase también Milman, op. cit., cap. II, pp. 179–184).

Capítulo II

Tertuliano y Clemente de Alejandría

Hacia el año 220, la Iglesia de África perdió a Tertuliano, su ilustre doctor. Pocos detalle nos han quedado de su vida: había nacido en Cartago, su padre fue centurión y se esforzó en dar a su hijo una educación vastísima. Fue en el año 185, y estando en la madurez de su edad, que llegó a la fe, habiendo sido elegido *presbítero* en el año 192 y haciéndose montanista en 199. De las obras de Tertuliano, se desprende que la Iglesia de África, cuyos orígenes son desconocidos, revelóse de improviso bien organizada y llena de vida. El carácter personal y los escritos del doctor contribuyeron a conquistar la alta influencia de que gozaba en la réplica de las iglesias cristianas.

«Tertuliano era hombre de espíritu ardiente, de convicciones profundas, de corazón entusiasta. Se entregaba con toda su alma al objeto de su preferencia, rechazando con la mayor energía cuanto se opusiera a ello. Poseía vasta ciencia, grande y profundo pensamiento, pero le faltaba lógica y moderación. Estaba dominado por una imaginación imperiosa, ardiente y de una sensibilidad extraordinaria. Naturaleza fogosa, al par que positiva; su educación de abogado le arrastraba a menudo a exageraciones de retórica, especialmente en sus controversias… El cristianismo fue el alma de su vida, el punto de partida de todos sus pensamientos y, por él, un mundo completamente nuevo y lleno de riquezas se desenvolvió en su corazón. Pero para ello fue preciso que el cristianismo penetrase antes y purificase aquella naturaleza arrebatada, atrevida y ruda: se le puede comparar al *vino nuevo echado en odres viejos*. A Tertuliano le faltaban a menudo los términos propios para expresar su pensamiento. Su desbordado espíritu no encontraba siempre los términos apropiados. Para sus nuevas necesidades espirituales, le fue preciso crear un nuevo lenguaje, y esto lo hizo sin haber recibido lo que llamamos una *educación filológica*, tomando como punto de partida el áspero latín africano. Formábase en su tiempo el espíritu teológico de la Iglesia del África septentrional, espíritu que permaneció hasta que con Agustín adquirió la mayor influencia posible sobre la Iglesia Occidental»[1].

De una manera no menos notable, el escritor francés Mr. de Pressensé caracteriza a Tertuliano:

«No hizo como Justino y Clemente de Alejandría –dice–, que consideraban el paganismo como una preparación a las nuevas doctrinas, sino que, como Juan el Bautista, tomó el hacha y dio con ella a la raíz del árbol, con la firme intención de derribarlo y quemarlo (...) El montanismo debía necesariamente atraer a Tertuliano a su exaltada piedad. La implacable severidad de su disciplina, la mezcla de un realismo tintado con los colores de una imaginación oriental y de un espíritu de independencia, que no supo doblegarse jamás, eran indicaciones que reconocían al montanismo y que respondían perfectamente a las aspiraciones de Tertuliano para que viniese a ser uno de sus apóstoles. Si el montanismo no hubiese existido, Tertuliano lo hubiera inventado»[2].

A pesar de las numerosas citas que hemos hecho de Tertuliano, nos permitimos hacer otras dos más. La primera es como un himno sobre las maravillas de la creación. A saber, Tertuliano quiere ilustrar la fe de los cristianos respecto a la resurrección:

«Dirige una mirada sobre las pruebas que tenemos del poder de Dios: el día muere cuando empieza la noche y las tinieblas que lo cubren todo semejan una tumba; toda la belleza del mundo viste luto. Cuanto en el universo existe parece un manto lúgubre; fúnebre languidez está esparcida por doquier, el silencio y el sueño reinan por todas partes y los negocios cesan en todo el mundo. Entonces deploramos la pérdida de la luz que, sin embargo, reaparece entera, para alumbrar el universo; esparce la vida

---

1. Neander, *Historia de la Iglesia,* cap. II, p. 442 y 443.
2. De Pressensé, *Historia de los tres primeros siglos de la Iglesia cristiana,* 2.ª serie, cap. I, pp. 438–447.

con todos sus ornamentos y sus gracias, acompañada del sol y de sus astros. Mata a la noche que es su muerte. Atraviesa el espesor de las tinieblas, que son su sepulcro; se sucede a sí misma hasta que vuelve la noche con sus sombras. Entonces, se iluminan las estrellas, cuya luz había sido amortiguada por la aurora; los astros que parecían no existir ya, se manifiestan de nuevo a nuestra vista. Los espejos de la luna se revelan en todo su esplendor y claridad en el espacio que recorren cada mes; se percibe la proximidad de cada estación y, por continuada rareza, sentimos la necesidad de los productos y de las diversas cualidades de cada estación. Es también la propiedad que tiene la tierra, al ser fecundizada por lo que del cielo recibe; que los árboles, después de haber sido despojados de sus riquezas, se engalanan con nuevos frutos, que las flores reaparecen con sus colores tan bellos como agradables, que los huertos dan nueva vegetación, reproduciendo sus plantas, que la simiente que ha sido enterrada en el seno de esta madre fecunda aparece y se levanta después de haber sido destruida. ¡Maravilloso secreto de la Providencia! La tierra nos priva de sus bienes para conservarlos; nos los quita, para devolvérnoslos. Cuando nos los toma, sólo es para asegurarnos su prosperidad; los consume para devolvérnoslos enteros y los destruye primero, para regalarlos después más ricos y con mayor magnificencia»[3].

Tertuliano cita con frecuencia el testimonio inconsciente que tributa la humanidad acerca de la existencia de Dios: la «chispa» divina escondida en el alma cristiana por naturaleza. Empero Tertuliano, que había pasado la mitad de su vida en las tinieblas del paganismo, tiene en tal concepto con mejor razón que otros los respetos de la autoridad. Así, en otro escrito argumentaba lo siguiente:

«Lo que nosotros adoramos es a un solo Dios, que por su Palabra, su sabiduría, su poder, ha sacado de la nada al mundo con todos los elementos, los cuerpos y los espíritus, para ser el adorno de su grandeza… Dios, aunque se manifiesta por doquier, es invisible; aunque su gracia nos revele su Imagen, es impalpable, y aunque la razón humana le conozca, es incomprensible. Precisamente esto prueba su existencia y su gran-

---

3. Tertuliano, *De la resurrección de la carne,* cap. XII (véase también *Los padres de la Iglesia latina,* cap. II, p. 390).

deza, porque lo que puede verse ordinariamente, lo que se puede comprender y tocar es de menor importancia que los ojos que ven, las manos que tocan y la razón que concibe. La inmensidad sólo puede ser perfectamente conocida por sí misma. Nada da una idea más grande de Dios que la imposibilidad de concebirle; su perfección infinita le manifiesta a la vez que le oculta a los hombres. He aquí por qué no hay excusa en no reconocer a quien no puede permanecer ignorado (...) ¿Queréis que probemos la existencia de Dios por sus obras, por cuanto nos rodea, nos mantiene, nos alegra o nos impone? Por el testimonio de la propia alma que, a pesar de su encarcelamiento en el cuerpo, a pesar de las preocupaciones y de la mala educación, a pesar de la tiranía que ejercen las pasiones y de la esclavitud de los falsos dioses, cuando despierta, repito, como si hubiera pasado una borrachera o un sueño profundo, cuando puede decirse que recupera su salud, entonces invoca a Dios, dándole el solo Nombre que le es propio: *¡Gran Dios! ¡Dios bueno! ¡Lo que Dios quiera!* Estas frases se encuentran en boca de todos quienes le reconocen también como Juez de sus palabras, cuando dicen: *Dios me ve, pongo mi confianza en Dios, Dios me lo devolverá.* Éste es el testimonio del alma cristiana por naturaleza, porque al decir ésto no mira hacia el Capitolio[4], sino al cielo. Bien sabe que es de allá de donde dimana, porque procede de Dios»[5].

Y en otra parte añade:

«El alma está dispuesta a decir: *¡Dios todo lo ve!.* Si no eres cristiano, ¿cómo lo sabes? ¿Cómo se explica que aun cuando lleves puesta en la cabeza la corona de Ceres o sobre tus hombros el manto purpúreo de Saturno, o el traje blanco de Iris, cómo es, repito, que no invocas a esas divinidades? ¡Sorprendente testimonio dado a la verdad! Aun en medio de los demonios, tu alma testifica la religión cristiana»[6].

¡Cuánta diferencia hay, no obstante, entre Clemente de Alejandría y Tertuliano, el gran doctor africano y contemporáneo suyo! Todo es contraste entre ambos: familia, educación, carácter. Clemente de Alejandría,

---

4. El Capitolio de Roma era la parte más elevada de la ciudad, donde también estaban situados los templos nacionales de Júpiter, Minerva y Juno. En este caso, el autor hace alusión a todo tipo de paganismo.

5. Tertuliano, *Apologético,* cap. XVII.

6. Tertuliano, *Del testimonio del alma,* cap. II.

ya que no por su nacimiento, era ateniense por su cultura y, al convertirse al cristianismo, empezó sus viajes por Italia, Palestina y Egipto. Sediento de enseñanza, fue en busca de los doctores más reputados, a fin de adquirir de ellos sabiduría y luz. En Alejandría conoció a Panteno, quien mantenía allí la escuela *catequista* que Atenágoras había fundado en Atenas. Eusebio ha conservado una tradición relativa a Panteno, en la cual se dice que había anunciado el Evangelio a las naciones orientales y que en la India (¿Arabia?) había encontrado un ejemplar del Evangelio de Mateo en hebreo, el cual había sido dejado allá por el apóstol Bartolomé[7].

«Mi alma halló reposo cuando hube encontrado a este doctor –explicaba Clemente–, que fue el último que vi, pero el primero en cuanto a su valer».

Y hablando más tarde con mucho afecto del sabio, añadía:

«Como las abejas de Sicilia, recogía en el campo de las Escrituras la flor de los profetas y de los apóstoles y derramaba en el alma de su auditorio una ciencia purificada»[8].

En el año 189, Clemente sucedió a Panteno en la Escuela de Alejandría y profesó en ella con mucho éxito hasta el 202, cuando la persecución que tuvo lugar bajo el reinado de Severo le obligó a buscar un refugio cerca de Alejandro, obispo de Jerusalén, en cuya ciudad murió en el año 220, casi al mismo tiempo que Tertuliano.

«Grave en sus costumbres como en su vestir, cristiano austero, pero sin el ascetismo repulsivo; de espíritu amplio y lleno de simpatía por las grandes aspiraciones de la conciencia humana, era adorador apasionado del Verbo, en quien halló la plenitud de la verdad, sin que por eso se desdeñara en agacharse para recoger en medio de mucha escoria algún pedazo de oro puro... Tal era Clemente de Alejandría»[9].

Hay que decir, con todo, que Clemente no rechazaba por entero la filosofía griega, como hacía Tertuliano, sino que veía en ella una obra providencial, un don de Dios. Hasta llegó a decir que al igual que la ley fue dada a los judíos, la filosofía fue dada a los griegos como cosa nece-

7. Eusebio, *H. E., V,* cap. X.
8. Clemente, *Strom. I,* cap. I (véase también Cooper, *Free Church,* p. 212).
9. De Pressensé, *op. cit.,* p. 321.

saria a la justificación antes de la venida de Cristo, y que debe considerarse una preparación al Evangelio y compatible con Él, cuando es bien comprendida:

«Somos semejantes a los agricultores que riegan las tierras antes de sembrarlas. Con las aguas de la ciencia griega, regamos lo que es terrestre, para que la simiente espiritual que después arrojaremos tenga preparada su nutrición»[10].

Sin embargo, el terreno sobre el cual Clemente se lanzaba con tanta confianza no tenía la solidez que suponía y a menudo procuró identificar equivocadamente las máximas de la filosofía griega con las verdades del cristianismo.

Clemente y, sobre todo, Orígenes, su sucesor, llevaron hasta el extremo el método preferido por los orientales de la interpretación alegórica de las Escrituras. Aquella tendencia en ninguna parte podía encontrar tanta aceptación como en Alejandría, donde el judío Filón la había puesto en práctica sin reserva ninguna para el estudio del Antiguo Testamento. Éstos decían que la Escritura tenía tres interpretaciones: un sentido moral, un sentido místico y un sentido histórico; siendo este último inferior a los otros.

«Este sistema de interpretación tenía sus atractivos para un carácter especulativo y también para todo cristiano que estuviese convencido de la solidez de la Palabra de Dios. Pero a menudo daba resultados negativos a los que se dedicaban a tales curiosidades, pues éstos, en vez de buscar el verdadero sentido de una cita, se perdían en caprichosas invenciones, sacadas de algún pasaje de la Escritura, o de fuentes completamente extrañas a la Biblia. Al sentido histórico no se le tenía en cuenta para nada y, a menudo, se pervertía el sentido moral, de tal modo que si alguien examinara con imparcialidad cualquiera de los trabajos de interpretación de aquellos tiempos, se sorprendería de la disconformidad profunda que separa los pretendidos ejemplos de interpretación sacados de la Biblia e invocados por sus partidarios»[11].

Poseemos las obras de Clemente, que forman un conjunto. *El Logos*, por ejemplo, tenía por objeto llevar a los paganos al cristianismo y, por

---

10. Clemente, *Strom. I,* cap. I.
11. Robertson, *Historia de la Iglesia,* cap. I, p. 90.

sus preceptos de moral, dar instrucciones respecto a la vida y conducta del creyente, procurando el verdadero conocimiento de la doctrina a los que han sido purificados[12]. Terminaremos esta reseña dando algunos extractos de los excelentes escritos de dicho doctor. He aquí los consejos ofrecidos al que quiera dedicarse a la enseñanza de la verdad evangélica:

«Todo el que pretenda consagrarse a esta labor debe preguntarse si se ha decidido a ello con demasiada precipitación o por vanidad o vanagloria. Debe preguntarse además si la única recompensa que ambiciona es la salvación de los que le escuchen».

Y en otra parte, arguye:

«Aquel que enseña oralmente tiene tiempo suficiente para hacer un estudio de sus oyentes y puede distinguir, entre ellos, a los que están capacitados para recibir sus enseñanzas. Inspecciona sus palabras, sus modales, sus ademanes, su mirada y hasta su voz. Discierne entre ellos la diversidad de terreno y no confunde el camino pedregoso con la peña, ni la senda en el bosque con la tierra fértil, donde la simiente produce mucho fruto (…) El que enseña por medio de sus escritos se consagra a Dios. No debe trabajar para alcanzar ningún otro beneficio, ni vanagloria; no debe mostrarse parcial, ni tímido, ni orgulloso, fijándose únicamente en la recompensa futura que Dios ha prometido a los que trabajen… Enseñando, se aprende siempre, y aquel que enseña, puede decirse de cierta manera, es su propio oyente. Porque el que habla y el que escucha, ambos tienen el mismo Maestro, que es el que vivifica el espíritu y las palabras (…) De la misma manera que aquel que se dedica a la caza debe buscar la presa, seguir la pista y obligarla con sus perros antes de cogerla, del mismo modo, al tratarse de la verdad, es preciso buscarla y seguirla, algunas veces penosamente, hasta poder comprender cuánta es su excelencia y su bondad»[13].

Después de mencionar aquellas hermosas palabras de Pablo a Tito —«Empero cuando fue manifestada la bondad de Dios, nuestro Salvador,

---

12. Neander, *op. cit.,* cap. II, p. 455.
El mayor de sus tres libros se titula *Stromata,* o sea, «variedades» o «tapices», y se supone que fue escrito en el año 194.
13. Clemente, *Strom. I,* cap. II.

y su amor hacia los hombres salvándonos, no por las obras de justicia que hayamos hecho, sino por su misericordia...» (Tit. 3: 4 y 5)–, Clemente, añade:

«¡Oh, maravilloso poder de este nuevo cántico! Hasta las piedras, hasta las criaturas sin inteligencia han sido hechas hombres. Los que estaban muertos, de oírlo solamente, han resucitado a la vida verdadera. Por Él, en el universo entero ha reinado el orden más admirable y los elementos más discordantes se han confundido en un armonioso conjunto (...) Este canto inmortal, pasando del centro a la circunferencia y viceversa, ha esparcido la armonía en el mundo. Pero no lo ha hecho como la música Tracia, que es la música de Júbal, sino siguiendo el soberano consejo de Dios, cantando por David; aunque fuera antes que Él, David ya declaró esta palabra de Dios, la cual, no sólo hace vibrar la lira y el arpa, que son instrumentos sin vida, sino que por el Espíritu Santo hace vibrar todo el universo y, en particular, al hombre, que es el universo en pequeño, saliendo de este instrumento multitud de sonidos que constituyen una magnífica melodía a Dios»[14].

---

14. Clemente, *Discurso a los griegos*, cap. I.

Capítulo III

Persecuciones durante la primera mitad del siglo III

Durante el corto imperio de Maximino (235–238), se inició nuevamente la persecución contra los cristianos. Este tracio, de unaestructura y una fuerza colosales, fue un monstruo de crueldad. Entre sus víctimas, se menciona al *presbítero* Hipólito de Roma, que se supone fuera enviado a las minas de azufre de Sardeña, juntamente con el obispo Ponciano, y muriera allí.

Es creencia generalizada que Hipólito había sido discípulo de Ireneo. Lo que es indudable es que fue el representante más distinguido de la Iglesia de Roma en la primera época del siglo III. Escribió una obra, de la cual quedan sólo diez libros, que se titula *Philosophoumena,* o sea, «Refutación de todas las herejías». Este descubrimiento débese a un sabio griego, Minoidas Mynas, a quien el gobierno francés confió el encargo de buscar y adquirir manuscritos antiguos. Descubriólo en 1842, en el convento de Monte–Athos, en Turquía. Posteriormente, en unas excavaciones que tuvieron lugar en Roma, en el año 1851, se halló la estatua de un personaje de aspecto venerable, sentado en una silla y llevando un peto griego que, se supone, representaba a Hipólito[1]. He aquí un fragmento de sus manuscritos hallados, en el cual se expone de un modo claro la unión de lo divino y lo humano en la Persona de Cristo:

«Nosotros creemos, queridos hermanos, que la Palabra descendió del cielo, que penetró en la santa virgen María, de manera que fue hecha

---

1. El respaldo y los lados del sillón llevan inscripciones griegas; una de ellas representa un ciclo de dieciséis años, armonizando el año solar con el año lunar y determinando la luna de la Pascua (W. M. Nelson, *Diccionario de historia de la Iglesia,* art. «Hipólito», ed. Caribe, Miami, 1989).

hombre en toda la aceptación de la palabra, excepto en el pecado, para que los hombres fueran salvos por Ella… Si bien en su nacimiento se puso de manifiesto su dignidad, el Hijo del hombre no rehuyó nada de los que es humano. Conoció el hambre y el cansancio. En medio de su dolor, tuvo sed, y entre sus angustias, oró. Él, que como Dios, no conoció el sueño, durmió sobre la almohada. Él, que vino al mundo para padecer, quiso alejar de sí el cáliz. Él, que da fuerzas a los que confían en su Nombre, estuvo en la agonía; su sudor fue como gotas de sangre, teniendo necesidad de que bajara un ángel a confortarle. Él, que sabía quien era Judas, fue vendido por éste; Él, que fue despreciado por Herodes, es juez de toda la tierra. Él, que podía llamar en su ayuda a millares de millares de ángeles y de arcángeles, fue objeto de burla para algunos soldados. Aquel que fijó los cielos como una bóveda, fue atado a la cruz por un hombre y, aunque el Crucificado sea uno con el Padre, invocó a su Padre y le entregó su alma, y dijo: *Yo tengo poder para entregar mi vida y para volverla a tomar.* Resucitó a los muertos, mientras que Él fue encerrado en un sepulcro. En el tercer día, el Padre resucitó de entre los muertos al que era la resurrección y la vida (…) Es, finalmente, Aquel que, al soplar sobre sus discípulos, les llenó del Espíritu Santo; que, estando cerradas las puertas, entró donde ellos estaban, que subió a los cielos mientras sus discípulos le contemplaban y que está sentado a la diestra del Padre, de donde vendrá para juzgar a los vivos y a los muertos»[2].

Durante los reinados de Gordiano y de Felipe *el árabe* (238–249), las iglesias gozaron de completo reposo. Algunos autores antiguos aseguran que Felipe se convirtió al cristianismo; afirmación que no se explica, considerando la parte que tomó en las magníficas solemnidades religiosas del paganismo que se celebraron en Roma con motivo del milenario de la fundación de la capital. Pero es indudable que miró con benevolencia a la Iglesia cristiana. Y se sabe que Orígenes mantenía activa correspondencia con él y con la emperatriz Severa[3].

Su sucesor, Decio, sólo gobernó dos años; pero su reinado fue célebre por la persecución más general y más sangrienta de la que fue víctima la Iglesia. A él se debe el primer ensayo sistemático como un inten-

---

2. Hipólito, *Discurso contra Noeto,* cap. XVII, XVIII.
3. Milman, *op. cit.*, cap. II, pp. 186 y 187 (véase Neander, *op. cit.*, cap. I, pp. 175 y 176).

to de destruir completamente a la Iglesia. Y es que una afortunada rebelión había despojado de la corona imperial a Felipo, a fin de colocarla sobre la cabeza de Decio, que fue un defensor fanático del paganismo... Éste, apercibiéndose de cuánto influían los cristianos en el Estado y creyéndoles partidarios de Felipo, les trató como a enemigos personales[4]. Así, se reprodujeron contra los cristianos las escenas del reinado de Séptimo Severo, bastando una señal del jefe del Estado para que se desencadenaran contra ellos las malas pasiones del populacho. La Iglesia, que gozaba por entonces de gran prosperidad, no estaba preparada para la prueba a que se vio sometida de improviso. En la mayor parte de las provincias había disfrutado de la mayor tranquilidad durante treinta años, mientras que en otras, la paz de la Iglesia se había dilatado por más tiempo. Por ello, para los fieles que no habían conocido la lucha con el mundo, abandonado hacía tiempo, la prueba fue terrible.

En esta intentona de acabar con el cristianismo, se vulneraron las leyes y la justicia. Las instrucciones dadas a Plinio por Trajano fueron pisoteadas[5]. Ordenóse que se procediera a hacer minuciosas investigaciones a todos los sospechosos, y estas odiosas prácticas inquisitoriales, que empezaron en Roma, se propagaron rápidamente por todo el imperio.

En todas las ciudades, al recibirse el edicto del emperador, se señaló un día para que todos los cristianos comparecieran delante de los magistrados y abjuraran de su fe, ofreciendo sacrificios paganos. Muchos permanecieron firmes, otros cedieron al miedo. Los que resistieron, después de padecer tormentos diversos, fueron finalmente condenados a morir de hambre y sed. Los bienes de los que huyeron fueron secuestrados y a éstos se les prohibió, bajo pena de muerte, que regresaran a sus lares. Otros cristianos, que no tuvieron el valor para arrostrar el peligro, compraron su reposo, pagando cara la avidez de los magistrados. Y hay quienes tropezaron con jueces complacientes, o favorables a los cristianos, que se contentaban con falsos certificados de obediencia al decreto imperial.

He aquí de qué modo Dionisio, obispo de Alejandría, describe el efecto que produjeron aquellas medidas de rigor en dicha ciudad:

---

4. Ídem.
5. Véase el CAPÍTULO IV de la PRIMERA PARTE.

«Tan terrible decreto nos sumergió a todos en la mayor consternación. Varios de los miembros más distinguidos de la Iglesia fueron los primeros en someterse. Unos, por propio temor, o empujados por los parientes o amigos, se presentaron individualmente; mientras que otros quisieron presentarse como funcionarios públicos, en virtud de sus cargos. Cada cual, al ser llamado, se acercaba y sacrificaba. Algunos estaban tan pálidos y temblorosos, que más parecían víctimas que sacrificadores, por lo que eran objeto de la burla del populacho que los suponía con tanto miedo de sacrificar como de morir. Otros, al contrario, sacrificaban con tal apresuramiento, que afirmaban atrevidamente no haber sido nunca cristianos. En cuanto al pueblo cristiano, una parte siguió el mal ejemplo dado por la gente principal, mientras que otra buscó su salvación en la huida. De los que fueron presos, unos mostraron su fortaleza, hasta que tuvieron las manos encadenadas con las esposas; otros permanecieron firmes hasta después de algunos días de cárcel, pero abjuraron antes de comparecer ante el tribunal, y varios que habían sufrido algunos tormentos acabaron por ceder. También hubo cristianos que permanecieron firmes como si fueran columnas benditas del Señor que, fortalecidos por Él, soportaron los padecimientos con una constancia digna de su fe y fueron hechos testigos admirables de la verdad y de su Reino»[6].

«Entre los más intrépidos, el más valiente fue un anciano llamado Juliano, que atacado de la gota no podía ni andar, ni tenerse en pie. Juntamente con él, fueron presos otros dos, uno de los cuales renegó en seguida de su fe, mientras que el otro, Cronio Eunos, perseveró hasta el fin. Montados sobre dos camellos, se les hizo dar la vuelta a la ciudad, azotándoseles con varas, hasta que, vivos aún, fueron echados a una inmensa hoguera, en presencia de todo el pueblo. Un soldado que quiso protegerlos contra los insultos del populacho fue inmediatamente decapitado. Un muchacho de quince años, llamado Dioscoro, que no quiso ceder ni a las promesas, ni a las torturas, y cuyas contestaciones revelaban una sabiduría superior a su edad, fue despedido por el juez para que tuviera tiempo de arrepentirse. Muchos de los que huyeron, perecieron miserablemente...

---

6. Dionisio de Alejandría, Eusebio, *H. E.*, *VI*, cap. XLI (véase también Neander, *op. cit.*, cap. I, pp. 183 y 184).

Es imposible enumerar todos los que, perdidos en los desiertos y en las montañas, perecieron de hambre, de sed, de frío, o de enfermedad, fueron asesinados por los bandidos o devorados por las fieras. Los que de entre ellos han sobrevivido pueden ser testigos de su elección y de su victoria»[7].

También Cipriano, obispo de Cartago, con su enérgico lenguaje, describe la corrupción en la que había caído la iglesia de aquella ciudad: «El Señor ha querido probar a los suyos. La regla divina de conducta había sido corrompida por tan larga paz, que fue preciso un severo juicio de Dios para despertar la fe vacilante. Olvidando lo que los fieles hacían en tiempo de los apóstoles, que es lo que debería hacerse siempre, cada uno procuraba aumentar su fortuna, fin especialísimo tras del que se lanzaban con demasiada avidez. Se usaban hábiles fraudes para engañar a los simples y los fieles eran enredados de mala manera. Se celebraban matrimonios mixtos, perteneciendo los cónyuges a religiones enemigas. Se juraba en falso. Los fieles, con sus lenguas envenenadas, murmuraban unos de otros; se rehuían, se odiaban... Los sacerdotes y los ministros no poseían ya ni una piadosa abnegación, ni una sana doctrina, ni caridad, ni disciplina. Varios obispos, pisoteando los deberes de su cargo, abandonaban sus sedes y su rebaño y, viajando por las provincias, comerciaban para enriquecerse, mientras que los pobres perecían de hambre en su iglesia[8]. En su afán de atesorar, no se detenían ni ante el fraude, ni ante la usura».

Es natural que tales gentes resistieran bien poco a la persecución, como efectivamente así ocurrió:

«Muchos –escribía Cipriano– fueron vencidos antes de combatir, otros fueron derribados antes de empezar la lucha. Muchos ni siquiera quisieron que se dudara de su adjudicación. De su propia voluntad se fueron al Foro y, como encontraran por fin la oportunidad largo tiempo deseada, se apresuraban en renegar de Cristo (...) Y para que no faltara nada a tal acumulación de crímenes, viéronse padres conduciendo, por persuasión o a la fuerza, a sus hijos para que ofrecieran sacrificios»[9].

---

7. Ídem, cap. XLI y XLII.
8. Pudiera ser que el comercio a que se refiere el autor no tuviera otro objeto que el deseo legítimo de aumentar los bienes de la Iglesia (Robertson, cap. I, p. 161).
9. Cipriano, *Opúsculo de los caídos,* cap. V, VI, VIII y IX.

No se crea que eran sólo las iglesias de Alejandría y de Cartago las que habían llegado a tal estado de degradación. Roma, que parecía no haber sufrido en las últimas persecuciones y que probablemente no había conocido ninguna otra desde la de Nerón, hasta la de Decio[10], no estaba mejor preparada que otras para una prueba tan terrible. El clero escribió a Cipriano lastimosas cartas:

«Casi todo ha sido asolado, y el suelo está cubierto de ruinas de hermanos que han apostatado»[11].

Si bien es cierto que tanto en Alejandría como en Cartago fue considerable el número de los apóstatas y el de los débiles, también se manifestaron hermosos ejemplos de fe:

«Las muchedumbres presenciaron con admiración la batalla en favor de Cristo. Las víctimas demostraron más valor que sus verdugos y los miembros destrozados y rotos fueron más fuertes que los hierros con que los desgarraron y torcieron. Las varas han podido pegar, y hasta pegar con furor, pero no pudieron vencer una fe invencible, aun cuando golpeaban sobre miembros rotos y doloridos. *¡Cuán preciosa es, a los ojos del Eterno, la muerte de los que le aman!* (Sal. 116:15)»[12].

Entre los confesores, mencionemos a Nomidico, que después de haber visto morir a su esposa en la hoguera, fue dejado por muerto, quedando su cuerpo sepultado de piedras. Su hija, buscando su cadáver para darle honrosa sepultura, le encontró con vida y, cuidándole con mucha solicitud, pudo salvarle. En recompensa de su constancia, Cipriano le confirió el cargo sacerdotal[13].

El primero que padeció por su fe, merece especial mención. Se llamaba Celerino, el cual estuvo encerrado en una mazmorra durante diecinueve días, donde se le pusieron grillos y se le torturó. Pero si su cuerpo estaba oprimido, su espíritu estaba libre; si su carne sentía dolor y hambre, su alma recibía de Dios alimento espiritual y fuerza. Celerino pertenecía

---

10. No es necesario decir que la tradición romana lo cuenta de manera muy distinta. El calendario romano concede a los treinta primeros obispos de la ciudad, menos a dos, el título de *santos* y de *mártires*. La tradición sólo descansa sobre testimonios suficientes al referirse a dos obispos anteriores a Fabián (W. M. Nelson, *Dict. hist.*, art. «Fabián»).

11. Cipriano, *Cartas XXX*.

12. Cipriano, *Cartas VIII*.

13. Ídem, *Cartas XXXIV*.

a una familia noble, de abolengo cristiano, ya que Celerina, su abuela, y sus tíos Laurencio e Ignacio, que habían sido militares, pagaron con la vida su adhesión a la fe del Crucificado[14].

Pero quienes principalmente sintieron los golpes del furor imperial fueron los obispos. Así, apenas empezada la persecución, fue muerto Fabián, el obispo de Roma, mientras que sus colegas, Alejandro de Jerusalén y Babil de Antioquía, morían en la cárcel. Muchos obispos se alejaron de sus sedes y no volvieron a ellas hasta que hubo pasado el primer empuje de la persecución. Considerando que su presencia exasperaba a los paganos, estimaron que un alejamiento temporal podría contribuir a hacer menos dura la prueba para sus hermanos, como hizo Cipriano...

«Al principio de la revuelta –escribía en el año 250–, cuando la furiosa muchedumbre no cesaba de pedir mi vida a grandes voces, me alejé por algún tiempo, menos preocupado de mi propia seguridad, que de la de

Epitafio griego del obispo Fabián, en la catacumba de Calixto: «Phabianos Episkopos Martyr». Las letras *Mr.* entrelazadas, que significan *mártir,* están menos hondas que las otras, lo que hace suponer que fueran añadidas más tarde.

---

14. Ibid, *Cartas XXXIII.*

mis hermanos (…) El Señor nos ha ordenado que nos retiremos y que huyamos en época de persecución, regla que no sólo prescribió, sino que Él mismo la puso en práctica. La corona del martirio es un don de la gracia de Dios, la cual sólo se puede recibir en la hora que Dios tiene señalada. Por consiguiente, aquel que se aleja por algún tiempo y continúa siendo fiel a Cristo no abandona la fe, sino que espera su hora»[15].

Y aun desde su refugio, Cipriano no descuidó la iglesia de Cartago, sino que por medio de los ancianos sostenía una activa correspondencia. Estas cartas son un testimonio del cuidado con que se preocupaba de todas las obligaciones de su cargo. A saber, velaba por la disciplina, proveía y procuraba que las necesidades de los pobres y de los presos fueran atendidas[16]. En esta ocasión, al recibir la noticia de que algunos fieles de Cartago habían sido hechos prisioneros por los bárbaros, la Iglesia, a sus instancias, reunió cien mil sestercios, cuya cantidad fue remitida a los obispos de Numidia. Y al enviar el dinero recogido para liberar a aquellos hermanos, Cipriano les escribió:

«Con grandísima pena, que me ha hecho derramar abundantes lágrimas, he sabido, queridísimos hermanos y hermanas, la noticia de la cautividad de nuestros hermanos (…) Les hemos considerado como templos del Espíritu Santo que habían sido hechos prisioneros y no debíamos permitir que por causa de nuestra pereza o negligencia padeciesen por más tiempo. Nosotros vemos en ellos a Cristo, que nos rescató de la servidumbre, de la muerte y de las garras del diablo. Siendo así, ¿sería posible que no hiciéramos cuanto estuviera de nuestra parte para arrancarlos del poder de los bárbaros? Os estamos profundamente agradecidos de que nos hayáis abierto estos fértiles campos, donde podemos echar la simiente de nuestra esperanza, con la seguridad de recoger una abundante cosecha por este acto de caridad»[17].

Una invasión de los godos distrajo a Decio de sus proyectos, quien vióse obligado a empezar la campaña contra este nuevo enemigo del imperio y, después de varios encuentros, favorables unos y adversos otros, murió en el campo de batalla, en el año 251. A su muerte, los cris-

---

15. Cipriano, *Opúsulo de los caídos*, § 10. Sus bienes fueron confiscados.
16. Neander, *op. cit.*, cap. I.
17. Cipriano, *Cartas LIX*, pp. 1–3.

tianos gozaron de un período de tranquilidad. ¿Cuál debía ser, entonces, la conducta de la Iglesia para con los *lapsi,* es decir, para con aquellos que en el tiempo de la persecución habían abjurado y pedían de nuevo formar parte de la Iglesia?

Este asunto provocó una gran turbación entre los fieles, puesto que ninguna de las persecuciones anteriores había ocasionado tantas decepciones de este género. Los *lapsi* tenían remordimientos por haber consentido en sacrificar a las divinidades del paganismo y comprendían que, si una mano poderosa no intervenía a su favor, no podrían esperar ser restaurados en la gracia, sin pasar por largas y penosas pruebas. Los fieles que habían sido más probados en la tribulación, les prestaron la ayuda necesaria y la intercesión de los *confesores*[18] fue el medio por el cual pudieron volver al redil los débiles y los falsos hermanos. Los confesores, veteranos cubiertos de cicatrices a causa de los padecimientos que habían sufrido por la fe mientras esperaban el martirio, eran estimados de tal modo por los hermanos que sus palabras eran aceptadas como mensajes divinos. Por su parte, aquellos fieles entendían que la mejor manera de aprovechar la última parte de su vida era cooperando al levantamiento de aquellos hermanos que habían caído y recomendarlos a la compasión de la Iglesia. Los renegados, pues, solicitaron de ellos certificados de arrepentimiento, que muchos obtuvieron con demasiada facilidad, como atestiguó Cipriano:

«Contra las prescripciones de la Iglesia, sin examen, ni discernimiento, se entregaban diariamente por millares tales documentos».

Algunas de estas recomendaciones estaban escritas en términos imperiosos. Una de ellas decía:

«Recibid a la comunión de la Iglesia a fulano y a los de su familia»[19].

Provistos de tales recomendaciones, los menos escrupulosos de los que antes habían pecado no querían someterse a ningún aplazamiento, ni a ninguna prueba. Al principio, Cipriano creyó que debía negar la entrada a la Iglesia a los que se presentaran en tales condiciones, pero, después, su paternal corazón inclinóse a dar a los renegados la esperanza de ser reintegrados en la Asamblea cuando, en días de más tranquilidad, pudie-

---

18. Llamábanse «confesores» a los fieles, que en la persecución habían sufrido el martirio y al cual sobrevivieron.

19. Cipriano, *Cartas* X, XIV.

ra examinarse con cuidado la situación de cada uno[20]. Muchos, sin embargo, vituperaron a Cipriano por la severidad con que trataba a los *lapsi* y, por su falta de veneración para con los *confesores,* la cosa fue tan lejos que en algunas ciudades de la provincia, la muchedumbre, excitada, obligó con amenazas a los *presbíteros* a que accedieran a su petición. Un *confesor* llamado Luciano causó molestias a Cipriano con su proceder, atreviéndose a dar certificados en nombre del mártir Pablo a cuantos se los pedían, aun después de la muerte de éste. Su osadía le llevó incluso a escribir en nombre de los *confesores* una carta a Cipriano, en la cual éstos le informaban de que habían reconciliado con la Iglesia a todos aquellos cuya conducta les había sido satisfactoria después de su apostasía[21].

Corto fue el período de paz que siguió a la muerte de Decio. Bajo el reinado de Galo (251–253), devastó el imperio una terrible peste, cuyo estrago en algunas provincias aumentó con el hambre producida por la sequía. El emperador, esperando obtener de los dioses el término de aquella calamidad nacional, prescribió a todos los ciudadanos a que ofrecieran sacrificios. El número considerable de los que se abstuvieron de tomar parte en tales solemnidades llamó la atención y excitó contra los cristianos el furor de la multitud. Los obispos de la capital, negándose a sacrificar en la misma residencia del emperador, se expusieron en primer término a un inminente castigo. El obispo Cornelio, que con grave riesgo había aceptado el cargo bajo el reinado de Decio, fue expatriado primero y muerto después. Lo mismo le ocurrió a Lucio, que tuvo el

---

20. Ya se recurría a aquel medio en tiempos de Tertuliano. Causa indignación considerar que haya quien crea que sus pecados le pueden ser perdonados por la intercesión de los mártires...

«Tan pronto como alguno sufre alguna prisión por causa de su fe, se ve rodeado de toda clase de criminales. Los impuros le importunan con sus ruegos y con sus lágrimas. Aunque os imaginaseis ver al mártir sobre el patíbulo, la cabeza cerca de la cuchilla, los miembros estirados sobre la cruz, atado al palo en el momento que se le echa al león, o puesto ya sobre la hoguera encendida, aunque le imaginaseis con la corona de martirio sobre la cabeza, ni siquiera entonces está autorizado al hombre perdonar los pecados, puesto que solo Dios puede hacerlo; pecados que los apóstoles, que además fueron mártires, no juzgaron dignos de perdón. Pablo había luchado ya con fieras en Efeso, cuando condenó al incestuoso de Corinto (véase 1.ª Corintios 5; 15:32).

El mártir debe estar satisfecho al saber que sus propios pecados le han sido perdonados. El prodigar a otros lo que se ha recibido a tan gran precio es una prueba de orgullo y de ingratitud. ¿Hay alguien que haya rescatado a otro por su muerte además del Hijo de Dios? Entonces, ¿de qué puede servirnos a ti ni a mí el aceite de tu candilejo?» (Tertuliano, *De la modestia,* cap. XXII).

21. Neander, *Hist. de la Igl.,* cap. I, pp. 315–319 (véase también Cipriano, *Cartas XIV, XXII).*

valor de aceptar la sucesión de Cornelio[22].

Mientras duró aquella tribulación, Cipriano continuó dirigiendo piadosos consuelos a los fugitivos:

«Que nadie, mis queridísimos hermanos, se deje intimidar al ver que no se reúnen las congregaciones, o porque no oye la predicación del obispo. Aquel que por el rigor de las circunstancias se siente alejado de la Iglesia lo es solamente en el cuerpo, no en el espíritu. Que nadie se amedrente ante esta dispersión, ni se asuste ante el desierto solitario que le sirve de refugio. Quien tuviere a Cristo por compañero no puede encontrarse solo. Si os ataca un bandido o una fiera, si el hambre, la sed y el frío os atormentan, sabed que Cristo está presente y que toma nota de la conducta del cristiano alistado en su bandera»[23].

Durante la peste, se manifestaron notables contrastes entre las dos religiones opuestas. En primer lugar, y aunque los cristianos no estaban de ningún modo exentos del contagio, la enfermedad se cebó con mayor violencia en los paganos. Probablemente fue motivo suficiente para ello el miedo que tanto contribuye a la mayor extensión de las epidemias, además de que había diferencia en la manera cómo se cuidaban los enfermos. El obispo de Alejandría, Dionisio, nos hace una pintoresca descripción de las pruebas de solicitud que dieron muchos de los fieles para con sus hermanos:

«Los cristianos, sin preocuparse del peligro que corrían, visitaban y cuidaban con asiduidad a los enfermos. ¿Que se morían algunos? Con sus manos los levantaban, los apoyaban contra sus pechos, les cerraban los ojos y la boca, después los acostaban suavemente y los enterraban. Si después les atacaba el mal, alegremente se disponían a seguir a aquellos que les habían precedido y, mientras tanto, recibían de los hermanos la misma ayuda que ellos habían prestado a otros. La situación cambiaba entre los paganos. Generalmente, los atacados eran abandonados por sus propios amigos o se les dejaba en medio de la calle y los desgraciados enfermos ni siquiera tenían la esperanza de que se les enterrara después de muertos».

Tal era, durante aquella horrorosa epidemia, el estado de la ciudad

---

22. Neander, *op. cit.*, cap. I, pp. 188 y 189.
23. Cipriano, *Cartas LV*, § 4.

de Alejandría, que Dionisio describía de esta manera:

«¿Cuándo será purificado este aire corrompido por tal perniciosas emanaciones? La tierra despide tales miasmas, el mar nos trae brisas tan pestilentes, los ríos exhalaciones tan repulsivas y de los puertos salen vapores tan horribles, que podría suponerse que nos sirven de rocío los gases impuros que despiden los cadáveres que se pudren por todas partes»[24].

Bajo el punto de vista moral, fue aún mayor el contraste en Cartago, donde los cristianos no se contentaron con cuidar sólo a los miembros de la Iglesia. La peste, con terrible regularidad, invadía una casa después de otra, especialmente en los barrios más pobres. Los que no estaban atacados, se encerraban en su egoísmo, llegando el extremo de que algunos miserables robaban en las casas de los moribundos. Y mientras la multitud insultaba a los cristianos, acusándoles de haber provocado tan terrible calamidad, Cipriano convocaba y reunía a su grey y les exhortaba a cuidar a todos los enfermos sin distinción y a no dedicarse exclusivamente a los enfermos de la Iglesia:

«Si solamente cuidamos de nuestros hermanos, no hacemos más que lo que hace un pagano o un publicano. Ha llegado la hora de que por la caridad triunfemos sobre nuestros conciudadanos».

Siguiendo su indicación, dividieron la ciudad en distritos; y mientras los ricos daban su dinero, los pobres ponían su trabajo. Así, enterráronse los cadáveres que infestaban la atmósfera, y los enfermos, tanto paganos como cristianos, eran cuidados por la Iglesia de Cristo a sus expensas[25].

Orígenes, el célebre doctor de Alejandría, murió en el intervalo habi-

---

24. Dionisio de Alejandría, *Ep.,* cap. XII, XIII, § 2.
25. Pontius, *Vida de Cipriano,* cap. IX y X (véase también Robertson, *Hist. de la Iglesia,* cap. I, pp. 121 y 122).

Capítulo IV

Orígenes

do entre la persecución de Galo y Valeriano, su sucesor. Desde los tiempos apostólicos hasta el Concilio de Nicea, cuatro hombres ocuparon un lugar eminente en la historia de la Iglesia. Éstos eran Tertuliano y Cipriano, en Occidente, y Clemente y Orígenes, en Oriente. Ya hemos hablado de Tertuliano y de Clemente. Tal vez merezcan llamar la atención en mayor grado Cipriano y Orígenes. Estos dos hombres, de naturaleza y de genio diferentes, pueden ser considerados como los *tipos* de sus respectivas iglesias, oriental y occidental.

El Oriente fue la cuna de la teología especulativa, donde también hicieron su aparición todas las herejías de los primeros tiempos de la Iglesia. En cambio, en Occidente no son las herejías, son los *cismas*. Cipriano (de quien hablaremos en el siguiente capítulo) quiso edificar una Iglesia visible y *católica* (universal), y con este objetivo batalló para aumentar el poder y el esplendor del episcopado. Orígenes, a quien desagradaban las pretensiones sacerdotales, se dedicó a sondear las profundidades de la filosofía, esforzándose por trepar a las inaccesibles cimas de la teología.

Orígenes nació en Alejandría, en el año 185; y, entre los doctores que hemos mencionado, fue el primero que nació de padres cristianos. Su padre, el piadoso Leónidas, le hacía aprender cada día un trozo de la Escritura. El joven encontraba tal complacencia en ello, que reveló muy pronto la curiosidad y la solidez de su espíritu. No satisfaciéndole la explicación literal de la Escritura, quiso conocer el sentido íntimo. A

Leónidas no le fue siempre posible contestar a las preguntas de su hijo. ¡Cuántas veces le reprendía por ser tan curioso! Sin embargo, se sentía dichoso de tener un hijo como aquel; tanto, que a menudo, mientras el niño dormía, desabrigaba su pecho y lo besaba, pensando que el Espíritu Santo lo había escogido para habitar en él.

Cuando la persecución de Séptimo Severo (202), Leónidas fue encarcelado. Orígenes, que sólo tenía diecisiete años, quiso acompañarle y participar de sus privaciones. La madre, no pudiendo hacerle desistir, ni por medio de ruegos, ni de amenazas, escondió sus vestidos para que no pudiera salir de la casa. Entonces, Orígenes, escribió a su padre estas palabras: «Sobre todo, no desfallezcas por nosotros!». Leónidas fue decapitado y sus bienes fueron confiscados, quedando la familia reducida a la mayor miseria. Recibido en casa de una noble señora cristiana de Alejandría, a Orígenes pronto se le presentó la oportunidad de manifestar su entereza y el apego que tenía por lo que estimaba ser la fe pura y ortodoxa. Su protectora había aceptado a un preceptor gnóstico para que diera lecciones en su casa. Negóse Orígenes a asistir a ellas, sin disimular el horror que sentía por la enseñanza de aquel hombre. Tan pronto como se sintió capaz de dar lecciones de gramática, aprovechó la oportunidad para sacudir aquel estado de dependencia.

A medida que avanzaba en edad, aumentaba su celo por el Evangelio, visitaba en sus calabozos a los *confesores,* les acompañaba al suplicio y, al llegar el momento fatal, les sostenía con la fuerza de su fe y el ardor de su caridad[1]. Tal conducta lo señalaba de un modo particular como objeto de la ira del pueblo fanático y, para escapar a ella, tuvo muchas veces que huir de una casa para esconderse en otra. Aún no tenía dieciocho años, cuando el obispo Demetrio le dio el cargo de maestro de la *escuela catequista* de Alejandría. En aquel tiempo, aquel cargo no estaba retribuido. Para poder dedicarse completamente a él, sin preocupaciones de ninguna clase, Orígenes vendió su hermosa biblioteca por la pensión diaria de cuatro óbolos (unos 65 céntimos), cuyo modesto sueldo era suficiente para cubrir sus necesidades. Para alcanzar la santidad en la vida, desplegó un celo monástico. No usaba más que un vestido, y

---

1. Eusebio, *H. E., IV,* cap. II, IV.
Eusebio nombra a siete de los *catecúmenos* de Orígenes, acompañados por él en tan triste ocasión.

éste era tan delgado, que no le abrigaba del frío. Iba descalzo, ayunaba a
menudo, dormía en el suelo y, dando una interpretación demasiado literal a las palabras de Jesús[2], se hizo *eunuco* a causa del Reino de los cielos. Más tarde dijo haberse arrepentido de haberlo hecho.

En el año 216, cuando por orden de Caracalla tuvo lugar la gran
matanza de ciudadanos en Alejandría, Orígenes se vio obligado a huir
de la ciudad. Dirigióse a Jerusalén[3], donde fue recibido con los bazos
abiertos por el obispo Alejandro, que había sido uno de sus compañeros
de estudio, y Teoctisto, obispo de Cesarea en Palestina. Aunque Orígenes
no era *clérigo,* su reputación era grande en las iglesias orientales, por lo
cual, los dos obispos le invitaron a que hiciera en público y en su presencia una exposición de las enseñanzas de la Escritura. El obispo de
Alejandría, Demetrio, al enterarse de esta novedad, no supo disimular ni
el desagrado, ni la envidia que le producía, y manifestó su disgusto por
el hecho inaudito de que un *lego* pronunciara discursos sobre asuntos
religiosos, delante de los obispos[4]; al mismo tiempo que ordenaba a
Orígenes que regresara inmediatamente a Alejandría. Obedeció éste el
mandato, reconciliándose después con el obispo, por lo que pudo continuar desempeñando sus funciones de instructor.

En el año 228, Orígenes hizo un viaje a Grecia, probablemente con el
objeto de entablar discusión con algunos gnósticos. Aprovechó este viaje
para visitar a sus amigos, los obispos Alejandro y Teoctisto, de los cuales recibió la ordenación. Al enterarse Demetrio de ello, protestó indignado a causa de una ordenación que consideraba irregular, porque pretendía que sólo debía conferirla el propio obispo del candidato. Apenas
había regresado Orígenes, cuando Demetrio le citó a que compareciera
ante un Concilio compuesto de eclesiásticos, que le condenaron a ser
depuesto de su cargo sacerdotal, lo separaron de su cátedra y lo expulsaron
de Alejandría. Refugióse en Cesarea, sin que le fuera posible evitar la
persecución. Otro sínodo condenó sus libros y le excomulgó. Al poco
tiempo, esta lucha de personas se transformó en una controversia dog-

---

2. Mateo 19:12.
3. *Aelia Capitolina,* así la llamaban todavía.
4. Alejandro fundó una biblioteca en la que Eusebio encontró los documentos necesarios para escribir su historia *(Eusebio VI,* cap. XIX y XX).

mática. Las iglesias de Palestina, Fenicia, Arabia y Grecia se inclinaron a favor de Orígenes, mientras que Roma y los obispos egipcios se decidieron por Demetrio[5]. Orígenes permaneció veinticinco años enseñando y escribiendo en Cesarea. Sostuvo activa correspondencia con varios eminentes cristianos, entre los cuales se cuenta a Julio *el africano* y a Nicópolis en Palestina[6], escritor erudito y autor de la primera *Historia Universal* escrita desde un punto de vista cristiano. De paso, haremos mención de un pensamiento muy acertado, sacado de la correspondencia de Julio a Orígenes y que ha podido aplicarse a menudo a la Iglesia:

«Dios preserve a la Iglesia de Cristo de creer en ninguna ocasión que fraude piadoso alguno puede contribuir a la gloria de Cristo»[7].

Durante la persecución de Decio, que se ensañó particularmente con los jefes de la Iglesia, un personaje de la importancia de Orígenes debía necesariamente llamar la atención de los paganos fanáticos. Efectivamente, después de haber hecho una valiente profesión de fe, fue encerrado en una mazmorra, cargado de hierros. Le ataron una cadena al cuello, pusieron sus pies en el cepo y, para mayor crueldad, le obligaron a tener las piernas abiertas, en cuya posición le tuvieron varios días; situación agravada por los tormentos que imaginaban sus verdugos, amenazándole a menudo con quemarle vivo si no abjuraba. Si bien es cierto que salió con vida, los padecimientos que sufrió precipitaron su muerte, ocurrida en el año 253 o 254, a la edad de sesenta y nueve años[8].

Los trabajos de Orígenes como profesor y como sabio son muy conocidos. Alejandría, puede decirse, reemplazó a Atenas. Allí tenía su punto de partida el movimiento intelectual, tanto en religión como en filosofía. La ciencia y el espíritu de investigación de Orígenes reunieron a su alrededor no solamente a los cristianos, sino también a herejes, judíos y paganos. Entre sus oyentes, hallábase un vecino rico llamado Ambrosio,

---

5. Neander, *op. cit.,* cap. II, pp. 456-473 (véase también Burton, *op. cit.,* pp.304-306).

6. Actualmente *Amwâs,* el *Emaús* de los Macabeos (que no debe confundirse con la población mencionada por Lucas), situada en la mitad del camino entre Jerusalén y Jaffa.

7. Neander, *op. cit.,* cap. II, p. 479 n.

8. Neander, *op. cit.,* cap. II.

H. Von Comprnhausen, *Los Padres de la Iglesia,* Cristiandad, Madrid, 1974 (véase también S. J. Case, *Los forjadores del cristianismo,* vol. I, CLIE, Terrassa, 1987).

a quien no agradaba la manera como comprendían y exponían la doctrina cristiana los doctores eclesiásticos. Así que se afilió a los gnósticos, que pretendían dar de ella una explicación más espiritual. Pero Orígenes le demostró su equivocación, y Ambrosio, satisfecho por haber hallado el verdadero *gnose* (conocimiento), se hizo amigo íntimo de su maestro. Durante la persecución de Maximino *el tracio,* fueron encarcelados Ambrosio y uno de sus amigos, a los cuales Orígenes escribió las siguientes líneas:

«Si la angustia penetra en vuestros corazones, por temor de que podáis ser privados del Espíritu de Cristo que habita en vosotros, que Él os ayude para que podáis decir: *¿Por qué te abates alma mía, y por qué gimes dentro de mí?* (Sal. 42:11). Que la Palabra de Dios, que *es viva y eficaz y más aguda que una espada de dos filos, que llega hasta la división del alma y del espíritu* (He. 4:12), haga que en vuestros corazones reine la paz, como sucedió a los apóstoles en trance parecido. Él fue quien envió la espada (la persecución) para que en nosotros separara al hombre terrestre del hombre espiritual, con el objeto de tomar para sí a nuestra humanidad celeste»[9].

Orígenes tenía ya cierta edad, cuando comprendió lo necesario que le era el estudio del hebreo, idioma poco cultivado por entonces. En las iglesias, para la lectura del Antiguo Testamento, se servían de la traducción griega, llamada de los *Setenta,* empezada durante el reinado de Ptolomeo Filadelfo[10], que muchos cristianos llegaron a considerar como inspirada. Esta traducción, en la que trabajaban varias personas, resultó bastante desigual y en muchos pasajes se aleja demasiado del original hebreo. Las frecuentes discusiones religiosas que Orígenes tenía con hebreos y paganos le convencieron, finalmente, de la necesidad de recurrir al original.

El estudio comparado que con este motivo hizo de ambos textos le indujo a escribir el más importante de sus libros. Cuando, con la ayuda de varios manuscritos, hubo fijado el texto de la versión de los *Setenta,* escribió, en columnas paralelas, el texto en letras griegas y otras tres diversas traducciones griegas[11]. Orígenes, por su trabajo, resultó ser el

9. Orígenes, *Del Martirio* (véase Neander, cap. II).
10. Años 285–247 a. C.

primer autor de un verdadero *comentario bíblico*. Esta importantísima labor le ocupó durante varios años y sólo la concluyó poco antes de su muerte, valiéndole el merecido título de *padre de la crítica bíblica*.

Orígenes encontró en Ambrosio un apoyo precioso para sus sabias investigaciones, porque no sólo le estimulaba a ello con palabras, sino que puso a su disposición sus bienes para la compra de manuscritos y de otros gastos necesarios a una empresa tan importante. Además de varias personas ocupadas en copiar, siete secretarios estaban constantemente dedicados a tan notable trabajo. He aquí lo que dijo Orígenes de tal obra y de la colaboración de Ambrosio, al que llamó su *contramaestre*[12]:

«Me consagra su actividad y su celo por la Palabra de Dios; pero me temo no poder llegar a realizar sus exigencias. La comprobación de los manuscritos ni siquiera me deja tiempo para las comidas. Después de comer, ni puedo salir, ni descansar, sino que tengo que continuar mis trabajos filológicos. Gran parte de la noche tengo que dedicarla al estudio. Estoy trabajando toda la mañana, hasta las tres o las cuatro de la tarde. Todos aquellos a quienes agradan estos trabajos los consagran a la lectura y al estudio de la Palabra de Dios».

El atrevimiento y la curiosidad de espíritu de Orígenes le arrastraron alguna vez a especulaciones temerarias. He aquí lo que sobre el particular escribió Neander:

«Su misticismo intelectualista le impidió a menudo distinguir entre lo que era del dominio de la fe y lo concerniente a la filosofía cristiana, haciendo que en alguna ocasión no considerara suficientemente el objeto práctico de la revelación divina. No concedió la importancia debida a lo que debe constituir el objeto exclusivo de los esfuerzos humanos, esto es, la redención, la regeneración, la santificación y la salvación. En su manera de concebir el cristianismo, lo verdaderamente práctico del res-

---

11. La del judío Aquila, que vivió bajo el reinado de Adriano, la de Teodosio, publicada durante el reinado de Cómodo, y la del ebionita Symmaque, escrita probablemente en el año 202. Orígenes conoció esta última traducción en Jericó, en casa de una señora cristiana donde se había refugiado cuando la persecución. La señora había heredado aquel manuscrito del mismo traductor, que Orígenes encontró en el fondo de una pipa. En Cesarea se conservaba el manuscrito original de la *Hexapla* (así se llamaba la obra de Orígenes), que se supone fuera destruida en 653, cuando los árabes quemaron la famosa biblioteca de la ciudad.

12. *Contramaestre* o inspector de trabajos.

tablecimiento espiritual del hombre lo supone relativamente subordinado, en particular, a la mayoría de los fieles que no pueden aspirar a más nobles ideales. Para él, lo que verdaderamente vale la pena buscar es el conocimiento especulativo y, en su opinión, el ideal del doctor cristiano es enseñar a los hombres espirituales que puedan comprender las verdades trascendentales»[13].

En Orígenes, se revela mucho más que en Clemente la tendencia idealista de la que hicimos mención al hablar de este último:

«Este idealismo hubiera podido ser funesto para Orígenes, si no lo hubiese atemperado con la firmeza de su convicción; por lo profundo de su sentimiento religioso, puede decirse que se mantuvo en la gran línea de la fe cristiana. Aunque indudablemente era uno de los primeros sabios de su tiempo, nunca dobló la rodilla ante el ídolo de la ciencia que, por aquel entonces, adoraba la filosofía griega y que sublimaba la *gnose* herética. Siempre colocó su conciencia por encima del saber y la libertad moral circulaba por todo su sistema como si fuera aire vivificador. Fue el defensor más entusiasta y más hábil de aquella libertad moral. Tal como la concibe, la considera el primero de los dones de Dios; sólo es real, en tanto que Él la fecunda y la primera obra de Cristo ha sido la de restaurar tan precioso don».

En resumen, puede decirse que nadie sintió mejor que Orígenes cuán impotente es el hombre para conocer las cosas de Dios sin la ayuda de su Espíritu. En una de sus homilías sobre *Levítico,* dijo:

«Este pasaje de la Escritura es muy difícil de exponer. Sin embargo, aún podemos llegar a comprenderlo, si pidiereis al Padre de la Palabra que nos ilustre».

Y en otra parte, expresó lo siguiente:

«No basta el estudio para que conozcamos las Sagradas Escrituras. Día y noche debemos pedir a Dios que nos envíe al León de Judá para que se digne abrir el sello del Libro».

En otro lugar, y sobre el mismo asunto, hizo esta hermosa comparación:

«Si un hombre se lanza al mar en un pequeño bote, nada temerá mien-

13. Neander, *op. cit.,* cap. II, p. 468.

tras esté en la orilla, pero cuando, poco a poco, llegue hasta donde haya profundidad de aguas y note que las olas rugen a su alrededor y que tan pronto se levanta sobre ellas, como parecen lanzarlo al abismo, entonces se apodera de él un gran temor al considerar que se ha fiado de tan pobre barquilla. Lo mismo nos ocurre a nosotros, los que desprovistos de todo mérito nos hemos aventurado con nuestro débil espíritu en el inmenso mar de los misterios divinos. Pero llegaremos al puerto si por nuestras oraciones conseguimos que el viento del Espíritu Santo hinche nuestras velas»[14].

Orígenes opinaba lo mismo que Tertuliano en lo concerniente a lo esencial de las relaciones del hombre para con Dios y de la revelación de Cristo a toda raza humana:

«El Verbo divino dormita en el corazón de los incrédulos, mientras que está despierto en el de los santos. Aunque dormite en los primeros, está tan presente como Cristo lo estaba en la barca con los discípulos cuando la tempestad la sacudía. Pero tan pronto como el alma atormentada por el deseo de salvación le llame, despertará y, al instante, le devolverá la paz»[15].

La reputación de Orígenes fue inmensa. En cierta ocasión, el gobernador de Arabia envió un soldado a Alejandría con dos cartas: una para el obispo y otra para el gobernador. Ambas tenían por objeto suplicar que se le enviase pronto a Orígenes, para que le enseñase la doctrina de Cristo[16]. La madre de Alejandro Severo le escribió con el mismo objeto. Cuando había cristianos en el error, a él era a quien preferentemente se consultaba. El obispo de Bostra[17], Berillo, por ejemplo, había llegado a sentar una opinión herética: negaba la preexistencia del Señor. Llamado Orígenes, discutió con él, le convenció de su error y lo devolvió a la verdadera doctrina. También en Arabia, surgió una secta, cuyos partidarios profesaban ideas equivocadas sobre la resurrección. Dirigiéronse a Orígenes, quien discutió la cuestión con tanto poder y

---

14. De Pressensé, *op. cit.*, p. 376.
15. De Pressensé, *Hist. de los tres primeros siglos,* 2ª serie, cap. II.
16. Eusebio, *H. E., VI,* cap. XIX.
17. Actualmente *Bosra,* en Hauran. La provincia de Arabia, cuya capital era Bosra, comprendía el Hauran o Bashan.

talento que logró que aquellas gentes cambiaran completamente de parecer[18].

Valeriano sucedió a Galo en el año 253. Al principio de su reinado,

---

18. Eusebio, *H. E., VI*, cap. XXXIII, XXXVII.

Capítulo V

Cipriano

trató a los cristianos con desusada suavidad, pero en 257 cayó bajo la influencia de Macriano, jefe de los magos egipcios, y a sus instancias ofreció sacrificios humanos para poder conocer los sucesos futuros. Desde aquel día, se declaró el mayor enemigo de la Iglesia y las primeras medidas que al efecto tomó fueron alejar de las congregaciones a los obispos y a los maestros y prohibir la celebración del culto público[1].

Una de las primeras víctimas entre los obispos fue Cipriano, a quien el procónsul de África mandó comparecer ante su tribunal, y le dijo:

«–Los emperadores Valeriano y Galiano[2] me han remitido un edicto, ordenando que inmediatamente se apresuren todos a cumplir las ceremonias de la religión nacional. Dime, ¿tú qué eres?

–Soy cristiano y obispo, y no reconozco otro Dios que al único y verdadero, que ha creado los cielos y la tierra, el mar y todo lo que en ellos hay. Nosotros, los cristianos, de día y de noche, elevamos nuestra oraciones a este Dios. Intercedemos por nosotros mismos, por todos los hombres y por la suerte del emperador.

–¿Persistes en tu resolución?

–Una buena resolución, fundada en el conocimiento de Dios, no puede cambiarse fácilmente.

Al oír aquella respuesta, desterró a Cipriano. El procónsul, recor-

---

1. Eusebio, *H. E., VII,* cap. X; Neander, cap. I, p. 189.
2. Hijo de Valeriano y asociado al trono juntamente con su padre.

dando que el decreto imperial se refería a los sacerdotes, lo mismo que a los obispos, quiso que Cipriano le dijera el nombre de los eclesiásticos que había en la ciudad.

–Vuestras leyes prohíben con justicia la delación. A mí no me es posible daros nombre alguno. Buscadlos en las ciudades donde viven.

–Lo que yo quiero es que se presenten hoy.

–Nuestra doctrina y nuestra disciplina prohíben que uno se entregue a sí mismo. Por consiguiente, esto no lo harán. Buscadles, y les encontraréis.

Cuando Cipriano se disponía a salir, el procónsul le recordó que a los cristianos les estaba prohibido reunirse en ningún lugar y, particularmente, visitar los cementerios, cuyas infracciones serían castigadas con la pena de muerte»[3].

Al principio, el gobierno imperial no había tenido otro objeto que el de separar a los obispos y sacerdotes de sus congregaciones. Pero pronto el elemento *laico* fue perseguido y hasta las mujeres y los niños fueron apaleados, encarcelados o enviados a las minas, donde les acompañaba la simpatía de sus pastores. Cipriano, desde su destierro, reuniendo sus bienes a los de la Iglesia, juntó una cantidad considerable, que remitió a los perseguidos, al mismo tiempo que les dirigía unas de sus más bellas y consoladoras cartas, de la que copiamos lo siguiente:

«¡Oh, pies, gloriosísimamente atados! ¡No será un obrero el que os desatará, sino el mismo Señor! ¡Oh, pies, dolorosamente comprimidos, que no os cansáis de dirigiros al Paraíso por el camino de la salvación! ¡Oh, pies, atados por algún tiempo, para quedar libres durante la eternidad! Yo ya sé que en estos oscuros subterráneos vuestros cuerpos no descansan sobre cama, ni almohada, en cambio, tenéis el refrigerio y los consuelos de Cristo. La tierra recibe vuestros cuerpos cansados por el trabajo; pero estar echados en el suelo con Cristo no es un castigo. Ahí no tenéis baños donde podáis lavar vuestros cuerpos cubiertos de espeso polvo; pero en medio de esta falta de limpieza externa, vuestra alma se purifi-

---

3. Más que ningún otro acto, las visitas a los cementerios provocaban el entusiasmo de los fieles. «Cipriano fue tratado con mucha consideración. Fue desterrado a Curubis (a unas cuarenta millas al sur de Cartago, a la orilla del Mediterráneo), de la cual dice su biógrafo, el diácono Ponzio, que era un retiro agradable» *(Vida y pasión de Cipriano, § 12)*.

ca. No tenéis abundancia de pan, pero el hombre no vive solamente de pan, sino también de la Palabra de Dios. No tenéis vestidos que os defiendan del frío que os hiela; pero cuando se esta revestido de Cristo, estamos suficientemente vestidos y adornados con riqueza (...) Es cierto, queridísimos hermanos, que no tenéis oportunidad de celebrar los sacrificios divinos con los sacerdotes. ¿Pero no celebráis vosotros otro tan precioso y glorioso? ¿Qué dice la Escritura? El sacrificio agradable a Dios es el corazón contrito y quebrantado. ¡Oh Dios, Tú no desprecias un corazón contrito y quebrantado! Y lo que hacéis, ¿no es un sacrificio a Dios, en el cual, vosotros mismos sois las santas víctimas?».

A esta carta, los perseguidos de diferentes puntos de las minas respondieron con otra, llena de legítima gratitud[4].

Cipriano, como había hecho hasta entonces, continuó tratando a su grey con la mayor solicitud. Lo mismo hicieron otros obispos expatriados. En otros casos, aquel castigo impuesto a los obispos produjo, en manos de la Providencia, efectos beneficiosos, puesto que fue el medio para que el Evangelio se propagase por regiones donde no era conocido. Esto es lo que le ocurrió, por ejemplo, a Dionisio de Alejandría. Este eclesiástico, con algunos que estaban a sus órdenes, fue llevado ante Emiliano, prefecto de la ciudad, el cual le ordenó que abandonara la fe. Dionisio le replicó que tal cosa era imposible, porque él debía obedecer a Dios antes que a los hombres. Y así le respondió Emiliano:

«–Admira la clemencia del emperador, que os ofrece a todos el perdón, si cumplís vuestro deber. Adorad a los dioses que preservan el imperio y dejad vuestras prácticas religiosas, que son contrarias a la naturaleza.

–Las manifestaciones del culto difieren según la opinión de los que las practican. Nosotros adoramos al Dios único, al Creador de cuanto existe, que ha dado el poder a los augustos emperadores Valeriano y Galiano y a quien elevamos nuestras constantes oraciones por la prosperidad de su reinado.

–¿Qué razón hay para que no adoréis a vuestro Dios (en caso que lo

---

4. Cipriano, *Cartas LXXVI*, § 2–3, cap. LXXVII.

En su contestación, los confesores se expresaron en términos muy halagüeños para Cipriano, llámandole *señor* y *hermano*. Ya en aquel tiempo se usaban estos términos cuando los fieles se dirigían a un obispo o los obispos entre sí.

sea) al mismo tiempo que a los nuestros?

–No nos es posible adorar a otro Dios, mas que a Él».

Emiliano ordenó entonces que fueran desterrados a un pueblecillo, llamado Kephro, situado en los confines del desierto; y aunque Dionisio estaba enfermo, fue obligado a salir al destierro, sin tregua alguna. Así lo escribía Dionisio:

«En aquella apartada región –escribe Dionisio–, no nos sentíamos alejados de la Iglesia, a causa de los muchos hermanos que habían venido con nosotros desde Alejandría y del resto de Egipto. Por este medio, Dios me abrió un camino para poder predicar el Evangelio a gentes que no habían oído hablar nunca de él. Al principio, nos persiguieron y hasta nos apedrearon; pero más tarde, un número bastante grande de ellos renunció a sus ídolos y se convirtió. Cuando concluimos esta obra, Dios nos envió a otro lugar (…) Cuando supe que tenía que ir a Colluthio, comarca pagana e infestada de bandidos, me sentí profundamente afligido. Pero se me hizo observar que Colluthio estaba más cerca de Alejandría y que podríamos gozar de la presencia de personas que nos eran queridas, con más frecuencia… Como así ocurrió»[5].

Tales pruebas contribuyeron a purificar y a fortalecer la Iglesia. Así como en tiempo de Decio las apostasías habían sido tan frecuentes, ahora eran muy raras[6]. Pronto se apercibió Valeriano de que no obtenía lo que se había propuesto ni con las prohibiciones, ni con las cárceles, ni con los destierros. En 258 publicó un edicto más riguroso, en el que se mandaba que perecieran al filo de espada los obispos, los sacerdotes y los diáconos. A los senadores y caballeros se les despojaría primero de sus títulos y de sus bienes y, si perseveraban en la fe, deberían ser muertos. Las mujeres de alta posición perderían sus bienes y serían expatriadas. Finalmente, a los cristianos empleados en el palacio imperial se les consideraba como propiedad particular y se les envió a trabajar en las posesiones imperiales con un grillete al pie[7].

Los primeros en sufrir las consecuencias de aquel riguroso edicto

---

5. Eusebio, *H. E., VII*, cap. XI (véase también Milner, *Church Hist.*, cap. I, pp. 407–409; Neander, cap. I, pp. 191 y 192).

6. Robertson, *op. cit.*, cap. I, p. 98.

7. Neander, *op. cit.*, cap. I, p. 192.

fueron Sixto[8], el obispo romano, y cuatro diáconos de su Iglesia. Habían sido sorprendidos en la catacumba de Pretextat, en el momento que el obispo celebraba el servicio divino. Juntos sufrieron la pena de muerte[9]. Cuatro días después de la muerte de Sixto, siguió la misma suerte Lorenzo, su fiel diácono. El magistrado pagano ante el que fue llevado le ordenó que entregara el tesoro de la Iglesia, que suponía guardaba. Lorenzo reconoció que la Iglesia poseía grandes riquezas y pidió tres días para presentarlas, añadiendo que su peso era tal, que suplicaba le prestasen caballos y carros para llevarlo. Después de esto, reunió a los pobres y a las viudas, a los cuales presentó al juez, diciéndole: «¡He aquí los tesoros de la Iglesia!». Fue condenado a morir asado sobre una parrilla. Cuentan que en medio de sus padecimientos físicos, guardó tal fuerza de espíritu, que dijo al juez: «Este lado de mi cuerpo está ya bastante asado, haced que me vuelvan del otro y, después, si os place, podréis devorarme»[10].

Igualmente, iba a sonar la última hora para Cipriano. Hacía un año del mismo día de su llegada a Curubis, cuando antes del sueño, tuvo una visión: un joven de estatura colosal lo conducía al pretorio ante el procónsul. Éste, apenas le vio, se puso a escribir su sentencia. El joven, en pie, leía detrás del procónsul y su rostro revelaba mucha ansiedad. No atreviéndose a hablar, hizo comprender por signos a Cipriano qué era lo que escribía el procónsul. Extendiendo la mano e inclinándola, señaló la espada manejada por el verdugo. Cipriano, comprendiendo perfectamente de lo que se trataba, pidió un día de plazo para poder arreglar sus asuntos. La insistencia con que lo pedía hizo que el procónsul escribiera otra vez, lo cual, visto por el soldado, le hizo señas de nuevo para hacerle comprender que su petición le había sido concedida[11].

Después de esta visión, comprendió Cipriano que estaba destinado

---

8. Ídem.
Era el quinto de los obispos de Roma, que después de ocho años padeció el martirio.

9. Cipriano, *Cartas LXXXI* (véase también Northcote, *Visita a las catacumbas*, p. 31).

10. Parece que en tiempo de Agustín habíase ya perdido los *Actos* de este mártir. Lo que acabamos de referir se apoya en la tradición. Sin embargo, está admitido que pocas de las reseñas de los mártires de los tres primeros siglos se apoyan en mejores pruebas *(Dict. Christ. Biog.*, art. «Laurentius», p. 36).

11. Pontius, *Vida y pasión de Cipriano*, § 12.

al martirio, el cual sufrió un año después. Habiendo sido autorizado a abandonar su destierro, regresó a su residencia habitual, cerca de Cartago, donde no hacía un año que estaba, cuando súbitamente se le presentaron dos oficiales de policía. Cipriano adelantóse hacia ellos con dignidad y alegría. Hiciéronle subir en un carruaje y le llevaron a Sexti, donde residía el procónsul, que estaba momentáneamente enfermo, y le alojaron en casa del carcelero principal, que estaba situada entre el templo de Venus y el de la Salud[12]. Allí recibió la visita de sus amigos, y aquella noche cenaron en su compañía. Las calles de la ciudad se llenaron de cristianos que en gran número llegaron, sabedores de su prisión. Al día siguiente, fue llevado ante el procónsul acompañado de una gran multitud.

«–¿Eres Thascio Cipriano? –le preguntó el procónsul.

–Sí –respondió Cipriano.

–Los tres augustos emperadores mandan que te conformes con las ceremonias del culto romano.

–Me niego a ello.

–Reflexiona.

–En un asunto tan claro no hay para qué reflexionar. Puedes ejecutar las órdenes del emperador.

Después de un corta deliberación del consejo, el procónsul recordó a Cipriano que era el jefe de una sociedad ilícita, enemigo declarado de los dioses y, a su pesar, leyó la sentencia del tribunal que decidía que Thascio Cipriano fuera inmediatamente decapitado.

¡Alabado sea Dios!, gritó Cipriano, al oír las palabras del procónsul, mientras que muchos de los fieles que presenciaron el juicio gritaban que querían ser decapitados juntamente con él».

El lugar destinado para la ejecución fue una plaza grande, rodeada de árboles que fueron adornados por muchos fieles, como si fueran a asistir al triunfo de su querido obispo. Cipriano empezó por quitarse el manto y, puesto de rodillas, hizo una ferviente oración a Dios; despojóse después de su dalmática y quedóse solamente con las ropas interiores. Luego, tapándose él mismo los ojos, esperó el golpe fatal. Los fieles extendieron a su alrededor vestidos de tela y otros paños, para que

---

12. Deidad protectora de la salud y del bienestar público.

fueran rociados con su sangre. Cipriano pereció al fin, para lo cual le fue necesario animar a su verdugo, que se presentó temblando delante de él. Cipriano le legó veinticinco piezas en oro. Para satisfacer la curiosidad de los paganos, el cuerpo del mártir quedó expuesto al público, hasta que, a la noche siguiente, los hermanos se lo llevaron para enterrarle con mucha pompa, a la luz de cirios y antorchas fúnebres y con grandes oraciones[13]. De esta manera trágica terminó la carrera terrestre de este gran servidor de Dios. Su valor y la confianza en su Salvador fueron dignos de su vida, la cual tuvo tal influencia en la Iglesia de su tiempo, que nos es preciso detenernos aún ante ella.

Cipriano había nacido por el año 200. Ya era conocido como profesor de retórica cuando, en la madurez de su talento y edad, abrazó el cristianismo[14]. En una de sus cartas, describe las tinieblas que le rodeaban antes de su conversión y la nueva vida que halló en Cristo. Esta carta empieza con una hermosa descripción del lugar y de la estación en que fue escrita... A saber, «era en la época de la vendimia; las suaves brisas del otoño oreaban su precioso jardín y ejercían bienhechora influencia a su alrededor. Sentado bajo la verde enramada, rodeado de espesos cañizares y de hermosas vides, al abrigo de los rayos del sol y de la miradas indiscretas», Cipriano escribió a Donato, describiendo su pasada vida:

«Vivía en las profundidades del oscuro mar de mi vida. Estaba tan ajeno a la luz, como a la verdad. Asegurábame la divina bondad que para ser salvado me era necesario nacer otra vez, hallar nueva vida en las saludables aguas del bautismo, dejar al hombre viejo y, aunque en el mismo cuerpo, ser transformado en cuanto al espíritu y al corazón. Para mí, esto era un misterio incomprensible que por entonces rechazaba mi desordenada vida. *¿Cómo puede realizarse en mí tal conversión?* –me decía a mí mismo. *¿Es posible despojarme en un instante de todas las inclinaciones naturales que han envejecido en nosotros y con nosotros? ¿De*

13. *Hechos Proconsulares o Pasión de S. Cipriano* (véase también Pontius, *Vida de Cipriano*, § 13–18).
El procónsul murió pocos días después.
14. Jerónimo dice que Cipriano había recibido sus primeras impresiones religiosas oyendo la lectura del libro del profeta Jonás *(In Jon, III)*.
Cf. de Pressensé, *op. cit.*, p. 468.

costumbres que con el tiempo han echado tan hondas raíces? No es posible, porque están ya arraigadas profundamente en nuestra alma.

No creía que hubiese medio posible de liberarme; y me sentía inclinado a dejarme arrastrar por los vicios, que parecían agarrarse a mí con mayor fuerza que antes y, desesperanzado de mejorar, dejábame llevar por el pecado como si formara parte de mi ser. Pero cuando por la fuerza regeneradora del bautismo fueron quitadas las manchas de mi pasado, cuando la luz celestial brilló serena y pura en mi corazón, ya reconciliado, cuando por obra celestial del Espíritu Santo un nacimiento hizo de mí un nuevo hombre, entonces –¡Oh, prodigio!–, resultó cierto lo que antes había sido dudoso, manifiesto lo que había estado escondido y luminoso lo que había estado oscuro. Vino la ayuda para lo que parecía difícil, y lo que parecía imposible resultó hacedero...

¡Cuán odioso es hacer alabanza propia! No podemos hacer otra cosa que estar profundamente agradecidos. No es debido a la virtud de un hombre que tales cambios tengan lugar, sino sólo a la virtud de Dios. A Dios, digno, porque de Él procede cuanto bueno podamos hacer. Sólo necesitamos que el temor sea el guardián de nuestra inocencia; es preciso que el Señor, cuya Celeste gracia ha venido a iluminar nuestros corazones, pueda habitar y permanecer en nosotros, por la obediencia del alma bendecida. Es preciso que la certeza gloriosa de nuestra salvación no engendre en nosotros la pereza espiritual, porque de otra manera, el antiguo enemigo se apoderaría de nuestros corazones»[15].

Después de su conversión al cristianismo, Cipriano vendió su casa y los jardines que poseía en los alrededores de Cartago[16] y dedicó su producto a auxiliar a los pobres. Pronto le hicieron diácono, después sacerdote y, finalmente, fue elegido obispo de Cartago, en el año 248. Su nombramiento tropezó con alguna oposición. Cinco sacerdotes hicieron observar que apenas hacía tres años que Cipriano había sido convertido y que, por tanto, se lesionaban los derechos que ellos pudieran tener para el cargo. Pero era tal la afectuosa admiración que Cipriano había despertado entre los fieles, que éstos declararon no querer a otro obispo. Cipriano procuró esquivar este honor; pero la multitud rodeó su casa y le

15. Cipriano, *Ep. a Donato I,* cap. I–IV.
16. Estos bienes le fueron devueltos más tarde, gracias a la liberalidad de los fieles.

obligó a aceptar el cargo[17]. Poncio, su biógrafo, que era diácono de su Iglesia, dice que sus modales eran distinguidos, su alma tierna y conciliante y su acceso lleno de indulgencia y seductora gravedad. La Iglesia conservó durante mucho tiempo el recuerdo de su bondadoso trato. Aún después de su conversión, conservó el afecto de sus antiguos amigos paganos de alta posición. Bajo el punto de vista intelectual, era realmente un ser superior: tenía buena memoria, costumbres ordenadas y aptitud para los asuntos, lo cual contribuyó en mucho a su éxito como organizador de la Iglesia[18].

A pesar de la diferencia de carácter, sentía profunda admiración por Tertuliano:

«Cuando estuve en la Concordia (Italia) –escribía Jerónimo–, me encontré con un anciano llamado Paulus, que me dijo que en su juventud había conocido a un anciano que había sido secretario del bienaventurado Cipriano. Según él, Cipriano leía todos los días algunas páginas de Tertuliano y, cuando pedía sus obras, tenía la costumbre de decir: *Traedme al maestro*»[19].

Cipriano, a pesar de su sociabilidad y de la bondad de su carácter, tenía una idea muy exagerada del episcopado y una inclinación demasiado grande a las medidas autoritarias, que en alguna ocasión contribuyó a que se manifestase duro e intolerante. Neander, refiriéndose a él, dijo:

«Nadie desconocerá el amor profundo que Cipriano sentía por el Salvador y por su Iglesia. Tampoco se le puede escatimar la sinceridad de su celo episcopal y su deseo de emplear su influencia para el mantenimiento del orden y de la disciplina. Pero, por otra parte, es muy cierto que no estuvo prevenido contra el vicio radical de la naturaleza humana, que se agarra fácilmente a lo que hay de mejor en el hombre y que algunas veces le hace culpable de terquedad y orgullo; males que son tanto más graves en las personas que han recibido mayores dones y mayor autoridad para el servicio del Señor. Los esfuerzos de Cipriano tenían como

---

17. Pontius, *Vida y pasión de Cipriano,* § 5 (véase también Neander, cap. I, p. 310).
18. Pontius, *Vida y pasión de Cipriano,* cap. VI (véase también *Dict. Christ.,* cap. I, p. 740).
19. Jerónimo, *Da magistrum, De viris,* cap. LIII.
    Se supone que Jerónimo vivió desde el año 346 hasta el 420 y que encontró a Pablo en Concordia por el año 370. Esto es, 112 años después del martirio de Cipriano (W. M. Nelson, *Dict. hist.,* art. «Jerónimo»).

objeto preferente la supremacía episcopal, que fue el escollo en el que debía naufragar. Al efecto, olvidó que en el obispo, escogido por Dios y que obra en Nombre de Cristo, existe el hombre que vive en su carne, expuesto constantemente a las tentaciones del pecado. Al obispo investido por Dios con una inviolable autoridad y al cual, según el, ningún seglar tiene derecho a juzgar, a menudo se le olvida que debe ser discípulo de Cristo, de aquel Cristo que era humilde de corazón y que tomó la forma de esclavo para salvar a sus hermanos!»[20].

Durante el episcopado de Cipriano, las iglesias del norte de África y de Roma no sólo habían pasado por la persecución, sino que habían sido perturbadas por controversias y cismas originados por tres causas principales: en primer lugar, la que hemos mencionado al tratar de la elección de Cipriano; después, la tolerancia que usó contra los *lapsi* o renegados y, finalmente, la cuestión de si los herejes debían o no ser nuevamente bautizados.

Entre las personas que en esta época protestaron más enérgicamente contra la relajación de la disciplina, se distinguió Novaciano, sacerdote de Roma. Siendo *catecúmeno,* cayó gravemente enfermo y, suponiéndole en peligro de muerte, le fue administrado el bautismo, llamado clínico, que era el que se daba por aspersión, en el último trance.

Desde su restablecimiento, se distinguió por la firmeza de su fe, la facilidad para la enseñanza y su celo por la sanidad, lo que pronto le llevó hacia el ascetismo. Su ordenación al sacerdocio por el obispo Fabiano causó descontento entre algunos sacerdotes, que consideraban el bautismo clínico insuficiente para un ministro y afirmaban que Novaciano, que no había recibido la confirmación de manos de un obispo, tampoco había podido recibir el Espíritu Santo. En el año 251 sucedió a Fabiano el obispo Cornelio, conocido por su indulgencia para con los *lapsi.* Novaciano dijo, entonces, que hubiese preferido continuar haciendo una vida tranquila y entregada a la meditación, como había hecho hasta el momento; pero se dejó arrastrar por Novato, que era uno de los cinco sacerdotes descontentos de Cartago, hombre intrigante y sin conciencia, y consintió en hacerse jefe de su partido y en titularse obispo, en oposi-

---

20. Neander, *Historia de la Iglesia,* cap. I, pp. 311 y 312.

ción a Cornelio. Ambos rivales apelaron, pues, ante las principales iglesias. Muchos obispos apoyaron a Novaciano, pero la mayoría, entre los cuales se contaban Dionisio de Alejandría y Cipriano, estuvieron de parte de Cornelio. Dionisio llegó a tener una amigable discusión con Novaciano, con el objeto de que se retirase de la lucha. Al efecto le escribió: «El martirio para evitar el cisma no será menos glorioso que el martirio padecido para evitar la idolatría. ¿Qué digo? Es más glorioso aún, porque en el segundo caso sólo se trataría de vuestra alma, mientras que en el primero, se trata además del bien de la Iglesia»[21].

Aquel cisma episcopal no se prolongó por mucho tiempo, quedando Cornelio como obispo de Roma. Pero la secta de los novatistas (que se llamaban a sí mismos *cataros,* es decir, «los puros») tuvo ramificaciones por todo el imperio y no desapareció definitivamente hasta el siglo VI[22].

Lo fundamental del sistema de los novatistas era que la Iglesia sólo debía echar de su seno a los que no lo fueren. Como consecuencia de ésto, no debían ser admitidos de nuevo los que hubieren sido excomulgados, fuera cual fuera su arrepentimiento y su sumisión a la disciplina eclesiástica.

Cipriano, que consideraba a Novaciano «un lobo introducido en el redil», comparaba su doctrina al proceder del sacerdote y del levita que abandonaron al herido en medio del camino, mientras que él imitaba a los que le cuidaron como el *buen samaritano.* Esta comparación era inexacta: Novaciano no pretendía que se abandonase a los que habían tropezado y que no se les llamara al arrepentimiento. Afirmaba con tanta energía como Cipriano que podían ser objeto de la misericordia divina, pero al mismo tiempo decía que la Iglesia no podía absolverles y que se cometía una falta al admitirlos de nuevo a la comunión. A esto, respondió Cipriano, que no era argumento suficiente el haber descubierto alguna cizaña en la Iglesia para separase de ella. Neander observa con razón que tanto Cipriano como Novaciano partían del mismo error fundamental, aunque variaban en la aplicación. Este error consistía en la confusión entre la Iglesia visible y la invisible. Por una parte, Novaciano lle-

21. Dionisio de Alejandría, Eusebio *H. E., VI,* cap. XLV (le llama *Novatus,* pero es de Novaciano de quien se trata) (véase también Neander, *op. cit.,* cap. I, pp. 330–332).
22. Kurtz, *Historia de la Iglesia,* pp. 133 y 134.

gaba a la conclusión de que toda iglesia particular que consentía a gentes indignas en su seno dejaba de formar parte de la Iglesia verdadera; mientras que sus adversarios afirmaban que la Iglesia de Cristo, siendo una comunidad externa y visible, si era perpetuada y mantenida por una sucesión episcopal regular, necesariamente debía ser pura, cuya consecuencia era que se consideraba como profanos e impíos a todos los que se alejaran de ella[23].

Cipriano llevó esta tendencia hasta sus más extremadas consecuencias. En su célebre folleto *De la unidad de la Iglesia*, escribió: «Nadie puede tener a Dios por Padre, si no tiene a la Iglesia como madre. Así como ninguno de los que quedaron fuera del Arca de Noé pudo salvarse, tampoco hay salvación fuera de la Iglesia. La Iglesia es como la túnica sin costura, vestido que tenía una divina unidad, por lo cual no podía romperse. Aquel que dividiere la Iglesia de Cristo, el que no formare parte de la Iglesia, no puede ser un verdadero mártir. Donde no estuviere la Iglesia, no puede haber remisión de pecados. Los orgullosos y los porfiados son heridos por la espada del espíritu, en el sentido de que son expulsados de la Iglesia. Alejados de ella, no es posible la vida, puesto que la casa de Dios es única y fuera de la Iglesia no hay salvación»[24].

Si al hablar de la Iglesia, en vez de la *Iglesia visible* en la tierra, se hiciera referencia a la *Iglesia espiritual e invisible,* sería muy cierta esta afirmación. Pero no era ésta la idea de Cipriano, sino al contrario...

Pocas palabras del Señor habrán consolado tanto a los fieles abatidos o dispersos como esta promesa:

«De cierto os digo que si dos o tres de vosotros convinieren sobre la tierra respecto de cualquier cosa que pidieren, les será concedido por mi Padre que está en los cielos. Porque donde dos o tres se hallen reunidos en mi Nombre, allí estoy en medio de ellos» (Mt. 18: 19 y 20).

Pero si fuere cierta la interpretación dada por Cipriano, ¿en cuántas ocasiones, el pan celestial hubiera sido violentamente quitado de la boca de los niños?

«Aquellos que corrompen o pervierten el sentido del Evangelio invocan

---

23. Neander, *op. cit.,* cap. I, pp. 339–345.
24. Cipriano, *De la Unidad de la Iglesia,* cap. VI, VII, XIV (véase también *Cartas LXI,* cap. II, IV, LXIX)

a la segunda parte del texto y prescinden de la primera. Cuando el Señor dice «donde dos de vosotros convinieren», da la preferencia a la conformidad. Pero, ¿es posible que un hombre se convenga con otro, si éste no forma parte del cuerpo de la Iglesia y no participa de su universal fraternidad? Y ¿cómo podrían concertarse en Nombre de Cristo y de su Evangelio?»[25].

La equivocación de Cipriano consistía en hacer depender el absoluto acuerdo de los fieles, unidos en el Nombre de Cristo, de su comunión externa, cuando de lo que se trata es de una comunión espiritual, completamente independiente de las relaciones externas. Cipriano tenía, sin embargo, una profunda experiencia de las cosas de Cristo. Mencionaremos algunos fragmentos de sus escritos, donde dejó impresa su huella en este sentido. A Donato le escribió:

«Divide tu tiempo entre las oraciones y la lectura. De esta manera, tan pronto hablarás con Dios, como dejarás que Dios te hable, que te instruya en sus preceptos, que te incline a la sumisión. El alma enriquecida por Dios no puede ser empobrecida por los hombres (…) Los dorados artesonados, los muros cubiertos de mármoles preciosos te parecerán despreciables cuando te convenzas de que lo que debe ser adornado y embellecido con preferencia eres tú y que tu casa de predilección debe ser aquella a la que el Señor bajó como a su templo y donde el Espíritu Santo ha empezado su residencia (…) El que estuviere por encima del mundo nada puede desear del mundo»[26].

Y en otra parte, escribió:

«Cuando oremos a Dios, es preciso que lo hagamos de todo corazón, alejando de nosotros los pensamientos carnales y mundanos, pensando únicamente en lo que importa (…) Cerremos todas las avenidas de nuestro corazón al enemigo, procurando dejar el camino expedito solamente a Dios; puesto que el enemigo con frecuencia se desliza sutilmente y distrae nuestra atención, que debiéramos tener completamente absorta en Dios. De tal manera estamos distraídos, que a menudo nuestras palabras no responden a nuestros pensamientos, ya que lo que en nosotros debe orar no es la boca, sino el corazón. Si vosotros mismos no os entendéis, ¿cómo es posible que Dios os entienda? ¿Cómo podéis pretender que

---

25. Cipriano, *De la Unidad de la Iglesia*, cap. XII.
26. Ídem, cap. XIV, XV.

Dios se acuerde de vosotros, si vosotros os olvidáis de Él? Si es cierto que oráis a Dios, no es menos cierto que orando con tanto descuido ofendéis a su Majestad. Vuestros ojos están despiertos mientras duerme vuestro corazón, cuando sabemos que el corazón de un cristiano debe velar aun cuando sus ojos estuvieren dormidos»[27].

Cipriano supo también defender valientemente la autoridad de la Escritura contra las alteraciones y las invenciones producidas por la costumbre. Así, cuando Esteban, el obispo de Roma, refiriéndose al bautismo de los herejes, dijo que no debía hacerse ninguna reforma, sino que era preciso atenerse a la tradición, Cipriano escribió a Pompeyo sobre el particular:

«Pero esta tradición, ¿de dónde procede? ¿Acaso procede de nuestro Señor y del Evangelio, o de los apóstoles y de sus epístolas? Si es así, es muy justo que se practique tan santa y divina tradición... ¡Pero cuánta presunción y cuánta porfía no hay en preferir la tradición humana a los mandamientos de Dios y en olvidar cómo la cólera de Dios caerá sobre aquellos que en nombre de la tradición humana descuidan los preceptos divinos! La equivocada costumbre que se ha introducido en algunas iglesias no debe prevalecer sobre la verdad, puesto que una costumbre que no se apoya en la verdad no es otra cosa que un antiguo error (...)[28]. Si nos remontamos al manantial de la tradición divina, desaparece el humano error. Cuando un acueducto que suministraba abundantes aguas viene a secarse, ¿no se va inmediatamente al punto de partida para conocer si se ha secado el manantial, o si el acueducto se ha roto? En este caso se le hacen las reparaciones necesarias para que el agua pueda llegar a la ciudad con tanta abundancia como fuera posible. He aquí lo que deben hacer los obispos que quieran guardar los mandamientos de Dios. Si hubiera alguna duda al respecto de algún punto de la verdad, debemos recurrir al Evangelio y a la tradición de los apóstoles...»[29].

Copiemos, finalmente, algunas líneas de su *Opúsculo sobre la mortandad,* que escribió en medio de los horrores de una peste:

«El temor de Dios y la fe en sus promesas deben tener vuestro cora-

---

27. Cipriano, *De la oración dominical,* cap. XXXI.
28. «Consuetudo sine veritate, vetustas erroris est».
29. Cipriano, *Cartas LXXIV,* cap. II, III, IX, X.

zón preparado para toda clase de sacrificios. Perdéis vuestros bienes; vuestros miembros padecen enfermedades crueles; la muerte separa de vuestro cariño a una esposa, a unos hijos... No os escandalicéis por lo que no es otra cosa que un combate. La fe del cristiano no debe menguar, ni abatirse, ni siquiera vacilar por las pruebas que no tienen otro objeto que demostrar su fuerza y la seguridad que abriga de que los bienes futuros han de inspirarle el desprecio de los males presentes. No hay victoria sin combate (...) Al piloto experimentado se le reconoce en días de tempestad (...) El árbol bien arraigado hace frente al huracán que le combate; un navío protegido por sólido maderaje vence a las agitadas olas; bajo el trillo del labrador los granos resisten al viento, que se lleva la paja sin la menor dificultad»[30].

Valeriano cayó prisionero en el año 259, en la guerra contra los per-

---

30. Cipriano, *Opúsculo sobre la mortandad,* cap. XII (véase también Wordsworth, *Church Hist.,* p. 340).

Capítulo VI

Dionisio de Alejandría
y Gregorio el *taumaturgo*

sas. Le sucedió en el trono su hijo Galiano, que se preocupó más de su padre que de la cosa pública. Inquietándole poco el sostenimiento del culto nacional, ordenó que cesara la persecución. Llegó a más y publicó un edicto por el cual concedía a los cristianos el libre ejercicio de su culto, disponiendo que se les devolvieran las tierras, los templos y los cementerios que les habían sido quitados durante el reinado anterior, lo que implicaba el reconocimiento legal de la Iglesia cristiana, porque según las leyes romanas, ninguna corporación que no fuera legalmente reconocida por el Estado podía poseer clase alguna de bienes. Sin embargo, en Egipto y en el Oriente, donde Macriano había usurpado el poder imperial, el edicto de Galiano no pudo tener aplicación hasta la caída del usurpador, que tuvo lugar en el año 261[1].

Eusebio cuenta que por ese tiempo hubo una escena de martirio en Palestina. Un soldado cristiano de Cesarea iba a ser ascendido a centurión[2]. Al ir a posesionarse de su nuevo cargo, otro soldado, que le seguía en méritos, adelantóse y declaró que, según las antiguas leyes romanas, Marín no podía ascender porque era cristiano y que, por serlo, rehusaría sacrificar al emperador. Tomada en consideración la denuncia, se reconvino a Marín y se le concedieron tres horas para que apostatase. Apenas salido del pretorio, le tomó de la mano Teotecne, obispo de la ciudad, y

---

1. Neander, *op. cit.,* cap. I, p. 194.
2. Eusebio da al título de *centurión* el nombre de «honor de la viña», porque entre los romanos el atributo del centurión era un bastón hecho de una copa.

le llevó a la iglesia. Una vez en ella, el obispo, levantándole el vestido para que se fijara en la espada que llevaba al cinto, presentóle al mismo tiempo los Evangelios para que escogiera entre ambos. Marín, sin titubear, escogió el volumen santo: «Ahora –le dijo el obispo–, permanece unido a Dios, para que puedas conservar lo que acabas de escoger. Ve en paz». De regreso al pretorio, habiendo pasado ya las tres horas, oyó que se le llamaba por su nombre. Interrogado, perseveró en la fe y fue decapitado. Un cristiano, llamado Astirio, perteneciente a una rica familia romana, que había presenciado el suplicio, cubrió el cadáver del mártir con un precioso manto y, llevándolo en hombros, hizo que se le diera honrosa sepultura[3].

Después de la muerte de Macriano, la Iglesia disfrutó del beneficio de la paz durante una generación, terminando el siglo sin que se desenvainara la cuchilla de la intolerancia. Cierto que Aureliano (270–275), hijo de una sacerdotisa del sol, hacia el término de su reinado, hizo publicar unos edictos sanguinarios contra los cristianos; pero tan crueles intenciones quedaron sin cumplimiento a causa de su prematura muerte. Puede calcularse lo que podrían esperar de él los cristianos, y de la vitalidad de las antiguas supersticiones, por el discurso que pronunció ante el Senado cuando despertó cierta oposición su propuesta de que se consultaran los libros sibilíticos:

«Padres conscriptos, estoy muy sorprendido de la indecisión que demostráis al tratarse de abrir los libros sibilíticos. Cualquiera podría suponer al oíros que estáis discutiendo en una asamblea cristiana y no en un templo de los dioses. Manos a la obra, y que la pureza de vuestros sacerdotes y el cumplimiento exacto de nuestros solemnes ritos ayuden a vuestro príncipe en estas difíciles circunstancias. Es preciso que nuestros libros sibilíticos sean examinados y que sus prescripciones sean obedecidas con puntualidad. Si para ello fuere necesario hacer gastos, sacrificar cautivos, ofrecer víctimas reales, estoy dispuesto a todo. Pues tratándose de vencer con la ayuda de los dioses, nada debe detenernos. En otros tiempos, las guerras empezaban y terminaban así. En cuanto a los gastos, he dado orden al prefecto de mi caja para cubrirlos, además de que

---

3. Eusebio, *H. E.*, *VII*, cap. XV y XVI.

bien sabéis que el tesoro público está a vuestra disposición»[4].

Durante el período de tranquilidad que siguió a la muerte de Macriano, fue cuando fallecieron los dos discípulos más ilustres de Orígenes, Dionisio y Gregorio *el taumaturgo*. Ya hemos hecho mención del primero, que era obispo de Alejandría. Hijo de padres ricos, pero paganos, al convertirse tuvo que renunciar a todos los honores humanos. Fue sucesor de Heracles, otro de los discípulos de Orígenes (232), que había profesado en la escuela catequista, al que sucedió también en el episcopado en el año 247. Falleció en 265.

Dionisio era un verdadero discípulo de Orígenes, cuya independencia de carácter se manifiesta en una carta que escribió al sacerdote Filemón, de Roma:

«He leído escritos heréticos, cuyas detestables opiniones han manchado mi pensamiento, pero he ganado mucho, al poder oponerles una refutación personal, ya que siento por ellos gran repulsión. Uno de nuestros sacerdotes, temiendo que pudiera ser arrastrado por ese abismo de iniquidad, quería prohibirme tales lecturas, pero una voz del cielo me dijo: *Lee cuanto te venga a mano, porque estás en disposición de comprobarlo todo. Es por este medio por el que llegaste al conocimiento de Cristo.* Esta voz parecióme estar de acuerdo con el precepto apostólico dirigido a los que tienen firmeza de espíritu: *Sed prudentes como los cambistas*»[5].

Dionisio daba también ejemplo de moderación y de benevolencia. En una carta escrita a su sufragáneo acerca de la disciplina eclesiástica y el culto, expresó lo siguiente:

«He dado mi opinión, no como doctor, sino con sencillez, como conviene que entre nosotros se discutan estas cosas. Examínalas, ¡oh, prudentísimo hijo!, y dime si has hallado alguna idea más justa y mejor fundada que la mía, o si aceptas mi opinión»[6].

Nepos, obispo egipcio, materializaba la esperanza cristiana relativa

---

4. Vopisco, *Vida de Aureliano*, cap. XX (véase también Cooper, *Free Church*, pp. 311 y 312).
5. Es decir, sed hábiles para distinguir si la moneda es buena o si es falsa. Estas palabras se hallan en uno de los evangelios apócrifos (Eusebio, *H. E., VII*, cap. VII) (véase también Neander, cap. II, pp. 483 y 484; Cf. de Pressense, *op. cit.,* p. 391).
6. Neander, *op. cit.,* cap. II, p. 484 (véase también de Pressensé, *op. cit.,* p. 391).

al milenario. Su error le sobrevivió y Dionisio se encargó de refutarlo.
Sin embargo, en vez de hablar mal contra el autor, Dionisio se refirió él con
afecto y respeto:

«Yo no sólo estaba de acuerdo con Nepos en muchos puntos, sino
que también le estimaba a causa de su fe, de su actividad, del conocimiento que tenía de las Escrituras y del interés con que cuidaba los ejercicios del canto (…) Y aunque ya no se halla entre nosotros, le respeto.
Pero, antes que todo –añade–, hay que amar y respetar la verdad».

Además del escrito contra las equivocadas opiniones de Nepos,
Dionisio tuvo una conferencia con Coración, el jefe de esta herejía, y
con sus principales adeptos. Su proceder en esta circunstancia puede servir de modelo a todas las discusiones entre cristianos:

«Cuando estuve en Arsinoé, convoqué a los sacerdotes, a los doctores y a todos los fieles que quisieron juntarse con ellos, para que juntos
examináramos aquella doctrina. Me presentaban el libro de Nepos como
argumento inexpugnable. Durante tres días enteros, de la mañana a la
noche, me esforcé en refutar sus argumentos. Entonces tuve oportunidad de admirar el agrado, la sinceridad, la docilidad y la ilustración de
aquellos hermanos; la moderación que manifestaban tanto en sus preguntas, como en sus objeciones y el espíritu de conciliación que reinaba
entre todos nosotros. Cuando reconocíamos la falsedad de una opinión,
nos guardábamos en sostenerla con terquedad. No procurábamos eludir
las objeciones, sino que nos esforzábamos en sentar con argumentos
sólidos el asunto que se discutía y, cuando se nos convencía por la razón,
no nos avergonzábamos de darnos por vencidos y de aceptar otras opiniones. De buena fe y con los corazones abiertos delante de Dios, acep-
tábamos lo que nos parecía estar probado por las Santas Escrituras.
Finalmente, después de haber oído a todos los hermanos, Coración declaróse convencido por los argumentos que se habían emitido y afirmó que
en adelante dejaría de enseñar aquella doctrina»[7].

Ha quedado de Dionisio un escrito contra los filósofos epicúreos,
quienes negaban la existencia de un Dios Creador y de su Providencia
y atribuían la formación del universo a una combinación fortuita de los

---

7. Eusebio, *H. E., VII*, cap. XXIV.

átomos. Citemos algunas líneas de su *Opúsculo:*

«Dan el nombre de *átomos* a unos cuerpos pequeños en extremo e imperecederos, infinitos en número, que ocupan en el espacio una extensión también infinita. Pretenden que estos átomos, revolviéndose al azar en desordenado torbellino, chocan unos con otros y, mezclándose, crean multitud de formas diversas que, combinadas entre sí, se transforman gradualmente en lo que es el mundo y todo lo que hay. Lo que es cierto –responde Dionisio– es que Epicúreo no ha mirado nunca los cielos con los ojos de una sana inteligencia, ni ha oído la potente voz de otro observador que dijo: *Los cielos nos cuentan la gloria de Dios, y la extensión nos hace conocer la obra de sus manos* (Sal. 33:5). Tampoco miró con bastante reflexión la superficie de la tierra, porque de otra manera hubiera comprendido que *la bondad del Eterno llena toda la tierra,* y que *suya es la tierra con lo que contiene* (Sal. 24:1)»[8].

Gregorio *el taumaturgo (el que hace milagros o cosas prodigiosas)* era aún más preferido por Orígenes. Nació también de padres paganos ricos, en Nueva Cesarea, en el Ponto. Su verdadero nombre era Teodoro. Falleció su padre cuando Gregorio tenía catorce años. Ya por entonces experimentó el poder espiritual:

«En la casa paterna, vivía en el error. Tal vez el fallecimiento de mi padre fue motivo para que yo empezara a conocer el camino de la salvación, porque fue por entonces cuando llegue a conocer la verdad. Yo no sabré decir cómo sucedió esto; lo que sí puedo afirmar es que fui impulsado a ello por un poder irresistible. Desde aquel momento, puede decirse que el sagrado Verbo vino a visitarme. Era yo por entonces tan niño, que sólo presté a ello mediana atención, mientras que ahora, al reflexionar sobre ello, veo una prueba manifiesta de la maravillosa Providencia que velaba por mí. Cuando mi alma empezó a razonar, no estuvo exenta del temor que sanciona la razón, pero lo divino y lo humano obraron de conjunto en mí; lo uno, prestando el apoyo que el otro recibía. Reflexionando actualmente sobre ello, me siento lleno de alegría, al par que de temor: de alegría, porque he sido guiado por la Providencia; de temor, porque después de haber recibido tales bendiciones, tiemblo por

---

8. Dionisio de Alejandría, *Opúsculo contra los epicúreos II,* cap. I, V.

si no fuere fiel hasta el término de mi carrera». De esta manera el Señor le visitaba antes de que tuviera conocimiento del Evangelio. Sin embargo, hasta entonces, la vida religiosa ocupaba en Teodoro un lugar secundario. Lo que parecía de mayor importancia era crearse una posición en el mundo. Su madre quería que fuese abogado y con este objeto le hizo estudiar latín y las leyes romanas. Él mismo proyectaba hacer un viaje a Roma, cuando, según nos cuenta, pareció «que unas ligaduras paralizaban sus movimientos». En vez de ir a Roma, se fue a Cesarea de Palestina. A saber, un cuñado suyo, que era asesor legal del prefecto de Palestina, había sido llamado a esta ciudad y, muy a pesar suyo, tuvo que dejar a su esposa en casa, hasta que obtuvo permiso para hacerla venir. Entonces suplicó al joven Teodoro que la acompañara durante el viaje...

«Mientras que mi hermano y yo hacíamos los preparativos, un soldado nos trajo una carta, suplicándonos que acompañáramos a nuestra hermana a donde estaba su esposo. Nuestros amigos opusieron pocas dificultades a ello, porque así tendríamos la oportunidad de visitar Berite (Beyrut), en cuya ciudad nos proponíamos hacer nuestros estudios de derecho. Berite estaba bastante cerca de Cesarea»[9].

Orígenes enseñaba por entonces en Cesarea y, explicaba Teodoro, que «el Divino guía les colocó, a él y a su hermano, al cuidado del sabio profesor». Apenas ambos jóvenes estuvieron bajo su influencia, fueron cogidos «como pájaros en la red» y, cuando quisieron regresar a su casa o ir a Berite, no les fue ya posible decidirse a dejar al maestro.

Pronto se apercibió Orígenes de lo que prometía aquel discípulo, al que logró inspirar su amor entusiasta por la verdad. Por otra parte, Gregorio tuvo para con su maestro afecto y respeto profundos. Más tarde, habló de él en términos que demuestran la mayor admiración:

«A una gracia llena de atractivo, le unía una fuerte persuasión. No me es posible detallar aquí todos los argumentos que invocaba para decidirnos a que estudiáramos filosofía. Aseguraba que sólo aquel que puede apreciar realmente esta ciencia puede tener verdaderos sentimientos de

9. La escuela de derecho de Berite existió hasta la conquista mahometana. Bajo el reinado de Justiniano (527–565), era una de las tres grandes escuelas de derecho del imperio, juntamente con las de Roma y Constantinopla.

piedad. Entre todas las criaturas terrestres, ¿no es sólo el hombre el que ha sido considerado digno de conocerla? A fuerza de razonar con nosotros sobre el particular, acabó por arrastrarnos tras sí, como por un poder divino. Depositó en el fondo de nuestras almas una chispa que encendió en nuestros corazones un ardiente amor por la Palabra de la verdad, que es el más preferible de todos los temas. Estimábamos aquella Palabra, cuya inefable belleza atrae irresistiblemente a todo hombre hacia su maestro, al mismo tiempo que estimábamos al hombre que era el amigo y el abogado de la verdad. De tal manera fui penetrado por este amor, que me dejé persuadir de renunciar a todo lo que había perseguido y anhelado. Abandoné la jurisprudencia, a la que tenía en mucha estima, y hasta descuidé mi patria y mis amigos».

En su enseñanza, Orígenes no se limitaba a desarrollar las facultades del espíritu que sirven al estudio de la dialéctica, sino que nos hablaba de la ciencia y de la naturaleza. Distinguía y explicaba la gran variedad de objetos creados, de los cuales describía las revoluciones y las transformaciones múltiples, hasta que lograba cambiar nuestra admiración instintiva por otra admiración razonada del plan divino del universo (…) Con este objeto, procuraba que adquiriéramos el conocimiento por nosotros mismos, como supremo resultado de la filosofía. Respecto de la moral, nos enseñaba a que no nos contentáramos con vanas palabras, y a la enseñanza de lo que hay que hacer o no añadía las más serias exhortaciones a que no abandonáramos la práctica de la virtud. Por sus actos, nos estimulaba más aún que por la doctrina que profesaba (…)

Opinaba que debíamos leer cuanto habían escrito los poetas y los filósofos, haciendo excepción solamente de los escritos de los ateos. Temía que a la lectura de éstos, nuestra alma, creada para la piedad, se manchara con las palabras contrarias a la fe en Dios. Ponía un cuidado especial en la aplicación de este principio. No quería que ninguna falsa palabra penetrase en nuestro espíritu; temía que llegáramos a perder la fuerza de echarla y de limpiarnos de ella, porque la palabra humana es un fuerte y activo poder, sutil para los sofismas, que rápidamente encuentra camino para obrar en el espíritu humano, y cuando se ha posesionado de él, aunque sea una palabra de mentira, mantiene su dominio sobre el hombre. Es como el encantador que convierte en partidario suyo al que ha sido engañado por él (...) No hay bosque tan espeso, ni pantano tan peligroso, ni laberinto tan embrollado como los sofistas de una falsa filosofía»[10].

Teodoro estuvo cinco años en Cesarea, donde probablemente hubiera fijado su residencia, a no ser por la persecución promovida por Maximiliano *el tracio*. De tal modo sintió su separación de Orígenes, que comparó el afecto que para con él sentía, con el que unía a David y Jonatán, y la necesidad de salirse de Cesarea, a la expulsión de Adán del paraíso terrenal. A su regreso a Nueva Cesarea, Teodoro tomó el nombre de Gregorio. Pronto recibió una carta de Orígenes, en la cual le repetía los consejos que a menudo le había dado. En ella le recomendaba se dedicase al estudio de la literatura clásica, asegurándole que era el mejor medio de triunfar de las preocupaciones de los egipcios y de poder manifestar a los paganos la superioridad del Evangelio. Para poder seguir mejor los consejos de Orígenes, Gregorio, dejando la ciudad, se fue a vivir al campo, donde recibió la orden del obispo de Amisos de que aceptara el cargo de obispo de Nueva Cesarea. Carácter tan sensible como el suyo, debía echarse atrás ante tamaña responsabilidad, por lo cual estuvo escondido a las investigaciones del obispo, hasta que, no pudiendo éste encontrarle personalmente, imaginó darle la consagración de cualquier modo[11]. Al enterarse Gregorio de este proyecto tan singular, cedió, por fin, y desde entonces ocupóse con mucho celo en los deberes de su cargo, de tal modo que –tomando al pie de la letra las frases, un tanto enfáticas, de su biógrafo–, «mientras que a su ordenación sólo había en la ciudad diecisiete cristianos, el día de su muerte (ocurrida entre los años 265 y 270) no quedaban más que diecisiete paganos»[12].

Gregorio fue obispo de Nueva Cesarea durante unos treinta años. Y se le llamó «taumaturgo» a causa del poder milagroso que el vulgo le atribuía, del cual se cuentan muchas leyendas. Si, dejando aparte lo mara-

---

10. Gregorio *el taumaturgo, Panegírico de Orígenes,* cap. V, VI, VIII, IX, XIII y XIV.
11. Gregorio de Nisa nos cuenta este caso en la biografía que escribió de Gregorio *el taumaturgo.* Este libro está lleno de historias increíbles, pero el detalle actual le fue contado por su abuela Macrina. En el *Monologium Graœcorum,* o sea, el calendario mensual de los santos griegos, compuesto en el siglo IX por orden del emperador Basilio, con la fecha del 17 de noviembre, se encuentra la mención de este suceso.
12. *Introducción a las obras de Gregorio,* en el *Ante–Niceno Library.*

villoso, procuramos apreciar la persona tal como la historia nos la da a conocer, saludaremos en él a un hombre eminente por su bondad y por sus talentos, muy versado en el conocimiento de las fábulas paganas y en la ciencia de su tiempo y más penetrado todavía de otra ciencia que, por la voluntad de Dios, había encontrado en la escuela del ilustre pensador de Alejandría.

Durante varios años, le veremos ejercer un ministerio tan serio, como ilustrado y fiel, con el celo de un cargo que no había buscado, pero para el cual había sido escogido[13].

Los reinados de Diocleciano y de sus inmediatos sucesores, desde el

---

13. Ídem.

Capítulo VII

Persecuciones durante la segunda mitad del siglo III

año 284 hasta el 312, están señalados por la historia y los anales de la Iglesia como la época más terrible de persecución. Y es que fue el último y el más potente esfuerzo del agonizante paganismo contra la religión cristiana[1].

El cetro del vasto imperio romano, compuesto por tantos elementos diferentes y amenazado constantemente por las naciones bárbaras que le rodeaban por todas partes, necesitaba, para ser llevado, de una mano muy fuerte. Ya desde el tiempo de los Antoninos, es decir, hacía casi un siglo, raras veces se había encontrado quien tuviera condiciones para ello; por lo que, cuando Diocleciano tomó las riendas del poder, se deshacían rápidamente los fundamentos de aquel vasto conjunto. Al apercibirse del peligro, quiso conjurarlo, reconstituyendo el imperio. Pero los remedios que empleó no contribuyeron a otra cosa que a aminorar aparentemente el mal, sin curarlo. Rechazó las antiguas formas republicanas, para rodearse de una pompa oriental. Dejó Roma, para instalarse en Nicomedia y asoció a la soberanía a otras tres personas: un augusto, que era su segundo, y otros dos césares, que eran unos vicemperadores.

Durante algunos años, Diocleciano no demostró hostilidad ninguna contra los cristianos. Prisca, su esposa, y Valeria, su hija, se contaban entre los fieles. Los cargos más importantes del palacio imperial esta-

---

1. La era de Diocleciano, o sea, la era de los mártires, ha servido a la Iglesia para contar los años hasta el siglo VI. La era de Diocleciano empieza a contarse desde el primer año de su reinado, aunque la persecución empezó en el año 303.

ban desempeñados por cristianos que, por tolerancia o por especial indulgencia, no tomaban parte en los sacrificios paganos. Además, en algunas ocasiones, tenían la costumbre de hacer la señal de la cruz, a la que atribuían el poder de conjurar la influencia malhechora de los demonios que invocaban los paganos. Digamos que los sacerdotes idólatras tenían cierto temor a la señal de la cruz. Suponían que si durante sus ceremonias religiosas alguno de los presentes la hacía, los dioses disgustados no asistirían a los sacrificios. Lactancio cuenta un lance de estos:

«Diocleciano, que tenía un carácter timorato, quería conocer el porvenir. En uno de sus viajes por Oriente, hizo inmolar numerosas víctimas para que los augures le dieran a conocer los sucesos futuros. Mientras que el emperador ofrecía los sacrificios, algunos de sus funcionarios, que eran cristianos, hicieron en sus frentes la señal inmortal. En el mismo instante, huyeron los demonios y los sagrados ritos fueron interrumpidos. Los adivinos, no encontrando en las entrañas de las víctimas las señales acostumbradas, estaban temblorosos. Empezaron una y otra vez, siempre con el mismo éxito. Hasta que por fin Tages, el jefe de los augures, viendo o adivinando la presencia de cristianos, exclamó: *Entre nosotros hay profanos, cuya presencia impide el cumplimiento*

Cabeza coronada de flores de Diocleciano
(Museo Arqueológico de Estambul).

regular de nuestros ritos. Entonces Diocleciano, en un arrebato de gran indignación, ordenó que todos los cristianos presentes y todos los que ejercían algún cargo en palacio, so pena de azotes, sacrificaran a los dioses. Al mismo tiempo, escribió a los jefes de sus ejércitos que obligasen a todos los soldados a practicar estos sacrificios impíos, so pena de ser expulsados del ejército»[2].

Esta orden fue motivo de que muchos oficiales renunciaran a sus grados y que muchos soldados abandonaran las filas[3]. Citemos entre los primeros al centurión Marcelo, que se encontraba en Tigris (Tánger). Cuando se publicó el edicto imperial, la legión a la que pertenecía estaba celebrando una fiesta acompañada de sacrificios en honor de uno de los césares. Marcelo levantóse de la mesa de los oficiales y, desabrochando su cinturón, lo arrojó al suelo, exclamando:

«Desde ahora dejo de servir al imperio como soldado. Estoy decidido a no obedecer a otro que a Cristo, el eterno Rey; desprecio el culto de vuestros dioses que son hechos de madera y piedra. Ya que en adelante se obligará a los soldados a sacrificar a los dioses y a los emperadores, abandono el estandarte y dejó la milicia».

Por aquel acto de entereza, fue condenado a muerte y decapitado. Antes de su ejecución, Casiano, secretario del tribunal, arrojó al suelo con repugnancia las tablitas y el estilo con que escribía. Marcelo sonrió pensando que Casiano sería, probablemente en breve, su compañero de martirio. Efectivamente, fue ejecutado pocos días después[4].

Durante algún tiempo, Diocleciano parecía dispuesto a no tomar otras medidas contra los cristianos, hasta que en el invierno de 202 a 203, su yerno Galerio, que era uno de los césares, estuvo en Nicomedia, con objeto de proponer a su suegro algunas medidas destinadas a la completa destrucción del cristianismo. Hombre de carácter sombrío y de costumbres desordenadas, hijo de un pastor y de una pobre mujer muy supersticiosa, fue la esperanza del partido pagano. Diocleciano, enfermizo y atacado ya de la enfermedad que dos años después le obligó a abandonar las riendas del poder, no le hizo caso al principio. Le repug-

2. Lactancio, *Sobre la muerte de los perseguidores,* cap. X.
3. Eusebio, *H. E., VIII,* cap. IV.
4. Ruinart, *Acta,* pp. 302 y 304 (véase Wordsworth, *Historia de la Iglesia,* pp. 378 y 379).

naba turbar la paz del Estado y verter torrentes de sangre que tales medidas debían necesariamente traer consigo. Incapaz de resistir solo a su yerno, reunió a un consejo, compuesto por magistrados y jefes de ejército, a los cuales presentó la proposición. Por diversos motivos, todos aprobaron el proyecto de Galerio. Diocleciano no cedió aún. Antes quiso conocer la voluntad de los dioses y, para ello, envió un adivino a Mileto, para que consultara el oráculo de Apolo. La respuesta fue tal como se había previsto y, entonces, accedió el emperador; insistiendo, sin embargo, en que no se aceptaran los proyectos más sangrientos y más bárbaros propuestos por Galerio. En vez de que fueran quemados vivos los que se negaran a sacrificar, Diocleciano estipuló que no les condenara a muerte[5].

Una descripción del estado de la Iglesia en el momento en el que iba a empezar la persecución nos indicará de qué modo estaban preparados los cristianos para soportar tan terrible golpe. Eusebio nos da hecha la reseña... Empieza por afirmar que muchos puestos de confianza, y hasta gobiernos de provincia, estaban desempeñados por cristianos, quienes no sólo gozaban de una entera libertad de palabra y de acción en materia religiosa, sino que se alababan públicamente de ello. Con gran satisfacción, da después la lista de los numerosos cristianos que llenaban los locales destinados al culto, de tal modo que los antiguos edificios eran insuficientes, siendo preciso construir nuevos y mayores templos. Pero añade que la tranquilidad y tantos honores habían comprometido grandemente la fe y la caridad:

«Nos envidiábamos unos a otros y nos insultábamos recíprocamente; hacíamos la guerra con palabras tan afiladas como dardos y lanzas y, en muchas ocasiones, poco faltaba para que nos fuéramos a las manos. Los obispos disputaban unos con otros y las congregaciones luchaban unas con otras. La hipocresía y la disimulación llegaban al colmo. El juicio de Dios, que se hace sentir con suavidad, comenzó a afligirnos ligeramente, pero permanecimos indiferentes a aquel aviso y descuidamos de aplacar a Dios. Algunos obraban como si Dios no se preocupara de su conducta. Entre nuestros pastores, veíanse a unos que, en vez de dirigir el rebaño, abandonaban las santas reglas de la piedad y no se preocupaban

5. Lactancio, *Sobre la muerte de los perseguidores*, cap. XI.

de otra cosa más que de acrecentar su poder»[6]. Diocleciano y Galeriano ordenaron como primera providencia la destrucción de la iglesia de Nicomedia. En consecuencia, al amanecer del 23 de febrero del año 303, día de la gran fiesta romana de Terminalia, el comandante militar y varios magistrados civiles se fueron a la iglesia, que estaba situada en una altura, dominando la ciudad y el palacio imperial[7]; rompieron las puertas y penetraron en ella, buscaron por todas partes la imagen de la divinidad, quedando sorprendidos al no encontrar ninguna. Quemaron todos los ejemplares de las Sagradas Escrituras y se apoderaron de todos los utensilios y de los muebles de la Iglesia. Diocleciano y Galeriano, desde las ventanas de palacio, veían lo que ocurría, al par que disputaban sobre si se debería o no quemar el edificio. Finalmente, prevaleció la opinión del emperador, que temía que, al incendiar el templo, el fuego se propagara al resto de la ciudad. En cambio, enviaron a la guardia pretoriana con picos, hachas y otros instrumentos, que en pocas horas destruyeron aquel hermoso edificio[8].

Al día siguiente, fue publicado el edicto de proscripción. Todos los cristianos que ocupaban cargos de Estado debían abjurar, so pena de degradación. Los demás perderían sus derechos civiles y se les incapacitaría para presentar demanda de ninguna clase ante los tribunales. Finalmente, se autorizaba el uso de la tortura en los interrogatorios. Los esclavos no podían ser liberados. Todos los ejemplares de las Escrituras serían quemados públicamente, las iglesias, destruidas, y confiscados todos los bienes eclesiásticos. Un cristiano noble de nacimiento arrancó el edicto y lo rompió en pedazos, exclamando con desdén: «Éstos son los triunfos de los godos y de los sarmatos». En seguida le prendieron y le condenaron a ser quemado a fuego lento. La constancia con que soportó aquel suplicio extrañó y hasta llegó a mortificar a sus verdugos[9].

La triste impresión producida por el edicto hizo más terrible aún la fecha de su publicación. En muchas provincias se publicó durante las fiestas de Pascua; en otras, el mismo día de la fiesta. Una de las cláusu-

---

6. Eusebio, *H. E., VIII*, cap. I.
7. Este detalle demuestra la importancia que había alcanzado ya la nueva religión.
8. Lactancio, *Sobre la muerte de los perseguidores*, cap. XII.
9. Lactancio, *Sobre la muerte de los perseguidores*, cap. XIII (véase también Neander, *op. cit.*, cap. I, pp. 205 y 206; Robertson, cap. I, p. 145).

las del edicto era de tal naturaleza, que produjo profunda impresión hasta en los más firmes. Anteriormente, cuando se había tratado de combatir al cristianismo, persiguieron a los obispos y los doctores, y como en esta nueva persecución, este medio no produjera los resultados apetecidos, cambióse de rumbo. Comprendíase mejor la importancia de las Escrituras y se pensó en hacerlas desaparecer, esperando por este medio dar el golpe decisivo al vivo manantial del cristianismo; con lo que quedó probado una vez más que el poder y la sabiduría humanos, aún en la Roma imperial, no eran más que vanidad. ¡En vano se conjuraban contra Dios! ¡En vano habrían logrado apagar aquella luz destruyendo todos los ejemplares de las Escrituras! Dios habría cuidado de los suyos, ya que su poder para conservar y dar a conocer el Evangelio era el mismo que había sido antes. Es más, tal vez, para la Iglesia no haya sido tan desventajoso, como se pudiera suponer, el que hayan desaparecido los antiguos y venerados ejemplares de los escritos sagrados... Con razón o sin ella, se suponía que algunos habían sido escritos por los apóstoles o por sus inmediatos discípulos y es posible que fueran más venerados los mismos volúmenes que las verdades que contenían. Por lo demás, sea por destrucción sistemática ordenada por Diocleciano, o por otra causa, lo cierto es que ninguno de los manuscritos anteriores a su reinado ha llegado hasta nosotros[10].

Muchos de los magistrados del imperio estaban dispuestos a aplicar el edicto con todo rigor, mientras que otros procuraban eludirlo prudentemente en cuanto les fuera posible. Mensurio, el obispo de Cartago, llevó inmediatamente a su casa todos los manuscritos que había en la Iglesia y puso en su lugar otros libros heréticos, de poco valor. Cuando llegó la policía, se apoderó de ellos, sin hacer ninguna objeción. Algunos senadores informaron al procónsul de lo que el obispo había hecho y le aconsejaron que mandara hacer un registro en casa del prelado; pero el procónsul no hizo caso ninguno de aquellas observaciones. A otro obispo de Numidia, que sentía repugnancia de hacer entrega de los ejem-

---

10. Tischendorf, en la p. 12 de la edición *Tanchnitz* del Nuevo Testamento, emite la opinión de que el *Codex Sinaïticus* pudiera ser uno de los cincuenta ejemplares de los *Sagrados libros* que Constantino mandó que se copiaran en preciosos pergaminos, bajo la dirección de Eusebio (véase Eusebio, *Vida de Constantino IV*, cap. XXXVI y XXXVII, ed. Gredos, Madrid, 1994).

plares de los *Sagrados libros,* la policía le aconsejó que entregara los manuscritos de menor importancia que tuviera en su poder. Esta nueva prueba de fidelidad de los cristianos para con el Salvador sirvió para poner de relieve sus diversos caracteres. Cierto número, cediendo al miedo de la cárcel y de la tortura, entregaron al instante los ejemplares del Nuevo Testamento que tenían en su poder, los cuales fueron quemados en las plazas públicas. A estos, les llamaron *traditores* («que hacen traición, o que entregan»), los cuales fueron excluidos de la comunión de la Iglesia.

En las persecuciones anteriores, ya fuere porque no se sintieren bastante fuertes para mantener su fe hasta el fin, ya porque se creyeran, por la situación personal en que se hallaban, autorizados para aplicar el consejo de Jesús a sus discípulos –«Cuando os persiguieren en una ciudad, huid a otra» (Mt. 10:23)–, muchos cristianos huyeron para evitar la persecución. Pero esta vez las pesquisas fueron tan generales y tan vigorosas, que se hizo imposible la huida. En África, en aquella tierra clásica del celo ardiente e intrépido hasta la temeridad, muchos cristianos ni siquiera esperaron ser llamados por las autoridades, sino que se adelantaron y confesaron que poseían *Libros sagrados,* pero que no estaban dispuestos a entregarlos. El prudente obispo Mensurio se negó a conceder a éstos el codiciado título de mártires. Alejados de ambos extremos, en todas partes hubo hombres y mujeres que, sin provocar el martirio, no buscaron subterfugios ni excusas, sino que por el poder de la fe, resistieron valientemente a toda la malicia del enemigo, hasta obtener la corona de la victoria.

Apenas empezaba la persecución, cuando un accidente imprevisto contribuyó a que se decretaran castigos más rigurosos. Se pegó fuego al palacio imperial de Nicomedia, iniciándose en la misma habitación de Diocleciano. Naturalmente que se acusó de ello a los cristianos. Diocleciano, tan alarmado como indignado, hizo torturar a toda la servidumbre, presidiendo en persona los tormentos y las declaraciones de aquellos infelices. Quince días después, se originó un nuevo incendio en el palacio, y Galerio, temiendo ser abrasado, abandonó principalmente la ciudad. En cuanto a Diocleciano, poseído de ira, obligó a su esposa y a su hija a que sacrificaran a los dioses. Numerosos oficiales de la corte y sacerdotes fueron condenados a muerte con sus familias, martirio que se les impuso por el fuego, la espada o el agua.

Entonces, empezaron en Armenia y en Siria ciertas turbulencias políticas, de las cuales se acusaba al clero cristiano, por lo que se publicó un segundo edicto, ordenando que fueran encarcelados todos los funcionarios eclesiásticos; orden que fue ejecutada con tanta puntualidad, que las cárceles se llenaron de obispos y de sacerdotes, hasta el extremo de no quedar espacio para los criminales[11]. A los tres meses, publicóse un nuevo edicto, por el que se concedía libertad a todos los cristianos encarcelados que consintieran sacrificar a los dioses, obligándoles por todos los medios de tortura posibles. Finalmente, en el año 304, apareció el cuarto y último edicto, más radical aún que el anterior, puesto que hacía extensivas a todos los cristianos las medidas prescriptas por el edicto precedente. Un bando publicado en cada ciudad mandaba a todos los habitantes, ya fueren hombres, mujeres o niños, que se presentaran en los templos. Unas listas nominales servían para llamar a los ciudadanos, uno después de otro; a la salida se hacía una severa indagación de los que habían entrado, prendiendo a todos los que se suponían fueran cristianos. Si bien es cierto que, como otras veces, muchos demostraron ser débiles ante una prueba tan terrible, en todas partes, sin embargo, se manifestaron muchos testigos de Cristo, dispuestos a sacrificar su libertad y hasta su propia vida por el testimonio de su fe.

Ya los perseguidores creían seguro el triunfo. Ya cantaban el himno de victoria, que dice:

«¡Están borrados los nombres de los cristianos que pretendían transtornar el Estado! ¡La superstición cristiana ha sido destruida en todas partes, porque por doquier ha sido restablecido el culto de los dioses!»[12].

Pero al mismo tiempo que los opresores se regocijaban de esta manera, la divina Providencia preparaba la libertad de la Iglesia.

La persecución no llegó jamás hasta las extremidades occidentales del imperio. La Galia, España y la Gran Bretaña se vieron libres de ella. El César de aquellas provincias era Constantino Clore. Bondadoso y

---

11. No fueron encarcelados todos. Sin embargo, Eusebio hace mención de algunos obispos que, descuidándose de apacentar el rebaño de Cristo, fueron condenados por la justicia divina, por indignos, a guardar los camellos y los caballos del emperador *(H. E., I*, cap. VIII; Suplemento, cap. XII).

12. Neander, *op. cit.*, cap. I, p. 214.

humano, sentía simpatía por la Iglesia y, aunque no profesaba personalmente el cristianismo, tenía mucha confianza en los cristianos que le rodeaban y permanecían firmes en la fe. Decía a menudo que aquel que careciera de fidelidad para con Dios, no podía tampoco tenerla para con su príncipe. Sin embargo, no siéndole posible desobedecer los edictos de Diocleciano, mandó derribar algunas iglesias para cubrir las apariencias. Pero cuando, por la abdicación de Diocleciano, vino a ser augusto, su nueva y poderosa posición le permitió proteger abiertamente a los cristianos de las provincias occidentales[13].

En cuanto al Oriente, la abdicación de Diocleciano no atenuó de momento el furor de la persecución. Galeriano fue nombrado augusto y concedió el título de *César* a su sobrino Maximino Daza, que fue establecido sobre las provincias de Siria y Egipto. Este cruel libertino era esclavo de las supersticiones paganas y del engaño de sus sacerdotes y adi-

Moneda de Diocleciano, conmemorando su supuesto triunfo sobre el cristianismo. En la cara está la cabeza del emperador coronada con laurel y la siguiente leyenda: «Diocleciano P[erpetuus] F[elix] Aug[ustus]» *(Diocleciano, inmortal, dichoso, Augusto)*. Al reverso, Júpiter blandiendo los rayos y pisoteando a una persona arrodillada, cuyos pies terminan en rabo de serpiente. La persona de rodillas representa al cristianismo. Esta figura recuerda a Abraxas, el jefe de los cielos. La leyenda dice: «Jovi Fulgeratori» *(A Júpiter lanzando rayos)*. Debajo las letras *PR*, que significan «Pecunia Romæ» *(moneda romana)*. Es una moneda de oro, un poco más grande que las actuales de plata de cincuenta céntimos de peseta[14].

---

13. Neander, *op. cit.,* cap. I, pp. 206–215.
14. Walsh, *Essay on Ancient Coins. Medals and Gems, as Ilustrating the Progress of Christianity in the Early Ages,* Londres, 1830, 3.ª ed.
Maximino Daza hizo acuñar otra moneda parecida.

vinos. Puede decirse que por los medios que empleó para desarraigar el cristianismo, excedió a la crueldad de su propio protector.

Lactancio, que estaba en Nicomedia cuando empezó la persecución y cuya historia escribió, recordando la época anterior, exclamaba: «Aunque tuviera cien bocas, cien lenguas y una voz de hierro, no me sería posible expresar todas las formas de los crímenes que se cometieron contra los cristianos, ni siquiera enumerar todos los suplicios que padecieron (...) Excepto las provincias de Galia, desde el Este al Oeste, tres fieras estaban perpetuamente rabiosas[15].

(...) En Oriente, bajo el imperio de Galiano, la tortura generalmente usada, era ser quemado con poca lumbre. Para esto, se ataba a los cristianos a un palo y, en seguida, se encendía fuego a sus pies, hasta que los músculos contraídos se apartaban de los huesos. Después se aplicaban antorchas encendidas a cada uno de los miembros del paciente, para que fueran quemadas todas las partes de su cuerpo. Mientras tanto, mojaban su cara en agua fresca y humedecían sus labios para evitar que la sequedad de la boca acelerase su muerte. Después de un largo día de padecimientos, la piel de aquellos desdichados quedaba completamente destruida, la fuerza del fuego penetraba en las partes vitales, y morían. Sus cuerpos eran quemados en una hoguera fúnebre, y sus restos, ya reducidos a polvo, eran arrojados al agua»[16].

No nos olvidemos de añadir que este ensayo de extirpación del cristianismo a menudo parecía demasiado horrible a los mismos paganos. En Alejandría, los habitantes escondieron en sus casas a muchos cristianos que eran perseguidos, y algunos prefirieron la pérdida de sus bienes y de su libertad antes que hacer traición a los que se habían refugiado bajo su techo[17].

Llegó una época en la que los cambios políticos eran frecuentes. Los

---

15. Diocleciano, Galerio y Maximiano. Este último fue *augusto* en Occidente desde los años 286 hasta el 305, y más tarde desde el 306 al 308, e hizo aplicar rigurosamente los edictos en Italia. En el anfiteatro de Verona aún se ve cierto número de celdas y calabozos, donde se supone que las víctimas eran encerradas antes de que fueran introducidas en la plaza. Son muy estrechas y sólo reciben claridad por la puerta. Según la tradición, los mártires Firmus y Rusticus fueron encerrados en ellas durante la persecución de Maximiano. En el mismo anfiteatro se ven aún cuatro jaulas para las fieras.

16. Lactancio, *Sobre la muerte de los perseguidores,* cap. XVI, XXI,

17. Atanasio, *Historia de los arrianos,* cap. VIII, § 64 (véase también Neander, *op. cit.,* cap. I, p. 214).

Capítulo VIII

Cambios políticos en el siglo IV

emperadores y los césares se sucedían con inusitada rapidez en la escena del mundo. Diocleciano abdicó en el año 305, y sus sucesores aumentaron el número de los augustos. En 306, a la muerte de Constantino Cloro, logró la investidura de *César* su hijo Constantino *el grande,* que dos años después fue declarado *augusto*. Su colega en Oriente fue Majencio, que en aquellos desgraciados tiempos adquirió gran celebridad por sus vicios, su codicia y su crueldad. En 307, fue proclamado *augusto* Licinio, *el labrador lacio,* que más tarde se casó con la hermana de Constantino. Al año siguiente, Maximino Daza, sobrino de Galerio, alcanzó también aquella dignidad. A la muerte de Galerio, acaecida en el año 311, estos dos augustos se repartieron el gobierno de Oriente.

Parece que ya en 307 la persecución cesó en Occidente, mientras que en Oriente, Galerio y Maximino Daza continuaron haciendo reinar el terror. Ninguna persecución ordenada por el gobierno imperial había hecho correr tanta sangre como la que tuvo lugar durante los años 308 al 311. En ella perecieron la inmensa mayoría de los que la Iglesia oriental conmemora con el título de *los mártires de Diocleciano*[1].

Galerio, sin embargo, llegó a convenir que la obra diabólica a la cual se había dedicado era superior a sus fuerzas. En 311, bajo el peso de una horrible enfermedad[2] y persuadido de la ineficacia de las medidas emplea-

---

1. *Dict. Christ. Biog.,* art. «Galerio».

das para ahogar la religión cristiana, hizo publicar un edicto que firmó juntamente con Liciano y Constantino, por el cual ponía fin, al menos virtualmente, al conflicto entre el imperio y la Iglesia. En este notable documento, el moribundo emperador hacía una alusión llena de respeto al Dios de los cristianos y reconocía la eficacia de las oraciones de éstos. Empezaba acusando a los cristianos de haber abandonado la religión de sus padres y declaraba que los emperadores se proponían hacer que volvieran a ella. Pero ya que resultaba evidente que no podían adorar a la vez a su Dios y al mismo tiempo ofrecer sacrificios a los dioses paganos, los emperadores resolvían darles una prueba de su acostumbrada bondad: en lo sucesivo, podrían celebrar sus asambleas libremente, a condición de que no sucediera en ellas nada que fuere contrario al buen orden...

«Desde ahora y con motivo de la indulgencia con que les tratamos, los cristianos tendrán la obligación de elevar oraciones a su Dios por nuestra prosperidad y por la del Estado (...) a fin de que puedan vivir en paz»[3].

Pocos días después, murió Galerio... Grande fue la alegría de los cristianos al conocer aquella noticia tan fausta como inesperada. En grupos regresaban del destierro, de las cárceles y de las minas. Los caminos, las calles y las plazas estaban atestadas de confesores que cantaban salmos y acciones de gracias... Hasta los paganos, admirados por tan rápida transformación, exclamaban que el Dios de los cristianos era el «solo Dios grande y fiel»[4].

Desgraciadamente, Maximino Daza consintió tan beneficiosa modificación únicamente como medida política, por lo cual no se pasó mucho tiempo sin que usara contra los cristianos nuevos e ingeniosos procedimientos. Procuró galvanizar el paganismo, dotándole de una jerarquía semejante a la de la Iglesia. Personajes de alto rango fueron nombrados pontífices principales, a los cuales se vistió con túnicas blancas y se les instaló en sus nuevos cargos con gran pompa. Los templos paganos que estaban arruinados fueron reconstruidos y los sacrificios fueron ce-

---

2. Fue literalmente «comido por los gusanos». Es imposible describir su agonía; todo el palacio se llenó del insoportable olor de sus llagas. Milman hace observar que Herodes, Galerio y Felipe II de España, los tres, murieron de tan terrible enfermedad *(Hist. of Christ. II*, p. 227).
3. Neander, *op. cit.,* cap. I, pp. 216 y 217.
4. Eusebio, *H. E., IX,* cap. I.

lebrados con regularidad y esplendor. Se concedió autoridad a los pontífices para obligar a frecuentar los actos de su culto a toda clase de personas, sin distinción, esclavos, libres, hombres, mujeres, hasta los niños de más corta edad, so pena de toda clase de castigos, excepto el de muerte.

Dióse orden de rociar con agua y vino, que hubiesen servido en los sacrificios, todas las provisiones que eran traídas a los mercados; se instalaron vigilantes a las puertas de todos los baños públicos, para que hicieran otro tanto con todos los que salían. No se contentó con esto Maximino Daza, sino que imaginó un medio astuto para desacreditar el cristianismo: fueron repartidas con profusión unas «imaginarias» *Actas de Pilato,* llenas de blasfemias contra Cristo; los maestros de escuela se vieron obligados a darlas a los niños y a hacérselas aprender de memoria. Con este motivo, los muchachos se burlaban constantemente de los nombres de Jesús y de Pilato[5].

Milman observa que «en general, la política del emperador consistía en una modesta y cansada opresión y en la imposición de castigos que provocaban el dolor y la miseria, sin que sus víctimas tuvieran el consuelo de morir por la fe. Los peregrinos tenían que soportar todos los sufrimientos que ocasionaba el martirio, sin lograr el honor de los mártires».

En verdad, algunos cristianos fueron condenados a muerte; uno de ellos fue Pedro, el obispo de Alejandría. Pero la mayor parte de las víctimas sufrieron horribles mutilaciones: a unos se les sacaron los ojos, mientras que muchos fueron enviados a trabajos forzados en las minas más peligrosas[6].

El populacho pagano secundaba a maravilla los proyectos del emperador, ya fuera por odio a los cristianos, o por complacencia servil para con los gobernantes. Antioquía, Tiro, Nicomedia y otras ciudades importantes enviaron peticiones solicitando autorización para que ningún enemigo de los dioses pudiera residir dentro de la ciudad, ni tampoco celebrar en ella su culto; mientras que la ciudad de Tiro, en su ferviente servilismo, hizo que la respuesta del emperador fuera grabada en una plancha de cobre, cuyo recuerdo ha conservado Eusebio. En ella, empieza el empe-

---

5. Eusebio, *Mártires de Palestina,* cap. IX (véase *H. E.,IX,* cap. V, VII).
6. Milman, *Hist. of Christ.,* cap. II, p. 233.

rador por felicitar a los ciudadanos de Tiro por su piedad, aplaudiendo los importantes resultados que ha producido y, a renglón seguido, se alaba a sí mismo por poseerla:

«Gracias a la bondadosa protección de los dioses, la tierra no ha malogrado las esperanzas del labrador, como en otras ocasiones, y el país no ha tenido que padecer ni la desolación producida por la guerra, ni por las tempestades, ni por los terremotos. ¡Que los cristianos admiren las inmensas llanuras donde ondulan las espigas, cargadas de granos que alegran los prados! ¡Que consideren también cuán puro y confortable es el aire que respiramos! Que todos se alegren al ver vuestra piedad, vuestra veneración por los dioses, vuestros sacrificios que nos han hecho propicios al poderoso Marte y que, en adelante, en medio de vuestros goces y alegrías, podáis disfrutar de una paz dichosa y firme».

¡Vanas palabras, a las que debían desmentir futuros sucesos! La próxima cosecha se perdió, porque las lluvias invernales no fecundizaron a tiempo los campos. Todo el Oriente fue desolado por el hambre. El trigo se pagó a precios exorbitantes. Considerable número de gentes murieron en las ciudades y en el campo se despoblaron muchas aldeas. Para huir de la muerte, se alimentaban con yerbas y restos de heno. Reducidos muchos a esqueletos, recorrían las calles, vacilaban y caían muertos, pronunciando la palabra «hambre», y sus cadáveres eran comidos por los perros. En medio de las calles, se tropezaba con mujeres mendigando que, por sus vestidos, se les reconocía como señoras de alta alcurnia. La avidez del emperador aumentó el horror del desastre. Por orden suya, se apoderaron de los graneros públicos y particulares, que eran cerrados con el sello del soberano. Rebaños enteros fueron arrebatados a sus dueños para servir en los inútiles sacrificios... Y mientras tanto, la corte, insultando la miseria del pueblo, vivía con excesivo lujo, al mismo tiempo que el ejército, compuesto por extranjeros y bárbaros provistos abundantemente, malgastaban lo suyo y robaban con impunidad.

Como consecuencia de una alimentación insuficiente y malsana, no tardó en aparecer la peste. Los pacientes veían sus cuerpos llenarse de tumores. Donde más generalmente les atacaba era en la vista, y multitud de gentes quedaron ciegas. Las casas de los ricos que no padecieron el hambre eran las que más sintieron los efectos de la enfermedad; por lo cual, tropezábase a menudo por las calles con cortejos fúnebres[7]. Al principio, las familias ricas paganas habían demostrado cierta liberalidad para con los desgraciados, pero viendo que éstos aumentaban cada día, empezaron a preocuparse de sí mismas y se negaron a socorrer a los infelices. Solamente los cristianos estuvieron a la altura de las circunstancias y demostraron de qué espíritu estaban animados, haciendo toda clase de esfuerzos para atenuar la miseria general. Visitaron las casas infestadas por la enfermedad, cuidaron de enterrar a los muertos y, recogiendo por las calles a la extenuada muchedumbre, les repartían pan.

«Así –explicaba Eusebio–, aquellos desgraciados bendecían al Dios de los cristianos y reconocían, además, que éstos eran los únicos que demostraban la más sincera piedad»[8].

En el año 312, Majencio tomó las armas, con el objeto de vengar la muerte de su padre. Constantino marchó contra él, y estando a unas cuantas millas de Roma, colocó sus avanzadas en Saxa Rubra, junto al pequeño río Cremara, y se adelantó a lo largo de la vía Flaminia, hasta las puertas de la ciudad. Majencio le dio la batalla frente al Tíber, teniendo detrás a Poncio Milvio, como a una milla de las puertas de Roma, el 26 de octubre de 321. Se dice que fue en la víspera de la batalla cuando tuvo Constantino la célebre visión que le decidió a tomar la cruz por enseña. Véase cómo la relata Eusebio:

«Sabíase que Majencio se preparaba para la lucha, usando ritos mágicos. Constantino sintió la necesidad de procurarse una ayuda sobrenatural para luchar contra su adversario. Reflexionando sobre la conveniencia de ponerse bajo la protección especial de algún dios, recordó que Constancio, su padre, había sido siempre afortunado, mientras que los que habían perseguido a los cristianos habían acabado siempre mal. Entonces tomó la resolución de abandonar el culto de los ídolos e implorar al Dios único y supremo, que había sido el Dios de su padre. Hallándose ocupado en estas reflexiones, cerca del mediodía, vio dibujarse en el cielo una luminosa cruz y, debajo de ella, leíanse estas palabras: «Con esta enseña triunfarás»[9]. En presencia de tal prodigio, el emperador quedó grandemente per-

---

7. Eusebio dice «en las calles de la ciudad». Es probable que hiciera referencia a la ciudad imperial de Nicomedia.
8. Eusebio, *H. E., IX,* cap. VII y VIII.

plejo, deseando conocer el sentido de aquella visión. Durmióse después, y en sueños se le apareció Cristo con la misma enseña que había visto en el cielo, diciéndole que, si quería salir siempre victorioso, debía hacerse un estandarte de la misma forma. Al despertarse, hizo llamar a los doctores cristianos y les pidió que le instruyeran respecto del Dios que se le había aparecido y le explicaran el sentido de la visión. Después de haber sido instruido por ellos en la doctrina cristiana, mandó hacer un estandarte según el modelo que le había sido revelado. Éste fue el célebre lábaro *(labarum),* o sea, el estandarte de la Cruz, que durante mucho tiempo fue llevado al frente de los ejércitos imperiales y que más tarde fue conservado en Constantinopla como una santa reliquia. Se componía de un largo palo dorado atravesado por otro, en forma de cruz. En lo alto había una corona de oro, guarnecida de piedras preciosas, llevando las dos letras griegas entrelazadas *XP,* que forman el monograma de Cristo[10]. Atóse al palo un paño de púrpura, bordado de oro y adornado con piedras preciosas, en cuyo centro se bordaron los retratos del emperador y de sus hijos»[11].

¿Qué pensaremos de aquel suceso? ¿Cómo podrá saberse lo que fue producto de la imaginación o de la invención? ¿Hubo algo de verdad? Estas preguntas han preocupado y dividido a los historiadores. Milman dice:

«Sobre este hecho tan interesante, como inexplicable, existen tres teorías principales: según la primera, se trata de un verdadero milagro; según otra, se trata de un fenómeno natural que había impresionado la imaginación del emperador y, finalmente, otra defiende que Constantino o Eusebio la habrían inventado».

Milman, de acuerdo con Neander, Robertson y otros autores de estas teorías, admite la segunda. Cree que la leyenda sobre la cruz tuvo por origen una simple preocupación del emperador, que poco a poco vino a considerarse como parte integrante de la visión.

«Por consiguiente, y por vez primera, el manso y humilde Jesús vino

---

9. «In hoc vince».
10. Las letras *XP* eran usadas como abreviación de la palabra «Cristo».
11. Eusebio, *Vida de Constantino I,* cap. XXI, XXVI.
Lactancio, contemporáneo de aquel suceso, hace mención de él, diciendo solamente: «Constantino, avisado por un sueño, hizo colocar el signo celeste en los broqueles de sus soldados y dio comienzo al combate, como le había sido mandado en la visión» *(Sobre la muerte de los perseguidores,* cap. XLIV).

a ser el Dios de las batallas, y la cruz, la señal de la redención, vino a ser la enseña que presidía a las luchas sangrientas. Tal y tan irreconciliable contradicción entre el símbolo de la paz universal y los horrores de la guerra es un testimonio absoluto contra todo lo milagroso y sobrenatural de la visión»[12]. Y el ejército de Majencio fue vencido. Constantino hizo su entrada triunfal en Roma y, para perpetuar el recuerdo de su victoria, hizo levantar el Arco de triunfo que aún lleva su nombre[13]. Señaló más dignamente su triunfo con la promulgación, de acuerdo con Licinio, del memorable edicto de tolerancia universal refrendado en Milán. Un año más tarde, lo amplió desde Nicomedia[14].

En la lucha entre Constantino y Majencio, Maximino Daza había ayudado secretamente al último. Después de su derrota, demostróse en abierta hostilidad y declaró la guerra a Constantino y a Licinio. Su ejército fue completamente derrotado. Antes había hecho voto de que, si triunfaba, exterminaría hasta el nombre de *cristiano*. Después de una derrota tal, su ira le aconsejó vengarse de otro modo y, en su desesperación, hizo matar a varios sacerdotes paganos y adivinos, cuyas pretendidas relaciones le habían engañado de modo tan cruel. Hizo más: en las provincias que permanecieron fieles a él, concedió la mayor libertad a los cristianos y dispuso que se devolvieran a las iglesias los bienes que les habían sido usurpados. Pocos meses después, murió de la manera más triste, consumido, según se decía, «por un fuego interior»[15].

Así terminó, por fin, aquella gran persecución, que había durado diez años. Gibbon calcula en dos mil el número de los que perecieron violentamente. Es bien poco, por cierto; pero aunque admitiéramos esta cifra, tendríamos una idea bien incompleta de los sufrimientos de aquellos mártires: los tormentos físicos, la angustia moral que padecieron, no sólo los confesores, sino también sus familias y amigos, la ruina mate-

---

12. Milman, *Hist. of Christ.,* cap. II, pp. 286–288.
Milman cita a Mosheim, en apoyo de su opinión (cf. Neander, *op. cit.,* cap. III, p. 18–16; Robertson, *op. cit.,* cap. I, p. 180).
13. En la lámina representando el Arco de Triunfo de Tito, se distingue, al fondo y a la derecha, el Arco de Triunfo de Constantino.
14. A este segundo edicto, se le conoce también con el nombre de Edicto de Milán.
15. Eusebio, *H. E., IX,* cap. X.

rial y, por encima de todo esto, los remordimientos ocasionados por la infidelidad de algunos en los momentos de prueba, centuplicaron la tribulación por la que pasó la Iglesia. No se sabe cuántos se doblegaron ante el temor, ni cuántos abandonaron la fe. Eusebio confiesa que no quiso tomarse la molestia de recordarlos: «No haremos mención de los que, finalmente, por su propia voluntad, se precipitaron al abismo»[16].

Pero es preciso añadir que no sólo fueron los cristianos los que padecieron bajo la tiranía de tan tormentoso período. Como hemos visto, el imperio fue combatido por guerras civiles. Los impuestos apuraron de tal manera a los labradores, a los artistas y a los comerciantes que, usando la enérgica expresión de Lactancio, «sólo quedaban los mendigos libres de contribución». Para cobrar las contribuciones, a menudo se empleaba la tortura y el suplicio inventado contra los cristianos, de abrasarles a fuego lento, lo cual vino a ser más tarde el medio para que pagaran los impuestos los desgraciados habitantes de las provincias[17].

Debemos hacer mención de algunos ejemplos de fe y de constancia

---

16. Eusebio, *H. E., VIII*, cap. II.
17. Lactancio, *Sobre la muerte de los perseguidores*, cap. XXIII (véase Milman, *op. cit.*, cap. II, pp. 223 y 224).

Capítulo IX

Los mártires
de Oriente

que protagonizaron algunos cristianos en aquella época degenerada. Al historiador le repugna siempre contar ciertos detalles de tremendas barbaridades y de los tormentos crueles a que sujetaban a los fieles perseguidos. Pero en tiempos como los actuales, cuando disfrutamos de reposo y seguridad, es justo recordar cuán cara pagaron la tolerancia de que disfrutamos actualmente aquellos ilustres antepasados, nuestros padres en la fe.

Una de las más antiguas escenas de la persecución que podemos recordar tuvo lugar en Abitina, ciudad de Numidia. Un corto número de cristianos, entre los cuales se menciona a un niño, fueron sorprendidos y presos en la casa de un lector de la Iglesia. Estaban reunidos con el propósito de oír la lectura de la Palabra de Dios y de tomar la comunión. Conducidos a Cartago para que comparecieran en presencia del procónsul, durante la travesía cantaron himnos de alabanza. Algunos de entre ellos fueron puestos en tortura, con objeto de que acusaran a otros. Se hace mención de las exclamaciones y las frases entrecortadas que les arrancaban los sufrimientos, las que confirman la veracidad del relato y que, al mismo tiempo, demuestran una gran conformidad espiritual entre ellos y nosotros.

El primero que sufrió el tormento fue el senador Dativo. El procónsul le preguntó:

«–¿Cuál es tu participación en este asunto? ¿Asististe a la reunión?

–Yo soy cristiano –respondió–, y estuve presente.

–¿Dónde se celebró y quién la presidía? –preguntó aún el procónsul y, sin esperar respuesta, hizo colocar a Dativo sobre el caballete *(equuleus)* y ordenó que con garfios de hierro desgarraran sus carnes.

Pero apenas los verdugos hubieron despojado de sus ropas a Dativo y traído los garfios para proceder a su horrorosa tarea, otro preso, llamado Telica, pasó por entre los demás, exclamando:

–¡Todos somos cristianos y todos estábamos presentes en aquella reunión!

Exasperado el procónsul ante aquel atrevimiento y tan descarada profesión de fe, ordenó que Telica fuera atado también al caballete y cruelmente azotado. La tortura no pudo vencer la paciencia y el valor de aquel desgraciado. En su dolor, amonestaba a sus verdugos e invocaba el auxilio de Dios y de Cristo, su Salvador:

–¡Estáis equivocados! –les decía– ¡Sois unos desdichados que os cebáis en un inocente! ¡Nosotros no somos ni asesinos, ni ladrones! ¡Oh Dios, ten piedad de mí! ¡Dame la fuerza de sufrir por tu Nombre! Aun siendo incapaz de hacerlo, te doy gracias por ello.

Al oírle el procónsul, comenzó a ultrajarle:

–Ahora empiezas a saborear los padecimientos que trae consigo el crimen.

Y Telica, como si ya participara de la gloria futura, exclamó:

–¡No hables de crimen, sino de gloria! Doy gracias al Rey de los reyes. ¡Ya estoy viendo su reinado eterno e imperecedero! ¡Oh, Señor Jesús, nosotros somos cristianos! ¡Nosotros somos tus servidores! ¡Tú eres nuestra esperanza! ¡Oh Dios, el más santo, el más elevado, el Todopoderoso, te alabamos por el amor de tu Nombre!

El procónsul le replicó:

–Más te valiera obedecer las órdenes del emperador.

A lo cual, contestó Telica, anonadado en su cuerpo, pero con el alma valerosa:

–Yo no respeto otra ley que la de Dios; ésta es la ley que me ha sido enseñada, que quiero guardar y por la cual sabré morir. ¡Esta ley me hará perfecto, porque no hay otra como ella!

Dativo, aunque desgarradas sus carnes en el caballete, le animaba con sus palabras y con sus oraciones:

–¡Oh Cristo, ven en mi ayuda! –exclamaba– ¡Te suplico que tengas piedad de mí! ¡Preserva mi alma del desfallecimiento y concédeme el valor necesario para padecer por tu causa!

Cuando tocó el turno al lector para ser interrogado, el procónsul le dijo:

–Tú no debieras haber admitido a estas gentes en tu casa.

A lo cual le replicó que *no podía hacer otra cosa sino recibir a sus hermanos.*

–Las órdenes del emperador debieran tener mayor autoridad para ti –díjole el procónsul.

–Dios es más grande que el emperador. ¡Oh, Señor Jesús, ayúdame!

–¿Tienes en tu casa alguno de vuestros libros sagrados?

–Sí, tengo algunos, cuyo contenido está impreso en mi corazón».

Entre los prisioneros había una niña llamada Victoria, cuyo padre y hermano eran paganos. Su hermano la acompañó al tribunal, con el objeto de persuadirla a que renunciara a su religión y obtener por este medio su libertad. Cuando la oyó decir con voz firme que era cristiana, aseguró que no estaba en sí. A lo que ella replicó:

«–Nada de eso; ésta es mi convicción y no la cambiaré nunca.

El procónsul le preguntó si no quería irse con su hermano:

–No –le replicó–, porque soy cristiana. Mis hermanos son aquellos que obedecen los mandamientos de Dios».

El procónsul pensó que, a lo menos, le sería fácil intimidar a un niño que fue traído con los demás presos. Pero el poder de Dios se reveló claramente en aquella criatura, cuando dijo al magistrado:

«Haz lo que quieras, que yo también soy cristiano»[1].

Otro confesor del norte de África, Félix, el obispo de Tubzoca[2], resistió todas las violencias de que fue víctima para hacerle entregar un ejemplar de la Biblia:

«Tengo en mi poder nuestros *Sagrados Libros,* pero nada podrá obligarme a entregarlos. Más vale que me queméis a mí, que no a las Sagradas Escrituras. Prefiero obedecer a Dios antes que a los hombres»[3].

Eusebio nos ha conservado la descripción de los tormentos que pade-

---

1. Ruinart, *Acta sincera,* pp. 415–422.
2. Así se la menciona en el *Acta;* se supone que se trata de Thibaris.
3. Ruinart, *Acta sincera,* pp. 390 y 391.

cieron los mártires de Egipto y de Oriente. Es bastante extensa y desgarradora. En algunas ocasiones, habla como testigo ocular: «He asistido al martirio de varios cristianos. Unos eran quemados vivos; otros eran decapitados, y en tan gran número que la espada del verdugo se embotaba y se rompía en sus manos. Causaba maravilla ver a hombres perteneciendo a la alta sociedad, a ricos y a sabios, preferir el testimonio dado por Jesucristo a todo lo demás».

Pero en su excesiva admiración por el martirio, Eusebio no sabía distinguir entre los que se resignaban pacientemente a la muerte y los que la provocaban por su fanatismo. Cuenta que había quienes ni siquiera esperaban que les prendieran, sino que se apresuraban a presentarse ante el tribunal, declaraban que eran cristianos y, cantando himnos de alabanza, se sometían al castigo que se les imponía[4].

A los cristianos no sólo se les juzgaba por los oficiales de justicia, sino que muchas veces eran entregados al furor de la muchedumbre, que en varias ocasiones se lanzó contra ellos con mazos, palos, látigos y cuerdas. Los verdugos hacían prodigios de ingenio para apagar la energía de los cristianos y prolongar su agonía. Las extremidades de sus cuerpos eran fuertemente atadas a robustas ramas de árboles, dobladas al efecto, después de lo cual desataban dichas ramas, y los cuerpos de los mártires eran destrozados. A otros se les colocaba sobre el caballete, se les ataban las manos a la espalda y, no solamente se les estiraban exageradamente los miembros, sino que con unas tenazas se les desgarraba todo el cuerpo. A otros se les colgaba de una mano, a otros se les crucificaba cabeza abajo; finalmente, a otros, después de haber tenido los pies en dos cepos, lo más distante uno de otro, eran azotados hasta que morían. Los mártires a menudo se sentían consolados con la simpatía y la admiración de la multitud. Muchas mujeres se precipitaban para besar el borde de sus vestidos y las cenizas lanzadas al viento y los huesos insepultos eran recogidos y piadosamente guardados para alimentar la fe y la piedad de los que les sobrevivían[5].

Entre los relatos que han llegado hasta nosotros, vemos que Palestina

---

4. Eusebio, *H. E., VIII.*

M. de Pressensé cree ver en la conducta de estos cristianos «la señal del progreso de la Iglesia, al mismo tiempo que cierta alteración del sentimiento religioso» *(Historia de los tres siglos,* 2.ª serie, cap. I, p. 290).

5. Eusebio, *H. E., VIII,* cap. IX y X (véase también Milman, *op. cit.,* cap. II, p. 226).

dio gran número de mártires, lo cual no prueba que la persecución fuese allá más violenta que en otras partes, sino que el historiador Eusebio vivía en Cesarea y fue testigo de muchas escenas dolorosas. La persecución había empezado en aquella ciudad, donde se habían refugiado varios obispos de las regiones vecinas, que demostraron con su ejemplo el poder de la fe. Uno de ellos fue arrastrado por fuerza al altar, le pusieron la ofrenda impía en su mano derecha y lo despidieron, haciendo creer al pueblo que había sacrificado. Otro, a quien se quería obligar del mismo modo, daba grandes voces, protestando de imputación tan injuriosa y se le hizo callar dándole fuertes golpes en la boca, arrastrándole después violentamente lejos del altar. Pero a pesar de la protesta y de las violencias, su nombre apareció en la lista de los otros cristianos que habían sacrificado a los ídolos[6].

En Palestina, lo mismo que en otras partes de la Siria, se notaron varios actos de entereza religiosa, no menos nobles, pero más razonables que algunos ocurridos en Egipto. Mencionaremos a Apiano, el cual había nacido en Lycia y había estudiado en Berite. Era joven, puesto que apenas contaba treinta años, y además era rico. Para poder practicar el cristianismo huyó de la casa paterna y, llegado a Cesarea, se hizo discípulo de Eusebio; era, por entonces, el tercer año de la persecución. Los pregoneros anunciaban que tanto los hombres, como las mujeres y niños, todos debían ir a los templos paganos. Los tribunos militares, con sendas listas en las manos, llamaban a los ciudadanos, unos después de otros. Y al oír sus nombres, los paganos se precipitaban a los altares. Apiano, aprovechando la ocasión de no ser visto por nadie, salió de la casa de Eusebio y se dirigió al Foro, donde el procónsul Urbano estaba haciendo una libación. Atravesó silenciosamente a los guardias que le rodeaban, acercóse al procónsul y, cogiéndole de la mano derecha, le exhortó a que abandonase el camino de la idolatría, asegurándole que estaba muy equivocado al dejar el culto del verdadero Dios para adorar a los ídolos y demonios. No pudo decir más porque los soldados le prendieron, le pega-

---

6. Eusebio, *Mártires de Palestina,* cap. I.

Pedro *el Mártir,* obispo de Alejandría, dijo que algunos cristianos eran echados al suelo, que se les obligaba, por medio de mordazas, a tener la boca abierta y se les echaba vino y carnes sacrificadas a los ídolos. A otros les ponían en las manos carbones encendidos e incienso y les obligaban a echarlos sobre el altar *(Epístola canónica,* cap. XIV).

ron y le encarcelaron. Después de haber padecido la tortura durante toda la noche, al día siguiente, tuvo que presentarse de nuevo y otra vez fue cruelmente atormentado para obligarle a sacrificar. Después de tres días, viendo sus verdugos que todos sus esfuerzos eran inútiles para vencer su constancia, le echaron al mar, donde se ahogó[7].

En la ciudad de Gaza, se reunieron algunos cristianos para leer la Biblia, los cuales fueron presos y sujetos al tormento. Una mujer insultada y violentada de un modo odioso, manifestó en alta voz su indignación contra el emperador, que confiaba la administración del imperio a tan inicuos magistrados. Esto fue suficiente para que fuera sometida a nuevos tormentos, ante los cuales una mujer de entre los espectadores se sintió tan tristemente impresionada, que exclamó: «¿Por cuánto tiempo te propones atormentar con tanta crueldad a mi hermana?». El magistrado, encendido de ira ante aquella protesta, la hizo prender y conducirla al altar para que sacrificase, pero fue tanta su resistencia, que logró derribar el fuego y el incienso del altar. Entonces, el magistrado mandó que ambas mujeres fueran atadas y quemadas juntamente[8].

Al mismo tiempo, era condenado y ejecutado otro confesor llamado Paulus, que soportó la muerte con heroico valor. Pidió al verdugo que le concediera unos momentos y, puesto de rodillas, hizo oración a Dios, intercediendo a favor de sus compañeros de martirio, suplicándole concediera pronto a la Iglesia la paz y la libertad; oró a favor de los judíos y de los samaritanos y rogó por los paganos que aún vivían en la ignorancia y en el error, para que aprendieran a conocer al verdadero Dios. Intercedió a favor de la multitud que le rodeaba y, finalmente –«¡oh, admirable dulzura!», exclamaba el historiador–, oró a favor del juez que le condenó a muerte, de los funcionarios del imperio y de su propio verdugo, suplicando a Dios que no les imputase aquel pecado[9].

Romano, diácono y exorcista[10] de Cesarea, que cuando la demolición de su iglesia se fue a Antioquía, al ver tan considerable número de gentes que se acercaban al altar para sacrificar a los ídolos, no pudo menos

---

7. Ídem, cap. IV.
8. Ídem, cap. VIII
9. Ídem, cap. I, IV, VIII.
10. En su origen, el poder de exorcizar era considerado en la Iglesia como un don especial. Las *Constituciones apostólicas* dicen que «el exorcista no necesita estar ordenado, porque aquel don pro-

que vituperarlos en alta voz y fue preso al instante y condenado a morir en la hoguera. Atáronle al palo, amontonaron leña a su alrededor y, mientras los verdugos esperaban la orden de prenderle fuego, exclamó: «¿Dónde está el fuego?». Sólo por estas palabras le cortaron la lengua; operación que soportó con indómito valor. Después de algunos días de sufrimientos, pudo alcanzar la corona del martirio[11].

Un joven cristiano egipcio había acompañado a las minas de Cilicia a cierto número de confesores. De regreso de su viaje, travesaba Palestina con otras cuatro personas, cuando al entrar en Cesarea fue preso y llevado ante el procónsul Firmiliano. Éste le preguntó cómo se llamaba, y el joven, que no quiso decir el nombre que le pusieron al nacer, porque era el de una divinidad pagana, dio el de uno de los profetas del Antiguo Testamento.

Algo sorprendido el procónsul, preguntóle dónde nació, y su asombro fue mayor al oírle decir que en Jerusalén. Hacía casi doscientos años que la antigua capital judaica se llamaba *Aelia Capitolina*[12]. Después de reflexionar un momento, el procónsul, sospechando algo, hizo que le aplicaran el tormento para que dijera donde estaba situada la ciudad de Jerusalén.

«Es la ciudad de los justos –contestó el joven cristiano–, y nadie sin serlo será admitido en ella. Está situada lejos de aquí, hacia oriente, por donde sale el sol».

Firmiliano supuso que los cristianos se reunían en alguna ciudad oriental con el objeto de fraguar una guerra civil y, para asegurarse de ello y obtener noticias más detalladas, hizo poner a aquel joven nuevamente en el tormento y, por último, le condenó a muerte como enemigo del Estado[13].

Una joven de Tiro, de dieciocho años de edad, llamada Teodosia, dio ejemplo de un valor y de una fidelidad extraordinarios. Varios confesores habían sido citados ante el tribunal. Acercóse a ellos para saludarles

cede de Dios, por medio de Jesucristo y de la inspiración del Espíritu Santo» (*Constituciones apostólicas VIII*, cap. XXVI).

Más tarde, los exorcistas formaron una orden del clero inferior *(Dic. Prác. de Teol.,* art. «Exorcismo»).

11. Eusebio, *Mártires de Palestina,* cap. II.
12. En el tiempo de Constantino se la llamó por su antiguo nombre.
13. Eusebio, *Mártires de Palestina,* cap. XI.

y, tal vez, para suplicarles que «se acordaran de ella cuando estuviesen en la presencia de Dios», como deja suponer el historiador. Los soldados se apoderaron de ella como si hubiese cometido el mayor de los crímenes y la llevaron a la presencia del gobernador, el cual ordenó que con ciertos instrumentos de tortura atenazaran su cuerpo... Vivía aún, cuando fue arrojada al mar. En su semblante veíase retratada una expresión de gozo y de serenidad interior[14].

A ser posible, todavía eran más odiosos los castigos impuestos a los cristianos de Ponto. A unos, con cañas afiladas introducidas por las uñas, les atravesaban los dedos de arriba a abajo. A otros, les echaban plomo derretido hirviendo en las espaldas; a otros, por fin, según afirma el historiador, se les aplicaron tormentos indescriptibles. Y añade: «Los magistrados se desanimaron por fin. Cansados de cometer asesinatos, ahítos de sangre, les pareció oportuno, como ellos decían, cambiar la severidad por la clemencia. En lo sucesivo, se contentaron con mutilar a sus víctimas, de tal manera que es imposible contar a los que se les arrancó el ojo derecho con un cuchillo o se les quemó con un hierro candente o se les cortó el pie izquierdo o fueron enviados a las minas de cobre»[15].

Entre los que durante este largo período de tiempo perdieron la vida, se cuentan muchos obispos y escritores eminentes, citándose a Pedro, obispo de Alejandría, Luciano, sacerdote de Antioquía, Metodio, obispo de Tiro, Arnobio y Panfilio. Estos dos últimos son acreedores de que nos ocupemos de ellos brevemente...

Se afirma que Panfilio nació en Berite y que pertenecía a una familia fenicia distinguida. Estudió en la escuela cristiana de Alejandría y fue ordenado sacerdote en Cesarea de Palestina. Encarcelado en el año 307, por orden de Urbano, el gobernador de la provincia, permaneció en la cárcel hasta su martirio, en 309. En la prisión dedicóse a escribir una apología de Orígenes, a quien se acusaba de herejía, en cuya labor le ayudó su discípulo Eusebio, que le tenía en grande estima. Fue decapitado juntamente con otras doce personas y su cuerpos quedaron expuestos a la voracidad de los animales.

Panfilio era un hombre de sólida erudición. Apasionado por el estudio

---

14. Ídem, cap. VII.
15. Eusebio, *H. E., VIII,* cap. XII.

de la Biblia, no se contentaba con propagarla, sino que también realizó un estudio crítico de su texto. Hizo numerosas copias del *Santo Libro,* algunas de las cuales regaló a varias mujeres, en las cuales había observado disposiciones para la lectura. Finalmente, con la ayuda de Eusebio, sacó de la *Exapla* una edición revisada de la versión llamada de los *Setenta*[16]. La historia de su esclavo Porfirio nos demuestra la influencia que Panfilio ejercía a su alrededor... Porfirio era un joven de dieciocho años que había sido educado con una solicitud verdaderamente paternal y al que se había logrado inspirar un amor ardiente hacia el Redentor. Cuando Porfirio supo que Panfilio había sido condenado a muerte, pidió permiso para enterrar los restos mortales de su querido maestro. Esta petición contribuyó a despertar las sospechas del fanático gobernador. Interrogado, confesó que era cristiano y se negó enérgicamente a sacrificar. Sometido a los más crueles tormentos, después que hubieron mutilado horrorosamente su cuerpo, murió en la hoguera. Con admirable constancia sufrió los espantosos castigos que se le impusieron. Cuando ya se apagaba el fuego, sólo dijo: «Jesús, Hijo de Dios, ayúdame!»[17].

En cuanto a Arnobio, únicamente conocemos dos rasgos de su vida; lo demás permanece en la más completa obscuridad... A saber, cuando empezó la persecución, estaba de profesor de retórica en Sicca[18] (Numidia, África del Norte), donde tenía numerosos discípulos, siendo Lactancio uno de los más distinguidos. Arnobio profesaba el paganismo y, aunque tenía conocimiento de los sistemas filosóficos, estaba enfangado en la más supersticiosa idolatría:

«¡Cuánta era mi ceguera! Hasta hace poco, prestaba veneración a las imágenes de fundición, a dioses hechos sobre el yunque y fabricados con el martillo, a huesos de elefante, a pinturas y guirnaldas colgadas

---

16. *Noticia biográfica sobre Panfilio* (véase *Ante–Nice. Library XIV*, pp. 447 y 448; Neander, *op. cit.,* cap. II, pp. 496 y 497; Burton, *Christian Church,* pp. 388 y 389).
   Aquel importante trabajo no fue copiado enteramente ni una sola vez, contentándose solo con copiar algunas de las columnas, especialmente la relativa a la de los LXX. A este trabajo se le llamó también en algunas ocasiones *Octaples,* por haberle sido añadido algunos fragmentos de otras traducciones (cf. Robertson, *op. cit.,* cap. I, p. 102; Neander, *op. cit.,* cap. II, pp. 476–478).
17. Eusebio, *Mártires de Palestina,* cap. XI (véase también Neander, *op. cit.,* cap. II, p. 497, n).
18. *Sicca Veneria,* ciudad importante en la frontera de Numidia. Como lo indica su nombre, era una de las ciudades donde se profesaba el escandaloso culto a la diosa del Amor; en la nación fenicia era muy popular el culto inmortal de aquella diosa.

de los árboles viejos. Y si tropezaba con alguna piedra untada con aceite, le daba culto y solicitaba sus bendiciones, como si aquella masa iner-
te tuviera algún poder en sí misma»[19].

No se contentaba con proceder así, sino que en sus lecciones atacaba
sin cesar al cristianismo. Al parecer, lo que tocó su conciencia y le llevó
a dejar la senda del error para seguir el camino recto de la verdad, en el
que se dejó guiar por el «soberano doctor», fue el ejemplo de los mártires que ocasionó el edicto de Nicomedia. Entonces, buscó a los hermanos de la Iglesia de Sicca, quienes le temieron, como en otra ocasión los
hermanos de Jerusalén habían temido a Pablo[20]. Pidieron pruebas de sinceridad a su antiguo enemigo, quien, respondiendo al deseo de los hermanos, escribió una sabia apología del cristianismo, que tituló *Tratado de
los gentiles*. Nada se sabe de su muerte, aunque se supone que formó
parte del glorioso ejército de los mártires, víctimas de aquella persecución tan grande[21].

Hay que decir que los edictos de Milán no hicieron del cristianismo

---

19. Arnobio, *Disputat. I,* cap. XXXIX.
20. Véase Hechos 9:26.
21. *Introducción a los escritos de Arnobio, A. N.; Dict. Christ. Biog.*

Capítulo X

La legislación de Constantino

la religión del Estado: solamente le reconocieron los mismos derechos que al paganismo y al judaísmo. Pero cuando Licinio, que de aliado de Constantino se hizo su enemigo, hubo sido vencido en el año 315, Constantino se declaró protector de la nueva religión. A decir verdad, no se hizo miembro de la Iglesia, ni se dejó bautizar hasta que estuvo en su lecho de muerte. Pero tanto en su vida privada, como pública, se identificó con el partido cristiano. No disimulaba sus sentimientos hostiles al culto pagano y aconsejaba a sus vasallos que se afiliaran al culto cristiano, para el que prodigaba sus favores. Entendía que su más alta misión no era otra que «conducir a todas las naciones hacia la unidad religiosa y, por este medio, devolver la salud al mundo enfermo»[1].

Las leyes de Constantino, que fueron el resultado del triunfo del cristianismo, señalan un punto importante en la historia del mundo. Las luchas de los gladiadores fueron prohibidas; prohibición que fue considerada como letra muerta en el imperio en general y tuvieron que pasar las tres cuartas partes de un siglo antes de que aquella horrible excrecencia del paganismo desapareciera en realidad. El anfiteatro fue cerrado en la capital del imperio. Se suprimió la crucifixión. Se castigó el infanticidio y el robo de los niños. Se fomentó la emancipación de los esclavos. Ya no hubo más sacrificios oficiales a los dioses, ni más adivinos secretos[2]. Constantino prescribió el primer día de la semana como día

1. Lactancio, *Sobre la muerte de los perseguidores,* cap. XLVIII.
Cartas al obispo Alejandro y a Arrio (véase Eusebio, *Vida de Constantino II,* cap. LXIII).

de fiesta en todo el imperio, en cuyo día no se permitió hacer negocios, ni trabajo, ni industria alguna. Hizo también escribir para el ejército una fórmula de oración dirigida al Ser Supremo, que debían recitar los domingos todos los soldados, tanto paganos como cristianos[3].

Desde el momento en que Constantino se puso a la cabeza de los cristianos, les distinguió más que a los demás y les hizo partícipes de lo que era común a todos. Después fue más allá de lo que debía como jefe de Estado, abrogándose una prerrogativa que sólo a Cristo pertenece.

Mencionaremos algunos decretos que confirman lo que acabamos de decir; tales como las donaciones hechas a diversas iglesias cristianas, ya procedieran de la confiscación de bienes de los templos paganos, ya de los municipios. También, la dádiva hecha a la Iglesia y al clero de una parte del trigo y de otros tributos de las recolecciones, la cesión de una parte de los tributos impuestos a los pueblos vencidos y, finalmente, la absolución de todo deber civil a los individuos del clero. Hasta se propuso que los bienes eclesiásticos fueran exentos de toda contribución; pero esta ley fue abolida más tarde.

Otras dos medidas, no menos revolucionarias que las anteriores, produjeron funestos resultados; la primera fue la autorización de entablar procesos sin tener que recurrir al tribunal civil y la orden dada a los gobernadores y a las autoridades militares de ejecutar las decisiones episcopales. La segunda disposición fue la de conceder al clero el derecho a aceptar legados y poseer *bienes–raíces*.

«Si el emperador hubiera cedido dos provincias al clero –explicaba Milman–, apenas hubieran equivalido a lo que le produjo esta autorización. En lo sucesivo, se consideró como un pecado morir sin hacer ningún legado piadoso; y el abuso fue tal, que antes de un siglo la riqueza del

---

2. Eusebio, *Vida de Constantino III,* cap. LII, LVI.

Donde se cuenta la destrucción del templo y del bosque dedicados a la diosa Venus, en el monte Líbano, y de otro templo en Heliopolis (hoy Baalbeck, en Coelé–Siria) y de uno de los templos de Esculapio.

3. He aquí la oración:

«Oh, Dios, te reconocemos como el Dios único. Confesamos que eres nuestro Rey e imploramos tu ayuda. Por ti hemos logrado victorias; por ti hemos triunfado ante nuestros enemigos. Te somos deudores de nuestra dicha presente y esperamos continúes bendiciéndonos como antes. Te suplicamos humildemente que protejas a nuestro muy gracioso y victorioso emperador Constantino y a todos sus hijos» (Eusebio, *Vida de Constantino IV,* cap. XX).

clero era tanta que fue necesaria la intervención de la ley para reprimir la prodigalidad de los fervorosos cristianos»[4].

Las consecuencias de tales disposiciones fueron tan desastrosas como puede suponerse, y muchos ricos se hicieron ordenar clérigos para gozar de los privilegios e inmunidades que eran propios de las funciones sacerdotales. Tan manifiesto llegó a ser el abuso, que el emperador se alarmó y, comprendiendo que le era preciso tomar algunas medidas para mantener los derechos del Estado, prohibió que pudieran tomar órdenes aquellos que por su posición eran clasificados para ocupar cargos municipales u otros equivalentes y –por otro abuso de autoridad– privó de sus dignidades eclesiásticas a aquellos que habían adoptado aquel recurso para evitar el cumplimiento de sus deberes cívicos[5].

Ya en el año 313, se manifestó la ingerencia de Constantino en las cuestiones eclesiásticas. A causa de los abusos de Majencio, la provincia de Numidia pasaba por una gran miseria, lo que impulsó a Constantino a enviar una determinada cantidad de dinero, destinado exclusivamente a los «católicos», es decir, a los partidarios del obispo Cecilio, ordenando al mismo tiempo que no participaran de aquella dádiva los que fueren considerados por el obispo como «herejes»[6]. Esto nos conduce a hablar de los donatistas.

1. Los donatistas

Se ha discutido la cuestión acerca del origen del nombre que lleva este cisma implantado en África del Norte, y que duró en su existencia más de trescientos años, hasta la invasión de los árabes en el año 637, es decir, hasta la destrucción del cristianismo mismo en aquellas regiones. En las discusiones se ha llegado a esta conclusión, que parece la más verosímil: el cisma lleva el nombre de Donato, y sus sectarios, el

---

4. Milman, *op. cit.,* cap. III, pp. 273 y 274 (véase también Sozomeno, *H. E., I,* cap. VIII y IX; id. *V,* cap. V; Robertson, *Historia de la Iglesia,* cap. I, pp. 182 y 183; Bingham, *Antiq. de la Iglesia V,* cap. III).

5. Bingham, *Antiq. de la Iglesia V,* cap. III, § 15.

6. Eusebio, *Vida de Const.,* cap. X, p. 6 (véase Robertson, *op. cit.,* cap. I, p. 191).
Al mismo tiempo, ordenó que el clero católico de toda la provincia estuviera exento de toda contribución.

nombre de donatistas, no por influencia de su primer responsable, Donato de Casas Negras (*Casae Nigrae*), sino por influencia de Donato el Grande, el segundo obispo de Cartago, que lo organizó y fue su jefe y defensor durante más de cuarenta años. El origen de los donatistas hay que buscarlo en la época de la persecución de Diocleciano. En el principio, se manifestó latente un espíritu del partido y de cisma. Sin embargo, esto no fue más que una causa accidental de su aparición. Muchos de los fieles deseaba ardientemente ver renacer las costumbres, la disciplina y la doctrina de la antigua Iglesia, la pureza de los tiempos primitivos, cuyos sentimientos aparecían en la superficie cuando menos se esperaba. Y los donatistas cometieron la gran equivocación de implorar la ayuda del emperador. Pero cuando se hicieron cargo del carácter y de la posición de la Iglesia en el mundo, cuando se dieron cuenta de los compromisos que les imponía la unión con el Estado, prestaron un gran servicio a la verdad, oponiéndose enérgicamente a la ingerencia del Estado en las cuestiones eclesiásticas. Puede decirse de ellos que fueron en el siglo IV los sucesores de los novacianos, como éstos lo habían sido en el siglo III de los montanistas del siglo II.

En 305, se reunió en Cirta un Concilio de obispos de Numidia. Eran unos doce, y presidía Secundo, obispo de Tigisis. Allí se convino reemplazar a un obispo que había dado motivo de escándalo durante la persecución. Pero en el curso del debate, se vio claramente que todos los presentes tenían algo de qué acusarse. Uno había entregado las Santas Escrituras. Otro había ofrecido incienso a los dioses, un tercero, en vez de los Libros santos, había entregado algunos libros sin importancia. Mayor acusación pesaba sobre otro, el obispo Purpurio: a éste se le acusaba de haber asesinado a dos de sus sobrinos. Y como las miradas de todos se dirigieran a él, volvióse encolerizado contra Secundo y le dijo: «¿Crees meterme miedo como lo has hecho con los otros? No solamente he matado, sino que estoy dispuesto a matar a cuantos me hagan sombra. No me provoques, porque en este caso diría lo que hiciste cuando el procurador te pidió los Libros sagrados». Un sobrino de Secundo intervino en la discusión, y dijo a su tío: «Ya ves que no sólo éste, sino los demás están dispuestos a dejarnos para crear un cisma. Ya oyes sus acusaciones contra ti; se juntarán y te condenarán, y entonces sólo tú serás hereje». Secundo comprendió la fuerza del argumento y asintió a lo que antes se había negado; esto es, a cubrir con un velo lo pasado, puesto que cada uno respondería delante de Dios de sus acciones, decisión que fue acogida por la unánime exclamación de «gracias a Dios»[7].

Hemos hecho mención del fraude piadoso de entregar, para ser quemados, escritos heréticos, en vez de los Libros santos. Mensurio, el obispo de Cartago, por haberlo hecho, se atrajo el vituperio de los cristianos más rígidos. Pero lo que le malquitó la simpatía de los mal intencionados fue el prudente proceder para con aquellos que traspasaban el respeto al martirio. Apercibióse que entre los llamados «mártires» había algunos cuya conducta dejaba mucho que desear. Unos eran deudores insolventes, otros perezosos, fanáticos que vivían a expensas de algunos sencillos devotos. Muchos fueron los esfuerzos de Mensurio y los de su diácono Ceciliano para que los fieles comprendieran que entre los llamados «mártires» había algunos indignos de tan exagerado respeto[8].

La tempestad que estuvo amenazando durante la vida de Mensurio se desató violenta a su muerte, al ser nombrado Ceciliano como sucesor suyo en el año 311. Habiendo sido ordenado por el obispo Félix, acusado de *traditor*[9], Ceciliano tuvo que soportar las imputaciones que le señalaban inhábil por la ordenación. Al frente de los descontentos se encontraba una devota rica de Cartago, llamada Lucila, a la que Ceciliano había ofendido grandemente, afeándole la costumbre que tenía de besar los huesos de un supuesto mártir antes de la comunión.

Pero los principales descontentos tuvieron su centro en Numidia. A saber, Secundo de Tigisis vino a Cartago con otros setenta obispos e intimidó a Ceciliano a que compareciese ante ellos. Pretendían demostrar que, a causa de los motivos antes indicados, su ordenación no tenía validez y que de todas maneras debiera haberse verificado en presencia de los obispos de Numidia y de manos de su primado.

Y no fueron solamente estas acusaciones las que se le imputaban... Ceciliano se negó, entonces, a comparecer ante prelados que estaban tan prevenidos en su contra, aunque se ofreció a hacerse consagrar de nuevo

---

7. Optato, *Del cisma de los donatistas,* cap. I, p. 39 (véase también Cooper, *Free Church,* p. 357).
8. *Dict. Christ. Biog.,* cap. I, pp. 881 y 882.
9. Véase el CAPÍTULO VII de la SEGUNDA PARTE.

por ellos si consideraban nula su anterior consagración:

«Dejadle que venga a recibir la imposición de nuestras manos –replicó Purpurio–, que después como castigo, le romperemos la cabeza».

Los obispos reunidos excomulgaron a Ceciliano y nombraron obispo de Cartago a un lector llamado Majorino, de la familia de Lucila[10]. Majorino era un intruso porque la sede metropolitana estaba provista legítima y válidamente. Esta decisión contribuyó a dividir la Iglesia del norte de África: Ceciliano y los suyos, por un lado, y por otro, Majorino o, mejor dicho, Donato, obispo de *Casæ Nigræ,* que se hizo jefe del partido de los que le siguieron[11].

Ceciliano había sido reconocido obispo de Cartago por Constantino, por cuya razón los donatistas suplicaron al emperador que los protegiera. Han llegado hasta nosotros algunos detalles sobre este asunto de tanta importancia histórica. Los recurrentes entregaron al procónsul Anilino, dentro de un saco de cuero, un paquete de papeles sellados, con esta inscripción:

«Acuerdo de la *Iglesia católica,* presentado por los que están en comunión con Majorino, probando los crímenes de Ceciliano».

Dentro del paquete iba una petición concebida en los siguientes términos:

«A vos nos dirigimos, excelente príncipe, que sois hijo de un padre que no nos persiguió, como hicieron los demás emperadores. Ya que la Galia no ha caído en el pecado de entregar las Santas Escrituras para que sean destruidas y puesto que existen diferencias entre nosotros y otros prelados africanos, suplicamos a vuestra piedad que sometáis nuestro litigio a jueces escogidos de la Galia»[12].

A excepción de lo ocurrido con Pablo de Samosata, cuando los obispos pidieron la ayuda de Aureliano para obligar a que el arrogante prelado dejara la diócesis a su sucesor, ésta fue la primera vez que la Iglesia pidió ayuda al Estado para el arreglo de los asuntos interiores, que debieron haber sido de su exclusiva competencia...

Aunque molestado al principio por intervenir en asuntos de índole

---

10. Robertson, *op. cit.,* cap. I, pp. 190 y 191 (véase *Dict. Christ. Biog.,* art. «Lucila»).
    Al parecer, Lucila obtuvo la ordenación de Majorino porque sobornó a los obispos de Numidia.
11. «Casae Nigræ», es decir, «Cabañas Negras». Sin duda, se refiere a la sede episcopal de un obispado misionero, situado al límite del mundo civilizado.
12. Cooper, *Free Church,* pp. 365 y 366.

religiosa, Constantino se decidió a oficiar como juez, aceptando el cargo que le confiaron los cismáticos para dirimir la contienda entre los dos partidos rivales. Hallábase el emperador por entonces bajo la influencia de un hombre que durante largo tiempo ocupó una distinguida posición en la Iglesia occidental; aquel hombre extraordinario era Osio, obispo de Córdoba[13]. Sin duda, el emperador juzgó de su competencia, dado el doble carácter de emperador y *Sumo pontífice*[14], el apaciguar las rencillas que germinaban en el seno de la Iglesia. Refiriéndose a esto mismo, decía más tarde el emperador:

«No me es posible tolerar estas divisiones, ni estas disputas, que sólo pueden contribuir a evocar sobre el Estado y sobre mí la cólera de Dios, por cuya razón Dios me ha encargado el cuidado y la dirección de todos los asuntos de este mundo»[15].

Y en otra carta, se expresaba del siguiente modo:

«Me parecería cometer el mayor de los crímenes, si cerrara los ojos al mal. Si debo cumplir mis deberes de príncipe, ninguno me será tan imperioso como el de extirpar de raíz todos los errores nacidos a causa de la temeridad de los hombres y mantener la unión y la concordia entre los fieles»[16].

Sin embargo, en circunstancias análogas, se mostró indignado exclamando «por qué le habían instituido juez, a él, que debía ser juzgado por Cristo», acusando a los que le habían dado aquel cargo «de proceder como los paganos, encargándole de acallar sus disputas religiosas»[17]. Constantino, al aceptar el cargo de árbitro en estas cuestiones, no había meditado en las consecuencias que se originarían; pero bien pronto apercibióse de las dificultades que le acarreaban su cuidado, robándole el reposo.

Nuestros lectores recordarán que los partidarios de Majorino habían

---

13. Osio (256–257) había sido uno de los confesores durante la persecución de Diocleciano. Poco se conoce de su vida, pero sus íntimas relaciones con Constantino, el importante papel que desempeñó en el gran Concilio de Nicea, como veremos después, y en el de Sardica, hacen suponer que era un hombre eminentísimo (W. M. Nelson, *Dict. hist.,* art. «Osio»).

14. El *Sumo pontífice,* o sea, el jefe de los pontífices, era el más alto dignatario de la antigua Roma. Y el juez supremo en asuntos religiosos. Cuando a la forma republicana sucedió el imperio, el emperador abrogóse el título y el cargo de soberano pontífice, lo mismo que las demás dignidades superiores del imperio. Una vez cristianizado el imperio, todos los emperadores, hasta Graciano (367–383), que lo rehusó, conservaron aquel título.

15. Cooper, *Carta al prefecto Ablavio,* p. 367.

16. Cooper, *Carta a Celso, Su representante (vicarius) en África.*

17. Cooper, *Carta al Concilio de Arles.*

pedido que su causa fuese sometida a los obispos de Galia y, en consecuencia, se convocó un sínodo que se reunió en el palacio de Letrán, en Roma, en octubre de 313. A los tres obispos galos que habían sido convocados, se les añadieron otros quince de Italia, dejando la presidencia a Milcíades, obispo de Roma. Se presentó Ceciliano con otros diez obispos de su partido, al mismo tiempo que Donato, con igual número de prelados. El sínodo decidióse por Ceciliano. Milcíades propuso un arreglo que fue desdeñado por los donatistas, prefiriendo éstos apelar al emperador, el cual consintió en oírlos. Pero antes de convocar un nuevo Concilio, mandó hacer una información judicial sobre las acusaciones de que fue objeto el obispo Félix, que había consagrado a Ceciliano. De esta información, en la que fue empleado el tormento, Félix resultó inocente.

El nuevo Concilio, para el que fueron convocados todos los jefes de la Iglesia occidental, se reunió en el año 314, en la ciudad de Arles. Los jueces, los acusadores y los acusados fueron allá a cargo del Estado[18]. Se dice que respondieron al llamamiento unos doscientos obispos. Jamás se había reunido Concilio tan numeroso. Una vez más triunfó Ceciliano y, por consiguiente, fue declarada válida su ordenación. Los obispos contrarios no se desalentaron todavía. Pidieron a Constantino que llevara aquel asunto ante su tribunal, a lo que consintió el emperador, haciendo examinar de nuevo el asunto en Milán, ante su presencia (316). Ya por entonces había muerto el primero de los dos Donatos, el cual fue reemplazado por un obispo del mismo nombre, a quien sus partidarios llamaron Donato *el Grande:*

«Éste poseía una elocuencia tan fogosa como inculta; era muy firme en sus principios y muy enérgico en la acción»[19].

Donato había sido designado para suceder a Majorino en el episcopado de Cartago, en 315. Él fue el que dio nombre al *donatismo.*

Irritado Constantino ante la obstinación de los donatistas, confirmó los acuerdos de los concilios de Roma y de Arles. Pero no se contentó con esto desgraciadamente, sino que en virtud del principio de que una decisión

---

18. La convocatoria dirigida en nombre del emperador a Cresto, obispo de Siracusa, le ordenaba tomar un coche público para él, dos sacerdotes y tres criados, con tiempo suficiente para juntarse con los demás obispos en Arles, el día señalado (Eusebio, *H. E., X,* cap. V).

19. Neander, *op. cit.,* cap. III, p. 270.

imperial no puede quedar sin efecto, prestóle el apoyo del llamado brazo seglar, por lo que se consideró al partido vencido como enemigo público y se le proscribió. Por decreto imperial, se despojó a los donatistas de sus templos, se les confiscaron los bienes eclesiásticos y se desterró a los obispos. Los donatistas quisieron oponer resistencia al decreto, pero el emperador, para obligarles, les envió un cuerpo de ejército, mandado por el conde del imperio, Urascio. Desgraciadamente el partido *católico* se mostró muy dispuesto a secundar aquella cruzada, que fue causa de sangrientos conflictos. ¡Por vez primera se vio a los discípulos del Príncipe de paz asesinarse unos a otros! La intervención del ejército del emperador despertó el fanatismo de los ardientes africanos. Bandadas de desesperados[20] recorrieron el país y por todas parte pasaban el fuego, el tormento y la muerte, despreciando la vida y juzgando insuficiente todo castigo, tratándose de sus adversarios[21]. Su grito de guerra era *Deo laudes* («alabanzas a Dios»); sus armas eran un pesado mazo de hierro, al que llamaban *el israelita*. Decían que no querían servirse de la espada, porque Cristo había ordenado a Pedro que la envainara. Si hay que dar crédito al testimonio de los católicos, éstos no usaron de menor violencia que sus adversarios. Inspirándose en el Antiguo Testamento, quisieron imitar a Moisés, a Finés y a Elías, pretendiendo que la obligación de los cristianos era matar por millares a los renegados y a los incrédulos[22].

2. Los circumcelliones

Conviene reparar en los *circumcelliones* en lo que tienen de común con tantos otros movimientos que unieron su fe a su protesta social, justificando ésta en aquella o aquella en ésta, pues no conviene olvidar el substrato socioeconómico en que se producen los distintos acontecimientos que configuran la historia del cristianismo.

Agustín –no se olvide que su sede episcopal, Hipona, se encontraba

---

20. Se les llamó *circumceliones*.
21. Los *covenanteros* de Escocia, los partidarios de la quinta monarquía y los *camisardos* de Francia pueden ser considerados como los modernos representantes, bastante suavizados del antiguo fanatismo. El mismo nombre que tomaron los entusiastas ingleses lo habían usado otros antes que ellos. Uno de los obispos circumcelianos tuvo por apodo *Habet Deum (Has–God)*.
22. Milman, *Church. Hist. II*, pp. 305 y 306 (véase también *Dict. Christ. Biog.*, cap. I, p. 883).

en el norte de África y que intervino activamente en la controversia dona-tista– explica el significado del nombre *circunciliones* y la naturaleza de los hechos de los mismos:

«En África se dio el nombre de *circumcelliones* (*circum cellas,* los que atacan las granjas) a aquella raza de hombres que era el terror de los campos, porque rondaban sin cesar las granjas, fincas, posesiones, ya que vivían del pillaje».

Optato de Milevi es el primero en referirse a la existencia en el África romana de cuadrillas de hombres capitaneados por Axido y Fasir, que co-rrían todas las regiones, a quienes llama *circumcelliones* y de quienes dice:

«Nadie vivía ya con seguridad en sus fincas de campo, y el reconoci-miento de las escrituras de deudas no tenían efecto o valor alguno, por-que el acreedor no podía exigir su pago. Si algún acreedor pretendía hacer efectivos sus títulos, en seguida los capitanes de los *santos* hacían llegar a él un escrito terrorífico, que le reducía silencio. Si el acreedor era algo remiso en obedecer a sus tajantes órdenes, al momento acudía una cuadrilla que, con sólo que se aproximaba, infundía terror y espanto. El desgraciado acreedor se hallaba rodeado de peligros y sin otra salida para escapar de la muerte que suplicar humildemente a los mismos que él había tratado de obligar. Todos se daban prisa en renunciar a sus cré-ditos, por elevados que fuesen, y miraban como una buena fortuna el poder, a este precio, sustraerse a los malos tratamientos de estos bandi-dos. Ya no se podía ir por los caminos con seguridad».

La denominación *santos,* de que se enorgullecían los circumcellio-nes desde la época de Optato, es una constante en los grupos reformadores y radicales, que siempre se presentan más puros que los cristianos tradi-cionales. Cristianos, no paganos, como los historiadores del siglo pasado suponían, los circumcelliones, como los bagaudas y otros grupos de ban-doleros, eran un movimiento de esclavos fugitivos, campesinos sin tierra, que daban expresión a su descontento social aprovechando las disensio-nes e ideas comunitarias del cristianismo. Por eso hay que aclarar que no se trata en principio de un movimiento religioso, sino social:

«Una verdadera revolución proletaria, cuya raíz profunda estaba en la miseria atroz del proletariado agrícola. El Imperio lo había entregado a la explotación sin piedad de la aristocracia romana o romanizada. El proletariado de los campos, sobre todo en Numidia, aprovechó la ocasión de la lucha entre católicos y donatistas para organizarse en cuadrillas, que fueron el terror de los propietarios. Esta revolución, como certeramente dice E. F. Gautier, fue una revolución social, una lucha de clases y, al mismo tiempo, una insurrección en masa contra el Imperio, la latinidad, que los explotados veían que se hacía siempre solidaria de los explotadores»[23].

Así pues, en ciertos aspectos, este donatismo popular de los circumcelliones era más semejante a una insurrección de aldeanos arruinados y endeudados contra los grandes propietarios que una protesta doctrinal. Por eso mismo, quizás, los obispos donatistas no se solidarizaron nunca con ellos, hasta el punto de llegar a pedir al conde de África, Taurino, que restableciera el orden. El conde les dio plena satisfacción con el asesinato de un ejército de circumcelliones. Un concilio donatista prohibió instalar las tumbas de las víctimas en las basílicas. Otra fue, sin embargo, la actitud del pueblo y del bajo clero, lo que demuestra el carácter popular de este donatismo social. Los insurrectos que habían perecido al filo de la espada de los soldados fueron venerados como mártires; y los sacerdotes, a pesar de la prohibición de los obispos donatistas, enterraron sus cadáveres en las iglesias. El campo de batalla se convirtió en lugar de peregrinación, en cementerio sagrado de los mártires de la revolución. La memoria del mártir Márculo en Vegesala (Ksar–el–Kelb) conoció, sin duda, una reputación análoga.

Entre los miembros de estas cuadrillas de *latrones* y bandoleros se hallaban elementos fanáticos y exaltados que, por una loca pasión del martirio, se suicidaban precipitándose de las altas rocas. Agustín dice, dirigiéndose a los donatistas:

«Existen precipicios horrendos que se han hecho célebres por los muchos suicidios de gente de la vuestra. Es cosa rara darse la muerte con el agua y el fuego; pero los precipicios se han tragado cuadrillas enteras. Yo hablo de cosas bien conocidas de nuestros tiempos. ¿Quién no conoce esa raza de hombres llena de ardor para realizar empresas detestables, inepta para toda obra útil y siempre presta a esparcir, con la mayor crueldad, la sangre de los demás y la de ellos mismos, de la que no hacen

---

23. André Julien, *Historia de África del Norte*, pp.216 y 217, París, 1951.

caso alguno, produciendo terror y espanto en los campos que ellos han dejado de cultivar?». El suplicio o muerte que más detestaban era la horca: no querían tener nada común con Judas, nada de común con el traidor. Su grito de guerra era el grito donatista *Deo laudes*, que esparcía el terror y el espanto con sólo oírlo. En la primera época de sus actos de bandidaje no llevaban espadas: se servían de bastones llenos de nudos, que llamaban sus *israeles*, que ya hemos mencionado. En la época de Agustín utilizaban, además de estos bastones, hachas, lanzas y espadas. Ellos eran, en expresión propia, «los soldados de Cristo» en lucha contra el diablo. La existencia de esta plaga de gente se prolongó tanto como el donatismo, hasta los últimos días del África romanocristiana[24].

3. Actitud pacificadora de Constantino

En el año 317, Constantino mandó a sus legiones reducir a los donatistas; otro tanto hizo su hijo Constancia en el año 347. Fue un error enorme, porque las tropas, que en estas fechas estaban integradas en su mayoría por efectivos paganos, se comportaron con una brutalidad que hizo llegar al colmo la exasperación de los donatistas. Las basílicas fueron tomadas por asalto; ultrajes a las personas, sacrilegios, asesinatos (dos obispos fueron muertos al pie del altar); estas atrocidades, en torno a las cuales se organizó un intenso *battage,* confirieron a los donatistas la aureola del sufrimiento injustamente padecido. Con una decisión feroz, hinchados por sus jefes de orgullo y fanatismo, los africanos se ofrecieron voluntariamente a la muerte, y la Iglesia de Donato se proclamó, a la faz del mundo, la sola y auténtica «Iglesia de los mártires», pretensión combatida por Agustín[25].

Constantino no tardó en convencerse de que la violencia no era el medio más oportuno para vencer a los donatistas. Preocupado por la seguridad de sus posesiones africanas, ordenó a Urascio que no continuara la devastación, e invitó a Ceciliano a que, dejando a Dios la ven-

---

24. Véase la introducción de Teófilo Prieto, a los *Tratados sobre el Evangelio de San Juan*, de Agustín, BAC, Madrid, 1958, 2 ed.
25. G. Plinval y R. Pittet, *op. cit.*, p. 168.

ganza, tratara con benevolencia a sus enemigos: «Todos los cismas proceden del diablo –escribió el emperador– y, por consiguiente, también proceden de él los cismáticos. ¿Qué bienes puedes esperar de hombres que son enemigos de Dios y de su santa Iglesia? Tal vez lleguemos a ganarles por la paciencia y la bondad (...) Según se me ha avisado, han destruido una iglesia en Constantina[26]. Yo he dado orden a mi ministro de Hacienda para que haga construir otra».

Desde ese momento, el emperador dejó de ocuparse de los donatistas, quienes perseveraron en su propaganda, hasta el punto que, en el año 330, a uno de sus concilios asistieron 270 obispos[27].

El donatismo no fue condenado nunca por la Iglesia como una herejía, aunque Agustín califica de herejía y de error sacrílego a este cisma, ya que, efectivamente, el cisma implicaba errores doctrinales acerca del valor de los sacramentos y más tarde llegó a provocar una concepción falsa de la naturaleza de la Iglesia. Los donatistas extremaron el error de los rebautizantes, condicionando la validez del bautismo a la ortodoxia y moralidad del ministro. Sentado el principio de que un pecador no podía bautizar ni ordenar válidamente, concluían que eran nulos los sacramentos del bautismo y del orden conferidos por los apóstatas y traidores. Ahora bien, como, en su concepto, los católicos no eran otra cosa que traidores o hijos de traidores, comenzaron a practicar la *rebautización* y la *ordenación* con los tránsfugas del catolicismo a su partido.

Los donatistas se llamaban efectivamente, como se ve por una larga serie de pasajes de Optato y de Agustín y multitud de inscripciones dignos de confianza, *los puros y los santos y los hijos de los mártires*, por oposición a los católicos, *manchados*, decían ellos, por su comunión con los cristianos, que llevaban el estigma de *traidores*, quienes, durante la última persecución, habían entregado a los magistrados paganos, por temor de encarcelamiento, las Escrituras Santas confiadas a su custodia.

Los donatistas, además, renovaron en parte el cisma novaciano, sobre todo en su concepción puritana y rigorista de la naturaleza de la Iglesia. Decían ellos que la verdadera Iglesia, la Iglesia de Cristo, es «una y santa y católica y apostólica, y esa Iglesia es la nuestra, no la de los traidores

---

26. La antigua *Cirta*, restaurada por Constantino; hoy Constantina.
27. W. M. Nelson, *Dict. hist.*, art. «circumcelliones».

católicos».

Sobre los sacramentos, se puede decir de un modo general que los donatistas reprobaban todo lo que venía de los católicos. Optato cuenta que pisoteaban la Eucaristía, y arrojaban el santo crisma a los perros, y destruían los cálices y altares, y purificaban los lugares consagrados al culto. De lo cual se evidencia que no admitían sacramento alguno de los católicos. Los donatistas juzgaron casi siempre ser cosa lícita la rebautización y al principio la juzgaron hasta necesaria; después la declararon potestativa y hasta llegaron a prohibirla, según el donatista Tichanio, en una discusión conciliar, por miramiento a los católicos que la rehusaban.

En el año 362, cuando Juliano, llamado el Apóstata, concedió igual libertad a todas las confesiones religiosas, el donatismo, después de quince años de represión, recuperó su lugar al aire libre y se alzó firme en su obstinación en contra de la Iglesia católica, a la que despreciaba. Durante los últimos cuarenta años del siglo, dirigido por hombres de talento como Parmenio y Tyconio, jugó un papel preponderante. Mientras tanto, las presiones de los emperadores reinantes, tal vez una evolución de la situación económica, escisiones demasiado graves que se manifiestan en el partido donatista, preparan el clima propicio para un cambio.

«Los espíritus moderados se dolían del absurdo y el escándalo de una división que casi en cada aldea convertía en enemigos a dos cleros que profesaban la misma fe. ¿No podrían olvidarse las antiguas diferencias? Dos hombres de extraordinario valor se asociaron en la obra de la reconciliación: Aurelio, obispo de Cartago, y Agustín de Hipona. Ellos dos organizaron la acción de todos aquellos a quienes molestaba la violencia. Juzgando a su justa luz los pasados sucesos, y poniendo en su punto el expediente de la Iglesia católica, demostraron, a pesar de adversos prejuicios, su legitimidad, su santidad, su universalidad. Las negociaciones activas, practicadas entre los años 401 al 403, no pudieron ultimarse: los dirigentes donatistas rechazaban friamente los avances de la Iglesia católica. Sólo en el mes de junio del 411 pudo abrirse en Cartago el célebre Congreso en el que se congregaron 560 obispos, tanto donatistas como católicos. Los oradores cismáticos hubieran querido discutir punto por punto, pero la autoridad del legado imperial inclinó la balanza. Por un acuerdo casi único en la historia de la Iglesia, fue adoptada una transacción de un raro liberalismo: el clero donatista que reingresase en el catolicismo conservaría sus títulos al entrar en la Iglesia. Los dirigentes, intratables, rehusaron someterse; pero, poco a poco, se fue haciendo el vacío a su alrededor, el grueso de sus gentes se unió a la gran Iglesia y, oficialmente al menos, se pensó que el cisma había dejado de existir»[28]. Después de la muerte de Maximino Daza, los sucesos políticos del reinado de Constantino pueden resumirse brevemente. A la derrota de aquel (314), Licinio se declaró protector del paganismo. En 323, se renovó la lucha entre Constantino y Licinio, disputándose de nuevo el imperio del mundo. Este último fue vencido en dos grandes batallas y muerto poco después por orden de su afortunado rival. Así, libre de competidores, Constantino fue el único jefe de aquel vasto imperio. En el año 330, trasladó solemnemente la capital del imperio a Bizancio, a cuya ciudad dio su nombre: Constantinoplis[29].

Muchas herejías habían turbado la paz de la cristiandad desde la gran

28. G. Plinval y R. Pittet, *op. cit.*, pp. 168 y 169.

29. «Indirectamente, Constantino ayudó a la Iglesia al cambiar la capital del imperio de Roma a Constantinopla, o Nueva Roma. La Vieja Roma dejó de ser la capital. El emperador ya no estaba allí. En consecuencia, el papa de Roma llegó a ser considerado, en cierta forma, el sucesor del emperador y la leyenda dice que Constantino concedió el gobierno de la parte occidental del imperio a Silvestre I, obispo de Roma. Aunque esta historia no es verdad, contiene una verdad. La Iglesia comenzaba a crecer y a suplantar al imperio» (Roland H. Bainton, *La Iglesia de nuestros padres*, p. 42, La Aurora, Buenos Aires, 1969).

Se originaba así una especie de *teocracia*, detentada por el obispo de Roma, a quien ayudaba la lejanía de la capital del Imperio. Por otra parte, también despertó la pretensión de Constantinopla de ser la nueva capital (pues lo era ya del imperio), como antes lo fuera Roma. De hecho, a partir del año 582, los patriarcas de Constantinopla comienzan a denominarse «patriarcas ecuménicos» (universales) y a rivalizar, como una «segunda Roma», con la primera Roma (véase Francisco Dvornik, *Bizancio y el primado romano*, DDB, Bilbao, 1968).

Capítulo XI

La Iglesia y las herejías

lucha entre la Iglesia y el gnosticismo. Apenas habíase calmado esta fiebre moral, cuando se declaraba otra más intensa que la primera y que, desde Oriente, que fue su cuna, propagóse por todo el mundo. Nos referimos al maniqueísmo...

1. El maniqueísmo

Como escriben Plinval y Piteet, hay algo inexplicable y prodigioso en el destino del maniqueísmo. Esta religión, que llegó a extenderse rápidamente por la mayor parte de Egipto, Roma, África del Norte, tenía una sorprendente fuerza de propagación: reveló extrañas aptitudes para la adaptación, el disimulo y la supervivencia, hablando en griego a los griegos y en cristiano a los cristianos.

Su fundador, Mani o Manés (muerto en el 275), era un persa a quien los azares de una existencia agitada pusieron en contacto con los más diversos medios religiosos. Nacido posiblemente dentro de una secta judeocristiana, debió practicar desde un principio el mazdeísmo, religión tradicional de los persas. En el curso de sus viajes por la India adquirió cierto barniz de la sabiduría budista. Su idea genial, que lo convierte en un hombre moderno, consistió en fundir en una sola estas tendencias, en unificar en una nueva síntesis las creencias y la moral de occidente y oriente; de ello resultaría una doctrina «perfecta» que había de imperar lo mismo en Europa que en el mundo asiático. Del cristianismo conserva-

ba la fe en la divinidad de Jesucristo; del budismo extrajo su supersticioso respeto por la naturaleza viviente; pero a quien debe las aportaciones
capitales de su metafísica es a la doctrina persa de Doroteo, cuyo dualismo
había de convertirse en la característica de su sistema. Según él, la suprema explicación del Universo se reduce a una lucha entre el Bien y el
Mal; dos sustancias hostiles y eternas mezcladas en proporción variable
en nosotros y en las cosas que nos rodean. Todo el movimiento del mundo
y todo el esfuerzo de los hombres debería encaminarse a disociar y rein-
tegrar a su absoluta pureza las parcelas de sustancia buena, luz, espíritu,
enterradas en la masa de la sustancia mala, las tinieblas, la carne.

En torno a esta doctrina fundamental, se desenvolvían, de una parte,
un inmenso fárrago mitológico, conteniendo las más fantásticas leyendas
brotadas de la imaginación semita, asiática o aria, y por otra parte, la
detallada explicación del universo físico, con absurdas teorías sobre el
movimiento del Sol y de la Luna, «vehículos de las almas», sobre los
cinco elementos, sobre las virtudes de las plantas y de las razas animales. La moral radicaba en el respeto a los tres Sellos: el sello de la mano,
con la prohibición de matar a cualquier ser vivo, incluidos los animales,
el sello de la boca, prohibiendo los alimentos impuros, y el sello del
seno, que prohibe la unión sexual para dar a luz nuevos seres, puesto que
la procreación sujeta más almas a la cárcel de la materia.

La clave de sistema de Mani es su cosmogonía. Una vez conocida
hay poco además para aprender. En este sentido Mani era un verdadero
gnóstico, pues hacía consistir la salvación en el conocimiento. Los maniqueos pretendían ser una religión de la razón pura a diferencia de la credulidad cristiana. Entre sus atractivas ofertas estaba la explicación del
origen, composición y futuro del universo; además de ofrecer una respuesta racional para todo frente a un cristianismo que descansaba en la
fe y el misterio divino. Esto fue lo que atrajo a Agustín en su juventud y
lo que le llevó a desengañarse al comprobar por sí mismo que toda la
pretendida ciencia y sabiduría de los maniqueos era puro engaño, promesas incumplidas de dar explicación a todo.

«¡*Verdad, verdad!*, gritaban siempre y a mí me lo dijeron muchas
veces, pero no había en ellos verdad ninguna. Decían cosas aberrantes no
tan sólo de Ti que eres la verdad[1], sino también de los elementos de este

mundo que Tú creaste... Me ofrecían como alimento fantasmas espléndidos. Mejor era el sol, verdad de nuestros ojos, que no aquellos espejismos, verdaderos sólo para el alma que se deja engañar por los sentidos. Yo aceptaba todo eso porque pensaba que eras Tú; pero no comía tales platillos con avidez, pues no me sabían a nada; el sabor no era el tuyo, no te sentía yo como realmente eres. Tú no estabas en aquellos vanos fragmentos que no me alimentaban sino que me agotaban»[2].

Para Mani, antes de la existencia de cielo y la tierra había dos Principios, el uno bueno, el otro malo. El Principio bueno mora en el reino de luz y llama al Padre de Majestad (el Esplendor o la Grandeza, Megethos, Abba D'rabbutha), o el Padre con las Cuatro Caras o Personas (*tetraprosopon*), probablemente porque el Tiempo, la Luz, la Fuerza, y la Bondad han sido considerados como las manifestaciones esenciales del Primer Ser por la cosmogonía: iraní. Fuera del Padre hay cinco Tabernáculos o *Shechinatha*: la Inteligencia, la Razón, el Pensamiento, la Reflexión y la Voluntad. La designación de «Tabernáculo» contiene un juego sobre el sonido *Shechina,* que significa «vivienda o tienda y gloria divina o presencia», y es usado en el Antiguo Testamento para designar la presencia del Dios entre los querubines.

Opuesto al Padre de Esplendor está el Rey de la Oscuridad. En realidad nunca lo llaman Dios, sino que Él y su reino están debajo, exactamente paralelos al reino de la luz de arriba. Pleroma oscuro, es triple como el firmamento, el aire y la tierra invertida. Estos dos poderes podrían haber vivido para siempre en la paz, pero el Príncipe de Oscuridad decidió invadir el reino de la luz. La encarnación del mal se llamó Satán o Ur–diablo (*Diabolos protos, Iblis Kadim*, en fuentes árabes), un monstruo mitad pez, mitad pájaro, de cuatro pies y cabeza de león, empeñado en una lucha contra el reino de luz. Entonces el Padre de Majestad emanó la Madre de Vida y la Madre de Vida emanó el primer hombre. Estos dos constituyen, con el Padre, una especie de Trinidad en la Unidad, de ahí que el Padre pudiera decir: «Yo mismo iré». Aquí Mani asimila ideas

---

1. Los maniqueos decían que existe un principio eterno bueno y otro principio eterno malo; que de la lucha entre ambos nació una mezcla de bien y de mal, que es Dios, y de la cual se formó el mundo; y decían que en todas las cosas está presente y mezclada la naturaleza de Dios.

2. Agustín, *Confesiones III*, p. 6.

ya conocidas del gnosticismo, que se parecen a la doctrina cristiana, sobre todo cuando se tiene en cuenta que «el Espíritu» es femenino en hebreo–arameo y así fácilmente podría ser concebido como madre de toda la vida. Y así continúa mezclando en una amalgama pseudocientífica mitos iraníes indios, con elementos gnósticos y cristianos, ofreciendo una corriente de pensamiento atractivo a las inteligencias con la promesa de certidumbres «científicas».

Y no menos seducía a las almas más comunes por el gusto a lo esotérico y el secreto de los ritos misteriosos de sus castas jerárquicas, a las cuales no se tenía acceso más que por escalas, pasando de «oyente» a «elegido». Incluso la moral de la secta, no obstante su ideal de «pureza» integral y la incomodidad de sus preceptos relativos a los alimentos y al rito, no era tan repugnante como se hubiera podido creer, ya que la santidad maniquea admitía diversos grados.

Mani, que enseñaba que Jesús, Buda y Zoroastro fueron sus precursores y que él era el Paracleto prometido por Jesús, sufrió una muerte trágica: según unos, murió crucificado, desollado vivo, según otros. Pero su religión, provista de una doctrina completa, de una jerarquía coherente y poderosa y de adeptos fanáticos, estaba bien garantizada para perdurar. Resistió en Persia a las vejaciones del clero mazdeo y a las proscripciones lanzadas por los príncipes; penetró en las regiones orientales del Imperio romano, donde Diocleciano, sospechando en ella un medio de propaganda enemiga y de espionaje, la sometió a espantosas penalidades. En la India, en China, se propagó con diversa fortuna, siempre execrada y siempre volviendo a la carga. Tuvo su hora de poderío en el Turquestán y en Asia Central (siglo VIII). En Occidente, aunque contrarrestada por la vigilancia de los emperadores cristianos, ejerció una viva fascinación en los medios intelectuales a fines del siglo IV. Sus «obispos» y sus «elegidos», en viaje con frecuencia, mantenían el celo de los «oyentes», a quienes deslumbraban con su ciencia. Gracias a extensas complicidades controlaban la atribución de las plazas de las administraciones y las cátedras de enseñanza.

Tanto en el plano ideológico como en el moral, la Iglesia tenía el imperioso deber de salvaguardar las verdades sagradas y sus principios saludables. ¿Podía admitir la corrupción de sus dogmas capitales? El maniqueísmo falseaba la idea de la «creación» con su dualismo y menosprecio de la materia; su reconocimiento de la divinidad de Jesús estaba subordinado a la de Manés, el más grande de los profetas y su «Cristo espiritual», que había enseñado a nuestros primeros padres la ciencia del bien y del mal; su «Cristo de luz», igual que el de los docetas, había venido a este mundo en apariencia de forma humana, pero no en *carne* material, para ayudar a las partículas de luz a liberarse y regresar al reino de la luz. En el terreno moral, tenían del pecado una idea completamente física, viendo en él una «cosa» y no una acción y, separando abusivamente el pecado del pecador, atribuían a la falta un carácter fatal, mientras concedían al autor, bajo ciertas condiciones, el privilegio eventual de la irresponsabilidad. No es un efecto del azar que en todas partes por donde pasó el maniqueísmo levantara contra sí la hostilidad de los más diversos régimenes, que alternativamente fuese combatido por los soberanos de Persia, los emperadores de Roma, los príncipes indios, los cabecillas árabes y los señores del mundo feudal[3].

2. Herejías cristológicas

La Iglesia pronto tuvo ocasión de apercibirse de que sus mayores enemigos eran los que estaban en su seno. Los errores que distrajeron de la ortodoxia la atención de los cristianos del siglo III tuvieron por punto de partida las especulaciones sobre la relación entre el Hijo y Dios, el Padre. Así, en su celo por mantener la unidad de Dios, muchos doctores cristianos se negaban a reconocer a otra Persona divina que a Dios el Padre. Eran éstos los monarquianos, que pueden dividirse en dos categorías: unos, que enseñaban que Jesús era un hombre como los demás, pero que había recibido un poder y una sabiduría divinas en mayor cantidad que ningún otro profeta; otros, que enseñaban que los nombres de *Padre* y de *Hijo* no eran otra cosa que dos nombres del mismo y único Dios. Aquellos, entre los cuales ocupaba un lugar eminente Teodoto de Bizancio, no veían en Cristo más que su naturaleza humana y prescindían completamente de su naturaleza divina. Éstos, por el contrario, única-

---

3. Véase G. Plinval y R. Pittet, *op. cit.*, pp. 161 y 162.

mente se referían a su divinidad y en su apariencia humana solo creían ver un velo temporal y amovible, necesario para determinar la manifestación de Dios en la humanidad. Se les llamaba *patripasianos;* esto es, los que creían que el Padre había sufrido en la cruz los efectos del martirio. Entre éstos distinguíase principalmente Praxeas y, más tarde, Sabelio. Según éste, los nombres de *Padre, Hijo* y *Espíritu Santo* no se usaban más que para designar tres diferentes manifestaciones o aspectos del solo y único Ser divino[4]. Durante el reinado de Constantino, las especulaciones teológicas fueron por otra dirección. Como pronto veremos, suscitaron un cisma que dividió a la Iglesia y que tuvo gran influencia en todo el mundo.

3. Arrio

Arrio, sacerdote de Alejandría, nació en Libia e hizo sus estudios en Antioquía con Luciano, que pereció en el martirio durante la persecución de Maximino Daza. Arrio encontró sus más celosos discípulos entre los que habían sido sus compañeros de escuela. La controversia arriana empezó en el año 318. Cierto día, Alejandro, obispo de Alejandría, hizo un sermón sobre la Trinidad. Arrio, que estuvo presente, acusó al obispo de haber defendido ideas de Sabelio y, contra lo dicho por el obispo, él afirmaba que el Hijo de Dios no había existido desde la eternidad. Durante algún tiempo, esforzóse el obispo en convencerle de su error, pero considerando el peligro que corría por haber tolerado a un sacerdote hereje, cuyas doctrinas ganaban rápidamente prosélitos en las iglesias, convocó en 321 un sínodo, al que concurrieron cien obispos de Egipto y de Libia, los que excomulgaron y depusieron a Arrio. En una carta circular, acompañando los acuerdos del sínodo, Alejandro mencionaba las opiniones

---

4. Neander, *op. cit.,* cap. II, pp. 291–293.

«Sabelio, para explicar su sistema, usaba algunas comparaciones un tanto extrañas, que han llegado a nosotros por Epifanio. Por ejemplo, decía que el sol, que no era más que un solo *hipóstasis,* obraba, sin embargo, de tres maneras diversas: por su luz, por su calor y por su forma redonda» (Chastel, *Historia del Cristianismo I,* p. 410). (Véase también Cf. Robertson, *op. cit.,* cap. I, pp. 83–86; James Orr, *El progreso del dogma,* cap. III, CLIE, Terrassa, 1988).

En sus comparaciones, se refería al ser humano compuesto de cuerpo, alma y espíritu.

Dice Dupin que, en algunas iglesias sabelianas, raras veces se hacía mención al Hijo de Dios.

heréticas que se atribuían los arrianos:

«Estos apóstatas afirman que Dios no ha sido en todo tiempo Dios el Padre; que el Verbo de Dios no ha existido desde la eternidad, sino que procede de la nada»[5].

Estas palabras del obispo parecen ser confirmadas en su esencia por lo que afirma el mismo Arrio, cuando dice:

«Decimos y creemos que el Hijo no fue ingénito y que tampoco procede de nada de lo que existe, sino que ha subsistido antes de los tiempos y de las edades, por su propia voluntad y consejo en calidad de Dios perfecto, Hijo único, inmutable, y que antes de ser engendrado, o creado, o constituido, no existía, porque no dejó de ser engendrado. Se nos persigue porque decimos que el Hijo tuvo un principio, mientras que afirmamos que Dios no lo ha tenido»[6].

Aunque esta doctrina se funda en un grave error bíblico y su tendencia destruye el fundamento de la fe cristiana, no creemos que Arrio se propusiera propagar opiniones diferentes de la creencia general de la Iglesia:

«No creía predicar una nueva doctrina –dice Neander–, sino que estaba animado por un celo sincero por lo que creía ser verdad, al mismo tiempo que sentía gran amor por la claridad y la lógica. Lo que le faltaba era la profundidad de la intuición religiosa y de la concepción de las verdades del cristianismo. En cuanto a su exégesis, había recibido la tendencia de la escuela de Antioquía. Su objetivo era defender la doctrina tradicional de la Iglesia sobre la Trinidad, exponiéndola de modo aceptable contra las opiniones de los sabelianos y de los gnósticos, sin darse cuenta de los resultados a los cuales le conducirían su tendencia y sus principios. Podemos suponer, sin embargo, que si hubiera triunfado el

---

5. Sócrates *el Escolástico, Historia eclesiástica I,* cap. VI.

6. Chastel, *Hist. del Cristianismo,* cap. II, p. 474 (véase también *Carta a Eusebio, obispo de Nicomedia, Teodoreto; H. E., I,* cap. V).

«La controversia arriana proviene, por un lado, de los elementos contradictorios de la cristología del gran Orígenes, que son el resultado del estado rudimentario *(crude)* del espíritu cristiano del siglo III; y, en segundo lugar, del antagonismo teológico entre Antioquía y Alejandría. Indudablemente, Orígenes reconocía en Cristo, entre los demás atributos divinos, la eternidad, pero en su celo por establecer distinción de Personas en la divinidad, enseñaba que existía diversidad de esencia entre el Padre y el Hijo y la subordinación de este, de quien hacía como un Dios secundario, inferior al Padre. Por consiguiente, allí bullía el germen de la herejía arriana» (Schaff, *Nicene Christianity,* pp. 619 y 620).

arrianismo, sus partidarios no se hubieran dado por satisfechos con lo que Arrio defendía y que las doctrinas fundamentales del Evangelio hubieran encontrado en otra parte su expresión. A todo el que haya llegado a comprender el verdadero alcance de la doctrina de la divinidad del Hijo y de su relación con el sistema cristiano, la doctrina arriana le parecerá incompatible con la misma esencia del cristianismo. Es indudablemente grande la importancia de esta controversia, no sólo por el objeto especial que trataba, sino también bajo el punto de vista del cristianismo en general»[7].

Cuando empezó la controversia arriana, Arrio era todavía joven. Se cree que era alto y elegante y tenía modales afables. Su pálida faz respiraba calma y moderación. Era, en fin, un rígido asceta. Pero sus adversarios afirman que, bajo tan simpática apariencia, escondía un carácter intrigante y un orgullo y ambición extraordinarios[8].

Cuando Arrio tuvo conocimiento de la decisión del Concilio, se fue primero a Palestina y después a Nicomedia, donde halló un protector y un partidario en la persona del obispo Eusebio, su antiguo condiscípulo[9].

Aprovechó, pues, su expatriación para escribir cartas, donde exponía sus opiniones, y compuso para la propaganda himnos y cánticos populares para ser cantados en los postres por marinos, mineros, viajantes y otras profesiones[10].

De estos escritos, el más famoso es la *Talía* o *Banquete*, donde presenta su doctrina de un modo sistemático. De él sólo conocemos los extractos que citan sus adversarios. Además del texto en prosa, comprendía algunos pasajes en verso, que los seguidores de Arrio aprendían de memoria. Esencialmente decía:

«El Dios no siempre fue Padre, sino que alguna vez el Dios estaba solo sin ser Padre y más tarde se hizo Padre. No siempre existió el Hijo; porque habiendo sido hechas todas las cosas de la nada, y siendo todas

---

7. Neander, *Dogmas del Cristianismo,* p. 286 (véase también *Historia Eclesiástica,* cap. IV, pp. 8 y 9).

8. Milman, *op. cit.,* cap. II, p. 368 (véase también Neander, *op. cit.,* cap. IV, p. 9).

9. No hay que confundir a este Eusebio con el historiador de Cesarea.

10. Neander, *Hist. Eclesiástica,* cap. IV, pp. 10 y 11.
El libro de Arrio se titulaba el *Banquete*. Atanasio ha conservado algunas líneas de sus himnos: «Dios no ha sido siempre el Padre; hubo un tiempo –no dice cuál– cuando Dios estaba solo y no era aún Padre. El Hijo tampoco ha existido siempre...» *(Contra los arrianos,* cap. I, § 5).

las cosas criaturas y obras, también el Verbo de Dios fue hecho de la nada, y alguna vez no existía; ni existía antes de ser hecho, sino que también Él tuvo principio al ser creado. Porque Dios estaba solo y no existían aún el Verbo y la Sabiduría (...) Por naturaleza, el Verbo está sujeto a mudanzas, como todos, pero siendo dueño de sí, es bueno mientras lo quiere. Si lo quiere, puede cambiar como nosotros, ya que es mudable por naturaleza (...) El Verbo no es verdadero Dios. Aunque se le llama Dios, no lo es de veras, sino sólo por participación de gracia, como todos los otros; así Él es Dios sólo de Nombre, como todas las cosas son diversas y diferentes de Dios por esencia, así también el Verbo es completamente ajeno y diverso respecto a la esencia y propiedad del Padre; es propiamente una de las cosas hechas y creadas (...) Las esencias del Padre y del Hijo y del Espíritu Santo son entre Sí naturalmente divididas, segregadas, distanciadas, diversas, aisladas; son completamente diversas en sus esencias y glorias hasta el infinito. El Verbo, en cuanto a la semejanza de la gloria y la esencia, es del todo diverso al Padre y al Espíritu Santo».

Si bien es cierto que Alejandro estuvo pronto desembarazado de Arrio, no pudo desembarazarse tan fácilmente de sus doctrinas, sino que, por el contrario, no tardaron en hacer invasión en Egipto y en Libia, de donde pasaron a Siria, siendo aceptadas por los obispos más doctos y más influyentes. Cuando en el 223, Constantino vino a ser dueño de Oriente, encontróse a toda la Iglesia en un estado tal de confusión que, olvidando el disgusto que le había procurado su ingerencia en el asunto de los donatistas, creyó que su autoridad imperial bastaría para calmar la tempestad. Escribió a la vez a Alejandro y a Arrio, diciéndoles que disputaban por cuestiones vanas y frívolas, nacidas sólo de una curiosidad demasiado grande:

«¿Quién es capaz de conocer misterios tan profundos y escondidos? Ya que nuestro Dios, grande y misericordioso, por su providencial sabiduría nos ha dado la luz de la misma gracia, os ruego que hagáis cuantos esfuerzos os sean posibles para que el pueblo de Dios pueda vivir en la unión y la paz...».

Y a la conclusión de la carta, añadía:

«Dejadme vivir en paz y gozar de la dicha de un reinado pacífico»[11].

Osio, el obispo de Córdoba, recibió el encargo de arreglar aquella cuestión y, provisto de una carta de Constantino, se fue a Alejandría, donde convocó otro sínodo. Sus investigaciones le hicieron comprender que la enfermedad estaba demasiado extendida para poder ser curada por medios tan sencillos:

«En cada ciudad, hallábase un obispo frente a otro obispo, una congregación frente a otra congregación. Diríase que eran enjambres de mosquitos peleándose en el aire»[12].

«Aquellos días fueron tan tristes, que al recordarlos hay que derramar muchas lágrimas. En nada se parecían a aquellos tiempos, cuando la Iglesia era atacada por los enemigos de fuera. Ahora, los combatientes eran los habitantes de una misma ciudad, los que vivían bajo el mismo techo, que se sentaban a la misma mesa, cuyas lenguas estaban afiladas como lanzas»[13].

Los paganos se burlaban de los cristianos. Sus disputas llegaron hasta el escenario y el mismo emperador cristiano llegó a ser tan menospreciado, que sus estatuas fueron tratadas indignamente[14].

Todos estos hechos contribuyeron a abrir los ojos a Constantino, quien comprendió que se había equivocado y que la doctrina en cuestión no era ni tan fútil ni tan profunda como había supuesto. Es indudable que para él, los arrianos eran unos perturbadores de la paz pública, pero la experiencia de lo que le ocurrió con los donatistas le había enseñado que estas cuestiones no se resolvían ni por un decreto imperial, ni por medio de las armas. Le quedaba un solo recurso, que era convocar un Concilio ecuménico, presidido por él, donde se diera una buena solución a este asunto y al de la época en que debía celebrarse la Pascua. En consecuencia, convocó, en la importante ciudad de Nicea, un Concilio general para el mes de junio del año 325.

4. El Concilio de Nicea

---

11. Eusebio, *Vida de Constantino II,* cap. LXIII, LXX.
12. Ídem III, cap. IV.
13. Teodoreto, *Historia eclesiástica I,* cap. VI.
De los cuatro antiguos historiadores mencionados en este capítulo, sólo Eusebio era contemporáneo. Los otros, Sócrates *el Escolástico,* Sozomeno y Teodoreto, escribieron un siglo después.
14. Eusebio, *Constantino III,* cap. IV.

A todas las provincias del imperio, fueron enviados mensajeros, para invitar a los obispos a que concurrieran a esta nueva y augusta asamblea. Los correos imperiales recibieron orden de facilitar aquel viaje por todos los medios posibles, de preparar carros y caballerías gratuitamente, como si se tratara de un asunto de Estado. Finalmente, el tesoro público se encargó de pagar todos los gastos que hicieran los delegados durante la reunión[15].

Unos trescientos veinte obispos respondieron a la invitación y con ellos gran número de sacerdotes, diáconos, *acólitos* (subdiáconos) y hasta *legos:*

«Muchos hombres piadosos e instruidos de las provincias del alrededor fueron atraídos a Nicea por circunstancias tan extraordinarias, como nuevas, o sólo por el deseo de ver al emperador. Hasta hubo filósofos paganos que, tal vez, fueron allá deseosos de instruirse, o que, exasperados por la reciente represión del paganismo, quisieron aprovechar aquella oportunidad para sembrar la división entre los doctores cristianos[16].

La inmensa mayoría de los eclesiásticos vinieron de Oriente; Europa aún no había sido agitada por el cisma y los únicos delegados, desde Grecia hasta el Occidente, fueron Osio, de Córdoba, Ceciliano, de Cartago, Nicasio, de Dijon, Domnus, de Strido, Eustorgio, de Milán, Marco, de Calabria y dos sacerdotes romanos, Víctor o Vitus y Vincentius, en representación del anciano obispo Silvestre[17].

Algunos delegados llevaban todavía las señales de lo que habían padecido durante la última persecución. Había un obispo de Asia que no podía servirse de ninguna de sus manos por haberles sido atravesadas con hie-

---

15. «La organización del servicio de correos del imperio hacía estos arreglos con más comodidad que en ningún período de la Edad Media. Los grandes caminos, como nuestros ferrocarriles, eran rectos como una flecha e iban de uno a otro extremo del imperio. Documentos un tanto posteriores nos dicen que entre Burdeos y Constantinopla existían doscientas estaciones de correos y noventa y una hosterías. Cada media jornada, había una de éstas. Cada obispo debía llevar un séquito de dos curas y tres esclavos» (Stanley, *Eastern Church,* lectura III, p. 93).

16. Sozomeno, *H. E.,* I, cap. XVII y XVIII (véase también Eusebio, Constantino III, cap. VI, IX; Sócrates, *H. E.,* I, cap. VIII).

17. Existen todavía tres listas de los miembros del Concilio: una escrita en griego, otra en siriaco y otra en copto. Entre ellas, hay alguna diferencia de detalles. Ninguna da el mismo número que acabamos de indicar. Probablemente no estaremos alejados de la verdad si afirmamos que el Asia Menor envió aproximadamente las dos quintas partes de los miembros y la Siria –Fenicia, Palestina y Arabia– la cuarta parte. Hubo un obispo persa y otro de la Gotia (B. H. Cooper, *Syriac Christianity Miscellanies,* 1861). (Véase también Schaff, *Nicene Christianity,* p. 624).

rros candentes; a otros, como Pafnucio, del Alto Egipto, les arrancaron un ojo; a otros les faltaba el brazo derecho. En una palabra, dice un historiador con exageración –por otra parte digna de indulgencia– que «era una asamblea de mártires»[18].

Antes de que empezara el Concilio, los partidarios de las diversas opiniones tenían a menudo polémicas que eran presenciadas por un numeroso auditorio. Una vez, en medio de una discusión de esta clase, un *lego* sin cultura, pero que había demostrado gran firmeza cuando la persecución, colocándose entre los dos adversarios, les echó en cara el que perdieran el tiempo en vanas discusiones, añadiendo que Jesucristo y sus apóstoles no nos habían legado el arte de la lógica y de la sutileza sin alcance ninguno, sino la verdad desnuda, que era preciso mantener por medio de la fe y de las buenas obras[19]. En otra ocasión, un filósofo pagano hacía alarde de su dialéctica, que empleaba en ridiculizar a algunos sacerdotes ancianos, cuando un antiguo confesor, ignorante y sin estudios, dirigiéndose a él, le dijo:

«En el nombre de Jesucristo, ¡óyeme filósofo! Sólo hay un Dios que todo lo ha creado por su Verbo y lo ha afirmado por la santidad de su Espíritu. El Verbo, a quien llamamos el Hijo de Dios, viendo a los hombres sumidos en el error y viviendo como animales, lleno de compasión, quiso vivir como ellos, entre ellos y morir por ellos. Después volverá para juzgar a cada uno de nosotros, según nuestras obras. Nosotros creemos estas cosas con sencillez. No pierdas, pues, el tiempo en refutar lo que sólo la fe puede comprender, ni en indagar cómo ha podido esto hacerse o no hacerse. Contéstame: ¿crees lo que te digo?».

El filósofo, sorprendido ante tan brusca pregunta, y herido en su conciencia, le respondió: «Creo»; e inmediatamente empezó a enseñar a otros su nueva fe[20].

Las primeras sesiones del Concilio tuvieron lugar, probablemente, en una basílica o en otro edificio público. Arrio fue llamado para que defendiera sus opiniones. Muchos delegados tomaron parte en la discusión. Pero el campeón más notable de la ortodoxia fue un joven diácono

---

18. Teodoreto, *H. E., I*, cap. VII.
19. Sócrates, *H. E., II*, cap. VIII.
20. Sozomeno, *H. E., I*, cap. XVIII.

de Alejandría, que acompañaba al obispo Alejandro; se trataba de Anastasio *el grande*[21].

Desde la llegada del emperador, el Concilio celebró sus sesiones en el mismo palacio. Al efecto, destinóse una inmensa sala a este objeto, donde los delegados, obispos o no, fueron colocados cada uno según su rango[22]. Cuando hubieron ocupado todos sus asientos, permanecieron callados esperando la llegada del emperador. Constantino llegó, al fin, acompañado de algunos favoritos cristianos y sin guardia ninguna...

«La asamblea se puso de pie, guardando aquella actitud, mientras el emperador, con los ojos al suelo y las mejillas encendidas, atravesaba la sala del Concilio. Su talla era imponente, al par que proporcionada; sus robustos miembros resaltaban aún más con el rico vestido de púrpura, adornado con bordados y piedras preciosas que lo cubrían. Su asiento había sido colocado sobre una plataforma, al fondo del salón. Una vez en el sitio designado, le ofrecieron una silla de oro. Pero él se quedó un momento en pie y, con la mano, hizo una señal a los obispos para que se sentaran antes que él»[23].

Cuando todos se hubieron sentado, Eusebio de Cesarea, que ocupaba un sitio de honor a la derecha de Constantino, se levantó para dirigirle algunas palabras, en cuyo discurso terminó recitando un himno de acción de gracias a Dios. Las miradas de todos estaban fijas en el emperador, quien en tono dulce y afectuoso, dirigió al Concilio un discurso en latín, que fue traducido en griego y en otros idiomas por un intérprete:

«Queridos amigos, deseaba veros reunidos en el Concilio (...) Que ninguna animosidad particular pueda privarnos del bien que esperamos sacar de esta reunión. Ya vemos que Dios ha hecho que los cristianos vencieran a los tiranos; ahora procurad que la cizaña de las disensiones, sembrada por el diablo, no pueda crecer entre vosotros. La perturbación en la Iglesia trae peores consecuencias que la guerra, porque la guerra mata el cuer-

21. Ídem., cap. XVII.
22. La tradición y algunos restos de columnas indican el lugar donde estaba el palacio, en la ribera del lago Ascanio. Un plátano solitario se levanta en medio de aquellas ruinas (Stanley, *Eastern Church*, p. 121).
De este importante suceso no queda otro recuerdo más que una pintura grosera que se conserva en la solitaria Iglesia de Santa María (Schaff, *op. cit.*, p. 623).
23. Eusebio, *Constantino III*, cap. X.

po, mientras que aquella destruye el alma... Ciertamente que me causa viva satisfacción veros reunidos aquí, pero mi satisfacción será mayor si la unión y el afecto mutuo reinan entre vosotros. ¡Estimados ministros de Dios, os conjuro para que alejéis todo motivo de disputa, cortéis todas las cabezas de la hidra de la herejía y restablezcáis la paz!»[24].

Parece ser que muchos eclesiásticos fueron al Concilio con el propósito de obtener reparaciones personales o de partido. El día antes fueron presentadas al emperador una porción de peticiones, que trajo consigo al día siguiente, haciéndolas quemar en presencia de todos, diciendo a sus autores que las mutuas acusaciones que en ellas se hacían serían presentadas en el último día y entonces el Soberano Juez haría justicia a cada uno[25].

Pero la excitación era demasiado grande para que el acto realizado por Constantino y el discurso que le precedió pudieran calmar los espíritus...

«Apenas los miembros del Concilio estuvieron autorizados para hablar, unos empezaron a atacar a sus vecinos más próximos, mientras que los otros se defendían, atacando a su vez».

El historiador Sócrates escribía:

«Aquello parecía una batalla dada durante la noche; ninguno de los partidos demostraba comprender exactamente los motivos por los cuales se peleaban y calumniaban unos a otros»[26].

«Multitud de cuestiones diversas —añadía Eusebio— fueron tratadas de una parte y de otra; y en más de una ocasión, las disputas fueron ardientes y tumultuosas. El emperador escuchó a todos con afectuosa tolerancia; alababa a uno, calmaba a otro, razonaba y discutía con cortesía e imparcialidad, expresándose en griego, idioma que hablaba con bastante facilidad»[27].

Desde que el clericalismo comenzó a ejercer preponderancia en la Iglesia, hasta que llegó a ser el elemento director, se venía manifestando el deseo imperioso de proclamar una profesión de fe común y obligato-

---

24. Eusebio, *Constantino III*, cap. XII.

25. No se sabe con exactitud el momento en el que fueron quemadas aquellas peticiones (Sócrates, *H. E., I*, cap. VIII). (Véase también Sozomeno, *H. E., I*, cap. XVII).

26. Eusebio, *Constantino III*, cap. XIII (véase también Sócrates, *H. E., I*, cap. XXIII).

27. Ídem.

Sozomeno dice, sin embargo, que Constantino ignoraba completamente el griego *(H. E., I*, cap. XX).

ria para todos. En la ocasión presente, la controversia arriana contribuyó poderosamente a la realización de aquel deseo. Entonces no habían llegado a comprender –como no lo comprenden muchos en nuestros días– que no es fácil llegar a tal resultado, porque los medios usados para realizarlo conducen necesariamente a la intolerancia y a la persecución. Mucho antes del Concilio, algunas iglesias habían formulado brevemente el resumen de su fe cristiana; la más antigua que se conoce, nos la trasmite Ireneo (182–188)[28]. En los escritos de Tertuliano se hallan dos o tres, una de las cuales es parecida al símbolo de los apóstoles, en su forma más antigua, es decir, tal como se usaba en el siglo IV[29].

La primera profesión de fe que se presentó al Concilio procedía de una de las iglesias de Oriente y no se parecía a ninguna de las que acabamos de mencionar. Eusebio de Cesarea la leyó porque era la que «desde el principio había sido admitida por los obispos de su Iglesia». La mayor parte de los términos en ella usados habían sido sacados de la Escritura. En aquella profesión de fe se afirmaba claramente la divinidad de Cristo, pero en términos que, si bien tomados en absoluto contradecían las doctrinas arrianas, sin embargo, se les podía dar una significación aceptable hasta para los partidarios de Arrio. Según uno de los autores de aquel tiempo, este documento habría descontentado a la mayoría y habría sido hecho pedazos inmediatamente. Según otros, los partidarios del obispo Alejandro aceptaron varios artículos, añadiendo, empero, que aquella profesión de fe era susceptible de doble interpretación y que era preciso ampliar algunas proposiciones y algunas palabras que expresamente condenaran «las blasfematorias doctrinas de Arrio». El emperador, influenciado por Osio y por sus partidarios, dio a esta opinión el peso de su autoridad. El partido opuesto al arrianismo, al definir la naturaleza divina del Hijo de Dios, añadió la palabra *Homoousion* («teniendo la misma existencia,

---

28. Aunque le falta método y contiene varios miembros de frases que más tarde fueron suprimidos (Ireneo, *Contra las herejías I,* cap. X, § 1).

29. Tertuliano, *Tratado de las prescripciones,* cap. XIII (véase también *Del velo de las vírgenes,* cap. I). He aquí la antigua fórmula del símbolo de los apóstoles: «Creo en Dios Padre, Todopoderoso, y en Jesucristo, su Hijo único, nuestro Señor, que nació de la virgen María por obra del Espíritu Santo, que fue crucificado por Poncio Pilato, que fue enterrado y que resucitó el tercer día de entre los muertos. Creo en el Espíritu Santo, en la santa Iglesia, en la remisión de los pecados y en la resurrección de los cuerpos» (Mosheim, *Historia Eclesiástica,* cap. I, pp. 121, 544; Ignacio Ortiz de Urbina, *El símbolo niceno,* CSIC, Madrid, 1947).

la misma esencia, la misma substancia que el Padre»). Se dijo que esta palabra había sido escogida precisamente porque era desagradable a los arrianos[30]. No se contentaron con esto, sino que, con objeto de echar completamente fuera de la Iglesia ortodoxa a Arrio y a sus partidarios, se la añadieron nuevos artículos; mientras que por otra parte, se lanzaba el anatema contra todos los que profesaran doctrinas heréticas. A pesar de la repugnancia que sentían muchos delegados de las iglesias orientales por palabras como *homoousion,* que tenían una aplicación material, a pesar del número de los que estaban unidos a Eusebio de Cesarea y que constituían el partido semiarriano, venció la táctica del partido ortodoxo, y la fórmula que presentó fue aceptada por casi la totalidad de los miembros del Concilio[31]. Fue el célebre símbolo de Nicea, concebido en estos términos: «Creemos en un solo Dios, Todopoderoso, Creador de todas las cosas visibles e invisibles, y en un solo Señor Jesucristo, Hijo unigénito de Dios, y engendrado del Padre, es decir, de la substancia del Padre; Dios de Dios, Luz de Luz, Dios verdadero de Dios verdadero; engendrado, no hecho; consubstancial al Padre; por quien todas las cosas fueron hechas, tanto en el cielo como en la tierra, el cual descendió de los cielos por nosotros, los hombres, para nuestra salvación. Se encarnó y habitó entre los hombres, sufrió y resucitó al tercer día; subió a los cielos, de donde vendrá para juzgar a los vivos y a los muertos. Y acerca del Espíritu Santo, en cuanto a los que afirman que hubo un tiempo en que no existió y que antes de ser engendrado no era, y que el Hijo de Dios ha sido creado de la nada, o que fue creado, o que estuvo sujeto a la muta-

---

30. La palabra *homoousios* hállase en la *Talia* de Arrio:
«El Hijo no tiene nada que sea propio y especial de Dios. No es ni su igual, ni de la misma substancia» *(Espístola de Atanasio a los concilios de Rímini y de Sculecia, Library of the Father,* p. 95).
¡Coincidencia digna de mencionarse! Esta misma palabra, *homoousios,* había sido condenada por el Concilio de Antioquía (264), que se reunió para juzgar al obispo hereje Pablo Somosata (Neale, *Hist. of the Holy Eastern Church, Patriarchate of Antioch,* by Williams, p. 49).
Véase, sin embargo, la nota añadida a la *Epístola de Atanasio, Ubi suprá,* pp. 165–176.
31. Neander, *op. cit.,* cap. IV, pp. 20–24.
Entre los obispos convocados al Concilio, encontrábase Gregorio *el Iluminador,* el apóstol de Armenia; imposibilitado para asistir al Concilio, delegó en su hijo, quien le trajo los decretos publicados. Este venerable anciano, al leer el símbolo, lleno de alegría, exclamó:
«Alabemos a Aquel que era antes que los mundos fueran creados; adoremos a la santa Trinidad y la divinidad del Padre, del Hijo y del Espíritu Santo, ahora y para siempre, ¡amén!».
Estas palabras se añaden al símbolo todas las veces que se recita en la Iglesia de Armenia *(Dict. Christ. Biog.,* art. «St. Gregorius»).

bilidad de todos Éstos, decir que la Iglesia católica los anatematiza»[32].

Cuando al día siguiente se volvió a reunir el Concilio, Eusebio de Cesarea, en términos enérgicos, manifestó que desaprobaba algunos de los nuevos artículos. Pero, después de varias explicaciones –y «por amor a la paz», según dijo–, acabó por aceptarlos, dando antes satisfacción a su conciencia con la interpretación de ciertas palabras, de manera que estuvieran conformes con sus ideas personales y no con la intención de los que las habían introducido en el símbolo. Lo mismo hicieron otros varios.

Diecisiete obispos se negaron a aceptar, no obstante, la decisión de la mayoría. Pero al saber que el símbolo se publicaba en nombre del emperador y revestido de su autoridad y que los que se negaran a aceptarlo perderían su posición y, con ella, el favor del emperador, la mayor parte se sometió. Sólo dos obispos y Arrio mantuviéronse en la misma actitud. Eran Téonas de Marmarica y Secundo de Ptolomeo, quienes rechazaron enteramente el nuevo símbolo. Eusebio de Nicomedia y Teognis de Nicea, amigos íntimos de Arrio, lo aceptaron, pero negáronse a suscribir el anatema final, porque, según lo que conocían de los escritores y de los discursos de Arrio, no creían que hubiesen nunca enseñado lo que se les imputaba[33].

Quedaba por determinar cuándo debía celebrarse la Pascua. En lo relativo a este asunto, la unanimidad fue aún mayor, pero también hubo parcialidad. Admitióse definitivamente la regla occidental o romana, siendo condenado el cómputo judaico. Finalmente el Concilio excomulgó a las congregaciones y a los particulares que en Oriente se negaron a dejar la costumbre tradicional sobre el particular. ¡Tal era la distancia que alejaba a la Iglesia de los tiempos de Policarpo y de Aniceto![34] ¡Tal fue la ausencia de la caridad, provocada por el deseo de la uniformidad! Tal fue el famoso Concilio de Nicea...

Se dirá que, si bien es cierto que el Concilio no mantuvo el decoro

---

32. Bingham, *Ant. of the Church X,* cap. IV, § 14 (véase también Schaff, *Niceno Christianity,* pp. 667–670).

Según las diversas fuentes, existe alguna variación en las palabras. El Concilio de Constantinopla (381) desarrolló aquel símbolo.

33. Neander, *op. cit.,* cap. IV, pp. 19–27.

34. Véase el CAPÍTULO XIII de la PRIMERA PARTE.

que hubiera sido deseable, no por esto dejó de hacer una obra digna de su carácter ecuménico, por lo que se ganó la estima y la gratitud de las generaciones futuras, y que, al detener el arrianismo y configurar la fe ortodoxa, dio a la Iglesia una fórmula que podía servir de centro de unión. De buena gana lo aceptamos y nos guardaremos mucho de regatearle las alabanzas de las que se hizo acreedor. No podemos imaginar dónde se hubiera llegado, de no haber sido aprobado el símbolo niceno. Pero, por otra parte, no debemos cerrar los ojos al mal incalculable que hizo a la Iglesia esta obligatoria uniformidad, como tampoco debemos olvidar que la decisión del Concilio distó mucho de dar por terminada definitivamente la cuestión:

«El modo cómo acabó la discusión no pudo dar otro resultado, sino fomentar nuevas disputas. La reunión que procede del corazón no existía, porque no era producto de una convicción espontánea, íntima y común; sino que se creó un lazo, obligatorio, sí, pero artificial, entre hombres profundamente divididos en la manera de apreciar el símbolo que les había sido impuesto y que cada uno explicaba según su tendencia. Algunos, aunque aceptaban la palabra *Homoousion,* motivo de la controversia, la explicaban con otra palabra *Homoiousion* («substancia parecida») –y no entendían, como otros, «la misma substancia»–, acusando de sabelianismo a los que le daban su sentido propio y original. Éstos, en cambio, acusaban a los primeros de *triteísmo*»[35].

A la terminación del Concilio, que duró dos meses, Constantino invitó a los obispos a un banquete en conmemoración del vigésimo aniversario de su reinado[36]. La guardia de palacio se puso en pie con las espadas desnudas cuando entraban los convidados, que en esta ocasión no sintieron miedo ante el aspecto marcial de los soldados. Algunos obispos tuvieron asiento cerca del emperador, otros se sentaron en mesas más bajas, situadas a ambos lados de la suya. Cuenta Eusebio que apenas podían dar crédito a lo que veían y que muchos dijeron que el reinado de Dios había ya empezado.

A la terminación de la comida, Constantino hizo regalos a cada uno

---

35. Neander, *op. cit.,* cap. IV, pp. 27 y 28.
36. Desde la muerte de su padre, Constancio Cloro, ocurrida en York.

La Puerta de Yeni-Cheher, en Isnik, la antigua Nicea
(sacado de Texier, Asia Menor)[37] .

según su rango. Pero el más agasajado fue Pafnucio, al que tomó en sus brazos y le besó la órbita del ojo que le había sido arrancado[38].

Finalmente, cuando los obispos estuvieron a punto de regresar a sus respectivas iglesias, les convocó de nuevo, exhortándoles a que conservaran la paz entre ellos y a que oraran mucho a Dios por él, por sus hijos y por el Estado. Concluido esto, los despidió[39].

Después del Concilio de Nicea, el emperador, que aborrecía el arria-

---

37. La aldea turca de Isnik ocupa el sitio de la vieja Nicea. El antiguo esplendor de la ciudad ha desaparecido, pero ha quedado la belleza del paisaje. Sir Charles Fellows, que la visitó hace unos treinta años, después de describir los sotos y los arbustos siempre verdes, entre los que tuvo que atravesar para llegar a ella, los madroños, los laureles de todas clases que perfumaban el aire, las violetas, los jacintos, las anémonas que pisaba, nos habla de la ciudad en los siguientes términos: «En medio de aquel jardín, descubrimos el mejor golpe de vista; nada tenía de grandioso, pero el conjunto resultaba encantador. Allá, al fondo, veíase el Olimpo, cuyas cimas estaban cubiertas de nieve. Más cerca de nosotros veíanse hermosas montañas, cuyos pies bañaba el más pacífico de los lagos: el antiguo Ascanio, de diez leguas de largo, por cuatro de ancho. A la extremidad meridional y colocadas magníficamente, veíanse las torres arruinadas de la tan celebrada ciudad de Nicea. Desde la parte alta y hasta la misma orilla del lago, hay un precioso valle» (Travels and Researches in Asia Minor, Londres, 1852, pp. 82 y 83).
La puerta que representa nuestro grabado es una de las cuatro principales de la ciudad. En su estado actual, es una muestra de la solidez de las antiguas construcciones romanas. Está situada hacia el sur, y su construcción data de medio siglo antes de la celebración del concilio. Entre sus macizas torres y debajo del arco pasaron, pues, viniendo del Asia Menor, de Siria y de Egipto, los obispos con su séquito, los nobles con sus criados, los filósofos paganos, los comerciantes y demás gente, atraídos todos por la gran asamblea del año 325.
38. Eusebio, Constantino III, cap. XIV, XVI (véase Sócrates, H. E., I, cap. XI).
39. Sozomeno, H. E., I, cap. XXV.

Capítulo XII

Los últimos años de Constantino

nismo, considerándolo como blasfemo, dictó medidas para aniquilarlo. A la sentencia de excomunión lanzada contra Arrio, Teonas y Secundo, añadió la pena de destierro. Los escritos de Arrio fueron condenados al fuego y sus encubridores sentenciados a muerte. Dos meses después, Eusebio de Nicomedia y Teognio, que habían firmado la profesión de fe, pero no la excomunión, fueron también desterrados[1].

El edicto imperial empezaba de este modo:

«Novacianos, valentinianos, marcionistas, paulianistas, catafrigios[2], sabed que las doctrinas que profesáis son falsas y vanas. Siendo enemigos de la verdad, con vuestros consejos y con las mentiras que propagáis, inducís a las almas a la muerte; abusáis de las conciencias inocentes y escondéis a los fieles la luz de la verdad (...) Para impedir en adelante la propagación de vuestros pestilentes errores, os prohibimos por esta ley celebrar ninguna asamblea, ni en edificios públicos, ni en casas particulares, ni en sitios en despoblado, y condenamos vuestras doctrinas como supersticiosas y facciosas. Los que de entre vosotros se preocupen algo de la verdad deben volver al seno de la Iglesia católica, porque el estado floreciente, en el que por la gracia de Dios vivimos, tolera que en una época de ciencia y de esperanza como la nuestra abandonen todos

---

1. Neander, *op. cit.,* cap. IV, p. 27.
2. La secta gnóstica de los valentinianos era la más numerosa. Los marcionistas procedían de Marción; los paulianistas, de Pablo de Somosata, de quien hablaremos más adelante. Los catafrigios eran montanistas (véase el CAPÍTULO IX de la PRIMERA PARTE).

la senda engañosa del error, para ser guiados por el camino recto de la salvación (...) Y para que nuestra solicitud en este sentido pueda ser más eficaz, ordenamos que todas las casas donde os reunís y todos vuestros templos (si así puede llamárseles) sean destruidos sin demora ni dilación y que sus beneficios vayan a la Iglesia católica».

En la redacción de esta ley, se conoció fácilmente la mano de Eusebio. Al copiarla, en su *Vida de Constantino,* injuria a los que son objeto de ella, llamándoles «hipócritas, langostas y orugas». Afirma, al mismo tiempo, que fueron muchos los que se reintegraron a la Iglesia, ya fuere de un modo escondido e hipócrita, o a causa del miedo; ya fuere con la alegría de haber vuelto a encontrar a su verdadera madre espiritual. «Así –añade–, desaparecieron los herejes, y la Iglesia formó un solo cuerpo»[3].

Pero esta afirmación de Eusebio no era verdadera. Poco después del Concilio, murió el obispo Alejandro, y para sucederle, fue nombrado por aclamación Atanasio, que solo contaba treinta años. Como había hecho antes Cipriano, procuró rehuir aquel honor, pero tampoco le fue posible no aceptarlo. Mucho tiempo antes, era ya el alma del partido ortodoxo y, desde su elección, y durante medio siglo, fue el jefe reconocido que, a pesar de todas las oposiciones eclesiásticas o civiles, no cesó de trabajar por el triunfo del partido que acaudillaba. Neander, a propósito de Atanasio, escribió:

«Su firme adhesión a la doctrina de la *homoousia* depende de la entera unidad del conocimiento cristiano de Dios, el cumplimiento de la revelación de Dios en Cristo, la realidad de la redención y la comunión con Dios del hombre regenerado por el Salvador»[4].

Ya hemos dicho que muchas de las iglesias orientales reprobaban la *homoousia,* por ser una concepción demasiado materializada de la verdad. Constantino, por su parte, tampoco tardó en sentir las influencias del arrianismo. Claro es que a las cuestiones controvertidas sólo hay que concederles un conocimiento relativo. Su hermana Constancia, viuda de Licinio, mantenía continua correspondencia con Eusebio de Cesarea, al mismo tiempo que tenía por director espiritual a un sacerdote arrano, que la trajo al convencimiento de cuán injusta había sido la condenación

---

3. Eusebio, *Vida de Constantino III,* cap. LXI, LXIV.
4. Neander, *op. cit.,* cap. IV, pp. 30 y 31

de Arrio. Como ella ejercía una gran influencia sobre su hermano, al morir (327) recomendóle con mucha eficacia al sacerdote arriano, y éste, que logró inspirar al emperador una confianza cada vez más creciente, no tardó en convencerle de que lo que había motivado la decisión del Concilio de Nicea no fue la preocupación por la ortodoxia, sino las pasiones personales. Así las cosas, Constantino envió un mensaje a Arrio, autorizándole para venir a Alejandría, al mismo tiempo que le aseguraba que podía contar con el favor imperial. Arrio, por otra parte, envió al emperador una profesión de fe y le suplicaba que pusiera término a «esas odiosas controversias sobre cuestiones puramente especulativas». La confesión de fe satisfizo al emperador y decidióse a restablecer en sus sedes episcopales a Teognio y a Eusebio de Cesarea (328–329)[5].

Pero la reintegración de Arrio al seno de la Iglesia no se verificó tan fácilmente como había creído el emperador. A saber, Atanasio se negó a recibirle. Los amigos de Arrio emplearon vanamente la amonestación, la súplica y la amenaza. Pero Atanasio permaneció inflexible... Entonces intervino Constantino y le ordenó que, so pena de destitución y destierro, aceptara en el seno de la Iglesia a Arrio y a todos sus partidarios que quisieran volver a ella. Todo fue en vano; Atanasio respondió al emperador que su deber de pastor le prohibía absolutamente acoger a los autores de erróneas doctrinas. Esta conducta valerosa, que el mismo emperador no pudo menos que alabar, suspendió de momento la resolución. Pero los enemigos de Atanasio no se desanimaron, sino que le acusaron con mayor violencia, hasta el punto que tomó la resolución de presentarse al emperador en Psamatia, en las cercanías de Nicomedia, con el objeto de defenderse personalmente (332). Parece que la dignidad de su persona y de su aspecto se impuso a Constantino, que no solamente le absolvió, sino que, hablando de él en una carta dirigida a la Iglesia de Alejandría, le llamó «hombre de Dios»[6].

Alejandría continuó siendo el teatro de toda clase de desórdenes y hay que reconocer que los esfuerzos que para calmar los ánimos hizo Atanasio en muchas ocasiones los realizó con más celo que discernimiento. En el año 335, Constantino se vio obligado a intervenir de nuevo.

5. Neander, *op. cit.,* cap. IV, pp. 28 y 29.
6. Ídem, pp. 32 y 33.

Hacía treinta años que el emperador ocupaba el trono, cuando tocaba a su término la construcción de la magnífica iglesia que hizo levantar en el lugar en que había estado el Santo Sepulcro, a cuya inauguración había invitado a los obispos de las comarcas vecinas. Deseoso de contribuir a restablecer la paz entre Atanasio y sus adversarios, mandó que los obispos se reunieran en la ciudad de Tiro para examinar la cuestión bajo la presidencia de Eusebio de Cesarea, desde donde pasarían a Jerusalén. Atanasio refutó victoriosamente algunas extravagantes acusaciones que le habían lanzado, mientras que, respecto a otras que procedían de una junta compuesta de adversarios suyos de Egipto, parece que fueron aceptadas como verdaderas. Atanasio, viéndose en presencia de unos jueces prevenidos en contra suya, apeló al emperador, a cuyo efecto salió inmediatamente para Constantinopla. Cuando llegaba a la ciudad imperial acompañado de algunos sacerdotes, entraba también a caballo el emperador. Atanasio se presentó a Constantino, y éste, que no le reconoció, dio orden de que lo hicieran salir, pero el obispo insistió, dióse a conocer y le pidió que solamente le concediera que el sínodo que debía juzgarle se reuniese en Constantinopla, bajo su presidencia. Constantino aceptó la proposición e invitó a los obispos que ya habían llegado a Jerusalén a que vinieran a la capital. Algunos solamente obedecieron[7], pero los adversarios de Atanasio, en vez de reproducir las acusaciones expuestas en Tiro, le hicieron otra más grave: afirmaron que el obispo de Alejandría podría impedir, cuando lo tuviera por conveniente, los grandes envíos de grano que salían de Alejandría dos veces al año para el alimento de Constantinopla. No se sabe si el emperador creyó aquella acusación, o si aceptó aquel pretexto para desembarazarse de aquel obispo intratable; lo cierto es que Atanasio fue desterrado a Treves (336).

De este modo, Arrio triunfó. Sin embargo, ya en el sínodo de Jerusalén, había sido solemnemente reintegrado a la Iglesia y, empeñado en volver a Alejandría, los fieles de la ciudad, demasiado adictos al obispo desterrado, no le permitieron instalarse pacíficamente. Apenas llegado a la ciudad, empezaron las revueltas. Al saberlo Constantino, que deseaba conservar la paz a costa de todo, pidió explicaciones a Arrio. Éste se las

---

7. Neander, *op. cit.,* cap. IV, pp. 34 y 35 (véase también *Sócrates I,* cap. XXXIV, XXXV).

dio tan completas, que el emperador se dio por satisfecho. Para complacer al soberano, escribió una nueva confesión de fe que se comprometió a confirmar bajo juramento. Por toda respuesta, el emperador ordenó que Arrio fuera reinstalado en sus funciones con la pompa necesaria, en la misma ciudad de Constantinopla. La ceremonia debía tener lugar un sábado que, como el domingo, era día de culto. Pero el obispo Alejandro, campeón entusiasta de la «homoousia», se negó a que se abrieran las puertas de la iglesia. Los numerosos amigos de Arrio le amenazaron con obtener un mandamiento del emperador y con destrozar las puertas, si no consentía en abrirlas al día siguiente. Se afirma que Alejandro, en su inmensa perplejidad, estuvo largo tiempo prosternado ante el altar de su iglesia, pidiendo a Dios que le quitara de este mundo antes que obligarle a obrar contra su conciencia, o que hiciera desaparecer a Arrio. Aquella misma noche, falleció Arrio[8].

La impresión producida en el emperador por la muerte de Arrio no suavizó su actitud para con Atanasio. Desechó con desdén cuantas peticiones le fueron enviadas de Alejandría en favor de su querido obispo y, en lo sucesivo, no habló de Atanasio más que como de un prelado «orgulloso, turbulento e intratable». A pesar de los esfuerzos de Eusebio de Nicomedia, sólo cuando estuvo en trance de muerte, consintió el emperador en autorizar la vuelta de Atanasio[9].

En el momento de salir para una expedición contra los persas, Constantino cayó enfermo. Conociendo que su enfermedad le ocasionaría la muerte, pidió el bautismo, cuya ceremonia había aplazado siempre...

En la Iglesia de los Mártires, puesto de rodillas, hizo confesión pública de sus pecados, retirándose después a su palacio del barrio de Nicomedia, donde acudieron los obispos que habían de administrarle el

---

8. Neander, *op. cit.*, cap. IV, pp. 35–40.

Según Sócrates *el Escolástico,* Arrio falleció la mañana del domingo, cuando iba triunfante del palacio imperial a la Iglesia. Llegaba al foro de Constantino (donde estaba la célebre columna de porfirio), cuando se sintió presa de un desarreglo general, acompañado de una hemorragia, muriendo casi instantáneamente *(H. E., I,* cap. XXXVIII).

Atanasio dice que murió «por juicio de Dios». Entonces tenía ya más de ochenta años (Neander, *ubi supra).*

9. Milman, *op. cit.,* cap. II, pp. 382 y 383.

Según otros historiadores, habrían sido los hijos de Constantino los que autorizaron la vuelta de Atanasio (Waddington, *op. cit.,* cap. I, p. 202) (véase también Mosheim, *op. cit.,* cap. I, pp. 422–582).

bautismo, delante de los cuales manifestó el vehemente deseo que siempre le había impulsado a recibir, como el Salvador, las aguas del Jordán, mostrándose resignado porque Dios, en su excelsa sabiduría, lo había dispuesto de otro modo. Constantino suplicó a los obispos que no dilataran por más tiempo el logro de sus afanes y, despojándose de su traje de púrpura, dio comienzo la ceremonia, volviendo, a su término, vestido de blanco, a colocarse en el lecho, donde esperó tranquilo la muerte.

Eusebio, en su estilo de cortesano, lo describió así:

«De este modo, el primero de los emperadores fue regenerado por el nuevo nacimiento del bautismo y, en el entusiasmo de su fe, exclamó: *Soy dichoso ahora, porque gozaré de la vida eterna en la presencia de Dios».* Y cuando, más tarde, a los oficiales de su ejército, les permitió acercarse al lecho imperial, a algunos que deploraban su próximo fin les contestó que «sólo entonces empezaba a vivir y que estaba impaciente por llegar al cielo». Murió Constantino en el año 337, a la edad de sesenta y cuatro años, y a los treinta y uno de su reinado.

La noticia de la muerte de Constantino causó un sentimiento general:

«Su ejército se parecía a un rebaño privado de su pastor; veíase al pueblo recorrer la ciudad dando alaridos de dolor y derramando lágrimas».

Su cuerpo fue envuelto en un paño de oro, cubierto con un manto de púrpura y llevado a Constantinopla, donde, colocado sobre una cama de oro, rodeada de cirios, puestos en candeleros del mismo metal, estuvo expuesto durante varios días[10]. En Roma, Constantino fue colocado en el rango de los dioses, como lo habían sido sus antecesores y ofrecieron incienso a su estatua. En Constantinopla habíase preparado de antemano una tumba en la magnífica iglesia que había hecho construir[11], tumba que hizo colocar entre doce columnas, en honor de los doce apóstoles. Allí fue enterrado, y la Iglesia, agradecida por lo que por ella había hecho, le canonizó, al mismo tiempo que a su madre, la emperatriz Elena, dándoles el pomposo título de *Isapóstoles,* lo que equivale a ser iguales a

---

10. Eusebio, *Constantino IV*, cap. LXI, LXVI.
11. La Iglesia de los Apóstoles o *Heroön.* Este monumento, después de haber sido saqueado y profanado por los latinos, fue casi arruinado cuando Mahomet II conquistó Constantinopla en el año 1453, quien acabó destruyéndolo completamente, haciendo construir en el mismo solar la mezquita que lleva su nombre.

los apóstoles[12]. La ciudad de Constantinopla fue un monumento duradero del genio de Constantino. Su elección como capital del imperio fue tan notable como lo fue en la embocadura del Nilo el sitio escogido por Alejandro para el establecimiento de un centro comercial. Al fundar esta ciudad, tampoco faltó la milagrosa intervención que había precedido a la derrota de Majencio. Pero se nos ocurre esta pregunta: el emperador, ¿tenía su pensamiento en el Dios de Rómulo o en el Dios de David? Sería temerario responder afirmativamente. Cuentan que, seguido de solemne procesión, Constantino, con una lanza en la mano, trazaba el circuito de la ciudad. Sorprendidos los que le acompañaban de ver que el emperador iba siempre adelante, preguntáronle hasta dónde pensaba ir: «Seguiré –dijo– al que va delante de mí»[13].

Aunque, según el emperador, la nueva ciudad debía ser cristiana, el mundo pagano tuvo que contribuir a su esplendor. Las ciudades de Grecia, de Asia y hasta de Italia enviaron las estatuas de sus divinidades tutelares, con gran pena de sus habitantes paganos. En la misma ceremonia de inauguración, el emperador, montado sobre un magnífico carro, llevaba una estatua de oro de la Fortuna. A decir verdad, la religión de Constantino parece haber sido una mezcla singular de cristianismo y de paganismo[14].

Así, por ejemplo, cuando en el aniversario de la batalla de Régilo, en 326, Constantino se negó a formar parte de la profesión que se hizo en aquel día y se burlaba públicamente de los que desfilaban delante de él, fue este desprecio, y el haber abandonado Roma, lo que más contribuyó

---

12. Stanley, *op. cit.,* p. 219.

El sarcófago de la emperatriz Elena, fabricado con pórfido rojo de Egipto, está en el Vaticano, en la sala de la Cruz griega; los altos relieves que lo cubren –al igual que el de Constantino, ambos considerados los sarcófagos más grandes conocidos– representan una batalla, la captura de unos presos y su propio retrato (véase Evelyn Waugh, *Elena,* ed. Edhasa, Barcelona, 1990).

13. Philostorgius, *Historia eclesiástica II,* cap. IX.

14. La Columna de Pórfido, de la cual ya hemos hecho mención, es una prueba de ello. Traída de un templo de Heliópolis (o de *Ilion*), estaba coronada por una estatua del dios Sol, que más tarde fue reemplazada por el busto de Constantino, con esta inscripción: «A Constantino, que brilla como el Sol». En la columna colocaron un fragmento de la verdadera cruz; al pie, el Palladium de Roma, o por lo menos una reproducción exacta de esta célebre estatua de Pallas, caída del cielo, según decían, y que fue llevada de Troya a Grecia y de Grecia a Roma (W. M. Nelson, *Dict. hist.,* art. «Constantino»).

a hacerle odioso a los habitantes de aquella ciudad, pudiendo afirmarse que, por algún tiempo, permaneció más pagana de lo que había sido. Dícese que hacia el término de su reinado, el filósofo Sopater, discípulo de Jamblico, tuvo gran ascendiente sobre Constantino. En todo caso, los grandes crímenes domésticos que cometió demuestran que su profesión de fe cristiana distaba mucho de determinar su conducta[15].

Sin embargo, si se quiere juzgar imparcialmente, es necesario no perder de vista que fue el primer emperador cristiano.

Dicen que como general usaba con moderación de la victoria, con lo cual se atrajo la gratitud de los pueblos conquistados. Por lamentable que haya sido su intervención en los asuntos eclesiásticos, aunque se la considere provocada por cuestiones políticas, parece que no tuvo otro objeto que el de mantener la paz y la prosperidad de la Iglesia. El discurso de apertura que pronunció en el Concilio de Nicea y la parte que tomó en él como presidente, hay que reconocer, fueron dignos de un

Moneda de Constantino. En la cara se lee: «Fl[avius]Val [erius] Constantinus P[erpetuus] F[elix] Aug[ustus]» *(Flavio Valerio Constantino, Inmortal, Dichoso, Augusto)*. En el reverso, el emperador está representado de pie a la proa de una galera, con un casco en la cabeza. En la mano derecha tiene un globo sobre el que hay un fénix radiante. Este emblema, aceptado por su familia, indica la renovación del imperio. En la mano izquierda tiene el lábaro. Detrás está el ángel de la Victoria que le dirige. La leyenda es: «Fel[ix] Temp[orum] Reparatio» *(La dichosa renovación de los tiempos)*. La letras *PT* significan «Pecunia Trevirorum» *(moneda de Treves o Tréveris)*[16]. Esta moneda es de cobre y de la misma dimensión que el grabado (sacada de *Essay on Ancient Coins,* de Walsh).

---

15. Stanley, *op. cit.,* p. 200 (véase también Milman, *op. cit.,* cap. II, p. 380).
16. Tal vez «Prima Tarracone» *(primera moneda de Tarragona)* (*Dict. Christ. Biog.,* cap. II, p. 1277).

emperador cristiano.

Ya hemos mencionado a Lactancio, por haber escrito un relato de la persecución de Diocleciano. Parece que por parte del emperador fue investido del importante cargo de consejero para los grandes trabajos de legislación emprendidos por Constantino, además de que fue preceptor de Crispo, hijo del emperador. Lactancio había sido discípulo de Arnobio de Cicca, llegando a conocer el cristianismo cuando todavía era muy joven. Falleció en Treves entre 325 y 330[17].

Lactancio profesaba la excelente opinión de que para sostener el cristianismo no era necesario recurrir a la violencia:

«Defender la religión por la efusión de sangre, el tormento y el crimen, no es defenderla, es profanarla y mancharla. Nada depende tanto de una libre voluntad, como la religión. Si repugna al corazón del que le presta culto, ya no es un culto verdadero. El verdadero modo de defender la religión es mostrarse paciente y sumiso en los sufrimientos, aunque fuere preciso llegar hasta la muerte. Haciéndolo así, Dios se complacerá en nuestra fidelidad y acreditaremos la veracidad de nuestra fe»[18].

Su experiencia personal le había demostrado la verdad de aquella frase de Tertuliano: «La sangre de los cristianos es la semilla de la Iglesia».

«Muchos han abandonado el culto de los dioses a causa de su crueldad (...) Otros han sido atraídos al cristianismo por la virtud y la fe de los cristianos. Algunos sospechan ya del culto de sus divinidades, viendo que hay tantos hombres que prefieren morir antes que conformarse con la maldad que han descubierto en él. Otros, finalmente, quieren conocer en qué consiste este beneficio, que muchos saben defender hasta la muerte y que prefieren a todo lo que la vida pueda ofrecer de agradable, al cual no quieren renunciar a ningún precio, aunque para ello deban exponer la fortuna y la vida»[19].

Si bien el gobierno se hizo cristiano, tardaron mucho tiempo en desaparecer las barbaries del circo. Lactancio no se contentaba con condenar las luchas de los gladiadores; iba mucho más lejos: insistía en la

---

17. Milman, *op. cit.,* cap. II, p. 394.
18. Lactancio, *Instituciones divinas V,* cap. XX.
19. Ídem, cap. XXIII.

inviolabilidad de la vida humana...

«Cuando Dios nos prohíbe matar, no nos prohíbe solamente la violencia, sino que quiere llamarnos la atención contra ciertos actos que la sociedad reputa como lícitos. Un hombre piadoso no se atrevería a tomar parte en la guerra, ni a acusar a otro de un crimen capital, puesto que el acto de matar está prohibido. ¿Qué importa que lo sea por la espada o por la palabra? A este precepto divino no hay ni puede haber ninguna excepción. Siempre será ilícito provocar la muerte de la criatura, a quien Dios ha concedido el don sagrado de la vida»[20].

---

20. Ídem VI, cap. XX.

Sección Segunda:
Vida y costumbres de los cristianos

Capítulo XIII

El culto en el siglo IV

La detallada descripción que de las asambleas religiosas ofrecen las *Constituciones apostólicas* pertenece probablemente a la época de Constantino:

«El edificio ha de ser largo, y el coro debe estar colocado al lado del oriente, que haya sacristías de cada lado del coro. El asiento del obispo debe estar en el centro y a ambos lados el de los sacerdotes; los diáconos, ceñidos sus vestidos, estarán de pie cerca de ellos. Los fieles se sentarán del lado opuesto con orden y tranquilidad; las mujeres estarán aparte y guardarán silencio. El lector de pie, en un sitio más elevado, leerá el Antiguo Testamento. Cuando haya leído dos capítulos, otro cantará los himnos de David, y el pueblo repetirá el final de los versos. Después se leerá el Nuevo Testamento, y entonces todos, sacerdotes, diáconos y laicos, puestos de pie, guardarán silencio, porque está escrito: *Oye Israel, y calla*. Los sacerdotes, uno después de otro, exhortarán al pueblo; el último en hablar será el obispo, que es el jefe común. Los porteros, de pie en el portal de los hombres, vigilarán la entrada. Lo mismo harán las diaconisas en la puerta de las mujeres. Si alguno se sentara en lugar que no le corresponde, el diácono le obligará a ocupar el suyo. Si no hubiere asientos destinados a los jóvenes, permanecerán en pie; los padres cuidarán de sus hijos; las casadas que traigan a sus hijos, se sentarán aparte. El diácono cuidará de que en la congregación nadie hable, duerma, ría o haga signos con la cabeza.

Cuando los catecúmenos y los penitentes hayan salido de la Iglesia, todos se levantarán, y vueltos hacia el este, que es el lado por donde subió Dios al cielo, harán su oración. Cuando hayan terminado, uno de los diáconos ayudará con temor al sacrificio de la Eucaristía, mientras que los demás velarán para que los fieles estén quietos. El diácono que esté cerca del gran sacerdote (el obispo), dirá en alta voz: *Que nadie esté reñido con su prójimo; que nadie se acerque con sentimientos de hipocresía.* Entonces los hombres se darán unos a otros el beso de paz, las mujeres harán lo mismo entre ellas. Enseguida el diácono orará por la iglesia, por el mundo, por los sacerdotes, por los gobernantes y por la paz del Universo. El gran sacerdote pedirá la paz para los fieles y los bendecirá, sirviéndose de las palabras de Moisés: *Que el Señor te bendiga y te guarde; que el Señor haga resplandecer su rostro sobre ti y te conceda la paz.* Después vendrá el sacrificio, durante el cual el pueblo estará de pie, orando en silencio, y cuando esté hecha la oblación, los fieles, fila tras fila, se llegarán a la participación del cuerpo y de la preciosa sangre del Señor. Todos se acercarán con reverencia y con santo temor, como debiendo recibir el cuerpo de su rey. Las mujeres llevarán cubierta la cabeza, como conviene a su sexo. Se vigilará a la puerta para que no entre ningún incrédulo, o alguno que no esté iniciado».

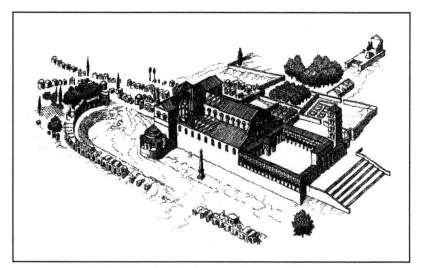

Recreación de la primera basílica de San Pedro, construida sobre un antiguo cementerio cristiano.

A continuación se fijan reglas para la recepción de los extranjeros: «El diácono examinará sus cartas de recomendación y les señalará el sitio que convenga a su rango. Si el visitante es un obispo, el obispo de la población le cederá la palabra, le invitará a celebrar la Eucaristía y a pronunciar la bendición, puesto que las exhortaciones y los consejos dados por los extranjeros, agradan y son provechosos. Si el extranjero no hallare sitio, y ninguno de los jóvenes le ofrece voluntariamente el suyo, el diácono les obligará a ello. Al extranjero, aunque fuera pobre y de familia humilde, el diácono, al señalarle el sitio que deba ocupar, le demostrará la mayor cordialidad posible, puesto que entre nosotros no debe hacerse acepción de personas.

En cuanto al obispo, exhortarás a los fieles a que vengan a la iglesia, por la mañana y por la tarde, para la oración y para el canto de los salmos. Por la mañana se cantará el salmo 62, y por la tarde el 140[1]. Especialmente les ordenará que se reúnan el domingo. Porque delante de Dios, ¿qué excusa tendrá el que deje de frecuentar las asambleas, donde se habla de la salvación y de la resurrección, el que no se una a las oraciones que hacemos, levantándonos tres veces en memoria del que resucitó el tercer día, ni tome parte en la lectura de los profetas, ni en la predicación del Evangelio, ni en el sacrificio, ni en la distribución del alimento de vida? Y si alguno alegare como excusa sus ocupaciones, sepa que el trabajo ordinario de los fieles es accesorio, pero que el culto es su obra esencial»[2].

1. La Eucaristía

Cuanto más se aleja de la época apostólica, más se habla de las virtudes milagrosas de los elementos consagrados, y cada vez menos de la verdadera comunión con Cristo, del alimento del alma por aquel pan celestial, del cual el mismo Cristo había dicho:

«Si no comiereis la carne del Hijo del hombre, y no bebiereis su sangre, no tendréis la vida en vosotros»[3].

---

1. Según la *Vulgata;* y el 63 y 141, respectivamente, de las ediciones evangélicas.
2. *Constituciones apostólicas II,* cap. LVII, LXI.
El Concilio de Elvira decidió que el ciudadano que faltare tres domingos al culto sería privado de la comunión durante cierto tiempo (Canon 21). Este Concilio se reunió en España entre los años 313 y 324.
3. Véase Juan 6:53.

Es indudable que Orígenes, Cipriano y muchos de sus contemporáneos, comprendían esta comunión interna, como también es de creer que tenían una sana apreciación de la Cena del Señor; pero en la enseñanza de la Iglesia, el lado externo y material del rito ocupaba un espacio que se agrandaba cada vez más. Es muy probable que entonces, como hoy, muchísimos fieles ignoraban lo que significaban las palabras «nuevo nacimiento», dando origen así a un cristianismo sociológico; como es igualmente probable que entre las numerosas adhesiones que se hacían en épocas de paz, muchas de ellas tuvieran por base motivos de orden inferior, como, por ejemplo, los lazos de familia, el deseo de aprovecharse de la conocida liberalidad de los cristianos, u otros móviles parecidos. Estos conversos traían consigo sus ideas y costumbres paganas, y un gusto muy acentuado por lo fausto y las ceremonias.

Si bien es cierto que aumentaba la necesidad de una enseñanza verdaderamente espiritual, la fuente estaba casi seca, y se veía a hombres de poderosa inteligencia, de mucha experiencia cristiana, dejándose arrastrar por la corriente y perderse entre puerilidades. Oigamos a Orígenes, que dice[4]:

«Cuando asistís a los santos misterios y recibís el cuerpo de Cristo, debéis estar todo lo atentos y respetuosos que podáis. Es preciso que ni una miga de las especies consagradas caiga al suelo y se pierda. Si por falta de atención os llegara a suceder algo de esto, debéis consideraros como culpables».

En los cánones de la Iglesia egipcia –que, según Bunsen, serían de aquella época– se ordena que, para poder participar de la Eucaristía, los fieles deben estar en ayunas, y era necesario tomar algunas precauciones «para que ningún infiel, ningún ratón o ningún otro animal pudiera comer de ella, porque es el cuerpo de Cristo que no puede ser menospreciado». En cuanto a la copa o el cáliz, dice:

«No la volquéis, por temor de que algún espíritu extraño lama su contenido y la cólera de Dios se inflame contra el que por aquel descuido se hiciere culpable de la sangre de Cristo»[5].

---

4. *Homilía sobre el Éxodo* (citada por Coleman en el *Christian Antiq.*, cap. XVI, § 4).
5. Bunsen, *Hippolytus and his Age,* cap. II, p. 63.

La noción del sacrificio, contraria al sentido de la Escritura, había hecho ya su aparición en tiempo de Justino Mártir y de Ireneo. Los escritos de Cipriano nos la muestran completamente madurada: «El sacerdote imita el acto que Cristo cumplió, y ofrece a Dios el Padre un verdadero y completo sacrificio».

Su credulidad relativa a los efectos milagrosos de las especies consagradas no es menos asombrosa que su pretensión de anatemizar a los que no sean tan crédulos como él[6].

Esta idea del sacrificio se esparció rápidamente e inspiró el lenguaje de casi todos los escritores cristianos desde el último tercio del siglo III. Del mismo modo, predominó la creencia que atribuía la pérdida espiritual al descuido en frecuentar la comunión:

«Así como es sabido que los que reciben la Eucaristía gozan de la vida verdadera –escribe Cipriano–, existen motivos para temer que los que no toman parte en la comunión se alejan al mismo tiempo del cuerpo de Cristo y permanecen alejados de la salvación».

Y para apoyar mejor esta afirmación, invoca la palabra de Cristo, con una violenta interpretación:

«Si no comiereis su sangre, no tendréis en vosotros la vida eterna»[7].

En los escritos catequéticos de Cirilo, obispo de Jerusalén, compuestos entre 347 y 350, esto es, poco después de la época que historiamos, se halla una descripción de la Eucaristía, que nos ayuda a conocer las ceremonias de la Iglesia a la muerte de Constantino. De un modo muy particular, insiste Cirilo en la transformación milagrosa del pan y del vino en el cuerpo y en la sangre de Cristo. Refiriéndose a las «especies», dice:

«Os conjuro, hermanos míos, a que no las consideréis como pan y vino ordinarios, ya que, según la palabra de Cristo, han sido hechos su cuerpo y su sangre. Acepto que vuestros sentidos os digan lo contrario,

---

6. Se refiere, por ejemplo, a una anciana que furtivamente se había colado entre los fieles durante el sacrificio, y cuando recibió el pan, creyó haber sido atravesada por una espada, pues como si hubiese tomado veneno cayó temblorosa, agitada por dolores desconocidos. Pudo engañar a los hombres, pero no pudo evitar un justo castigo. Menciona además a un hombre que, a pesar de su indignidad, se atrevió a tomar parte de los elementos del sacrificio, que al tomarlo en las manos se le volvió ceniza *(De la psis,* cap. XXV, XXVI).

7. Véase Juan 6:53.
El texto no dice «no tendréis», sino «no tenéis» (véase Cipriano, *De la oración dominical,* cap. XVIII, p. 65).

pero en cambio debe afirmarlo vuestra fe. Estad persuadidos como de una cosa absolutamente cierta, que el pan que tenéis delante de vuestros ojos, a pesar de su gusto, ya no es pan, sino el cuerpo de Cristo, de la misma manera que, a pesar de vuestros ojos y de vuestro gusto, afirmad que el vino ya no es vino, sino sangre de Jesucristo (...) Después de que el diácono haya dicho esto en alta voz: *Levantad vuestros corazones (sursum corda)* –porque en aquel solemne momento vuestros corazones deben elevarse a Dios y no bajarse a las cosas terrestres–, vosotros respondéis: *Elevamos nuestros corazones a Dios* (...) Después recitamos el himno sagrado, que cantan los serafines en el cielo, en honor de las tres personas de la Trinidad, para poder suplicar a Dios con más eficacia que envíe su Santo Espíritu y transforme el pan en cuerpo y el vino en sangre (...) Después de concluido aquel culto espiritual, el sacrificio sin derramamiento de sangre, rogamos a Dios por la paz de todas las Iglesias, por la prosperidad del mundo, por los reyes, por los soldados, por los amigos, por los desgraciados, por aquellos que sufren algún azote, y en general por todos los que necesitan alguna ayuda. Hacemos mención de todos los que antes que nosotros han entrado en el reposo, patriarcas, profetas, apóstoles, mártires, para que, por sus oraciones e intercesión, Dios acepte nuestras súplicas. Tampoco olvidamos a los padres, obispos y sacerdotes que nos han precedido en la tumba, creyendo que estas oraciones serán para para el mayor beneficio de ellos, mientras que el sacrificio más santo y más imponente está sobre el altar (...)

Cuando os acercáis a tomar la comunión, no debéis tener las manos abiertas, ni los dedos separados, sino que vuestra mano izquierda deberá sostener la otra, que es la que recibe a tan gran rey, que os será colocado en la palma de la mano. Entonces diréis: *Amén*. Después que hayáis santificado a vuestros ojos con el contacto de un cuerpo tan santo y tan venerable, podréis comulgar, comiéndolo. Pero tened mucho cuidado de que no caiga al suelo ni una miga, pues debéis considerar la pérdida del más pequeño pedazo cosa tan grave como la pérdida de uno de vuestros miembros. Si os regalaran barras de oro, ¡con cuánto cuidado las guardaríais! Pues debéis guardar con mayor interés la más pequeña parte de lo que vale infinitamente más que el oro y los diamantes!... Cuando hayáis participado del cuerpo de Cristo, recibid el cáliz de la sangre. No alargaréis vuestra mano, sino que os inclinaréis como si fuerais a adorarle y rendirle acatamiento; después diréis: *Amén*. Santificaos con el contacto de la sangre de Cristo que acabáis de recibir, y mientras que vuestros labios están enmudecidos, secadlos con la mano, con la que tocaréis los ojos, la frente y los órganos de los sentidos, para que sean consagrados»[8].

2. El Bautismo

La idea de que el bautismo de agua era necesario para la salvación, ganaba cada día más terreno, y a los niños ya se les bautizaba el octavo día, o antes, por temor a que se condenaran[9]. En las *Memorias clementinas,* se lee una enfática descripción de la virtud del bautismo:

«Apresuráos –dice–, porque existe una gracia poderosa en las aguas del bautismo; los que las reciben, son librados del castigo futuro. El que lo demora, está dominado por la incredulidad, que es una idolatría que le impide llegarse a tan salutíferas aguas. El bautismo es indispensable, tanto a los justos como a los injustos. El justo necesita ser perfecto y nacer para recibir el perdón de los pecados cometidos por la ignorancia»[10].

Cipriano, imbuido del mismo error, llegó a afirmar que con las palabras de Cristo a la samaritana: «El que bebiere de esta agua no tendrá sed jamás», se indicaba al bautismo de agua, que da salvación al que lo recibe, y que se administra solo una vez, en ningún caso puede repetirse[11].

Para tener una descripción del bautismo, tal como se practicaba en aquella época, nos es preciso recurrir de nuevo a los escritos catequísticos de Cirilo. Llamarán la atención del lector todas las ceremonias externas que han sido añadidas desde Justino Mártir y Cipriano:

«Durante la cuaresma, los catecúmenos se reunirán todos los días en la Iglesia de la Resurrección de Jerusalén, para orar juntos y recibir la instrucción religiosa. Después del ayuno del último sábado, antes de

---

8. Cirilo de Jerusalén, *Catequesis V.*

9. Como hemos demostrado anteriormente, el bautismo de los niños no había sido aún universalmente admitido. En cuanto al octavo día, era en recuerdo de la circuncisión (Cipriano, *Cartas LVIII*, p. 2).

10. *Memorias clementinas VI,* cap. IX.

11. Cipriano, *Cartas LXII*, § 8.

No es necesario que digamos que Cipriano consideraba esencial la conversión del corazón: «Ni el bautismo, ni la comunión son nada, si la vida y los actos de cada cual no son lo que deben ser... Si alguna persona permaneciere en el pecado, pierde la gracia que le ha sido dada».

Pascua, se reunirán en el cuarto exterior del baptisterio todos los que deben recibir el bautismo. Vueltos hacia el Oeste, que es donde reside el poder de las tinieblas, extenderán las manos protestando de que renuncian públicamente a Satanás. Después, vueltos hacia el Este, que es de donde procede la luz, dirán: *Creo en el Padre, en el Hijo y en el Espíritu Santo, y en el solo bautismo de arrepentimiento.* Cuando hayan dicho esto, entrarán en la habitación interior, se despojarán de sus vestidos y se les ungirá con aceite de pies a cabeza, se les conducirá de la mano a las fuentes bautismales, y se dirá a cada uno: *¿Crees en el Padre, en el Hijo y en el Espíritu Santo?* Y los catecúmenos, confesando su fe, se sumergirán tres veces en el agua, levantándose otras tantas, con lo cual recordarán los tres días que el Señor estuvo en el sepulcro, y su resurrección. De manera que el agua que salva les da a la vez la muerte y la vida, y al mismo tiempo resulta para ellos una tumba y una madre».

A los recién bautizados, se les vestía de blanco y se les ungía la frente, las orejas, las narices y el pecho. Tomaban parte en la comunión y después entraban procesionalmente en la iglesia con cirios encendidos en la mano, y cantando:

«¡Dichoso aquel cuya transgresión ha sido borrada, y cuyo pecado le ha sido perdonado! ¡Dichoso el hombre a quien el Señor no imputa su iniquidad, y en el espíritu del cual no hay ningún fraude!»[12].

Una de las cuestiones que dividían la Iglesia en tiempo de Cipriano era si el bautismo administrado por los disidentes era válido o no. Cuando un hereje entraba de nuevo en la Iglesia ortodoxa, ¿el bautismo que había recibido era suficiente, o había que bautizarlo de nuevo? Las Iglesias del Asia Menor, y de las comarcas vecinas, lo mismo que Cipriano y las Iglesias de África, consideraban nulo el bautismo administrado por los herejes. Por el contrario, en la Iglesia romana, en virtud de no sabemos

---

12. Cirilo, *Catequesis mistagógicas.*
En las *Constituciones apostólicas* se hace mención de algunas ceremonias suplementarias: «El obispo debe bendecir el aceite de la unción y pedir al Padre celestial que le conceda una gracia espiritual y la eficacia suficiente para que los catecúmenos sean liberados de toda impiedad. Cuando bendiga el agua, dirá: *Mira desde lo alto del Cielo y santifica este agua, para que el que va a ser bautizado pueda ser crucificado con Cristo, pueda morir, ser sepultado y resucitar juntamente con Cristo.* Y después del bautismo, al ungirle, dirá: *Que te plazca, Señor, de hacer eficaz esta unción, para que el suave perfume de Cristo permanezca en él» (Constituciones apostólicas II, cap.* XLIII, XLIV).

qué valor objetivo del nombre de Cristo y de la Trinidad que se invocaba en el acto del bautismo, considerábase válido, fuere cual fuera el oficiante. Se exigía, sin embargo, la ceremonia de la confirmación por el obispo, que por el Espíritu Santo daba al bautismo toda su eficacia[13].

Esteban, el obispo de Roma, condenó por *anabaptistas* a todos los que no aceptaran su opinión sobre el particular. Dionisio de Alejandría, en esta discusión, dio pruebas de hombre moderado. De acuerdo en el fondo con Cipriano y con las Iglesias del Asia Menor, quiso hacer una excepción en favor de los montanistas y de otras sectas, cuyas doctrinas estaban en alguna armonía con la Iglesia ortodoxa. Al mismo tiempo procuraba no romper el lazo de fraternidad con Roma, y suplicaba a Esteban que no turbara la Iglesia de Oriente en el gozo de la paz externa que le había concedido el emperador Valeriano, y la paz interior que había traído el desenlace del cisma de Novaciano[14].

Esta disputa es un testimonio de la influencia que las cosas terrestres tenían sobre la Iglesia, a pesar de que Cristo la había libertado de ellas. Un caso particular, contado por Dionisio de Alejandría, demostrará cómo tal servilismo podía turbar la alegría y la paz de los fieles. Había en su Iglesia un hereje convertido, que desde hacía algunos años tomaba la comunión. Presenciando en cierta ocasión el bautismo de varios catecúmenos, recordó las circunstancias de su propio bautismo (probablemente administrado por gnósticos), y reconoció que en nada se parecía al que estaba presenciando, por lo cual empezó a dudar de la realidad de su cristianismo y, creyéndose privado de la gracia divina, cayó en un estado de profunda tristeza y, con lágrimas en los ojos, suplicó al obispo que le administrara el bautismo. El obispo se esforzó en tranquilizarle, declarándole que después de una participación tan frecuente del cuerpo y la sangre de Cristo no era necesario ni conveniente un nuevo bautismo. A pesar de esto, el pobre hombre no pudo dominar sus escrúpulos, ni lograr de nuevo la paz de su corazón[15].

---

13. Ésta fue una de las causas que contribuyeron a separar el bautismo de la confirmación.
14. Neander, *op. cit.,* pp. 439–444.
15. Eusebio, *H. E., VII,* cap. IX.

Capítulo XIV

Ministerio y ofrendas

1. Los obispos

Ya hemos hecho mención de la teoría de Cipriano acerca del poder supremo de los obispos. El obispo Rogaciano le había escrito una carta, en la que se quejaba de la oposición que le hacía uno de los diáconos. Cipriano, en la respuesta, le recuerda que podía ejercer la potestad episcopal y la autoridad de su cátedra contra el insolente diácono. Para corroborar su admiración, citó el castigo impuesto a Coré, Datan y Abiram, cuando arrastrados por el orgullo, se sublevaron contra Aarón, queriendo igualarse al sacerdote que estaba por encima de ellos. En una carta a Papiano se atreve a decir:

«El obispo es la Iglesia, y la Iglesia es el obispo; si alguien se aparta de su obispo, queda separado de la Iglesia»[1].

Sin embargo, el lenguaje de Cipriano resulta pálido comparado con el usado en las *Constituciones apostólicas* sobre el mismo asunto, en el que se respira el servilismo oriental más humillante:

«El obispo es el ministro de la Palabra, el guardián de la ciencia, el mediador entre Dios y vosotros. Después de Dios, es vuestro padre que os ha engendrado nuevamente, para que, por el agua del Espíritu, recibierais la adopción de hijos de Dios; es vuestro jefe y director, vuestro rey y vuestro dueño, vuestro Dios sobre la tierra... Que los laicos se guarden de molestar cada instante a los diáconos, en cuya presencia se sentirán más

---

1. Cipriano, *Cartas LXIV,* cap. I, LXVIII, VIII.

libres. Porque del mismo modo que no nos es posible dirigirnos al Dios Todopoderoso, sino por la mediación de Jesucristo, igualmente los laicos no deben hacer conocer sus deseos y aspiraciones al obispo, sino por medio de los diáconos, y obrar después según las indicaciones de aquel... ¿Osará algún fiel hablar contra su obispo, cuando por su mediación ha recibido el Espíritu Santo, que selló con el aceite de la alegría y la unción de la inteligencia? ¿Cuando el Señor le ha iluminado por su intercesión y le ha hecho oír su sagrada voz, diciéndole: *Tú eres mi Hijo, Yo te he engendrado hoy?*»[2].

Desde el momento en que tales ideas se propagaban en la Iglesia, ya no sorprende encontrar a los obispos más mundanos atribuyéndose una importancia considerable. Muchos de los que ocupaban sedes en las grandes ciudades veíanse agasajados y solicitados como si fueran grandes personajes de Estado[3], y el obispo de Roma empezaba a indicar su pretensión de ser el primero de los obispos.

Antes de que el siglo II llegara a su término, el ambicioso y altivo obispo Víctor había intentado proclamar aquella supremacía. Era aún demasiado pronto, porque el obispo de Roma tenía muchos que se consideraban sus iguales, y cuando sus decisiones ocasionaban la oposición de otros obispos que le eran superiores en experiencia y en valor personal, no tenía más remedio que ceder. Cuando en 254 se originó la disputa sobre la validez del bautismo administrado por los herejes, viendo que Cipriano de Cartago, Firmiliano y otros eminentes prelados se oponían a su manera de apreciar aquella cuestión, Esteban, el obispo de Roma, ensayó el modo de blandir las armas espirituales contra sus adversarios. No solo excomulgó a Cipriano, sino que le denunció como el Anticristo, amenazando con censuras espirituales a todo miembro de la Iglesia romana que osara acogerse a sus enviados. También excomulgó

---

2. *Constituciones apostólicas II,* cap. XXVI, XXVIII, XXX, XXXII.

El Concilio de Elvira, en su Canon 75, rehúsa la comunión hasta *in articulo mortis,* al que hubiese acusado falsamente a un obispo, a un sacerdote o a un diácono.

3. Refiriéndose a la jurisdicción de los obispos del siglo IV, Milman dice:

«En cada ciudad importante, y en cada aldea del imperio, se había establecido una nueva magistratura, que en cierto sentido era independiente del gobierno y poseía considerables propiedades inalienables; que era reconocida por el Estado y era ejercida por hombres revestidos de un carácter especial y sagrado. Su autoridad traspasaba su jurisdicción, y su influencia su autoridad» *(Hist. de la cristiandad,* III, pp. 283 y 284).

a Firmiliano y a los obispos de Asia. Pero en aquel tiempo todavía no se habían forjado los rayos que debían producir tan terribles efectos en manos de sus sucesores. Los prelados despreciaron la «insolente audacia del obispo de Roma», y Firmiliano declaró que aquel que se alababa de ser el sucesor de Pedro «era el verdadero cismático que, al excomulgar a los demás, había apostatado de la comunión de la Iglesia»[4].

Sea de ello lo que fuere, la Roma espiritual avanzaba con paso seguro hacia una autoridad religiosa tan preponderante y avasalladora como la autoridad política que había ejercido durante el imperio. A pesar de las disputas con Esteban, Cipriano llamó a la sede de Roma, «la cátedra de Pedro, la principal Iglesia donde derivaba la unidad sacerdotal»[5]. En 250, después del martirio del obispo Fabiano, el emperador Decio, advirtiendo el poder creciente del obispo de Roma, llegó a decir que prefería oír hablar de un rival político, que no de un obispo[6]. Cuando en 272, Pablo de Samosata[7], obispo de Antioquía, depuesto por un sínodo, pretendía mantener sus derechos frente a su sucesor, se apeló al emperador Aureliano, que designó para aquella sede al candidato elegido por los obispos de Italia y de Roma[8].

Los hechos concernientes a Pablo de Samosata demuestran claramente lo que era la vida eclesiástica en el siglo III. Había sido nombrado obispo de Antioquía en 260. De espíritu especulativo, intentó combinar el platonismo, con las doctrinas del Nuevo Testamento, al mismo

---

4. Cipriano, *Cartas LXXIV,* cap. III, XXIV.
5. Cipriano, *Cartas LIV,* cap. XIV.
6. Cipriano, *Cartas LI,* cap. IX.
   La sede episcopal estuvo vacante año y medio.
7. Ciudad del norte de Siria sobre el Eufrates.
8. Sólo mucho después, los obispos de Roma monopolizaron el título de *papas. Papá* o *padre* se usaba primeramente para indicar el lazo que unía al converso con su maestro espiritual. Más tarde, fue reservado a los obispos y abades. Cuando su clero escribió a Cipriano, le dio aquel título. Aquel nombre, así usado, era completamente opuesto al espíritu y a la letra del mandamiento del Señor: «A nadie llaméis vuestro padre en la tierra» (Mt. 23:9).
   En el Concilio de Nicea se manifestó el lugar que ocupaba en la Iglesia la sede de Roma. El obispo de Roma era *primus inter pares,* el primero entre sus iguales y nada más. En las listas de las firmas de las actas del Concilio, sus delegados no ocupan ningún lugar de preferencia. El nombre de Osio, presidente del Concilio, es el primero; después el emperador. A continuación están los nombres de los dos sacerdotes romanos representantes del obispo Silvestre. Se pensaba tan poco en la supremacía del obispo de Roma, que parece que ni siquiera se le mencionó durante las deliberaciones, y no hay nada que permita suponer que su opinión o su autoridad hayan pesado más que la de cualquier otro obispo *(Dict. Christ. Antiq.,* art. «Papa»).

tiempo que sostenía ideas erróneas concernientes a la naturaleza de Cristo. Manifestaba tendencias mundanas y cierta avidez de fausto y de poder. Sus heréticas opiniones alarmaron a los jefes de la Iglesia oriental y, en 265, se reunió un concilio en Antioquía para juzgarle. Nunca hasta entonces había visto la Iglesia reunidos tan crecido número de jefes espirituales. Los obispos de las principales sedes del país entre el Ponto y la Arabia se habían dado cita allí. Entre ellos se encontraba Firmiliano de Cesarea de Capadocia, Gregorio el taumaturgo y Teoctisto de Cesarea de Palestina. El acusado se defendió con habilidad, y Firmiliano, al que su edad y su carácter habían dado el primer lugar en el concilio, aconsejó a sus colegas que no tomaran ninguna determinación. Su consejo fue aceptado, pero aquella indulgencia no produjo el efecto que se había esperado, porque Pablo continuó propagando las mismas herejías, por lo que fue preciso convocar un segundo concilio en 269, en la misma ciudad de Antioquía. El principal acusador fue el sacerdote llamado Malchion, profesor de una escuela de filosofía de la ciudad. Sus preguntas, y las respuestas dadas por Pablo, fueron tomadas taquigráficamente y publicadas. El concilio empezó dirigiendo una carta al obispo Samosata, en la cual afirmaba la divinidad de Cristo, su preexistencia eterna, la creación del mundo por Él, su condición de Hijo y su milagrosa encarnación; separó a Pablo de su cargo y le excusó de la comunión de la Iglesia católica. En su lugar, nombró a otro obispo, y envió una carta circular a todas las iglesias, en particular a las de Occidente, con el objeto de comunicarles la separación de Pablo y el nombramiento de su sucesor.

La ciudad de Antioquía estaba entonces gobernada por la célebre Zenobia, reina de Palmira, cuyas simpatías parece supo ganarse Pablo. Así que, durante el tiempo que la ciudad estuvo independiente de Roma, es decir, hasta 272, Pablo permaneció al frente de su Iglesia, en la que acostumbraba a oficiar[9].

Eusebio copia la carta del concilio. Empieza así:

«A Dionisio y a Máximo[10], y a todos nuestros colegas en el ministerio, obispos, sacerdotes, diáconos, y a toda la Iglesia cristiana, que está debajo de los cielos, Heleno –siguen a continuación otros quince nom-

---

9. Burton, *op. cit.*, pp. 359–363.
10. Dionisio era obispo de Roma, y Máximo lo era de Alejandría.

bres– y todos los que han estado reunidos con nosotros, obispos, sacerdotes y diáconos y las Iglesias de Dios: salud en nuestro Señor».

A continuación afirma que Pablo no ha sido depuesto por las acusaciones que habían presentado en su contra:

«Inútil es –dice la carta del concilio– ocuparse de los actos de un
hombre que ha perdido la fe, ni de procurar explicar cómo de pobre y
de mendigo que era, ha podido adquirir una riqueza excesiva, sin que
haya heredado de sus parientes, ni haya podido ganarla tampoco por su
talento o por su comercio. Aquella riqueza sólo se explica por sus actos
desleales y sacrílegos y por extorsiones para con los fieles. Inútil es
hablar de su orgullo y de su afán por revestirse de dignidades humanas,
hasta el extremo de preferir que le llamen ducenario[11], a que le llamen
obispo, y juzgarse un personaje en las plazas, leyendo el contenido de
ciertas cartas en alta voz, rodeado de multitud. Tampoco importa señalar
su petulancia en nuestras asambleas eclesiásticas, su fausto, su anhelo
por conseguir la popularidad y su habilidad en confundir artificiosa-
mente las almas sencillas; de hablar desde el trono en que acostumbra a
sentarse, siendo un infiel discípulo de Cristo; ni del *Scretum* –así le
llama–[12], que a imitación de los príncipes del mundo se hizo construir; de
que se golpea la rodilla o patalea en su tribunal cuando regaña o insulta
a los que no le aplauden ni agitan sus pañuelos como si estuvieran en el
teatro, ni saltan, ni gritan, sino que prefieren oír con reverencia y modestia, como es conveniente que se haga en la casa de Dios. Hasta se atrevió
a suprimir el canto de los salmos en honor de nuestro Señor Jesucristo,
alegando que eran producto de hombres nuevos, y en la fiesta solemne de
Pascua, los reemplazó por himnos en su honor, cantados en medio de la
iglesia por mujeres, a las que no se puede oír sin estremecerse. Por la
seducción, ha llegado a arrastrar a los mismos extravíos a obispos y
sacerdotes de su partido que habitan los distritos o las ciudades del alrededor. ¿Qué diremos de aquellas mujeres, que el pueblo de Antioquía
llama *hermanas adoptivas,* y que viven con los sacerdotes y los diáconos?
Sabemos de muchos que han caído en pecado admitiéndolas en casas,

---

11. Magistrado de Hacienda, que disfrutaba de un sueldo anual de 200 sextercios.
12. Lugar elevado, guarnecido y resguardado con rejas y cortinajes, donde se sentaban los magistrados romanos para sentenciar las causas.

y se sospecha de otros también que han incurrido en la misma falta.
Aunque no hubiese personalmente cometido ningún acto deshonroso,
hubiera debido evitar las sospechas que la conducta de su clero debía
necesariamente provocar».

No fue, sin embargo, en estas acusaciones en las que el concilio fundó
su condenación. Aquellos jueces cayeron en el funesto error de considerar como punto esencial, la ortodoxia de la fe y de apreciar como accesorio lo demás. La carta continúa diciendo:

«Indudablemente que todas estas cosas se podrían arrojar a la cara
de un hombre que sostuviera la verdadera fe católica y que permaneciera unido con nosotros. Pero, ¿será necesario imputárselas, tratándose de
un hombre que destruye el misterio de la fe y que acepta la execrable y
orgullosa herejía de Artemas? Nos ha sido preciso excomulgarle, porque se hace enemigo de Dios, y además se niega a someterse, por cuyos
motivos hemos nombrado a otro obispo que le sustituya»[13].

Al ocuparnos tan detalladamente del asunto de Pablo de Samosata,
no nos hemos propuesto demostrar que el episcopado del siglo III estuviese degenerado, porque precisamente se deduce lo contrario de aquel
caso. Es indudable que entonces había en el imperio centenares de obispos, que han permanecido en la oscuridad, cuyo principal esfuerzo consistía en ser jefes prudentes de sus diócesis y ejemplo vivo de su rebaño[14].
Por otra parte, lo que Eusebio nos da a conocer del estado de las Iglesias
de Oriente, algunos años después, y lo que sabemos de la vida de las
Iglesias de África al comenzar el cisma de Donato, nos hace suponer
que Pablo de Samosata no era el único ejemplar de este género.

Orígenes escribía a mitad del siglo III:

«Vamos ya tan lejos en esto de la pompa y del lujo, que ganamos a
los gobernadores paganos. Nos rodeamos de una guardia, como los
emperadores, para que nos teman y no se nos pueda abordar con facilidad, especialmente por los pobres. En muchas de nuestras llamadas igle-

---

13. Eusebio, *H. E., VII*, cap. XXVII, XXX. *Carta escrita por Malchion a nombre del sínodo de
Antioquía contra Pablo de Samosate (Antenic. Library)*.
14. Es lo que nos permiten afirmar los Cánones 13 y 14 del 4º Concilio de Cartago (398), donde
se resolvió que el obispo debería tener su alojamiento cerca de la iglesia, que su casa tendría que ser
muy sencilla y su régimen modesto. Procurando adquirir autoridad, no por la ostentación, sino por
su fe y por su mérito personal.

sias, en particular en las grandes ciudades, pueden hallarse algunos jefes de la Iglesia de Dios que se negarían a reconocer como iguales suyos a los mejores de los discípulos que rodeaban al Salvador cuando estaba en la tierra»[15].

2. Sostenimiento del clero

En tiempos de la primitiva simplicidad, los ministros de la Iglesia proveían a sus necesidades con su trabajo. En aquel tiempo, las ofrendas de la grey remediaban las desdichas de los pobres, de los enfermos, de las viudas y de los prisioneros. Más tarde, y poco a poco, empezaron a apartar algo de las colectas semanales, para proveer al sostén de los ministros. Después, en algunas Iglesias, separaban la tercera o la cuarta parte de las contribuciones voluntarias, y en este último caso, se destinaban una al obispo, otra al clero, la tercera al culto y a las reparaciones del templo, y la última era para los pobres[16].

Sin embargo, durante mucho tiempo, prevaleció en la Iglesia la idea de que el sacerdote podía proveer a sus necesidades. En la carta que hemos citado sobre Pablo de Samosata, se advierte que hubiese podido enriquecerse por su talento o por su comercio. En las *Constituciones apostólicas* se explana la misma idea:

«Que los jóvenes se ocupen con diligencia de sus negocios, para que puedan bastar a sus necesidades y ayudar a los pobres, puesto que nosotros, sin descuidar el ministerio de la Palabra, nos dedicamos a nuestras ocupaciones diarias. Entre nosotros, unos son pescadores, otros hacen tiendas, otros trabajan en el campo, ningún hombre consagrado a Dios debe vivir en la ociosidad»[17].

De las lamentaciones de Cipriano sobre el estado de la Iglesia[18], se deduce que el clero de África no sólo se dedicaba al comercio, sino que se consagraba demasiado a él. En el concilio de Elvira, celebrado en 305, se prohibió que los obispos y el clero se dedicaran al mercado ambu-

---

15. Neander, *op. cit.*, II, p. 330, nota.
16. Lyman Coleman, *op. cit.*, cap. VII (véase también Milman, *Hist. Christ.*, III, p. 276).
17. *Constituciones apostólicas II*, cap. LXIII.
18. Véase CAPÍTULO III de la SEGUNDA PARTE.

lante, pero se les permitió dedicarse al comercio en su provincia. De igual modo, se les prohibió terminantemente la usura[19].

En el concilio de Cartago, celebrado en 398, se dice: «Que los miembros del clero, por instruidos que fueren, deben subvenir a su manutención, ya fuere dedicándose al trabajo del campo, u ocupándose en cualquier oficio, en la condición, sin embargo, de que no dejen de cumplir sus obligaciones eclesiásticas. Además se considera útil que los jóvenes que sean bastante fuertes para el trabajo, se dediquen a un oficio mientras siguen sus estudios»[20].

«Los obispos y los sacerdotes de aquellos tiempos –dice Hatch–[21] eran banqueros, médicos, plateros, pastores o simples comerciantes. Se parecían a la segunda generación de aquellos de nuestros obispos[22], que hace siglo y medio se negaron a prestar juramento, o a los primeros predicadores metodistas. Eran hombres del mundo y participaban de la vida común. La gran preocupación de las primeras comunidades cristianas no era el temor de que el clero abandonara sus oficios, sino que deseaban sirviera de ejemplo a los fieles, en todos los detalles de la vida. Las principales prohibiciones conocidas de los concilios sobre el particular tenía por objeto impedir que los obispos fueran a llevar su mercancía de uno a otro mercado, o que aprovecharan su cargo para comprar más barato y vender más caro que otros».

Esta libertad fue de poca duración: la unión de la Iglesia con el Estado acabó con ella. A finales del siglo IV, todavía Teodosio eximía de todo im-

---

19. Cánones 18 y 20.
De la misma manera se anatematiza la usura en el Canon 12 del Concilio de Arles (año 314) y en el canon 17 del Concilio de Nicea.
20. Bingham, *op. cit.*, VI, cap. IV, § 13.
Existen, sin embargo, instrucciones y órdenes en sentido contrario. Los *Cánones apostólicos* dicen: «Que ningún obispo, sacerdote o diácono acepte ocupaciones seglares, bajo pena de ser depuesto» *(Canon 7)*.
Ya antes de Cipriano, en África del Norte, el clero tenía orden de no aceptar los encargos de tutor y de curador. Cipriano escribe:
«Los obispos, nuestros predecesores, han acordado que, al morir alguno de los fieles, no se elija como tutor o curador a ningún clérigo. Si a pesar de esta prohibición, alguno lo hiciere, no debe hacerse ninguna ofrenda a su intención, ni debe celebrarse ningún sacrificio para su descanso. El que tal hiciere no merece ser nombrado en las oraciones que los sacerdotes elevan ante el altar de Dios, ya que su deseo tenía por objeto alejar a los sacerdotes y ministros del altar» (Cipriano, *Cartas LXV,* cap. II).
Otras funciones y otros oficios les eran prohibidos terminantemente.
21. *Organization of the Early Christian Churches,* VI, pp. 148 y 149.
22. Véase Macaulay, *Hist. de Inglaterra.*

puesto comercial al clero inferior, en tanto que su negocio fuere de poca importancia. Pero habiendo abusado, Valentiniano III (425–455) hizo una ley por la cual prohibía al clero dedicarse a ninguna clase de comercio[23]. La costumbre, completamente desconocida en la Iglesia Primitiva, de exigir el pago por los servicios eclesiásticos no fue introduciéndose sino poco a poco y no sin oposición. En España, por ejemplo, desde principios del siglo IV, existía la costumbre en los bautismos de echar en las fuentes bautismales una moneda como regalo. El concilio de Elvira condenó aquella costumbre, por el excelente motivo de «que se podría suponer que el sacerdote da por dinero lo que ha recibido gratuitamente». Aunque mucho más tarde, por motivos análogos, el concilio de Trullo[24] prohibió al clero recibir cantidad alguna de los que se acercaban a la mesa del Señor para comulgar, puesto que «la gracia del Dios no es un objeto de comercio, ni la santificación por el Espíritu Santo, es algo que se pueda comprar». De la misma manera, dice Jerónimo que la cantidad aceptada por un servicio fúnebre es adquirida ilegalmente[25].

3. Diezmos

El origen de los diezmos se remonta probablemente a los siglos III o IV. Es verdad que antes de esta época las ofrendas de la congregación se habían comparado a las del Antiguo Testamento. Ireneo fue uno de los autores más antiguos que compararon las unas con las otras. Apoyándose en las palabras de Deuteronomio 16:16 –«No os presentaréis a Dios con las manos vacías»–, pretende que fueron ordenadas por Dios, y añade:

«La iglesia cristiana debe celebrar los sacrificios, de la misma manera que los israelitas celebran los suyos. Lo que se modifica es índole de éstos. Los del Antiguo Testamento eran ofrecidos por hombres esclavos; los de la Nueva Alianza, lo son por hombres libres»[26].

Orígenes, haciendo mención de Mateo 5:20, exhorta a los cristianos a que su justicia no sea menor que la de los escribas y fariseos, que no

23. *Dict. Christ. Antiq.,* art. «Inmunidades del clero».
24. Celebrado en Constantinopla en el año 692, y así llamado porque celebró sus sesiones en una sala del palacio llamada *Trullus* a causa de la cúpula que la cubría.
25. Coleman, *Christ. Antiq.,* cap. VII.
26. Ireneo, *Contra las herejías IV,* cap. XVIII.

tocaban los frutos de la tierra hasta después de haber llevado a los sacerdotes las primicias y de haber apartado los diezmos para los levitas[27], y
Cipriano, recordando el ejemplo de la tribu de Leví, que para poder consagrarse completamente al servicio de Dios se mantenía de los diezmos,
pedía que se concediera al clero cristiano el mismo privilegio «para que
no tenga que abandonar el servicio del altar»[28].

Esta idea había ya ganado mucho terreno cuando se escribieron las
Constituciones apostólicas, según lo demuestran las líneas que siguen:
«Así como los levitas servían en el tabernáculo (que es el tipo de la
Iglesia de Cristo) y participaban a los dones, ofrendas, primicias, diezmos,
sacrificios y oblaciones, así vosotros que sois obispos para la congregación, sacerdotes levitas y que estáis sirviendo en el tabernáculo santo,
es decir, en la Iglesia católica, vosotros que permanecéis delante del altar
del Señor nuestro Dios y le ofrecéis sacrificios razonables, sin derramamiento de sangre, en el Nombre de Jesucristo, el gran sumo sacerdote... Las ofrendas y los diezmos pertenecen a Cristo y a sus ministros. Ya
la primera letra del nombre de Jesús se refiere al diezmo de salvación»[29].

Hasta entonces solo se hace referencia a dones voluntarios. Pero, poco
a poco, se preparaba a los fieles al yugo que se les había de imponer y que
era contrario a la Escritura. El tiempo hizo lo demás, y de un modo defi-
nitivo quedó admitida esta práctica en las leyes eclesiásticas y civiles[30].

4. Las vestiduras sacerdotales

No es preciso afirmar que en los primeros tiempos de la Iglesia, los
funcionarios eclesiásticos en nada se distinguían por su traje de los demás

27. Orígenes, *Homilía XI,* sobre los *Números.*
28. *Dict. Christ. Antiq.*
29. *Constituciones apostólicas II,* cap. XXV.
«Las primicias del trigo, de los animales de cuernos, de las ovejas, del vino, del aceite, de la
miel, de las nueces y de las uvas, eran para el obispo, el sacerdote y el diácono. Las dádivas en
dinero, los vestidos, los bienes y propiedades eran para el huérfano y la viuda. Los diezmos eran para
los demás clérigos y también para el huérfano, la viuda, el pobre y el extranjero» (*Constituciones
apostólicas VII,* cap. XXIX).
La primera letra de la palabra *Jesús,* en griego, considerada por su valor numeral, vale por diez.
30. En el artículo publicado en *La revista contemporánea* inglesa, septiembre de 1883, Mr. Hatch
niega que se pueda hallar el origen de los diezmos en la costumbre o práctica del sacerdocio levítico. Según él, aquellos proceden de ciertas condiciones impuestas a los poseedores de tierras lega-

fieles. Hubieran creído faltar a aquel gran principio del cristianismo que advierte que todos pueden recibir los mismos dones espirituales, puesto que todos eran hermanos y sacerdotes. Conociendo que los hombres, que con tanta facilidad se dejan influir por lo que les llama la atención, al ver a los sacerdotes con trajes especiales y con sus insignias que indicasen que formaban clase aparte, les supondrían una autoridad espiritual, con lo que correría grave riesgo la libertad del espíritu, a la cual son llamados todos los discípulos de Cristo. Mas desde que la Iglesia, imitando a los judíos y a los paganos, hubo creado un orden de sacerdotes, se hizo preciso que se les concediera el uso de un traje especial. A juzgar por los documentos conocidos, esta innovación no pudo adoptarse antes del reinado de Constantino; y hasta en el siglo IV, ni aún para la celebración de los servicios religiosos se usaron vestimentas sacerdotales. Los que oficiaban iban vestidos como los demás.

Permítasenos indicar el desarrollo ulterior de las vestiduras sacerdotales, aunque para lograr este objeto tengamos que ir más allá de la época que nos hemos propuesto historiar...

Constantino había entregado a Macario, obispo de Jerusalén, un rico vestido bordado en oro para la celebración de los bautismos; y a Atanasio se le acusó de haber impuesto un tributo a los egipcios para adquirir vestidos de lino destinados a la Iglesia. Éstas son las primeras condiciones que se conocen relacionadas con este asunto. Desde entonces, los escritores eclesiásticos las hacen con más frecuencia. El concilio de Laodicea,

---

das a la Iglesia en el siglo VIII, para su seguridad y conservación, en lo cual se refleja una aplicación de los antiguos usos romanos, que aún estaban en vigor, por los que se declaraba que el producto de la venta debía ser el diezmo. Más tarde, en el siglo IX y X, para dar a esta costumbre una sanación divina, se la asimiló a las prescripciones de la ley mosaica. Finalmente, durante varios siglos, fueron destinados los diezmos al sostén del clero y de los pobres.

Es difícil hermanar esta explicación con las citas que hemos hecho y con el Canon 5 del segundo Concilio de Macon (año 585), donde por primera vez se señala un castigo contra los que no pagaran el diezmo. Dice así:

«Las leyes divinas mandan a todos que lleven los diezmos a los templos, para que los sacerdotes, desembarazados de las preocupaciones materiales, puedan dedicarse completamente al servicio espiritual. Estas leyes, que han sido observadas durante largo tiempo por muchos fieles, parece que caen en general desuso. Por consiguiente, mandamos a todos los fieles que lleven los diezmos a los eclesiásticos que desempeñan cargo, para que los sacerdotes, después de separar la parte destinada a los pobres, y la que debe emplearse en el rescate de cautivos, puedan por sus oraciones lograr la paz y la salvación del pueblo. Todo aquel que dejare de someterse a este saludable decreto será separado de la Iglesia para siempre» (Robertson, I, p. 555, n. r.).

en 375, indica que los subdiáconos, los cantores y los lectores debían usar el traje eclesiástico, y en el cuarto concilio de Cartago, en 398, ya se menciona el *alba* que debe llevar el diácono después del sacrificio, o durante la lectura de las lecciones de ritual[31]. Fuera de la Iglesia, sin embargo, y aún durante mucho tiempo, el clero no se distinguió de los laicos. Es verdad que los frailes pretendían usar una vestimenta especial, se les reconocía por el manto y el cinto, pero hasta el siglo V no se hace mención de ningún traje eclesiástico oficial, ni siquiera para los obispos.

No hay razones suficientes para relacionar el traje sacerdotal del clero cristiano con el de los levitas; sino que, por el contrario, su origen es puramente accidental. Mientras se conservaron las antiguas costumbres romanas, los sacerdotes se vistieron como los demás ciudadanos. En 428, el papa Celestino dirigió severas amonestaciones a los antiguos frailes galos, que una vez llegados a obispos no cambiaban su traje monacal por el civil, con lo que llamaba la atención de las gentes. Pero cuando se introdujo la moda de usar túnicas cortas, calzones y el manto de los conquistadores teutónicos, el clero creyó prudente no aceptar aquella moda, y conservó la túnica larga y la antigua *tofa* o *pallium*. Esta diferencia, nacida de la casualidad, fue conservada cuidadosamente. Gregorio el Grande (604) no quería tener a su alrededor ningún eclesiástico que vistiera traje bárbaro, y en su casa todos debían usar el antiguo vestido romano. Varios cánones de principios del siglo VI prohíben al clero usar el pelo largo, y llevar otros vestidos que «los que convienen a la religión»; también prohíben el manto militar, las armas y los vestidos de púrpura.

En Oriente se estableció, más lentamente aún, la distinción entre el clero y los laicos, pero en 692 el concilio de Trullo ordenó a los eclesiásticos el uso de vestidos que convinieran a su orden, sopena de excomunión durante una semana[32].

---

31. Bingham, XIII, cap. VIII, § 2.
32. *Dict. Christ. Antiq.*, art. «Dress».
    Desde antes del siglo VI hallamos indicaciones que demuestran que el pelo largo se consideraba inconveniente para el clero. Sin embargo, la prueba más antigua de la tonsura es un mosaico de Rávena, del siglo VI, y un canon del cuarto Concilio de Toledo en el año 633, que dice que el clero debe afeitarse la parte superior de la cabeza, dejando en la parte posterior un círculo de cabello (K. S. Latourette, *op. cit.*, pp. 265–266).

Capítulo XV

La Iglesia
se socializa

A una Iglesia del Estado correspondía el esplendor y magnificencia del aparato estatal. Así, en Constantinopla, en Antioquía, en Jerusalén, en todas partes, Constantino hizo levantar templos cristianos, queriendo que su magnificencia rivalizase con la de los templos paganos de más renombre.

1. Consagración de los templos

La consagración de los nuevos templos se hacía con todo el esplendor que era posible. Para ello, se convocaba a todos los obispos de la provincia y a todos los fieles. Desde el obispo de Macedonia, al del alto Egipto, desde el de Mesopotamia, al de Persia, acudieron obispos de todas las provincias de Oriente, con motivo de la consagración del templo del Santo Sepulcro[1]:

«Unos –dice Eusebio– ensalzan el piadoso respeto que el emperador profesaba al Salvador del mundo, al par que alababan la magnificencia del nuevo edificio; otros embelesaban sus oídos y su espíritu en el divino banquete del maná espiritual de las Escrituras Santa; otros explicaban sus pasajes más oscuros y difíciles de comprender. Los demás ofrecieron sacrificios místicos, sin derramamiento de sangre, rogando a Dios por la paz de la Iglesia, por el emperador y por su augusta familia».

Eusebio desempeñó un papel importante en todas las ceremonias. No

---

1. Acababan de celebrar el sínodo de Tiro, en el que fue juzgado Atanasio (véase CAPÍTULO XII de la SEGUNDA PARTE).

se olvida de mencionar la abundancia de oro, plata y piedras preciosas con que estaba adornada la nueva iglesia[2]. También hizo el discurso de consagración de la suntuosa iglesia de Tiro, cuyo discurso ha llegado a la posteridad, manifestando el gusto extremadamente hueco y pomposo de aquella época. Al dirigirse a los eclesiásticos, les dice que «son sacerdotes de Dios, vestidos con ropaje sagrado, adornados con la corona celeste de gloria, de la inspirada acción y cubiertos con el traje sacerdotal del Espíritu Santo». Dirigiéndose a Paulino, el obispo de Tiro, le llama «un nuevo Betsaleel, un Salomón, rey de una nueva Jerusalén, mejor que la antigua; un nuevo Zorababel que añade al templo de Dios una gloria mayor que la del antiguo templo». Hablando al pueblo, le dice:

«Vosotros sois las criaturas del rebaño de Cristo, donde residen los excelentes discursos, la escuela de la modestia, el auditorio religioso y devoto de la piedad»[3].

Al leer esto, parece llegado el caso de preguntar si los obispos fieles del tiempo de Constantino pudieron comprender que esta gloria externa, por más que se hubiera conformado con la tendencia del Antiguo Testamento, era completamente extraña y aún opuesta a la Nueva Alianza. En aquellos templos resplandecientes, donde se acumulaba todo lo que podía ser agradable a los sentidos, prestaban un servicio a Dios que no debía serle más agradable que el que los primeros cristianos le ofrecieron en aquellos edificios sin pretensión alguna, y que no habían sido, como después lo fueron pomposamente consagrados. El lujo y el rebuscamiento de lo que deslumbraba los sentidos contribuían a dificultar el culto en espíritu y en verdad que nuestro Señor había indicado como el único aceptable a los ojos de Dios.

2. Vigilias

Habíase introducido en la Iglesia la costumbre de estar de vela la vís-

---

2. Eusebio, *Vida de Constantino IV,* cap. XLVI.

En el año 614, los persas destruyeron la iglesia y la basílica de Constantino. En la parte oriental de la actual iglesia del Santo Sepulcro, se ven al lado del camino columnas de granito gris de Egipto. Se cree que antiguamente formaban parte del frontispicio de la basílica de Constantino (Baedecker, *Palestina,* pp. 190, 203).

3. Eusebio, *H. E.,* X, cap. IV.

pera de la Pascua. Las iglesias se iluminaban con cirios, y la asamblea de los fieles permanecía en el templo hasta media noche. El emperador, que acostumbraba a celebrar con mucha pompa las fiestas cristianas, hizo que la ciudad se iluminara instalando columnas, sobre las que colocaba grandes lámparas y velones, de manera que, como dice Eusebio, la noche era tan clara como si fuera de día[4].

3. Pinturas en las iglesias

Siguiendo el ejemplo de Constantino, muchos ricos mandaron construir templos, dotándolos y adornándolos con verdaderos tesoros artísticos. Las iglesias dedicadas a algunos mártires fueron embellecidas con lienzos, representando escenas de su martirio, o con asuntos sacados del Antiguo Testamento[5].

Aunque Eusebio[6] dice que le repugna la sola idea de que pueda haber pinturas en los lugares destinados al culto, es seguro que esta costumbre ya había empezado en la época de Constantino. En uno de los cánones del concilio de Elvira, se prohíbe pintar en la paredes de las iglesias objetos destinados al culto y al adoración de los fieles[7]. El viejo Epitafio, obispo de Salamina, en la isla de Chipre (367–403), se indignaba ante la propagación de aquella costumbre. En uno de sus viajes, al penetrar en una iglesia de los alrededores de Jerusalén, vio debajo de unas colgaduras el retrato de Cristo o de un santo. Inmediatamente lo arrancó, manifestando que colocar la imagen de un hombre en una Iglesia cristiana era una abominación y una desobediencia a la Escritura, añadiendo que aquella tela estaría mejor aprovechada si la utilizaran para enterrar algún pobre. De regreso a su ciudad, en cambio del lienzo que había arranca-

4. Eusebio, *Vida de Constantino IV,* cap. XXII.
5. Neander, *op. cit.,* III, p. 407.
Sobre la fuente del mercado de Constantinopla, había una representación del Buen Pastor, y otra de Daniel en la cueva de los leones. Los leones eran de cobre y su piel dorada. En el artesonado de su dormitorio, que el emperador había hecho adornar con oro y piedras preciosas, tenía en el centro una cruz, símbolo de la muerte del Salvador, «a cuya descripción –añade Eusebio–, a los ojos de aquel príncipe la cruz era como el amuleto protector del imperio» *(Vida de Constantino III,* cap. XLVIII).
6. CAPÍTULO XI de la PRIMERA PARTE.
7. Canon 36.
8. Neander, *op. cit.,* III, p. 414.

do y roto, envió otra tela sin adornos[8]. A los cuadros se añadieron pronto las estatuas, pero este culto, que poco a poco vino a transformarse en el culto de las imágenes, levantó tal oposición, que en el siglo V ocasionó motines y guerras civiles.

4. Trajes bordados

Era moda entre las gentes acomodadas de las grandes ciudades del imperio llevar vestidos vistosos con bordados de oro y plata, representando escenas de caza y de fieras. Los cristianos piadosos, o los que querían parecerlo, reemplazaban aquellas escenas por otras del Nuevo Testamento, como las bodas de Caná, la curación del paralítico o del ciego de nacimiento, de María Magdalena besando los pies de Jesús, la resurrección de Lázaro, etc. El obispo Asterio acusa a los que adornaban sus vestidos para ser mejor vistos de Dios[9]; rechaza aquella costumbre y aconseja que vendan aquella ropa tan costosas, para honrar mejor la imagen viva de Dios:

«En vez de llevar en vuestros vestidos la imagen del paralítico, mejor sería que buscarais a los verdaderos enfermos y procurarais aliviarles; en vez de contentaros con llevar sobre vosotros unos bordados representando a un penitente de rodillas, sería mejor que os humillarais y que os arrepintierais de vuestros pecados»[10].

5. Cirios encendidos

Entre las innovaciones introducidas en el culto por esta época, se encuentra la práctica de iluminar las iglesias con cirios durante el día, costumbre pagana a la vez que irracional. Algunos antiguos escritores eclesiásticos la condenan por considerarla procedente del paganismo:

«Aquellos desgraciados encienden luces a Dios, como si permaneciera en las tinieblas. Si contemplaran, aunque solo fuera por un momento, esta luz celeste que llamamos el sol, comprenderían al instante que

9. Obispo de Amasia en el Ponto, hacia el fin del siglo IV.
10. Neander, *op. cit.*, III, p. 408.
Esta moda fue probablemente posterior a la época de Constantino.

LA IGLESIA SE SOCIALIZA

Dios no necesita de sus lámparas. Porque si en tan pequeño disco, que a causa de su distancia no nos parece mayor que una cabeza de hombre, hay tal foco de luz que la vista no puede resistir su impresión, ¿cuál no será la luz de Dios? ¿estará en su cabal juicio aquel que ofrezca la luz de cirios y de velas al Creador y dispensador de la luz? La luz que Dios exige de nosotros, no es ciertamente aquella. La quiere clara, brillante y espiritual; que sólo pueda darla el que la conozca. Los dioses terrestres de los paganos necesitan luz para no permanecer en las tinieblas, y sus adoradores, que nada saben del cielo, son atraídos a la tierra por las ceremonias que practican»[11].

La primera alusión hecha a esta costumbre se encuentra en los cánones del concilio de Elvira, en los cuales se prohíbe «encender velas de cera en los cementerios durante el día, para no turbar los espíritus de los santos»[12]. Hacia finales del siglo IV, no empezaron a usarse los cirios en las ceremonias del culto. En el año 396, Paulino de Nola se extasiaba ante el esplendor de aquellas iluminaciones en pleno día:

«El altar resplandecía perfumando olor. De noche, como de día, están ardiendo, con lo cual hacen que la noche brille tanto como el día, mientras que éste, que por la voluntad de Dios es tan glorioso por sí mismo, ve doblado su resplandor por tantas luces»[13].

6. Las catacumbas

Séanos permitido delinear la historia de estos cementerios, aún en época posterior a la que describimos. Después de que el Cristianismo fue aceptado como religión del Estado, los cristianos empezaron a abandonar las catacumbas, y desde el año 410, esto es, desde la toma de capital por Alarico el rey de los godos, se celebraron en ellas muy pocos

---

11. Lactancio, *Instit. dic. VI,* cap. I, II (véase Tertuliano, *Contra la idolatría,* cap. XV; *Apología,* cap. XLVI).
12. Canon 34.
Se supone que no se refiere ni a los santos ni a los mártires, sino a los fieles que se reunían para hacer sus oraciones sobre las tumbas *(Dict. Christ. Antiq.,* art. «Lights», p. 994).
13. Maitland, *Iglesia de las catacumbas,* pp. 228 y 229.
14. Parker, *Arqueología de Roma,* «Catacumbas», p. 30 (véase también *Dict. Christ. Antiq.,* art. «Catacumbas», p. 304).

enterramientos[14].

Jerónimo fue a estudiar a Roma, en 354, cuando sólo tenía catorce años. Por aquel tiempo hizo una descripción de algunas catacumbas, de la cual se desprende que ya no enterraban en ellas.

«Cuando era niño, tenía la costumbre, con otros muchachos de mi edad, de visitar las tumbas de los apóstoles y de los mártires y de penetrar en las criptas abiertas en la tierra. Las paredes estaban cubiertas con restos de muertos y había una oscuridad tal, que hasta cierto punto podíamos comprender las palabras del profeta cuando dijo que *bajaban los vivos a la mansión de los difuntos* (Nm. 6:30). De vez en cuando, tropezábamos con un débil rayo de luz, pero a medida que penetrábamos en ellas, la obscuridad era tan completa, que sin querer recordábamos los versos del poeta: *El silencio helaba nuestra alma de terror*»[15].

A medida que las catacumbas dejaron de ser utilizadas como cementerios, se convirtieron en centros de superstición y de peregrinación. En la segunda mitad del siglo IV, el obispo Dámaso (366–384) se ocupó de su restauración, haciendo ensanchar los pasadizos, construir escaleras y arreglar con rótulos de mármol las cámaras *(cubicula)*. Escribió los epitafios de los mártires y los hizo grabar en caracteres magníficos por el hábil Furio Dionisio Filocalus, mandando hacer unos catálogos para que

Al bienaventurado mártir Janarius, El obispo Dámaso ha hecho esto.

---

15. *Comentario de Ezequiel,* cap. XL.

sirvieran de guía a los peregrinos.

Las catacumbas fueron objeto de una ardiente devoción durante unos dos siglos, que cesó antes de que terminara el siglo VI. Los godos y los lombardos las devastaron, y en 761, y más tarde en 817, los papas Pablo I y Pascual I hicieron quitar de ellas los restos de millares de cuerpos que luego enterraron en las iglesias.

Desde esta época, las catacumbas dejaron de tener valor alguno para los fieles, y se las descuidó de tal modo, que parecieron olvidar su existencia durante más de seis siglos. El 31 de mayo de 1578, unos obreros que estaban sacando pouzolano –que es una tierra volcánica con la que se fabrica mortero–, haciendo un pozo, tropezaron con una cámara sepulcral. La ciudad supo con sorpresa que bajo sus pies tenía escondidos numerosos tesoros, y desde entonces las catacumbas excitaron un interés que el transcurso de los siglos no ha podido amortiguar[16].

7. Frescos y esculturas

Los cristianos primitivos se contentaron con enterrar sus muertos en sencillas sepulturas, lo que ya no satisfizo el gusto de los de épocas posteriores. Sobre este particular, los cristianos ricos rivalizaron en lujo con los paganos. Se usaron dos clases de decoraciones: los frescos y las esculturas. Los primeros se encuentran en abundancia en los *cubícula* y en los *arcosolia*. Las tres cuartas partes de ellas fueron restauradas en los siglos VIII y IX, y distan, por consiguiente, de conservarse en su primitivo estado. La mayor parte de las que no han sido restauradas pertenecen al siglo VI, sin que por eso deje de haberlas del V y hasta del IV. No han podido hallarse pinturas representando algún tema del cristianismo que fueran anteriores a la época de Constantino, y desde entonces hasta el año 500 no se conoce ninguna cuyo tema se haya sacado de la Santa Escritura:

«Antes del siglo VI, no se tropieza ni una sola vez con una figura ni de santo, ni de mártir»[17].

Entre los temas bíblicos, ninguno ha sido tan repetido como el de

16. *Dict. Christ. Antiq.*, I, pp. 305 y 306.
17. Parker, *Arqueología de Roma*, «Catacumbas», prefacio.

varias personas agrupadas alrededor de una mesa. Suponen unos que representa un ágape, otros, la cena, otros una comida fúnebre, otros en fin, a los siete discípulos reunidos a la orilla del lago de Tiberia (véase 21:2); apoya esta hipótesis el hecho de que el número de las personas reunidas es a menudo el siete.

Pero esta teoría difícilmente se prueba; en primer lugar, a causa de la ausencia de Cristo y la diferencia que debía existir entre la comida de los discípulos a la orilla del lago y la que representan las pinturas. Otros suponen que se trata de los siete diáconos. Nosotros opinamos que debían representar una comida fúnebre. Entre los antiguos romanos existía la costumbre de celebrar una fiesta el día de su aniversario[18]. En muchas casas, la nueva fe no cambió las costumbres sociales, se contentaron con darles nuevo sentido. Ya hemos visto, por ejemplo, cuánto preocupaba a los cristianos la celebración del aniversario de sus amigos difuntos.

Sea de ello lo que fuere, lo cierto es que estas pinturas nos recuerdan ciertas escenas de la vida social, halladas desde entonces en las paredes de Pompeya. Al lado de una gran parecido en el argumento, hay diferencia en los adornos, en los trajes y hasta en el aspecto de los convidados.

La idea de adornar las tumbas de los cristianos ricos con esculturas no se manifestó hasta el siglo IV. En esta época empezaron a adornar sus sarcófagos con escenas de la Escritura, que en algunas ocasiones eran reproducidas en relieve. Después, a medida que se iba afirmando la tendencia al logro de distinciones personales, grabaron en sus tumbas el retrato de los difuntos. Un convencionalismo extraño se revelaba en aquellas manifestaciones. El artista prescindía a menudo de copiar la naturaleza. Se contentaba con sugerir al observador la forma o la idea concebida. No se tenía en cuenta ni las proporciones, ni la posibilidad, y ante algunas de estas producciones se necesita recordar la gravedad del tema y la veneración que inspira la antigüedad a fin de no encontrarlas completamente grotescas.

Aunque a estas esculturas tampoco no les falta ni sencillez ni naturalidad, tienen la dureza y rigidez de las imágenes de los santos de los siglos siguientes. Además –y esto es digno de llamar la atención–, faltan

---

18. Es costumbre aún hoy en Roma, el día del aniversario, reunirse alrededor de la tumba de los muertos y celebrar allí una fiesta de familia (Parker, *Catacumbas*, p. 195).

El grabado que antecede representa una escena algún tanto diferente. Hay tres hombres reclinados alrededor de una mesa, teniendo delante un trípode, sobre el cual hay un gran pescado y otros alimentos. A cada extremidad de la mesita hay una mujer, y entre una de ellas y la mesita, hay un jarro; al otro lado se ve un niño con una copa en la mano. Sobre la cabeza de uno de los convidado, se lee esta inscripción: «Irene da calda» *(Irene [Paz] dame [agua] caliente)*. Sobre la cabeza de otro, se lee: «Agape misce mi» *(Agape [amor] mezcla [vino] para mí)*[19]. Parece que estas palabras fueron dirigidas a las dos mujeres, cuyos nombres son probablemente simbólicos. En la parte superior de la pintura hay cuatro nombres propios, y otro debajo. Al lado derecho se leen las letras «va» que con las de la izquierda «lete», hacen «valete», que quiere decir *Adiós,* todo lo cual hace suponer que aquella pintura representa una comida fúnebre[20].

19. La costumbre de mezclar el agua y el vino era casi universal en la antigüedad.

20. Parker, *Catacumbas,* pp. 195–198.

Nuestro grabado está sacado de una fotografía de Parker tomada al magnesio y de un grabado de las *Sculture et Pitture Sagre de la Roma Sotterranea* (II, pl. CXXVII) de Aringhi, ejecutada hace cincuenta años. Las líneas señaladas con puntos han desaparecido ya. Las letras de nuestro grabado se leen mejor que en la fotografía y en el grabado. Entre las fotografías de Parker, hay una de otro fresco muy parecida a la nuestra, sólo que hay dos niños más. Las palabras escritas encima de las figuras son las siguientes: «Agape misce nobis» *(Agape [Amor], mezcla [vino] para nosotros)* e «Irene porge calda» *(Irene [Paz], danos [el agua] caliente).*

las señales características que señalaron más tarde la alteración del culto cristiano. Ninguna de las figuras lleva aureolas; al observador se le representa Cristo como un hombre; tampoco hay vestigios del culto dado más tarde a María, ni de la adoración servil de los santos, en la cual cayó después la Iglesia. No existe señal alguna que indique el ascetismo. Lo que representan son exclusivamente escenas sacadas del Antiguo y del Nuevo Testamento, enredadas de un modo fantástico.

Una de las catacumbas lleva el nombre del escritor mártir Hipólito, de la cual hizo una descripción el poeta Prudencio, que vivió hacia el año 403. En esta descripción se ve claramente el estado de las catacumbas y el rápido desarrollo de la superstición desde que el cristianismo vino a ser la religión del Estado:

«En medio de un llano ocupado por hermosos jardines, no lejos de los muros de la ciudad, hay una cripta enterrada en el abismo, a la cual se llega por medio de un escarpado sendero y de unos cuantos escalones. A medida que se avanza, la oscuridad es más completa. Algunas aberturas dejan entrar, de vez en cuando, un rayo de sol que alumbra aquellas oscuras galerías. Allí fue llevado y enterrado el cuerpo de Hipólito, cerca del altar que es el fiel guardián de aquellos restos, al par que la sagrada mesa donde van a nutrirse los ribereños del Tíber. ¡Cuán santo es aquel lugar! Allí, enfermo del alma y de cuerpo, me he prosternado a menudo para orar, encontrando alivio a mis penas. ¡Oh, glorioso sacerdote! ¡Quiero decir con cuánta alegría vuelvo a besarte! Repetiré de cuánto soy deudor a Hipólito, a quien Dios ha concedido el favor de obtener lo que se le pida. Esta capillita, donde se guardan los restos de lo que fue el vestido de su alma, abunda en preciosos bienes. La piedad de algunos opulentos

A continuación damos la explicación de cuatro láminas en las cuales el lector puede hacerse una idea de la manera de pensar y de trabajar de los cristianos de los siglos IV y V:
Lámina I: Uno de los lados de un sepulcro del siglo IV (el grabado de encima es un trozo de la tapa de otro sepulcro).
Encima, sobre la tapa del sarcófago, se ve a los magos representando sus ofrendas al Señor. Debajo Elías se dispone a ser arrebatado al cielo y abandona su manto en manos de Eliseo. Además se ve a dos de los muchachos que se burlaban del profeta y a uno de los osos[21].

21. Estos sarcófagos y los siguientes se hallan en el museo cristiano de San Juan de Letrán, en Roma.

Lámina I.

la ha enriquecido con placas de plata brillantes y relucientes como espejos; han guarnecido su entrada con mármol de Paros; no se han detenido ante los crecidos gastos que esto ha ocasionado».

El mismo autor refiere a continuación las peregrinaciones que se hacían a la tumba de Hipólito:

«Toda la juventud del país va allá para sus oraciones, y es tanta la gente que va desde la mañana a la noche, que causa admiración. Todos besan los objetos relucientes de plata, vierten suaves perfumes, derraman abundantes lágrimas. Oleadas de gentes vienen de la imperial ciudad, en las que el plebeyo se codea con el patricio, porque a todos impulsa la misma fe. De las puertas de Albano sale una larga procesión compuesta de ciudadanos, vestidos con ropas blancas, que vienen a llevar también el tributo de su adoración. En todos los caminos se oye el rumor

Lámina II: Escultura en relieve de un sepulcro del siglo IV.
Las figuras, grabadas perfectamente al relieve, están en una columna, cuyas columnas son guarnecidas a su vez con ramas y hojas que la rodean formando espiral, y cuyos capiteles están trabajados con finura. En el centro está Cristo resucitado dando a Pedro y a los discípulos que le rodean un rollo que tiene en la mano. A la izquierda, se ve la mano de Dios evitando el sacrificio de Isaac. Entre las tres últimas columnas de la derecha se ve a Cristo delante de Pilato; éste se lava las manos, mientras un criado vierte el agua[22].
Lámina III: Escultura de un sarcófago (el pequeño de encima es del siglo IV).
En el centro se ve el monograma imperial. Encima, en el sarcófago pequeño, se ve el manuscrito de ambos Testamentos y la Cena. Los principales argumentos son: Cristo llevando su cruz, coronado de espinas por un soldado y conducido delante de Pilato, que se lava las manos. En el centro está representado el lábaro de Constantino, que está sostenido por una cruz rodeada por la corona de la inmortalidad. A ambos brazos de la cruz hay una paloma, debajo dos soldados, uno despierto y dormido el otro, son los dos centinelas encargados de guardar el estandarte[23].
Lámina IV: Sarcófago del siglo IV o V.
En el centro hay el busto de los dos difuntos. A la izquierda de la parte superior hay la creación hecha por el Padre, el Hijo y el Espíritu Santo juntos. También, la tentación en el paraíso y cuando el Señor da pieles de animales para que puedan cubrirse los culpables. A derecha, el agua cambiada en vino; el milagro de los panes y de los peces; la resurrección de Lázaro. El busto de los difuntos está en el centro. Debajo, la adoración de los magos, Cristo sanando al ciego, Daniel en el foso de los leones, Pedro curando algunos enfermos, la negación de Pedro, con el gallo a sus pies; su prisión y, finalmente, al mismo apóstata, representando a Moisés haciendo brotar agua de la peña.

---

22. Parker, *Sculpture among the Greeks and Romans,* pp. 45 y 46.
23. Ídem., p. 52 (véase también *Dict. Christ. Antiq.,* art. «Escultura cristiana»).

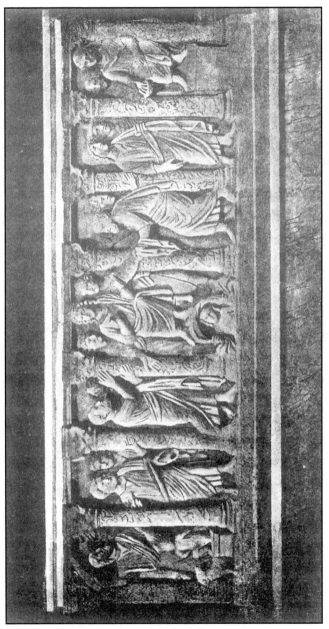

Lámina II.

de tantos fieles (…) Los naturales de los montes Abruzos, el labrador etrusco, el feroz samnita, el hijo altivo de Cápua y de Nola, vienen todos con sus mujeres e hijos. Apenas son suficientes para contener la multitud los vastos campos de alrededor, y la cripta no sería capaz para tanta gente, si cerca de allí no pudiera visitar otra iglesia de magnificencia verdaderamente real»[24].

De tal modo se expresaba Prudencio unos setenta años después del período que estudiamos. Ya se ve con qué rapidez se perdía la antigua simplicidad. Ya por entonces habían adquirido desarrollo considerable algunas sorprendentes alteraciones del culto romano; si bien es cierto que aún faltaban las peores. La descripción de Prudencio parece haber sido escrita con motivo de la fiesta anual que se celebraba en la catacumba de Calixto[25].

24. Parker, Catacumbas, p. 105 y 106.
25. «Había entonces fiestas conmemorativas de los mártires y de los justos... Pero hay que convenir en que en muchas de ellas se invocaba a la criatura. Sin embargo, si bien es cierto que aquel mal ganaba cada día más terreno, no se habían desarrollado aún aquellas supersticiones tan asombrosas como vergonzosas, que debían eclipsar la luz de la verdad. El Nombre de Jesús estaba por encima de todos los demás nombres... Si los fieles deseaban obtener la luz, el perdón y la fuerza, los himnos de Prudencio y de Ambrosio dicen que sólo de Cristo podrían obtenerlo» (The Voice of Christian Life in Song, 2ª ed., p. 108).

Lámina III.

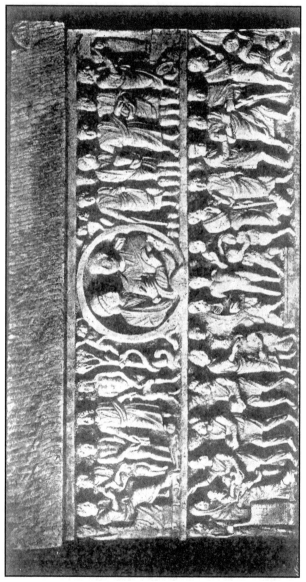

Lámina IV.

Capítulo XVI

La vida cristiana
en los siglos III y IV

1. Oraciones por los difuntos

Cirilo, en una descripción que hace de la Eucaristía, menciona las oraciones por los vivos y por los muertos[1]. En una cita análoga, ya mencionada, Tertuliano dice:

«A cada aniversario, reservamos ofrendas en favor de los difuntos».

A otro de sus discípulos, dice[2]:

«La viuda ofrece oraciones por el alma de su difunto esposo, para que encuentre alivio en su estado presente y pueda lograr las gracias de la primera resurrección».

Cipriano dice en otra parte:

«Ya sabéis que ofrecemos un sacrificio por los mártires, en el aniversario de su martirio o de su nacimiento»[3].

Entre los cristianos de los siglos II y III, era creencia general que el alma, al separarse del cuerpo, permanecía en un estado intermedio, que

---

1. Cirilo, *Catequesis mistagógicas V,* p. 8.
2. Tertuliano, *De la monogamia,* cap. X.
3. Bingham, *Antiquities of the Church XV,* cap. III, § 15.
Véase CAPÍTULO XIV de la SEGUNDA PARTE, donde Cipriano amenazaba con rehusar ofrecer un sacrificio por las almas de aquellos que hubieren contribuido a alejar a los sacerdotes de los altares. Algunos suponen que estos sacrificios y ofrendas eran oraciones. Tertuliano llama a la oración «la víctima espiritual que reemplaza los sacrificios de la Antigua Alianza» (Tertuliano, *De la oración,* cap. XXVIII).

terminaba cuando la resurrección, empezando entonces una permanencia eterna de dicha o de miseria. Algunos creían que la resurrección de los justos tendría lugar mil años antes que la resurrección general. Tal era la doctrina del milenio. También se creía que las almas de los justos anhelaban la llegada de su libertad. Por consiguiente, los parientes y los amigos de los difuntos ofrecían oraciones para apresurar su rescate, prodigándoles mientras tanto algún consuelo[4]. El relato del martirio de Perpetua nos ofrece otra prueba de esta creencia. Estando en la cárcel, se puso a orar de rodillas en favor de un hermanito suyo, que creía haber visto padeciendo sed en un lugar oscuro. Como respuesta a su oración, advirtió que la luz penetraba en aquel antro y vio a su hermano, saciado por abundantes aguas, deslizarse alegremente, como los niños de su edad...

«Esto me hizo comprender —añade la mártir— que había salido del lugar donde estaba atormentado»[5].

Espíritu tan curioso como el de Orígenes, se dedicó a especulaciones frecuentes sobre la naturaleza y la suerte futura del alma, llegando a la conclusión de que ninguna criatura humana, al fallecer, podía estar libre de pecado para entrar en el cielo. Como consecuencia, dedujo que ningún humano, aunque fuera la mejor de la criaturas, podía prescindir de ser purificado por el fuego después de la resurrección final[6].

Éste fue el origen de la doctrina del purgatorio, cuya funesta invención, fomentada por la Iglesia romana, ha contribuido poderosamente a tener a las gentes en la mayor esclavitud espiritual. Puede afirmarse, pues, que este dogma no tiene ningún fundamento en la Escritura, y que los padres de la época que siguió inmediatamente a la de los apóstoles no la mencionaron ni una sola vez[7].

Es probable, sin embargo, que en aquella época, la creencia general en cuanto al perdón y la purificación de los difuntos revistiera una forma más atenuada que la de la visión de Perpetua y muy distinta de la más reciente del purgatorio. Parece confirmar esta opinión el pasaje siguien-

---

4. Burton, *Christian Church*, p. 317–319.
5. Véase el CAPÍTULO I de la SEGUNDA PARTE.
6. Burton, *op. cit.*, pp. 319 y 320.
7. La *Didaché*, que aparece en el *Apéndice* de este volumen, no forma excepción. En ella no se hace la menor alusión al purgatorio ni a nada que se le parezca.

te de las *Constituciones apostólicas*:

«Debemos interceder en favor de los hermanos que reposan en Cristo, para que Dios, que ha recibido su alma, les perdone todos los pecados que hubieran cometido voluntaria e involuntariamente»[8].

En la descripción que de los funerales cristianos hizo Dionisio el areopagita, encontramos el párrafo siguiente:

«Mientras todos cantan himnos de gratitud a Dios, cuya gracia nos ha hecho victoriosos de la muerte, los restos mortales del difunto son colocados delante del obispo. El sacerdote da gracias a Dios, y después de la lectura de algunos capítulos de la Escritura, se hace salir a los catecúmenos. Entonces es cuando se da lectura en alta voz de los nombres de los que, siendo vencedores del mundo, han entrado en el descanso. Finalmente, cuando el sacerdote ha orado por el que acaba de dejar la vida, para que Dios le perdone y le acepte entre los mortales, los hermanos besan su cuerpo, le ungen y lo entierran»[9].

Las fiestas más populares de la Iglesia eran los aniversarios del nacimiento o de la muerte de los mártires. Estas fiestas debían necesariamente de llamar la atención de los paganos. La multitud se reunía alrededor de sus sepulcros, donde después del tiempo de Constantino se levantaron magníficos templos[10]. Al amanecer empezaba un importante servicio religioso, en el que se cantaba himnos en honor de los mártires[11], se daba lectura –de donde vino el nombre de leyenda– a la historia de su vida y de su martirio, y uno de los mejores predicadores hacía su panegírico. Por la tarde, tenía lugar un banquete, al que se invitaba a todos. Los paganos tenían la costumbre de aplacar los *manes* de los muertos con festines de este género, que algunas veces costaban muy caros, especialmente cuando se trataba de gente rica. El banquete formaba parte de la ceremonia religiosa. Cuando se introdujo esta costumbre en la Iglesia, con ella se introdujeron también las tendencias del paganismo. Por consiguiente, los aniversarios de los mártires tenían un aspecto de alegría,

---

8. *Constituciones apostólicas VIII*, cap. XLI.
9. Dionisio, *Jerarquía eclesiástica*.
10. A estos templos se les llamaba *Martyria*.
11. Muchos de los monumentos de la antigua poesía cristiana fueron escritos en ocasiones como éstas. «Llegaron a ser tan numerosas estas leyendas y de tan dudosa autoridad, que el papa Gelasio prohibió su lectura» (Stephens, *San Juan Crisóstomo*, p. 179).

animación y voluptuosidad enteramente opuestos al cristianismo. Al anochecer, el vino era tan abundante y se bebía tan a menudo a la memoria de los mártires, que no era raro ver a muchos de los fieles completamente ebrios. Insensiblemente fueron introduciéndose todos los accesorios voluptuosos de los banquetes romanos. Hubo bailes, pantomimas, fiestas que se prolongaban hasta media noche; finalmente, toda clase de abusos y excesos criminales contribuían a profanar los alrededores de los templos[12].

Los obispos, que debían tener mayores luces, consentían con demasiada facilidad que los paganos convertidos volvieran a sus antiguas costumbres. En la biografía de Gregorio el taumaturgo, nos cuenta Gregorio de Nisa, que «desde el punto y hora que se apercibió de que el pueblo grosero e ignorante permanecía apegado a la idolatría, a causa de los placeres y las distracciones que le ofrecían las fiestas paganas que tanto estimulaban los sentidos, les permitió gozar de las mismas fiestas, confiando en que muy pronto preferirían costumbres más regulares y más virtuosas»[13].

Agustín, a su vez, confirma esta tendencia, diciendo que cuando la paz siguió a las persecuciones y a las revueltas, los gentiles «que se sentían atraídos al cristianismo no se atrevían a dar el paso decisivo, por el temor de verse precisados a renunciar a los perniciosos placeres de que gozaban al celebrar el culto de los falsos dioses, en medio de fiestas y de abundantes libaciones. Así es que a los que dirigían la Iglesia les pareció más conveniente no mostrarse muy severos contra tales costumbres, y reemplazaron aquellas fiestas paganas por otras parecidas en honor de los santos mártires, en las cuales hallaban los mismos placeres, sin que hubiese semejante impiedad».

Y en otra parte, añade:

«Muchos beben con exceso en honor de los muertos, tanto, que cuando celebran la fiesta, parece que se anegan en vino sobre la tumbas de los difuntos. Para ellos, es cuestión religiosa comer y beber con exceso. Los mártires se hacen cargo del ruido que producen los vasos al chocar, del

12. Milman, *Hist. of Christ.*, III, pp. 324–328.
13. Milman, *op. cit.*, I, p. 553, nota 63.
14. *Dict. Christ. Antiq.*, I, art. «Catacumbas» (véase también Maitlan, *Catacumbas,* p. 215).

traqueteo de vuestros platos y de todas vuestras orgías»[14].

2. Invocación a los santos

Juntamente con la creencia de que las oraciones de los vivos podían beneficiar a los difuntos, se desarrollaba necesariamente otra, como era que la intercesión de los muertos podía también ayudar a alcanzar el perdón y la salvación de los vivos. Cipriano expresa un sentimiento humano muy natural, cuando dice:

«Muchos de nuestros queridos difuntos, como padres, hermanos, hijos, nos esperan en el paraíso. Teniendo asegurada su salvación, se preocupan con ansiedad de la nuestra»[15].

Orígenes va más lejos, cuando afirma:

«No hay nada malo en creer que todos los santos que han fallecido conservan sentimientos de caridad para con los vivos, se preocupan por su salvación, ayudándoles con su intervención y sus oraciones para con Dios».

Y en otro lugar, añade:

«Opino que nuestros padres, que han entrado en su reposo antes que nosotros, combaten en nuestras luchas y nos ayudan con sus oraciones»[16].

Es, sin embargo, preciso aproximarse a una época más reciente en la historia de la Iglesia, para hallarnos en presencia de la verdadera invocación a los santos. En el momento que historiamos, esta costumbre tan opuesta a la enseñanza del Evangelio y atentatoria al honor de Cristo, no había sido aún aceptada por los fieles.

Es igualmente en esta época en la que se apercibe la primera señal de la adoración a la virgen María. Pedro, el obispo de Alejandría, nombra a María «nuestra santa y gloriosa señora, siempre virgen, madre de Dios»[17].

Desde entonces, pues, ya podía preveerse que el culto a la virgen no tardaría en manifestarse. Y, en efecto, Epifanio[18], en la segunda mitad del siglo IV, hace mención «de una secta de mujeres, venidas de Tracia,

---

15. Cipriano, *De la mortalidad,* cap. XXVI.
16. Mencionado por Lyman Coleman, cap. X, § 4.
17. Fragmento de la Homilía *Cristo habitando en nosotros,* cap. VII.
18. Fue obispo de Constantinopla, en la isla de Chipre (antigua Salamina), desde el año 367 al 403.

que habían introducido en aquella región la costumbre de ofrecer tortas en nombre y honor de la Virgen». Es cierto que condena aquella costumbre; pero, al mismo tiempo, condena enérgicamente a aquellos que ponen en duda la perpetua virginidad de María, y aún parece creer que fue ascendida al cielo sin pasar por la muerte[19].

3. Culto a las reliquias

Ya hemos hecho mención del número considerable de fieles que presenciaron el martirio de Cipriano y cómo habían extendido sus pañuelos por el suelo para recoger algunas gotas de su sangre[20]; también hemos visto de qué manera tan absurda, medio siglo más tarde, Lucila manifestaba su veneración por la memoria de los mártires[21]. Es indudable que no era Lucila la única persona que tenía aquella costumbre. Y, sin embargo, parece fuera de duda que la adoración de las reliquias no se generalizó hasta después de la mitad del siglo IV.

Antes de la muerte de Constantino, existía ya una reliquia universalmente venerada: era el madero de la supuesta cruz verdadera, cuya invención vamos a contar en pocas líneas. En 326, la emperatriz Elena, madre de Constantino, que ya tenía cerca de ochenta años, hizo una peregrinación a Jerusalén, estimulada por el deseo de visitar los santos lugares y orar en ellos. Según la tradición, después de haber sido destruida Jerusalén para edificar sobre sus ruinas *Aelia Capitolina,* Adriano había procurado hacer desaparecer todo vestigio por el que se pudiera designar el lugar que ocupaba el Santo Sepulcro. Con este objeto, había hecho levantar en el mismo sitio una pequeña colina, sobre la cual construyó un templo a Júpiter y otro Venus. La leyenda dice que la emperatriz, guiada por un sueño, descubrió el lugar tan cuidadosamente escondido. Hizo destruir ambos templos idólatras y, excavando en la tierra, descubrió el sepulcro, después tres cruces y, finalmente, la inscripción puesta en la de Cristo por orden de Pilato. Lo comprometido era conocer en cuál de las

---

19. La fiesta de la Asunción fue instituida algunos siglos más tarde, aunque la leyenda que más contribuyó a su propagación procede de origen gnóstico *(Dict. Christ. Antiq.,* II, p. 1142).
20. Véase el CAPÍTULO V de la SEGUNDA PARTE.
21. Véase el CAPÍTULO X de la SEGUNDA PARTE.

tres cruces había sido clavado el Salvador. La emperatriz y el obispo Macario tomaron la resolución de someterlas a una prueba. En aquel día estaba gravemente enferma y a punto de morir una señora cristiana de Jerusalén. El obispo propuso aplicarle sucesivamente las tres cruces. Ni la primera ni la segunda produjeron efecto alguno; pero al serle aplicada la tercera, la enferma se levantó completamente curada. Verificada por este medio la autenticidad de la verdadera cruz, cortóse un pedazo que fue enviado a Constantino, quien la hizo encerrar en su propia estatua, colocada sobre una columna de pórfido en el foro de Constantinopla. Con algunos de los clavos hizo adornar su casco y mandó construir un almete y un bocado para su caballo de batalla. Los tiempos futuros vieron en este antojo del emperador el cumplimiento de la profecía de Zacarías[22]:

«En aquel día, hasta en las campanillas de las caballerías, habrá esta inscripción: *Santidad al Eterno*».

A tal abismo había caído la religión del Cristo, y tal era el olvido de las palabras del ángel a las mujeres que rodeaban el sepulcro:

La emperatriz Elena en una moneda de la época.

---

22. Véase Zacarías 14 (véase también Sócrates, *H. E.*, I, cap. XVII; Sozomeno II, cap. I; Teodoreto I, cap. XVIII; *Dict. Christ. Antiq.*, art. «Cruz»; *Dict. Christ. Biog.*, art. «Elena», p. 883; Ruffner, *Padres del desierto* II, p. 177).

23. Los detalles de esta leyenda, contada de varias maneras, procede de documentos posteriores al suceso de cincuenta a cien años. Uno de los autores que lo cuentan, Sócrates el *escolástico*, dice con loable franqueza:

«Esto que cuento lo sé por haberlo oído a otros».

Llama mucho la atención el silencio absoluto de los contemporáneos sobre este punto. En el *Itinerario* de Burdeos a Jerusalén de un peregrino anónimo, que se considera escrito en el año 333,

«¿Por qué buscáis entre los muertos, al que vive?»[23].

No obstante, no puede creerse que una anciana, un emperador supersticioso y un obispo ignorante, fueran los únicos en aceptar aquella increíble invención. La Iglesia entera parece que estaba preparada a imitarlos. Apenas habían transcurrido veinte años desde el pretendido suceso, cuando ya Cirilo de Jerusalén afirmaba que el madero de la verdadera cruz había sido repartido casi por todo el mundo[24]. Lo cierto es que, desde hacía bastante tiempo, el espíritu de los fieles estaba dispuesto a caer de nuevo en la idolatría. Así como a los árboles de los grandes valles del extremo Oeste, secos ya al terminar la estación calurosa, les basta una chispa para incendiarse, la Iglesia no necesitó más para dejarse invadir por la idolatría y la superstición. El pretendido descubrimiento de la cruz verdadera fue la chispa que produjo incendio tal, que en 386 se hizo necesaria la intervención de la ley para reprimir el tráfico de las reliquias:

«Que nadie se atreva –decía la ley– a cambiar de lugar ningún cadáver, y que nadie se apropie del cuerpo de ningún mártir para venderlo».

Y Agustín nos dice que los frailes tenían una habilidad especial para vender al detalle los miembros de los mártires, y que tanto se generalizó la venta de aquellas reliquias, que duda que tantísimo hueso haya podido pertenecer a los que dieron su vida por la fe[25].

existe una descripción de esta ciudad, y la mención de muchos lugares, donde la tradición suponía que habían tenido lugar numerosos hechos mencionados en el Antiguo como en el Nuevo Testamento. Entre estas citas, se menciona el Gólgota y el Santo Sepulcro, y si bien es cierto que el autor habla de la magnífica iglesia recién construida por Constantino, nada dice ni de la cruz, ni de Elena.

Eusebio, en su *Vida de Constantino*, cita la visita de la emperatriz a Jerusalén, pero no hace alusión alguna ni del lugar de la crucifixión, ni del Santo Sepulcro. Se contenta con relatarlo como «habiendo sido descubierto». El mismo Constantino, en su carta a Macario, considerando milagroso aquel descubrimiento, nada dice de las circunstancias que mediaron, ni menciona la cruz. Finalmente, Cirilo, que había pronunciado sus discursos catequísticos en aquella iglesia, nada dice de la emperatriz (véase Eusebio, *Vida de Constantino III*, cap. XXIX, XXXIX; *Dict. Christ. Ant.; Dict. Christ. Biog.*).

24. *Dict. Christ. Biog.*, art. «Elena».
25. Maitlan, *Church in the Catacombs*, p. 278.

Capítulo XVII

La sociedad cristianizada

1. Fiestas

Con Constantino y su conversión al cristianismo no se transforman, ciertamente, las estructuras de la sociedad, pero gracias a la misericordia cristiana nacen una serie de instituciones caritativas que contribuyen a amortiguar la desgracia de los desposeídos, infortunados y enfermos. La limosna cobra carácter social, Basilio, obispo de Cesarea de Capadocia, organiza una verdadera ciudad cristiana, compuesta de iglesia, monasterio, hospicio y hospital, donde se acoge a los viajeros, a los enfermos y a los pobres. El obispo de Alejandría disponía de un cuerpo de quinientos enfermeros. El puerto de Ostia tenía un asilo de acogida de peregrinos.

La esclavitud permanece –la Iglesia misma tiene esclavos–, pero se prohibe separar a las familias de los esclavos; se facilita la liberación por declaración en una iglesia en presencia del clero. Se muestra mayor humanidad en las cárceles; los carceleros no pueden dejar a los prisioneros morirse de hambre, quienes además tienen que ver la luz del sol un vez al día. Los pastores tienen derecho a visitar las prisiones.

Por otra parte, el calendario cristiano puso ritmo a la vida social. En el año 312 se ordenó que el domingo fuera día de descanso para los tribunales y trabajos manuales. Además se empezó a conmemorar la tentación del Señor en el desierto, durante cuarenta días, llegando final-

---

1. O en recuerdo de las cuarenta horas que el cuerpo de Jesús estuvo en el sepulcro.

mente a la invención de la *Cuaresma*[1]. La fiesta del Pentecostés había sido instituida en conmemoración de la venida del Espíritu Santo sobre los apóstoles. Como ésta había tenido lugar cincuenta días después de la resurrección, este tiempo fue considerado como fiesta, durante el cual se hacían las oraciones de pie. Los bautismos se celebraban también por Pentecostés, Pascua y por la Epifanía. Esta última parece haber sido instituida por los judeocristianos en memoria del bautismo del Salvador, pasando a las iglesias de Occidente en el siglo IV. Es por esta época también cuando se menciona por vez primera la fiesta de la Ascensión. Por último, también fue por entonces cuando se empezó a celebrar en Roma la fiesta de la Navidad, de donde pasó a Oriente. Así, Crisóstomo, obispo de Constantinopla, escribía aproximadamente en el año 386:

«Hace apenas diez años que hemos oído hablar por primera vez de esta fiesta, que nos ha venido de Occidente, donde se celebraba antes»[2].

Mucho se ha escrito sobre los motivos que contribuyeron a que la Iglesia de Roma celebrara por vez primera la fiesta de la Navidad, como también para indicar las causas que influyeron en que se señalara para esa fiesta el día 25 de diciembre. Si, en efecto, no se sabe nada respecto a la fecha del nacimiento de Cristo, puede afirmarse, sin embargo, que aquel acontecimiento no tuvo lugar en las inmediaciones del solsticio de invierno. Sobre el particular, séanos permitido dar la opinión que Neander expresa con algunas reservas:

«Precisamente durante esta época del año (el *solsticio* de invierno), los paganos celebraban numerosas fiestas, cuya observancia estaba relacionada con la vida civil y social. Los cristianos, por motivos de conciencia, veíanse privados de tomar parte en estas solemnidades y prescindir de las costumbres públicas. Por otra parte, con un poco de buena voluntad, no era difícil introducir alguna diferencia, para poder dar a estas fiestas un sentido espiritual y cristiano. En primer lugar, se celebraban las *saturnales,* cuya solemnidad borraba toda distinción entre el hombre libre y el esclavo, recordando los dichosos tiempos de la edad de oro.

---

2. Crisóstomo, *Homilía sobre Navidad.*
Clemente de Alejandría hace mención de los fieles de su tiempo, quienes «habían calculado, no solamente el año, sino hasta el día del nacimiento de nuestro Salvador [...] y de los sectarios de Basílides (doctor gnóstico, contemporáneo de Adriano), que festejaban el aniversario de su bautismo» (Clemente de Alejandría, *Stromata I,* cap. XXI) (véase también Neander, *op. cit.,* cap. I).

Nada más fácil que dar a estas fiestas un tinte cristiano. El restablecimiento de la comunión del hombre con Dios, ¿no había restaurado la verdadera edad de oro, restableciendo la libertad y la igualdad? En esta época del año, los paganos tenían la costumbre de hacerse mutuos regalos *(strenae);* lo mismo hicieron los cristianos por Navidad. Las *saturnales* terminaban con una fiesta para los niños. La Navidad fue desde entonces la verdadera fiesta de los niños cristianos. Finalmente, llegaba el día más corto del año, la fiesta del nacimiento del sol, que alumbraba al mundo material, y de Cristo que lo hacía en el espiritual. ¿No ofrecía ésta una inevitable transición desde el punto de vista pagano al cristiano? Continuando por esta corriente, era fácil sustituir una gran fiesta pagana por otra solemnidad cristiana, fiestas que se adaptan perfectamente a las tendencias y sentimientos de unos y de otros. Así, pues, la fiesta de la Navidad se celebró el 25 de diciembre, con el fin de impedir que los cristianos, teniendo una fiesta parecida a la de los paganos, dejaran de participar de la de éstos, y logrando así, y gradualmente, que los mismos paganos abandonaran sus costumbres idolátricas»[3].

2. Educación

En la literatura anterior al Concilio de Nicea existe bien poca cosa sobre el particular. Las *Constituciones apostólicas* contienen un resumen interesante de la enseñanza religiosa que se daba a los candidatos al bautismo:

«Antes de su bautismo, es necesario que se instruya al *catecúmeno* en el conocimiento del Dios *increado,* de su Hijo único y del Espíritu Santo; que se le enseñe además el orden de la creación, la actividad de la divina Providencia y de sus dispensaciones. Que se le diga por qué han sido creados el mundo y el hombre, que es ciudadano de este mundo, y cuál es su propia naturaleza. Que sepa de qué manera Dios ha castigado a los malos con el agua del fuego y cómo, en cambio, ha coronado de gloria a los santos, de generación en generación. Que sepa que Dios, en su providencia, no ha abandonado nunca a la humanidad, sino que de

3. Neander, *Hist. ecles.,* cap. III, pp. 440–443.

vez en cuando la ha llamado del error y de la vanidad al conocimiento de la luz, de la esclavitud y de la impiedad a la libertad y a la piedad, de la muerte eterna a la eterna vida. Después de esto, el *neófito* deberá saber lo que es la Encarnación, la Pasión, la Resurrección de los muertos y la Ascensión de Cristo y lo que trae consigo renunciar al diablo y vivir con Cristo»[4].

Mientras la Iglesia no tuvo escuelas para la enseñanza popular –que no creó probablemente antes del siglo IV–, fue difícil la educación de los niños cristianos. Parece probable también que se considerara necesaria la asistencia a las escuelas paganas, hasta el punto que Tertuliano la autorizaba, «teniendo cuidado de recomendar al discípulo cristiano que retuviera lo bueno y desechara lo malo; porque si la necesidad sirve de excusa, es únicamente porque no había otro medio de adquirir instrucción»[5].

Tertuliano, si bien es cierto que toleraba que un niño pudiera frecuentar las escuelas paganas, rechazaba con energía el que ningún cristiano pudiera enseñar en ellas:

«El maestro de escuela y el profesor siguen paralelamente la idolatría, ya que deben hacer conocer a los dioses del paganismo y observar sus festividades, según las cuales perciben sus honorarios. El primer pago de un nuevo alumno es consagrado a Minerva. Le es preciso celebrar la fiesta de Año nuevo y la de las Siete colinas. Viene obligado a aceptar las dádivas y a recibir los regalos del *solsticio* de invierno y los de las demás. Debe adornar la escuela con guirnaldas y conceder vacaciones, mientras las mujeres de Flamines y los Ediles ofrecen sacrificios. Lo mismo se ve precisado a hacer el día de la fiesta de algún ídolo, que es cuando se pone de manifiesto toda la pompa del diablo»[6].

No sólo Tertuliano, sino muchos otros autores antiguos insistieron en los peligros a los que se expone el cristiano que se entrega sin medida a los estudios profanos. Pero no se podía pasar sin ellos, como bien vieron los fundadores y maestros de la Escuela de Alejandría: Panteno, Clemente y Orígenes. Para ellos, representantes de un amplio sector culto de la Iglesia, la cultura clásica pagana no tenía por qué ser incompati-

---

4. *Constituciones apostólicas VII*, cap. XXXIX.
5. Tertuliano, *De la idolatría*, cap. X.
6. Ídem.

ble con la fe de Cristo; por eso, en sus clases, acomodaron la doctrina evangélica a las partes de verdad encontradas en la filosofía y la ciencia de su época. De hecho, el cristianismo no podía pasarse sin escuelas de enseñanza. Mientras que el paganismo era sobre todo un sistema de prácticas rituales, además de indudablemente una mitología, el cristianismo era, por el contrario, una religión idealista, un sistema de ideas, un cuerpo de doctrinas. Ser cristiano no era practicar según las prescripciones tradicionales tal o cual operación material, era adherirse a ciertos artículos de fe, compartir ciertas creencias, admitir ciertas ideas. Para esto es necesario la enseñanza, y que esta enseñanza se dirija a la inteligencia y a la razón:

«Por eso, desde que se fundó el cristianismo, la predicación, que era desconocida en la Antigüedad, ocupó en él rápidamente una parte importante; porque predicar es enseñar. Ahora bien, la enseñanza supone una cultura y no había entonces otra cultura que la pagana. Era preciso, pues, que la Iglesia se la apropiara»[7].

Por necesidad, la Iglesia tuvo que abrir escuelas y dejar sitio en las escuelas a la cultura pagana. Las primeras escuelas fueron las que se abrieron junto a las catedrales. Sus alumnos eran sobre todo jóvenes que se preparaban para el ministerio de la Iglesia, pero se recibía en ellas también a simples laicos que aún no habían decidido abrazar el ministerio. Los alumnos vivían allí juntos en *convicts*, formas muy nuevas y muy particulares de establecimientos escolares. Agustín fundó en Hipona un *convict* de este tipo. En la antigüedad, tanto griega como latina, el alumno recibía su instrucción de maestros diferentes unos de otros y sin ninguna relación entre ellos. Cada uno de sus profesores enseñaba en su casa, a su manera, y si estas enseñanzas diversas se reunían en la mente del alumno que las recibía, se daban independientemente unas de otras y se ignoraban recíprocamente. Ningún impulso, ninguna orientación común. Cada uno se dedicaba a su tarea por su lado; uno le enseñaba a leer, otro a manejar su idioma correctamente, otro a hacer música, etc. Cada uno de estos fines se perseguía por separado. No ocurre así en la escuela cristiana. Ésta pretende dar al niño la totalidad de la instrucción

---

7. Emile Durkheim, *Historia de la educación y de las doctrinas pedagógicas*, pp. 49 y 50, Endymión, Madrid, 1992.

que conviene a su edad. Encuentra en ello todo lo que necesita: «A la extrema dispersión de antes sucede, pues, una extrema concentración» (Durkheim)[8].

3. Edificios sagrados

Los cristianos, aprovechando los períodos de paz de que gozaron durante el siglo III, compraron terrenos e hicieron construir templos. El primer dato positivo que hay sobre el particular data del reinado de Alejandro Severo (222–235)[9]. Cerca de la orilla occidental del Tíber existían en Roma unos terrenos que habían sido considerados como comunes. Una de las congregaciones de la ciudad los adquirió para construir su templo. El gremio de contratantes se opuso a la construcción, pero el litigio fue llevado ante el emperador, quien dictó sentencia a favor de los cristianos, estimando que más valía destinar aquel solar a un edificio religioso que a una taberna[10]. Al terminar el siglo III, las construcciones dedicadas al culto cristiano eran bastante numerosas. Prueba de ello es el testimonio de Eusebio, de que hemos hecho mención, y el edicto de Diocleciano, mandando que fueran derribadas las iglesias y confiscados los solares. Los detalles que da Lactancio de la destrucción de la de Nicomedia demuestran que algunas de ellas eran de grandes dimensiones[11].

Después del edicto de Milán, los edificios para iglesias se levantaron numerosa y rápidamente. Unos eran reproducción de las capillas de las catacumbas; otros, de las basílicas romanas, que ya muchas de ellas habían sido transformadas en iglesias. La basílica venía a ser una dependencia del Foro. Constantino ofreció al obispo de Roma el palacio de

---

8. Véase Emile Durkheim, *Historia de la educación y de las doctrinas pedagógicas,* Endymión, Madrid, 1992 (véase también Nicolás Abbagnano, *Historia de la pedagogía,* FCE, México, 1964; Aldo Agazzi, *Historia de la filosofía y de la pedagogía,* 3 vols., ed. Marfil, Alcoy, 1980, 3.ª ed.; James Bowen, *Historia de la educación occidental,* 3 vols., Herder, Barcelona 1985, 2.ª ed.; Alfonso Capitán Díaz, *Historia del pensamiento pedagógico en Europa,* ed. Dykinson, Madrid, 1984).

9. Véase el CAPÍTULO I de la SEGUNDA PARTE.

10. Lampridio, *Alejandro Severo,* cap. XLIX.
Tal es el origen de la Iglesia de Santa María *in Transtevere* («Transtiberina»).

11. Véase el CAPÍTULO VII de la SEGUNDA PARTE.

Letrán.

Cuando tocaba a su término la era republicana, el aumento considerable de los procesos fue tal, que el Foro resultó insuficiente, haciéndose preciso la adquisición de las casas que lo rodeaban, las que fueron convertidas en audiencias públicas y en salas de justicia, donde con más comodidad se celebraban las vistas de los procesos. A estas ampliaciones del Foro, se les llamó *basílicas (*del origen griego *basilea,* reino, autoridad; es decir, sede de la autoridad episcopal). Estas salas, de forma oblonga, tenían en su interior (al revés de las iglesias) sus inevitables columnas de arquitectura antigua y estaban divididas por una avenida central y dos alas. En una de ellas, se colocaban los hombres; en la otra, esperaban las mujeres a que les llegase el turno. Al fondo, estas tres partes del salón estaban cortadas por otra, que era un poco más elevada y estaba destinada a los abogados, magistrados y otros oficiales de justicia. Finalmente, al extremo de la galería transversal y como prolongación de la avenida, el edificio terminaba en un semicírculo abovedado, al que llamaban el tribunal o *ábside,* donde se sentaban el juez y sus asesores.

Esta instalación se adaptaba perfectamente al creciente ritualismo de la Iglesia. Ambos sexos, acostumbrados a estar separados uno de otro, se colocaban en las dos alas. A la avenida central se la llamó *nave*[12]. La galería transversal estaba ocupada por el bajo clero y los cantores; el obispo ocupaba el sitio del magistrado, mientras que el clero superior se instalaba en el lugar de los asesores, a la derecha y a la izquierda del obispo[13]. Como el rápido desarrollo de la Iglesia hacía que se necesitaran a menudo nuevos locales para el culto, Constantino pudo conceder a los cristianos el uso de algunas de las numerosas basílicas que existían, no solamente alrededor de cada mercado, sino también en todas las residencias imperiales, con cuya cesión, ni se entorpecía el curso de la jus-

---

12. *De navis,* «buque»; así llamada a causa de la supuesta analogía entre la Iglesia y la barca de Pedro.

13. Tal es la Catedral de Torcello (una isla cerca de Venecia), reedificada en el siglo XI según el plano de una basílica romana, donde en el centro del ábside hay un trono para el obispo. Ésta no es la sola particularidad de este templo (Fergusson, *Illustrated Handbook Architecture II,* pp. 497–499).

14. Milman, *Historia de la Cristiandad,* cap. II, p. 342.

En Roma había dieciocho basílicas, de las cuales Constantino cedió dos a los cristianos, la *Sessoría* y la *Laterana.*

ticia, ni se producían conflictos religiosos[14]. La arquitectura de Oriente se diferenciaba de la que hemos descrito. Eusebio habla de la reedificación de la Iglesia de Tiro (313–322), que Diocleciano había mandado derribar. Si la reseña que hace es exacta, preciso es convenir en que la nueva construcción debía ser magnífica[15]. Para los edificios que hizo construir en tierra Santa, Constantino adoptó la forma circular, que usó para el magnífico templo de Constantinopla. Sabemos que ésta fue reedificada en el siglo VI, por Justiniano, con gran esplendidez. Desde 1453, ocupa aquel espacio la célebre mezquita de Santa Sofía[16].

Se cuenta que Constantino, en vísperas de salir a campaña contra los persas, había mandado construir una gran tienda de lino bordada en forma de iglesia, para tener consigo una casa de oración, como la habían tenido los israelitas, cuando estaban en el desierto. Según las reglas eclesiásticas, llevaban consigo un número suficiente de sacerdotes y de diáconos. En lo sucesivo, cada legión tuvo una tienda que le servía de capilla, a la que acompañaba el personal eclesiástico correspondiente. Añadamos, finalmente, que Constantino tenía una capilla particular en su palacio imperial[17].

---

15. Eusebio, *H. E., X,* cap. IV.

16. Constantino la había dedicado a la Eterna Sabiduría, de donde le vino el nombre de *Sofía,* refiriéndose al Hijo de Dios, la segunda Persona divina (véase Proverbios 8).

17. Sócrates, *H. E., I,* cap. XVIII (véase también Sozomeno, *H. E.,* cap. I, VIII).

Capítulo XVIII

La vida ascética

1. Celibato

Parece que desde que cesó la época de los mártires, aumentó el deseo de distinguirse y de ganar el cielo por las obras, no por la fe, suplantando el martirio de aquellos por el voto del celibato, que exaltaban casi todos los doctores eclesiásticos de aquel tiempo[1].

Aún duraba la persecución, que Orígenes ya predecía una gloria excepcional en el mundo venidero a los que se decidieran por el celibato[2]. Cipriano alababa apasionadamente el mérito de la virginidad, aunque se veía obligado a lamentar algunas de las consecuencias desastrosas que había producido[3]. He aquí, por ejemplo, de qué modo pervierte el sentido de la *parábola del sembrador,* en su tratado sobre la *Conducta*

---

1. *Las Homilías clementinas* son una excepción. En ellas, se lee:
«Que los sacerdotes aconsejen el matrimonio, tanto a los jóvenes como a los de edad avanzada. Para proteger la castidad es preciso que se casen todos» *(Hom. III,* cap. LXVIII).
Si la fecha que se atribuye a este libro es exacta, casi no es de este tiempo.
Las Homilías clementinas forman una serie de obras que contienen las *Recognitions* de Clemente, que se supone fueron escritas por Clemente de Roma. Contienen el discurso del apóstol Pedro y la descripción de las circunstancias que se atribuyeron para que el autor fuera compañero de viaje del apóstol. Además, hay otros detalles de su vida. Es, en resumen, una especie de novela, semirreligiosa y semifilosófica, en la que se describe la vida real. El nombre del autor y sus doctrinas han motivado numerosas y animadas discusiones. La opinión general es que esta colección fue compuesta a finales del siglo II o principios del III *(Dict. Christ. Biog.,* art. «Literatura clementina»; véase también *Introducción a las Recognitions en el A. N. C. L,* cap. I, p. 567; Neander, cap. I, pp. 44, 488, 489).
2. *Dict. Christ. Antiq., op. cit.,* cap. I, p. 324.
3. Cipriano, *Cartas LXI.*

de las vírgenes:

«El grano que produce ciento indica a los mártires; el que produce sesenta, sois vosotras»[4].

En el caso de que la virgen fuese mártir, supone que habría que añadir los sesenta a los ciento, para que «la corona celeste sea doblemente gloriosa»[5]. Jerónimo, que escribía después de terminada la persecución, daba el mismo sentido a aquel pasaje:

«El grano que produce treinta hace referencia al matrimonio; el que sesenta, a la viudedad, y el que ciento, a la corona de la virginidad»[6].

Metodio, que fue obispo y mártir a principio del siglo IV, dejó escrito un largo tratado o diálogo, compuesto a imitación del *Banquete de Platón,* titulado el *Banquete de las diez vírgenes,* en el que los personajes rivalizan en tributar elogios a la virginidad.

Si este estado parecía ser deseable a los cristianos, en general, debía serlo en mayor grado al clero. Es indudable que hasta entonces no se había creído que el matrimonio fuera un obstáculo para el desempeño de las funciones eclesiásticas; pero desde algún tiempo antes, era raro que un sacerdote perteneciente al alto clero se casara después de su ordenación. Los *Cánones* y las *Constituciones apostólicas* dicen que sólo podrían casarse después de haber sido nombrados para el cargo los individuos del clero inferior, tales como los subdiáconos, los lectores, los cantores y los porteros[7].

El Concilio del Elvira mostróse severo para con los sacerdotes casados, mientras que el de Nicea habría decretado el celibato para toda la Iglesia, sin la enérgica protesta de Pafnucio, de la Alta Tebaida, el confesor que había sido mutilado y al que habían arrancado un ojo, que era célibe[8], quien, levantándose en medio de la asamblea, recordó a sus cole-

4. Cipriano, *Del traje de las vírgenes,* cap. XXI.

5. Cipriano, *Cartas LXXVI,* § 6.

6. Maitland, *Church in the Catacombs,* p. 203.

7. Canon 27 (véase también *Contituciones apostólicas VI,* cap. XVII).

El Concilio de Ancira (314) decidió que, si al ser consagrados los diáconos declaraban que querían casarse, no por esto debía privárseles de la ordenación, sino que, al contrario, debían serlo, aunque se casaran después sin haber hecho mención de ello (Canon 10).

El Concilio de Nueva Cesarea, celebrado el mismo año, ordenaba que los sacerdotes que se casaran después de su ordenación fueran degradados (Canon 1).

8. Véase el CAPÍTULO XI de la SEGUNDA PARTE.

gas, los obispos, que el matrimonio era «un estado honorable entre todos»; conjurándoles para que no impusieran tan pesado yugo a los magistrados de la religión, ocasionando graves daños a la Iglesia, por sus intolerantes prohibiciones[9].

La oposición de Pafnucio contuvo de momento la corriente, pero no pudo detenerla. Si prolongamos nuestra excursión histórica un poco más allá de los límites señalados en este libro, veremos esta nueva doctrina desarrollarse rápidamente hasta llegar a su plenitud. En el año 385, Sirico, obispo de Roma, prohíbe de modo absoluto el matrimonio a los sacerdotes y a los diáconos. En 405, Inocencio I añade la pena de degradación a los que infringieren su mandamiento[10].

En el noveno Concilio de Toledo, en 659, se declaró ilegítimos a los hijos de los eclesiásticos, condenándolos como esclavos y quedando como propiedad de la Iglesia, contra la cual sus padres habían pecado. Sesenta y dos años más tarde, otro Concilio celebrado en España tuvo que legislar para combatir las terribles consecuencias del antedicho Concilio de Toledo. Si, por una parte, formulaba cánones sobre los vicios contrarios a la naturaleza, cada vez más crecientes entre el clero, vicios que castigaba separándolos de su cargo y desterrando a los culpables, por otro lado, tomaba medidas contra los suicidios, cada vez más frecuentes entre las personas sobre las que pesaba el yugo de la Iglesia. Desde entonces, quedó prohibido el matrimonio en la Iglesia latina.

La Iglesia griega ha mantenido otras costumbres. Hasta nuestros días, ha aconsejado el matrimonio al clero bajo y lo ha prohibido a las dignidades eclesiásticas. A los obispos se les escoge de entre los frailes o los sacerdotes viudos. Entre el clero, se consideran ilícitas las segundas nupcias.

Como es bien sabido, Pablo escogió quedarse célibe para estar más disponible para el servicio del Evangelio (1 Co 7:7; 9:5), pero no hizo de ello una regla general. Los ministros de la Iglesia podían estar casados, con

---

9. Sócrates, *H. E., I,* cap. XI.
10. Sinesio *el filósofo* llegó a ser obispo de Ptolemaida, Cirenaica, en el año 410. Cuando su ordenación, mandáronle separarse de su mujer. He aquí lo que respondió indignado:
«Dios, la ley y la mano santa de Teófilo (obispo de Antioquía) me concedieron a mi esposa. Por estas razones, declaro y afirmo que de ninguna manera quiero separarme de ella, ni vivir en secreto con ella como en adulterio; la separación sería impía e ilícito hacer vida con ella en secreto. Lo que yo haré es pedir a Dios que nos conceda muchos y muy piadosos hijos» *(Obras de Sinesio, Carta a su hermano CV,* en sus Obras, ed. de Paris, 1612).

la condición de ser monógamos (1 Ti. 3:3; Tit. 1:6).

En los primeros tres siglos, ni en oriente ni en occidente hay ley alguna que prohíba la ordenación de hombres casados, ni que exija a los sacerdotes casados abstenerse de las relaciones conyugales. Igualmente, no parece que haya objeción alguna para que un sacerdote, célibe en el momento de su ordenación, pueda contraer matrimonio. Sin embargo, la evolución del ascetismo y de la virginidad hace pensar que es más perfecto para un sacerdote permanecer célibe o abstenerse de las relaciones conyugales si está casado.

En el siglo IV ya se prohíbe el matrimonio después de la ordenación, y esto tanto en oriente como en occidente. El que está casado sigue con su esposa. El célibe quedará célibe. Cada uno debe ser fiel al primer vínculo contraído, matrimonio u ordenación. A comienzos del siglo, la mayor parte de los clérigos usa de sus derechos conyugales. A finales del siglo, los clérigos que se abstienen de las relaciones conyugales son los más numerosos. Se encuentra para ello una doble explicación: una mayor disponibilidad a Dios y la incompatibilidad del ejercicio de la sexualidad, que pertenece al terreno de lo impuro, con la celebración diaria de la Eucaristía.

En el siglo V, los obispos, sacerdotes y diáconos de oriente pueden vivir en matrimonio. En occidente, el obispo de Roma exige a todas las iglesias que impongan la abstinencia conyugal a los obispos, sacerdotes y diáconos, pero pueden seguir viviendo con su esposa.

En el siglo VI la Iglesia de oriente fija definitivamente su disciplina sobre los clérigos y el matrimonio (año 692), que es la misma de hoy: el hombre casado, si es elegido obispo, debe separarse de su mujer. Ésta debe dejar el domicilio conyugal e irse a vivir en un monasterio alejado. El obispo atenderá a las necesidades de la esposa. Pero cada vez se escoge a los obispos de entre los monjes. El sacerdote y el diácono que se casaron antes de la ordenación no cambian en nada su vida conyugal. Se condena incluso la práctica contraria.

En occidente se refuerza la abstinencia conyugal de los clérigos. Se toman sanciones contra los que han tenido un hijo después de la ordenación. Se sigue ordenando a hombres casados, que guardan la abstinencia conyugal en una posible cohabitación. Sin embargo, se ordena sin haberse casado antes a jóvenes clérigos célibes formados en escuelas especiales. A pesar de la prohibición, hay algunos que se casan después de la ordenación.

Gregorio VII en 1074 no distingue ya entre sacerdotes casados antes de la ordenación ni casados después. Se prohibe toda cohabitación bajo pena de entredicho del ministerio. Algunos argumentan en contra: «Es una ley insoportable e irracional (...) Sin ayuda de unas manos femeninas nos moriríamos de frío y de desnudez». Algunos consideran esta ley como una novedad respecto a la tradición. Sin embargo, aunque ilícito, el matrimonio de los sacerdotes es considerado como válido.

En el segundo concilio de Letrán (año 1139) se decide que el matrimonio de los sacerdotes es inválido. En 1170 el papa Alejandro III exige que la esposa del hombre casado que se ordene como sacerdote dé previamente su consentimiento y haga ella misma voto de castidad. Así, pues, en derecho, sigue siendo posible ordenar a un hombre casado que se separe de su mujer. No obstante, el Código de derecho canónico de 1917 establece que el matrimonio constituye un impedimento para las órdenes y, por tanto, se impone explícitamente la ley del celibato eclesiástico[11].

2. Ayunos

El ayuno, que había empezado por ser voluntario, por considerársele que podía contribuir a facilitar la devoción, pronto vino a ser reglamentado y obligatorio. Escogiéronse como días de ayuno los miércoles y los jueves. El primero, en memoria de la tradición, y el segundo, de la crucifixión. Más tarde, añadiéronse ciertas épocas de humillación. El ayuno consistía en abstenerse de toda clase de alimento, hasta las tres de la tarde[12]. En los primeros tiempos, después de aquella hora, podían comerse toda clase de alimentos.

El historiador Sócrates afirma, empero, que en la primera mitad del siglo V existía diversidad de costumbres sobre el particular. Así, había cris-

---

11. Jean Comby, *Para leer la historia de la Iglesia. De los orígenes al siglo XV*, pp. 145 y146, Verbo Divino, Estella 1990, 4ª ed.

12. «Hay algunos que se abstienen de toda clase de comida durante los seis días (de la semana de Pascua); otros que ayunan dos, tres o cuatro días; mientras que otros ni siquiera ayunan un día entero» (Dionisio de Alejandría, *Ep. a Basilido,* Canon 1).

tianos en ciertas regiones que no comían carne de ninguna clase, aunque sí pescado. Otros, incluso, se privaban también de comer huevos y frutas, y sólo comían pan seco[13].

Las *Constituciones apostólicas* mandaban a los fieles que durante la semana de Pascua se contentaran con pan, legumbres, sal y agua; el vino y la carne les estaban prohibidos[14]. Y los *Cánones apostólicos* decretaron que «si algún obispo, sacerdote, diácono, lector o *chantre* dejaba de practicar el ayuno de los cuarenta días, o los de los días de la preparación, sin poder alegar causa física alguna, sería privado de su cargo. Si fuere un laico, se le prohibiría tomar la comunión»[15].

3. La huida al desierto: Antonio

La tendencia a apartarse del mundo para hacer vida solitaria adquirió un considerable impulso cuando la persecución de Decio (249–251). La tempestad había caído principalmente sobre Egipto y, como en aquella región, más que en ninguna otra del imperio, abundaban los sitios retirados y seguros, en sus desiertos y montañas, muchos perseguidos se quedaron en ellos definitivamente[16].

Uno de los fugitivos de la persecución de Decio, llamado Pablo, es considerado como el primer ermitaño cristiano. La leyenda ha embellecido su historia... Lo que se sabe de cierto se resume en estas palabras: por el año 251, cuando contaba veintidós años de edad, huyó al desierto de Tebaida, instalándose en una cueva, donde vivía aún en el siglo siguiente. A decir verdad, su nombre no hubiera salido del olvido a no ser por Antonio, que fue el padre del monacato.

En un principio, se trató de individuos contados, que apenas si llamaron la atención de los demás. La primera oleada masiva de gente que «huía al desierto», pasadas las persecuciones, pero sometidos a fuertes tributos y exigencias por parte del Estado, supuso una salida airosa para

---

13. *H. E., V,* cap. XXII.
14. Idem, cap. XVIII.
15. Canon 69.
16. La palabra «eremita» viene del latín *eremus*, desierto; «anacoreta» del griego *anakhoretes*, retirados; y «monje» del griego *monos*, solo. Cada una describe la evolución del monaquismo cristiano y sus características distintivas.

muchos de los cristianos egipcios que al principio protagonizaron esta aventura. Había individuos arruinados que huían de los impuestos, proscritos que habían desertado del servicio militar, bandoleros que escapaban de la justicia, esclavos que se habían separado de sus amos...

«Algunos abrigaban la esperanza de alcanzar cierta reputación de santidad (y quizás incluso de riqueza) mediante una conducta excéntrica: tenían más en común con los faquires hindúes que con los monjes según los entendemos»[17].

Los «monjes» más auténticos, del griego *monos*, solos, es decir, los individuos que escogieron la soledad como el camino más adecuado para vivir su fe, fueron aquellos acuciados por las lecturas bíblicas referentes a la próxima venida de Cristo, a la cercanía del fin del mundo, quienes decidieron apartarse de todo y de todos para evitar la tentación y

Antonio, según un icono griego.

---

17. Paul Johnson, *Historia del cristianismo*, p. 192, Vergara, Barcelona, 1999.

entregarse por entero a la oración y a la esperanza bienaventurada de la segunda venida de Cristo. Por eso se sometieron a prolongados ayunos, por otra parte, comunes en la pobre dieta del campesinado egipcio, velando para no caer en tentación. Llevados por un excesivo literalismo de las palabras de Jesús:

«El que esté en la azotea, no descienda para tomar algo de su casa; y el que esté en el campo no vuelva atrás para tomar su capa» (Mt. 24:17; Lc. 17:31).

Salieron, pues, al desierto y a las montañas y a los lugares más inaccesibles para aguardar sin trabas la pronta venida de su Señor[18].

Antonio había nacido en Coma, cerca de Heracleópolis, hacia el año 251. Hablaba el copto y nunca aprendió el griego. Desde su más temprana edad, se manifestó en él un sentimiento religioso muy profundo y un deseo ardiente de conocer a Dios. Llamaba la atención su asiduidad a la iglesia y era tal la atención que prestaba a las lecciones de la Escritura, que se la aprendió de memoria, hasta el extremo de poder prescindir de la Biblia escrita. Yendo a la iglesia, en cierta ocasión, se preocupó de la diferencia que existía entre los que se ocupaban de las cosas terrestres y lo que debía ser la primera asamblea apostólica. Absorto aún con su pensamiento, oyó leer la parábola del joven rico. Su ardiente imaginación creyó ver en ella un llamamiento del cielo y, dando a la parábola un sentido que Clemente de Alejandría había dicho era equivocado[19],

---

18. Véase Atanasio, *Vida de Antonio*, Sígueme, Ciudad Nueva, 1995 (véase también G.M. Colombás, *El monacato primitivo*, 2 vols., BAC, Madrid, 1974; J. Lacarrière, *Los hombres ebrios de Dios*, Aymá, Barcelona, 1964; Paladio, *Historia lausiaca* o *Los padres del desierto*, AM, Sevilla, 1991).

19. «El Señor no exigía del joven rico el sacrificio de abandonar sus bienes, como algunos han creído. Solamente le pedía que arrojara de su corazón el amor a las riquezas, al par que las preocupaciones que ahogarían la simiente de la vida espiritual (...) ¿Es acaso una nueva enseñanza del Hijo de Dios? ¿Se refiere a un acto extremo que otros, además de los discípulos, han podido cumplir? No; se trata de algo más elevado, más perfecto, más divino; se trata de arrancar las pasiones del alma, de echar todo lo que no debe permanecer en ella. Puede uno despojarse de todos los bienes terrestres y, sin embargo, conservar en su corazón el deseo de poseerlos, con lo cual se expondría a una doble desdicha: la de arrepentirse de haberlos dado y la de lamentarse de su pobreza... Por otra parte, ¿de qué manera podríamos cumplir actos de caridad sin tener los medios para ello? Si tal fuera, con efecto, la enseñanza del Salvador, estaría en contradicción con varios de sus más preciosos preceptos (...) Los bienes terrestres deben considerarse como los instrumentos o los medios necesarios para las buenas obras; por ello, deben ser usados por los que saben hacer de ello el uso conveniente» (Clemente de Alejandría, *¿Cuál es el rico que podrá salvarse?*, cap. XI, XIV).

persuadióse de que debía renunciar a su hacienda. Al instante, ofreció sus bienes a los habitantes de la aldea, a condición de que pagaran los impuestos; vendió sus muebles y repartió a los pobres el importe de los mismos, guardando sólo una pequeña parte para ayudar a su hermana.

En otra ocasión, oyó la lectura de este mandamiento del Señor: «No estéis ansiosos por el día de mañana» y, dándole una aplicación demasiado literal y materialista, repartió lo poco que le quedaba, hizo entrar a su hermana en un *parthenon*[20], estableció su domicilio cerca de su casa paterna y se consagró a una vida rigurosamente ascética. Llegó a su conocimiento la noticia de un venerable anciano que hacía vida solitaria y Antonio fue en su busca y se esforzó por imitarle. Pasaba con él algún tiempo y volvía después a su aldea. Vivía con lo que ganaba trabajando, y aún le sobraba algo para ayudar a los pobres.

Antonio se esforzó por ahogar los afectos naturales que le llevaban hacia sus parientes. Él quería olvidar todo lo que le ligaba a la tierra; pero la naturaleza reclamaba sus derechos. A pesar de sus esfuerzos, ciertos pensamientos le invadían y turbaban sus meditaciones. Es más, cuando menos satisfacción daba a las energías y a los instintos inferiores de la naturaleza humana, mayores eran sus exigencias, de donde se originaban luchas de las que le hubiera librado una vida más activa. Replegado en sí mismo, el quietismo de sus meditaciones aumentaba el número y el poder de las tentaciones, a las que se había propuesto combatir. En vez de buscar en más nobles ocupaciones remedio a este mal y de remontarse al manantial de la santidad y de la vida, perdía el tiempo en arrojar de sí las sugestiones impuras, que sin cesar salían de su corazón corrompido.

Creyendo que, por medio de un ascetismo más riguroso, podría triunfar más fácilmente contra los malos espíritus, abandonó su aldea y se fue a vivir en una gruta que servía de sepultura, donde el desequilibrio de sus nervios le hizo creer que los espíritus de las tinieblas le habían hecho presa, cayendo por fin en un estado tal de debilidad, que le volvieron al pueblo sin conocimiento. Sabido es que las luchas de Antonio contra los demonios, muchas veces más grotescas que terribles, han ocupado el

---

20. Casa de educación para niñas piadosas.

pincel de los artistas.

Más tarde ya, habiendo recuperado las fuerzas, se retiró a una montaña lejana, donde vivió unos veinte años en las ruinas de un castillo abandonado y donde pudo recoger algún fruto de la sabiduría y de la experiencia cristianas. Se extendió su reputación de santidad, y por todas partes iban numerosos enfermos, especialmente aquellos cuyas dolencias eran atribuidas a espíritus malos, para ser curados por su intercesión. Otros venían para recibir algún consuelo o algún consejo relacionado con los bienes temporales, así como los intereses espirituales. Cuando se le sometía a alguna desavenencia, aconsejaba siempre el sacrificio de lo que fuere en beneficio de la caridad, esforzándose en que los que iban a visitarle comprendieran cuán grande era el amor de Dios, que no había perdonado a su Hijo único, sino que lo había entregado para salvar a la humanidad.

Antonio, huyendo de la admiración de la muchedumbre, que turbaba sus meditaciones, se fue más lejos, en busca de mayor soledad. Algunos árabes que tropezaron con él, sorprendidos por su aspecto venerable, le dieron pan. No tardó, sin embargo, en ser descubierto su refugio y los ermitaños de quienes se había apartado se juntaron otra vez con él y le procuraron la subsistencia. Esto le pareció excesivo a Antonio y, al efecto, tomó la resolución de subvenir a sus propias necesidades y procurarse los medios para ejercer la hospitalidad. Al efecto, buscó instrumentos necesarios para el cultivo de la tierra; escogió unos terrenos que se podían regar fácilmente y los plantó de cereales y legumbres. Además, hacía cestas, que cambiaba por comestibles.

Si hubiese querido, Antonio hubiera podido crearse un gran reputación de *taumaturgo*, pero él se esforzaba en dirigir la atención de las gentes que le visitaban hacia Dios y hacia Cristo.

En una ocasión, un militar fue a suplicarle que curase a su hija. Antonio le respondió:

«Yo soy un hombre como tú. Si crees en Cristo, a quien sirvo, pide a Dios con fe, y tu deseo será satisfecho».

No obstante, por lo general, exhortaba a los afligidos a que fueran pacientes, y muchos desgraciados que se volvían sin haber sido curados, como era su deseo, llevaban consigo algo más precioso que la curación de una enfermedad física: la sumisión a la voluntad de Dios. A medida que Antonio aumentaba en experiencia, comprendía mejor cuánto se había equivocado al principio, con los medios que empleaba para vencer las tentaciones:

«No permitamos que nuestra imaginación nos importune con espectros de espíritus malos; ni toleremos que se aflijan nuestras almas, como si estuviéramos perdidos; sino al contrario, en todo tiempo debemos ser consolados y estar gozosos. Acordémonos de que hemos sido rescatados y de que está con nosotros el Señor, que ha vencido y reducido a la nada a los espíritus malos».

Para que Antonio dejara el desierto y se manifestara al mundo, era preciso que ocurriera algo extraordinario... Y he aquí que se desencadenó la persecución de Maximino en el año 311. Aquella crisis le decidió a irse a Alejandría, con objeto de visitar a los hermanos, fortalecer a los débiles y sostener a los confesores. El poder de sus palabras y de su ejemplo era tal, que el gobernador de la ciudad obligó a todos los frailes a que salieran inmediatamente de ella. Muchos se escondieron, pero Antonio no se preocupó poco ni mucho de las órdenes del gobernador, y continuó yendo públicamente a donde le convenía, sin que nadie osara meterse con él. Cuando, cuarenta años más tarde, en 352, a la avanzada edad de 100 años, apareció de nuevo en Alejandría[21], se propuso resistir al arrianismo que estaba protegido por el poder civil. Su presencia en la ciudad produjo inmensa sensación.

Los mismos paganos y sus sacerdotes asistían a las iglesias para ver al que llamaban «el hombre de Dios». Muchos enfermos, tanto paganos, como cristianos, se precipitaban para tocar sus vestidos, con el objeto de ser curados de sus enfermedades.

La tradición nos ha trasmitido algunos dichos de este hombre extraordinario que demuestran la grandeza de su alma. Así, contra lo que hacían muchos eclesiásticos de su tiempo, entendía que el favor de los príncipes no tenía ningún valor. En cierta ocasión, en la que Constantino y sus hijos le escribieron, llamándole su *padre espiritual* y pidiéndole respuesta, dijo a los monjes que le rodeaban:

«No os maravilléis de que nos haya escrito el emperador, que después de todo no es más que un hombre; antes maravillaos de que Dios

---

21. Antonio dijo que esta segunda visita se hizo en el año 335.

haya dado su ley a los hombres y de que les haya hablado por su Hijo».

De pronto, no quiso ni siquiera oír la lectura de la carta del emperador, pero como sus compañeros le dijeran que la carta venía de príncipes cristianos, que podían ofenderse por aquel desaire, consintió por fin en oír su lectura y contestarla.

Empezó su respuesta felicitando al emperador y a sus hijos por ser cristianos, y les persuadía a no dar importancia demasiado grande a su gloria y poder terrestres, sino que se preocuparan a menudo del juicio futuro y que recordaran que sólo existe un rey verdadero y eterno, que es Cristo. Terminaba la carta, exhortándoles a manifestarse en toda ocasión filántropos, justos y caritativos.

Cuando hubo alcanzado la edad de ciento cinco años, sintiendo que se aproximaba el término de su vida, reunió a sus discípulos y les dijo: «Ahora me toca ir por la senda que siguieron mis padres, puesto que el Señor me llama».

La preocupación de sus últimos días fue el temor de que los egipcios prestaran a sus restos mortales un culto idolátrico y como existía aún la costumbre de embalsamar a los muertos y conservar sus momias en alguna casa, especialmente cuando se trataba de personas rodeadas de gran respeto, mandó a sus frailes que guardaran el secreto respecto del lugar donde sería enterrado, para que no fueran por su cuerpo, lo embalsamaran y le tributaran honores que no habían sido concedidos ni a los patriarcas, ni a Jesús. Murió en 356. Legó dos pieles de carnero que tenía, una al obispo de Alejandría y la otra al de Thmuis, manifestando el deseo de que le fuera devuelto a Atanasio un manto que le había dado y que su cilicio fuera distribuido entre dos de sus más íntimos discípulos.

Parece ser que Antonio estaba siempre contento y que su carácter bondadoso le hacía simpático. Aunque de pequeña talla, imponía respeto a todos. Su austeridad fue extremada. Su alimentación habitual era pan y agua. Por lo general, solo comía después de la puesta del sol. A veces ayunaba cuatro días seguidos, dormía poco y parece que no dejó el cilicio durante su vida, como tampoco se lavó, a no ser cuando la necesidad le obligaba a pasar a nado algún río[22].

Entre sus contemporáneos, hubo muchos imitadores de Antonio que

---

22. Neander, *op. cit.,* cap. III (véase también W. M. Nelson, *Dict. hist.,* art. «Antonio»; Atanasio, *Vida de Antonio,* ed. Ciudad nueva, Madrid, 1995).

también deseaban alcanzar la perfección cristiana y que, como le ocurrió a él, habían emprendido equivocada dirección para llegar a ella. Algunos de sus admiradores construyeron sus celdas alrededor de la de aquel y le tomaron por guía y por jefe, consiguiendo que en poco tiempo se esparciera el monacato por todo Egipto. Los desiertos de los confines de Libia quedaron como sembrados de celdas y de congregaciones de monjes. Lo mismo ocurría en Siria y en Palestina donde el clima favorecía aquella tendencia y donde, desde mucho antes, existían precedentes entre los judíos[23].

El tipo occidental, más práctico y menos contemplativo, mostróse al principio refractario al monacato. Pero la poderosa influencia de Atanasio le preparó el camino, tanto en el norte de África, como en Europa, y la aprobación entusiasta de Jerónimo y de Agustín acabaron la obra empezada por Antonio[24].

4. Pacomio y el monacato

Si Antonio fundó la vida monástica, Pacomio la regularizó. Pacomio había nacido en Egipto por el año 292, de padres paganos. Después de terminar el servicio militar a que fue obligado, estuvo doce años viviendo con un *anacoreta*. En su compañía y bajo la influencia del amor cristiano, comprendió que no sólo debía preocuparse de su propia salvación, sino que debía dedicarse a la de los demás. Una vez tomada esta resolución, siguiendo las corrientes de su tiempo y creyendo obedecer la voz del

---

23. Por ejemplo, los esenios. Algunos autores suponen que la vida asceta y la reclusión que se imponían estos ascetas judíos pudo contribuir en mucho al nacimiento y desarrollo del monacato. Muchas de las montañas de Palestina están llenas de grutas, cavadas por los antiguos *anacoretas*. Mencionemos en particular el monte Quarantana, cercano a Jericó, y la cueva en forma de laberinto del monte Franco, que es todavía conocida por el nombre del venerable ermitaño Charitón, fallecido en 410, y que según la tradición, fue el primero en establecerse en ella *(Magharet Khareitun)* (véase también *Baedeker Siria*, pp. 255 y 256).

24. *Dict. Christ. Antiq.*, cap. II, p. 1241.
Agustín cuenta la siguiente anécdota:
«Cuando el emperador Teodosio (378–395) fue a Treves, dos de los funcionarios que le acompañaban, paseándose por entre los jardines que rodeaban la ciudad, entraron al caso en la habitación de uno de estos pobres en espíritu, que sirven al Señor, donde encontraron un librito que contenía la vida de Antonio. Uno de ellos empezó a leerlo y, a medida que iba leyendo, aumentaba su admiración por el *anacoreta*, al mismo tiempo que se despertaban en él deseos de abandonar las funciones de su cargo y de seguir el ejemplo de Antonio. Fijándose en su amigo, le dijo:

cielo, fundó una congregación de monjes en una isla del Nilo, llamada Tabennae, cerca de Tebas[25], la cual pronto se hizo tan numerosa, que en 348, viviendo aún Pacomio, se componía de dieciocho monasterios, con tres mil frailes, de los cuales mil cuatrocientos residían en la casa fundadora; a principios del siglo V, eran ya cincuenta mil.

En su conjunto, esta asociación llevaba el nombre de *convento (cœnobium)*[26] –nombre que se dio más tarde a cada claustro–, que estaba bajo la dirección de Pacomio y de sus sucesores. Al jefe o superior se le llamaba *abad*, de la palabra «padre» (*abba*) en hebreo y siriaco[27]. Los monjes estaban divididos en veinticuatro clases, según los grados de su progreso espiritual y a cada clase se la conocía por una de las letras del alfabeto. Todos estaban obligados a trabajar y, con juncos del Nilo, hacían cestas, esteras y sogas, ocupándose también en la agricultura y en la construcción de barcas. Al terminar el siglo IV, cada claustro poseía ya su respectiva barca para bajar por el Nilo y llevar a los mercados de Alejandría lo que los frailes habían fabricado. El producto se dedicaba al sostenimiento de la comunidad y, si sobraba algo, era para los pobres.

Aquellos frailes habían establecido la comunidad de bienes de tal modo, que se consideraba una falta grave de disciplina decir: «mi manto», «mi libro», «mi pluma». Jerónimo cuenta la historia de un fraile de Nitria que, «más económico que avaro», dejó a su muerte cien *solidi* (unas

---

¿A qué podemos aspirar con todo nuestro trabajo? ¿Cuál es nuestro objeto? ¿A quién servimos? ¿Podemos acaso aspirar a otra cosa que llegar a ser los favoritos del emperador, que es un cargo rodeado de peligros? Y, sin embargo, si lo quisieras, desde ahora podríamos ser los amigos de Dios.
Después de lo cual volvió a leer el libro, mientras su corazón se agitaba como las olas del mar. Decidióse al fin y dirigiéndose a su amigo, le dijo:
Desde ahora, renuncio a todas mis esperanzas terrestres; estoy resuelto a servir a Dios. Si no te decides a hacer lo mismo, no pierdas el tiempo en disuadirme.
La respuesta de su compañero fue que se decidía a acompañarle en el cumplimiento de un deber tan glorioso, en la confianza de obtener una recompensa también gloriosa; y así obrando, ambos amigos se instalaron en la humilde habitación donde se encontraban y sus novias, al enterarse de la decisión que habían tomado, se consagraron a Dios, por medio de una perpetua virginidad» (Agustín, *Confesiones VIII,* cap. VI).
25. Según Tillemont, fue por el año 325; según Gieseler, por el 340 (véase Robertson, *op. cit.,* cap. I, p. 316, nota n).
26. De una palabra griega que quiere decir «vida común».
27. Es decir, «jefe del rebaño o del redil».
28. El convento mencionado aquí estaba en el monte Natrón, en medio de una región desierta, al oeste de la antigua Menfis y del Cairo. Había sido fundado por Macario *el anciano,* casi en la misma época en la que Pacomio fundaba *Tabennae.*

1000 pesetas; o sea, unos 5 dólares), que había ganado hilando lino[28]. Se reunió la comunidad para decidir el uso a que se destinaría aquel dinero. Proponían unos que se diera a los pobres, otros querían que se diera a la Iglesia y otros a los parientes del difunto. Pero los padres del convento recordaron el texto: «¡Que tu dinero perezca contigo!». Y mandaron que aquel dinero fuese enterrado en compañía del que lo había economizado. Esto no lo hicieron tratando de manifestar gran severidad para con el que acababa de morir, sino para que sirviera de ejemplo a los demás.

Los frailes hacían oración varias veces durante el día y ayunaban todos los sábados y domingos. Comían juntos, cantaban himnos antes de empezar sus comidas, que tomaban en silencio, con las capuchas sobre la cara para no verse unos a otros. A imitación del profeta Elías[29], la parte más importante de su traje era una piel de cabra. Dormían vestidos[30] y, según se dice, en asientos colocados de tal manera, que estaban casi en pie. Dos veces al año, por Pascua y en el mes de Agosto, se reunían todos en la casa central. En Agosto celebraban la fiesta de la reconciliación con Dios y la mutua reconciliación[31].

Pacomio tenía una hermana, que habiendo oído elogiar la obra de su hermano, quiso ir a verle, pero éste negóse a recibir su visita. Al efecto, envióla al portero para que le dijera que se contentara con saber que estaba bien y que, si lo deseaba, le construiría un convento. Ella aceptó la oferta. Entonces, los frailes de *Tabennae* construyeron una casa, donde en poco tiempo se creó una importante comunidad de mujeres, cuya *abadesa* fue la hermana de Pacomio. Éste hizo para las mujeres un reglamento parecido al de sus frailes. Aunque las mujeres permanecían bajo su autoridad, no las visitaba nunca. Este ejemplo fue rápidamente imitado, y aquellas mujeres tomaron el nombre de *nonnas*[32].

En Palestina había una forma primitiva de monasterio llamada *Laura,* donde se combinaba la vida solitaria de los *anacoretas* con el gobierno

29. Usaban una túnica con mangas cortas, provista de una capucha, una cintura y una especie de manto que les cubría la espalda y los brazos (Stephens, *Vida de Crisóstomo*, p. 63).

30. Pacomio, al revés de algunos de sus sucesores, exigía que los frailes lavasen sus ropas con el mayor cuidado.

31. Neander, *op. cit.,* pp. 334–336.

32. Término que demuestra respeto filial, significando una mujer de edad, una madre o una nodriza. A los frailes de más edad se les llamaba *nonni* para diferenciarlos de los más jóvenes; la palabra es tal vez egipcia *(Dict. Christ. Antiq.,* art. «Nun»).

y disciplina de los *cenobitas* y que consistía en un círculo de celdas, colocadas a cierta distancia unas de otras, en torno de un edificio común *(cenobia)*, que era propiedad de todos, y de una iglesia, en la cual tomaban juntos semanalmente la *Eucaristía*. Las *Lauras* existían en Egipto y en Siria, lo mismo que en Palestina. Los frailes se reunían el día primero y último de cada semana para una comida común y la adoración[33].

El entusiasmo por la vida de *anacoreta* alcanzó tan rápidas proporciones que, entre el número considerable de los que se habían retirado al desierto, muchos no tenían ni la disposición ni la energía suficiente para aquella vida. Como consecuencia de ello, para algunos el resultado fue la exacerbación de un fanatismo salvaje y para otros el origen de grandes turbaciones mentales. Así, unos, atormentados por sus pensamientos, se suicidaban arrojándose a un precipicio o se degollaban; mientras que otros, después de haber llegado a la perfección, suponían que les era posible prescindir de los medios de gracia a que recurrían los cristianos que se sentían menos fuertes. En vez de continuar reuniéndose con sus hermanos, se entregaban a las visiones y revelaciones de las que se suponían poseedores. Dejándose llevar a menudo por aquella corriente, eran presos de una especie de locura, mientras que otros, cayendo en el extremo opuesto, llegaban a convencerse de que todas aquellas revelaciones no eran otra cosa que engañosas ilusiones. Muchas veces ocurría que, dejándose llevar por los deseos carnales que habían amortiguado durante algún tiempo y que su orgullosa ceguera espiritual suponía haber destruido para siempre, estos se les imponían con violencia extrema. La caída era tremenda, puesto que generalmente volvían a sus antiguas costumbres, permitiéndose toda clase de placeres sensuales. Bastarán sólo dos ejemplos para demostrarlo...

Un fraile del desierto de Nitria, llamado Herón, había exagerado tanto la mortificación de sus sentidos, que podía andar diez leguas seguidas sin comer ni beber, repitiendo constantemente algunos pasajes de la Biblia, bajo los ardientes rayos del sol abrasador de aquella región, y que podía, además, pasarse tres meses sin comer otra cosa que el pan euca-

---

33. Ruffner, cap. II, p. 291 (véase también *Dict. Christ. Antiq*).

34. Sozomeno hace mención de los frailes de Siria que, a la hora de la comida, «cada uno cogía su hoz y salía a la montaña en busca de la yerba con que alimentarse» (Sozomeno, *H. E., VI*, cap. XXIII).

rístico y yerbas silvestres[34]. Engreído de sí mismo, no quiso reconocer a nadie por superior a él y hasta desdeñaba participar de la comunión. Poco a poco, sin embargo, se apoderó de él un deseo tan fuerte de movimiento que, no pudiendo permanecer por más tiempo en su celda, abandonó bruscamente el desierto, y fuese a Alejandría, donde llevó una vida muy opuesta a la de antes. Frecuentaba el circo, el teatro, los sitios de placer y cometía muchos excesos. Este cambio tan brusco de vida le ocasionó una grave enfermedad, que volviéndole en sí, le despertó el vivo deseo de empezar de nuevo la vida asceta, y murió gozando de la paz.

El otro era Ptolomeo, quien se estableció más allá del desierto, en un sitio llamado la *Escalera*. Nadie antes que él había tenido el valor suficiente para permanecer allí, porque para ir a por agua era preciso andar más de cuatro leguas. Él, sin embargo, permaneció en la *Escalera* durante quince años, utilizando el abundante rocío que durante los meses de diciembre y enero cubría las peñas. Aquella vida se le hizo, por fin, insoportable y el ensayo que hiciera de prescindir de todo lo que era humano fue causa de su perdición. Tanto hizo para no ser un hombre como los demás, que llegó a dudar de su propia existencia; no creía ni en Dios, ni en sí mismo. Toda la creación le parecía una fantasmagoría, llegando a la conclusión de que todo cuanto existe había sido creado por sí mismo, sin necesidad ni auxilio de un Creador, y que el movimiento del mundo era aparente. Desesperado y casi mudo, recorrió varias ciudades, asistiendo a toda clase de espectáculos públicos y acabando por entregarse a toda clase de excesos.

Lo que se cuenta de Pior y de Mucio demuestra hasta qué punto algunos frailes habían llegado a ahogar todo humano afecto. El primero, que fue discípulo de Antonio, al abandonar la casa paterna, hizo voto de no ver ya más a ninguno de sus parientes. Hacía ya cincuenta años que vivía en el desierto, cuando su hermana se enteró de que estaba vivo aún, e imposibilitada de ir a donde él estaba, logró con mucho trabajo que el superior del convento le ordenara que fuera a verla. Llegando delante de la casa de su hermana, Pior le envió el recado de que estaba allí. Pero desde que se abrió la puerta, cerró los ojos, permaneciendo así durante la entrevista. Negóse a entrar en su casa, volviéndose al desierto.

Todavía fue más allá Mucio; quiso entrar en un convento juntamente con su hijo, que solo tenía ocho años. Para probarlos, les hicieron esperar mucho tiempo a la puerta, y los frailes, viendo su constancia, les dejaron entrar, aunque no tenían la costumbre de admitir niños. Empezaron por separar al hijo del lado de su padre, tratándole a menudo con dureza. Se le vistió con harapos, dejándole en la mayor suciedad y castigándole a menudo sin motivo. Mucio no se quejó por ello, hasta que, por fin, el *abad* le mandó que echara a su hijo al río, lo que el padre cumplió sin rechistar. Añadamos que salvaron al niño[35].

Nos es preciso abandonar este tema, si queremos permanecer en el período histórico que nos hemos propuesto reseñar. Terminemos estos relatos, empero, con otros menos desagradables que los anteriores. El ermitaño Pambos, por ejemplo, era muy ignorante; ni siquiera sabía leer. Queriendo, sin embargo, aprender un salmo, buscó a alguien que se lo enseñara. Para ello, escogió el salmo 39. Pero apenas hubo oído las primeras palabras del versículo primero –«Cuidaré de mis caminos, para no pecar con mi lengua...»–, que, dándose por enterado, fuese sin acabar el verso: «Bastante he aprendido ya... –decía– Lo que me falta es que pueda ponerlo en práctica». Seis meses después, al encontrarle de nuevo su preceptor, reprochóle no haber continuado su estudio. Pambos contestó que no le era posible aprender más, porque aún no podía practicar lo que había aprendido. Muchos años después le preguntaron si había alcanzado lo que esperaba, y replicó: «Durante diecinueve años, apenas he podido hacer lo que dicen aquellas palabras». Atanasio invitó a este ermitaño a que fuera a vivir a Alejandría, donde, viendo bailar a una desgraciada muchacha, Pambos se puso a llorar y, al preguntarle por la causa de sus lágrimas, dijo: «Lloro por dos razones: en primer lugar, por la perdición de esa mujer; y porque yo, para complacer a Dios, no me ingenio tanto como ella se esfuerza para agradar a los hombre malos»[36].

---

35. Neander, *op. cit.*, cap. III (véase también Robertson, *op. cit.*, cap. I, pp. 316–319, 332 y 333).
36. Sócrates, *H. E., IV*, cap. XXIII.

Algunos monjes viven aún hoy día en lugares inaccesibles, en monasterios edificados en la cumbre de altas montañas (Monasterio de los Meteoros, Grecia).

Capítulo XIX

Extensión del Evangelio

Durante este período, fueron incesantes los progresos del Evangelio. La Palabra divina era anunciada en las regiones donde no lo había sido antes. Orígenes, por ejemplo, en su respuesta a Celso, escrita a mediados del siglo III, menciona a algunos evangelistas ambulantes que iban por las ciudades y aldeas de muchas provincias, sembrando la buena simiente del Evangelio[1].

Dos naciones son acreedoras de especial mención por haber aceptado en aquella época el cristianismo como religión nacional: Armenia y Etiopía (Abisinia).

Así, en los primeros tiempos, el Evangelio había sido predicado en Armenia, hasta el reinado de Diocleciano, con resultados imperceptibles y casi nulos. Desde entonces, Gregorio *el iluminador* consagró su vida a la conversión de aquel pueblo. En el año 300, consiguió que el rey y toda su corte fueran bautizados, con lo que puede afirmarse que Armenia fue la primera nación que aceptó el cristianismo como religión del Estado. Gregorio fundó numerosas iglesias y escuelas. Tal fue el origen de la Iglesia de Armenia que, aunque algo viciosa desde su fundación, tanto en su espíritu como en su culto, ha conservado una gran prosperidad externa

---

1. Orígenes, *Contra Celso III,* cap. IX.

Sin embargo, el progreso se detuvo súbitamente en una región. En 226, Artaxerxés, fundador de la dinastía de los Sasanidas, en Persia, restableció la antigua religión de Zoroastro, en la que se apoyó para sostenerse en el trono que había usurpado. Milman observa que probablemente aquel fue el único caso de un avivamiento poderoso en una religión pagana (*Hist. de la Cristiandad,* cap. II, p. 247).

hasta nuestros días, y *Etchmiadzine,* al norte del monte Ararat, donde Gregorio estableció su centro eclesiástico, es aún hoy la sede del patriarca armenio[2].

En cuanto a Etiopía, un accidente providencial fue el origen de la Iglesia de Abisinia. A saber, durante el reinado de Constantino, un sabio griego, llamado Merope, emprendió un viaje científico. A su vuelta, entró en Etiopía, con el objeto de procurarse agua fresca, pero atacado por los belicosos habitantes del país, le mataron, así como a la mayor parte de la gente que le acompañaba, y sólo se libraron de la muerte los jóvenes Frumencio y Edesio, que entraron al servicio del príncipe de la tribu, cuya confianza y afecto ganaron poco a poco. Edesio fue nombrado escanciador del rey y Frumencio, cuya inteligencia había llamado la atención del príncipe, fue nombrado su secretario. A la muerte del príncipe, les encargaron la educación de su sucesor, y Frumencio fue nombrado ministro de Estado, adquiriendo gran influencia sobre él; influencia que empleó a favor del cristianismo. Entabló relaciones con los mercaderes que frecuentaban el país y les ayudó a fundar una Iglesia, a cuyo culto se unió.

Concedióse, finalmente, permiso a los dos griegos para regresar a su patria. Edesio se fue a Tiro, donde se hizo sacerdote; allí le encontró el historiador Rufino, que es quien nos cuenta estos detalles. Por su parte, Frumencio fue llamado a una obra más importante... Deseaba con ardor adquirir noticias de aquel pueblo en el que había pasado gran parte de su juventud, y donde había recibido tantas muestras de simpatía, y hacerle partícipe de la mayor bendición que puede gozar la humanidad. Por ello, se detuvo en Alejandría, donde Atanasio acababa de ser nombrado obispo. Atanasio apoyó sus proyectos y, al objeto, convocó a todo el clero de la ciudad. Comprendiendo Atanasio que nadie podía emprender aquella obra mejor que Frumencio, le consagró obispo de la nueva Iglesia. Frumecio regresó, pues, a Etiopía, donde empezó a propagar la fe cristiana con gran éxito[3].

Desde entonces, el cristianismo no ha desaparecido nunca en aquel

---

2. *Dict. Christ. Biog.,* art. «Gregorio de Armenia».
3. Sócrates, *H. E., I,* cap. XIX (véase también Sozomeno, *H. E., II,* cap. XXIV).
4. Son curiosas las tradiciones de la Iglesia de Abisinia. La Biblia etíope, cuya traducción es probablemente de tiempos de Frumencio, contiene el libro apócrifo de Enoc. Se observa el sábado judaico y el domingo; está prohibido comer carne de cerdo y de otros animales impuros; conservan

lejano país, aunque desgraciadamente ha perdido su eficacia[4]. Hemos mencionado la introducción del cristianismo en Gran Bretaña[5]. La historia de la Iglesia Primitiva en aquel país está rodeada de gran oscuridad. La mayor parte de las leyendas que a ello se refieren no pueden soportar la crítica histórica. Lo único que puede asegurarse es que, durante el reinado de Constancio, padre de Constantino, y de su hijo, ya existían algunas iglesias en Gran Bretaña. También que al Concilio de Arles (314) asistieron tres obispos ingleses: Eborio, de York, Restituto, de Londres, y Adelfio, considerado por mayoría obispo de Lincoln[6]. La historia de san Albano, llamado *el protomártir de Inglaterra,* que debió de ser martirizado en tiempos de Diocleciano, descansa sobre argumentos poco sólidos, ninguno de los cuales es anterior al año 429. Se cree que Germano visitó sus restos, probablemente, en *Verulamium.* La leyenda de su martirio es todavía posterior[7]. El venerable Bede es el primer historiador eclesiástico que la menciona. Y nosotros, dejando a un lado los relatos maravillosos que eran consiguientes en aquellos tiempos, vamos

---

un modelo del Arca de la Alianza, a la que hacen ofrendas y oraciones y que se considera como el centro del culto público. Atribuyen una influencia mágica a las ceremonias externas y, en particular, al bautismo por inmersión:

«Anualmente se celebra una fiesta, con motivo de la cual todos los fieles son bautizados de nuevo. ¡Y cosa rara! Poncio Pilato es honrado entre ellos como un santo, porque se lavó las manos en aquella sangre inocente. Las discusiones interminables relativas a las dos naturalezas de Cristo, que en el siglo V dividieron a la humanidad y que cesaron largo tiempo atrás, continúan aún en aquella Iglesia. Los abisinios adoran a los santos y las pinturas, pero no admiten el crucifijo. Los sacerdotes llevan siempre una cruz en la mano, que presentan a cuantos encuentran en su camino para que la besen. Aunque los abisinios no sean fieles al verdadero cristianismo, su país está por encima de las demás naciones de África en cuanto a la agricultura, las artes, la legislación y la condición social de sus habitantes (Schaff, *Nicene Christianity,* p. 778).

5. Véase EL CAPÍTULO XIV de la PRIMERA PARTE.

6. Robertson, *op. cit.,* cap. I, pp. 154 y 155.

La falta total de sepulturas cristianas en Inglaterra hace suponer que era poca la extensión del cristianismo en aquella nación...

«Gracias a multitud de momentos en relación al culto que profesaban los antiguos habitantes de Gran Bretaña, en tiempos de los romanos, gracias a los numerosos sepulcros romanos que han sido descubiertos y examinados, tenemos una idea de las diversas formas de paganismo en el país. Pero no hay traza ninguna de cristianismo. Es de suponer, pues, que cuando los romanos salieron de Inglaterra, dejaron en pie todos sus templos y sus altares y que el imperio del paganismo era general» *(Edinburgh Review, nº CXCI, art., Los Romanos en Bretaña,* citado por Cooper, *Free Church,* pp. 219 y 220) (cf. Green, *Making of England,* p. 6; Robertson, *Historia de la Iglesia,* cap. I, p. 492, n. f).

7. Beda, *Historia eclesiástica I,* cap. VII.

Con este motivo, hace mención de Fortunato, obispo de Poitiers, «el último representante de la poesía latina en la Galia» *(Albanus egregium fœcunda Britania profert).*

a relatarla...

Albano, cuando aún profesaba el paganismo, encontró a un sacerdote cristiano que huía de sus perseguidores. Sus sentimientos caritativos se sobrepusieron a los religiosos, y ofreció al perseguido un refugio en su propia casa. Una vez en ella, llamóle la atención la manera cómo el fugitivo hacía sus oraciones y cómo prolongaba sus devociones hasta horas muy avanzadas de la noche. La gracia divina obró repentinamente en él, despertando un deseo ardiente de ser discípulo de Cristo. El sacerdote instruyóle de muy buena gana en la verdad, en la cual Albano hacía rápidos progresos. Poco después, el jefe del país enteróse de que el sacerdote se hallaba escondido en casa de Albano, a donde envió inmediatamente soldados para que le prendieran. Al apercibirse Albano de lo que sucedía, apresuróse a entregarse para poder librar al hombre que se había refugiado en su casa. Así, vistióse el traje del sacerdote y entregóse a los soldados, como si fuera la persona que buscaban. Cuando lo llevaron ante el juez, hallábase éste cerca del altar, ofreciendo sacrificios a los falsos dioses. Apercibióse pronto de la superchería y ordenó que a Albano se le acercara: «Ya que has escondido en tu casa —le dijo— a un hombre sacrílego y rebelde, si no consientes en tributar a nuestros dioses el culto debido, te aplicaremos los tormentos que teníamos preparados para él».

Albano respondió tranquilamente que «no podía obedecer aquella orden».

«—¿A qué familia perteneces? —le preguntó el juez.

—¿Por qué motivo te preocupas de mi familia? —replicó Albano— Yo soy cristiano.

—Y yo te pregunto por tu nombre. Dímelo.

—Mis padres me dieron el nombre de Albano. Yo adoro al Dios viviente, creador de todas las cosas.

—Si quieres gozar de larga vida, es preciso que te apresures a sacrificar a nuestras grandes divinidades.

—Vuestros dioses son demonios y nada pueden hacer en favor de sus adoradores».

El juez, al oír tal respuesta, ordenó que se le dieran unos cuantos latigazos, que Albano soportó con paciencia y hasta con alegría; y, al ver su irrevocable resolución, se le condenó a ser decapitado. Para llegar al lugar del suplicio, era preciso pasar un puente en el que había tanta gente, que los soldados tuvieron que abrirse paso a la fuerza. El lugar del suplicio era una pequeña colina, cuya eminencia formaba una plataforma cubierta de flores. El soldado que debía matarle se conmovió tanto ante la serenidad y gozo de Albano que, arrojando la espada, cayó a sus pies, suplicándole que le permitiera morir con él. Ambos fueron decapitados y, más tarde, como recuerdo de este suceso, la ciudad de Verulam tomó el nombre de *San Albano*[8].

No es posible indicar con certeza la proporción que existía por entonces entre los paganos y los cristianos, quienes, exceptuando África, eran más numerosos en Oriente que en Occidente. Cornelio, el obispo de Roma, con motivo de la persecución de Decio (250), dice que había entonces en Roma cuarenta y seis sacerdotes, siete diáconos, siete subdiáconos y cuarenta y dos clérigos; había además cincuenta y dos exorcistas, lectores o porteros y, finalmente, más de mil quinientas viudas y pobres sostenidos por la Iglesia. Por estas cifras, se ha deducido que la población cristiana de la ciudad de Roma sería de unas cincuenta mil almas. Ya por entonces había cuarenta locales destinados al culto; número que debió ser algo más tras la muerte de Constantino. Manso calcula que en todo el imperio habría unas siete mil congregaciones, dirigidas por unos mil ochocientos obispos aproximadamente[9].

A medida que aumentaba la Iglesia, disminuían las odiosas acusaciones de que habían sido objeto el culto y los fieles. Es indudable que hasta en tiempos de Constantino, los escritores paganos no dejaron pasar ninguna oportunidad sin atacar el Evangelio; pero en adelante fue otra la táctica que usaron. Ya no se trataba de la guerra abierta de Celso o de Luciano, sino de insinuaciones y disimulados ardides de la escuela neo-

---

8. *Dict. Christ. Biog.*, art. «Albanus».

9. Eusebio, *H. E., VI*, cap. XLIII (véase también *Optat II*, cap. XXXIV, Burton, p. 328; Manso, *Vida de Constantino*, citado por Cooper, *Free Church*, p. 356).

10. Porfirio tendría unos veinte años a la muerte de Orígenes; he aquí lo que dice de él:

«Este hombre, a quien tuve la ocasión de encontrar siendo yo muy joven, gozaba de gran celebridad a causa de la obras que había escrito. Era uno de los auditores de Ammonius *(Saccas)*, el mejor maestro de filosofía de nuestra época. Pero la dirección que tomó era muy diferente de la de aquel filósofo. Efectivamente, Ammonius, después de haber recibido una educación cristiana, desde que se hubo dedicado algún tiempo a la filosofía, volvióse a sus antiguos ritos; al contrario de Orígenes que, aunque estaba bien instruido en las letras griegas, abandonó aquella senda para aceptar las bárbaras temeridades» (Eusebio, *H. E., VI*, cap. XIX).

platónica, de la cual fue Porfirio el campeón más ilustre[10]. Se afirmaba también que entre la antigua y la nueva religión no existía el antagonismo que se suponía y que no era imposible reconciliarlas y combinarlas. Se hacían comparaciones entre Cristo y los antiguos filósofos y esforzábanse en probar que éstos no le habían sido inferiores[11]. Es probable, no obstante, que esta clase de argumentos no dificultaran seriamente el progreso del Evangelio. A lo más, podían haber impedido que algunos paganos sin convicción abandonaran la antigua idolatría para aceptar la nueva fe, o tal vez sedujeran a algunos cristianos imprudentes, para que se dejaran caer en las redes que se les había tendido y abandonaran la fe en la cual habían sido educados[12].

El libro de Porfirio contra el cristianismo se ha perdido, pero en cambio tenemos algunas de las numerosas réplicas con las que le contestaron algunos de los padres de los siglos III y IV.
11. Véase el CAPÍTULO I de la SEGUNDA PARTE.
12. Mosheim, *op. cit.*, cap. I, pp. 263–266.

Capítulo XX

Los cristianos
y las obligaciones civiles

Desde que la Iglesia hubo adquirido cierta importancia, antes incluso de su unión con el Estado, los cristianos de cierto rango se hallaban en una situación difícil cuando se trataba de sus funciones civiles. Muchos creían que la profesión del cristianismo era incompatible con la aceptación de cualquier cargo público, mientras el jefe de Estado fuera pagano. Tal era, a lo menos, la opinión de Tertuliano:

«Nosotros no nos mezclamos jamás en los asuntos públicos»[1].

Otros, como ya hemos dicho[2], pensaban de distinto modo, ya que, bajo el reinado de Diocleciano, algunos de los más altos cargos del Estado eran desempeñados por cristianos. Algunos miembros de la Iglesia llegaron a aceptar ciertos empleos que les obligaban a sacrificar a los dioses y a presidir los juegos públicos. Es natural que la Iglesia condenara enérgicamente tales infidelidades[3].

1. Los magistrados

Después de su victoria sobre el paganismo, continuó la Iglesia velando sobre los miembros que ejercían funciones civiles. El primer Concilio de Arles, celebrado en el año 314, acordó que cuando un cristiano fuese investido con el cargo de gobernador de una provincia, debería proveer-

1. Tertuliano, *Apologético,* cap. XXXVIII.
2. Véase el CAPÍTULO VII de la SEGUNDA PARTE.
3. *Concilio de Elvira,* Cánones 1–3.

se de una carta para el obispo, bajo cuya alta vigilancia estaría, pudiendo ser excluido de la comunión si cometía actos contrarios a la disciplina de la Iglesia[4]. Más tarde, estas disposiciones fueron motivo de graves abusos porque, en cierto modo, sometían a los funcionarios civiles a la inspección y autoridad del clero en todos los actos oficiales.

2. El servicio militar

Es evidente que durante los siglos III y IV perdieron terreno las objeciones que se hacían acerca de la contradicción que existía entre el ser-

Bajorrelieve de un jinete del siglo I. A los cristianos primitivos les estaba prohibido alistarse en el ejército.

---

4. Birgham, *H. E., XVI,* cap. III, § 5.
5. Véase el CAPÍTULO VII de la SEGUNDA PARTE.
Cincuenta años antes, Dionisio de Alejandría anunciaba que entre los soldados del tiempo de Diocleciano había también mártires (Eusebio, *H. E., VII,* cap. XI).

vicio militar y los preceptos del Evangelio. Según Eusebio[5], en el tiempo de Diocleciano, había en el ejército muchos oficiales y soldados cristianos. Los montanistas habían disminuido en número y en influencia y el testimonio que sobre el particular daban al Evangelio disminuyó al mismo tiempo que ellos. Sobre esta importante cuestión, podemos, sin embargo, hallar algunas noticias en los libros eclesiásticos que se usaron en el siglo III y siguientes. Las *Constituciones apostólicas* permanecen fuera del espíritu del Nuevo Testamento sobre el particular y no van más allá de lo dicho por Juan el Bautista:

«Si se presentase un soldado, se le enseñará a no cometer injusticia, a no acusar falsamente a nadie y a contentarse con su paga» (Lc. 3:14)[6].

Los *Cánones* de la Iglesia de Alejandría (atribuidos equivocadamente a Hipólito) dicen que «un nazareno (cristiano) no podía hacerse soldado, sin una orden precisa». Otra edición de los mismos *Cánones* para el uso de los cristianos de Etiopía, que parece indicar una inteligencia más real a la regla evangélica, expresa lo siguiente:

«No es conveniente a los cristianos llevar armas»[7].

Y finalmente, nosotros podemos recordar la manera tan explícita con que Lactancio protestaba contra la guerra y contra toda clase de violencia[8].

Existe una leyenda de aquel tiempo, bien familiar a los lectores de los libros de historia eclesiástica, que no puede, empero, soportar un examen crítico. Me refiero a la legión tebana, de la cual se dice que se componía de seis mil setecientos hombres, todos cristianos, y que había sido llamada de Oriente a la Galia por Maximiliano. Llegados a la ciudad de *Agaunum,* en el valle del Ródano, sobre el lago de Ginebra, apercibiéronse los soldados de esta legión de que Maximiano trataba de servirse de ellos para obligar a sus hermanos de la Galia a que volvieran al paganismo. Negáronse, pues, a seguir adelante. Al llegar esta noticia al conocimiento de Maximiano, mandó diezmar por dos veces la legión; cuya medida quedó sin efecto, porque Mauricio, el comandante

---

6. Eusebio, *H. E., VIII,* cap. XXXII.
7. *Canon 14 de Abulides (Hipólito),* en el *Ante–Niceno L. Hipolitus, Apéndice a la Segunda Parte,* pp. 135, 139.
Es indudable que, según las iglesias, hubo diversos grados en la aplicación de estas prácticas del cristianismo.
8. Véase el CAPÍTULO XII de la SEGUNDA PARTE.

de la misma, declaró al emperador que estaban todos dispuestos a morir antes que faltar a sus deberes para con Dios. Exasperado el emperador, les hizo rodear por el resto de la tropas y la legión entera, deponiendo las armas, se sometió a la muerte sin resistencia. Por esta razón, desde entonces, se llama aquella ciudad San Mauricio. Esto, se supone, ocurrió en el año 286, esto es, el mismo año en que Maximiano fue asociado a Diocleciano como *augusto*. Las pruebas sobre las que se funda este relato son sumamente débiles: sin hacer mención de la circunstancia de que la primera vez que se habla de este hecho es en el año 520, se tropieza con un caso análogo, ocurrido en Siria, con un tribuno militar griego que también se llamaba Mauricio, martirizado con setenta de sus soldados[9].

Ya hemos citado el ejemplo de dos soldados cristianos que prefirieron morir antes que faltar a su conciencia. El primero era Marín, que hizo una noble confesión del Nombre de Cristo, aunque para ello tuvo que perder su posición y su vida[10]. El segundo fue el centurión Marcelo, que antes que participar en una fiesta pagana, arrojó la espada y fue llevado al suplicio[11]. Observamos que en ninguno de ambos casos se trataba de rehusar al principio de lo preceptuado en el Evangelio. No podemos afirmar tampoco que haya habido casos de resistencia al principio que defendemos, porque tales escrúpulos eran antes tan impopulares como lo son actualmente, y los escritores pueden no haber puesto demasiado celo en conocer y explicar aquellas manifestaciones. La historia, sin embargo, nos ha legado un ejemplo notable de entereza dado por un joven que se negó a entrar en el ejército, por la razón de que Cristo prohibió a sus discípulos tomar parte en la guerra. El héroe es uno de los fieles mártires del siglo III...

En 295, en Teveste[12], ciudad episcopal de Numidia, un reclutador llevó ante el procónsul Dion a un joven de veintidós años, llamado

---

9. Robertson, *op. cit.*, cap. I, p. 144 (véase también Gieseler, *op. cit.*, cap. I, p. 216, nota p).

Los que han visitado la ciudad de Colonia conocen la Iglesia de San Gereón, donde la tradición del martirio de la legión tebana se afirma en otra forma. La iglesia está guarnecida de innumerables huesos, que pretenden ser los de Gereón y de sus camaradas de legión. Su martirio habría tenido lugar bajo Diocleciano, lo que constituye otra dificultad. La parte inferior de las paredes de la iglesia está guarnecida con piedras tumulares, sobre las cuales pueden leerse inscripciones groseramente escritas. He aquí una de ellas:

«Thebeor [um] XII corpora et plura reconductur hic» *(Doce cuerpos y más de tebanos enterrados aquí)*.

10. Véase el CAPÍTULO VI de la SEGUNDA PARTE.

11. Véase el CAPÍTULO VII de la SEGUNDA PARTE.

12. Hoy *Tebesa*, en Argelia.

Maximiliano, al que creía útil para el servicio militar: «Eran tiempos de tolerancia y de paz... El joven iba acompañado de su padre y, al ir a tallarlo, exclamó: *No puedo ser soldado, porque soy cristiano.* El procónsul no hizo ningún caso de esto y ordenó que se le midiera. Cuando iban a efectuar la operación, repitió que no podía ir a la guerra porque era cristiano. Dijo entonces Dion:

–Medirlo, pues.

El oficial anunció que tenía cinco pies y diez pulgadas.

–Dadle las insignias[13] –ordenó Dion.

El joven Maximiliano, que se resistía, exclamó:

–Yo no puedo consentirlo; no puedo tomar parte en la guerra.

–Si no quieres servir, morirás.

–No serviré. Cuando queráis podéis cortarme la cabeza. No puedo tomar parte en ningún combate terreno, porque soy soldado de Dios.

–¿Quién te ha metido esto en la cabeza?

–Mis propias reflexiones y Aquel que me ha llamado a su servicio.

Así, Dion se dirigió al padre de Maximiliano:

–Da un buen consejo a tu hijo.

El cual respondió:

–Mi hijo ya sabe lo que debe hacer; mi consejo sería inútil.

Dion volvió a dirigirse a Maximiliano:

–Toma las insignias militares.

–No puede ser. Ya llevo las insignias de Cristo.

–Yo sí que voy a enviarte directamente con tu Cristo.

–Estoy dispuesto a todo.

–¡Vamos! Marcadle y ponedle el collar.

Maximiliano se resistió nuevamente y dijo:

–Romperé el collar, porque lo considero un objeto sin valor. Soy cristiano; por consiguiente, no me es permitido llevar un sello de plomo como éste, después de haber recibido el sello de la redención por la gracia de mi Señor Jesucristo, el Hijo del Dios viviente.

–Piensa en tu juventud... Es honroso para un joven ser militar.

---

13. Las *insignias* o la marca distintiva de los soldados *(signaculum)* consistía en una inscripción del nombre del emperador en las manos, hecha por medio de puntos, y en un collar de cuero al cuello, donde estaba grabada la divisa del emperador.

–Sólo me es lícito combatir por mi Señor.

–En el ejército imperial hay muchos cristianos.

–Ellos sabrán lo que les es lícito. En cuanto a mí, no me es permitido hacer mal a nadie.

–Los que combaten, ¿hacen algún mal?

–Eso bien lo sabes tú.

–No desprecies el servicio militar, si no vas a perecer miserablemente.

–Yo no pereceré. Lo que puedes hacer es matarme; pero mi alma vivirá con Cristo.

–Borrad su nombre de la lista.

Una vez hecho esto, dijo el procónsul:

–Ya que por tu impiedad te niegas a servir, escucha tu sentencia, para que sirva de ejemplo a los demás.

Y leyó en unas tablas:

–Que Maximiliano perezca por la espada, a causa de haberse negado impíamente a ser soldado.

Maximiliano exclamó:

–¡Gracias sean dadas a Dios!

Llegado al lugar de la ejecución, dijo:

–Hermanos queridísimos, esforzaos por ver a Dios, para que podáis recibir de su mano una corona como la mía.

También, dirigiéndose hacia su padre, le dijo en tono alegre:

–El traje militar que habías preparado para mí, dáselo a ese soldado. Un día nos juntaremos y ambos glorificaremos al Señor.

Apenas acababa de hablar, le fue cortada la cabeza. Su padre regresó a su casa, alabando a Dios porque le había permitido ofrecer una víctima tan valiosa. Una señora, llamada Pomponiana, pidió el cuerpo del joven y lo hizo colocar en su habitación. De allí fue llevado a Cartago y enterrado debajo de una colina, cerca de palacio, al lado de la tumba de Cipriano. Trece días más tarde moría ella, siendo enterrada en el mismo sitio»[14].

Así obró, según el relato que nos ha legado la antigüedad, aquel valiente joven. No estimó en nada su vida, cuando se trató de los mandamien-

---

14. Ruinart, *Acta Sincera*, pp. 300–303.

tos del Señor. Y, sin embargo, estaba aislado. No le sucedió lo que a los mártires de las persecuciones generales, que estaban rodeados de muchos confesores, que les confortaban y animaban. Sufrió solo por su Señor, como el Señor había padecido solo por él. Su ejemplo es, pues, digno de doble respeto.

Con las victorias de Constantino, la conciencia cristiana guardó silencio ante tal cuestión y, si alguna vez trató este asunto, fue para apoyarlo. Así, Agustín, en uno de sus escritos, ofrecía la opinión general de la Iglesia:

«En algunas ocasiones, los poderes del mundo temen a Dios. El emperador Juliano era incrédulo, apóstata e idólatra y, sin embargo, los soldados cristianos servían a sus órdenes. Indudablemente que si el emperador hubiese dado órdenes contrarias a los preceptos cristianos, poniendo así a prueba la fidelidad de los soldados que profesaban la fe de Cristo, éstos le hubieran reconocido como el único Maestro Celestial. Si el emperador les hubiese ordenado adorar a los ídolos y ofrecerles incienso, los soldados cristianos hubiesen preferido obedecer a Dios, antes que al emperador. Pero cuando les mandaba que formasen en línea de batalla, para que atacaran a tal o cual nación, sin dudar un sólo instante, obedecían las órdenes recibidas, por expuestas y peligrosas que fueran»[15].

3. Conclusión editorial

La historia de la Iglesia es semejante a la historia de un organismo que nace, crece y se desarrolla, en cuyo desarrollo puede dar lugar a malformaciones y patologías de crecimiento. Hemos dado cuenta de algunas de ellas, a la vez que de su vigor y fortaleza.

Por tratarse de un organismo espiritual, nacido de la Palabra de Dios, encarnada primero en el Hijo de Dios, el Verbo eterno, y después en la Escritura, testamento que perdura por siempre (Mt. 24:35), tanto sus enfermedades como su poder tienen que tratarse mediante esa misma Palabra origen, fuente, fundamento y criterio. No otra cosa han buscado

---

15. Agustín, *Exposición del Salmo 124* (véase también Roland H. Bainton, *Actitudes cristianas ante la guerra y la paz,* ed. Tecnos, Madrid, 1963).

a lo largo de los siglos aquellos creyentes más comprometidos con su fe. A saber, beber directamente de las aguas, dejar que la Palabra de Dios guíe sus pensamientos y sus acciones, sin mezcla de intereses ajenos a la misma, «ya que nada conviene enseñar de los divinos y santos misterios de la fe sin fundamentarse en las divinas Escrituras –escribía Cirilo de Jerusalén–, no dejándose llevar incautamente por argumentos y probabilidades fundadas en el artificio de las palabras. No creas nada, salvo que entiendas la demostración de todo lo que te anuncio por medio de las Sagradas Escrituras. La salvación que nos viene de la fe tiene su fuerza no en las invenciones, sino en la demostración de las divinas Escrituras».[16]

En un juego de luces y sombras, de acciones heroicas y de desatinos clamorosos, adaptándose al espacio geográfico y cultural de su tiempo y acomodando a sí lo que ha encontrado de valioso entre los pueblos a la luz del Evangelio, la Iglesia de Cristo ha logrado remontar dos mil años de historia en un movimiento incansable de renovación, reforma y avivamiento, con tal de mantener y hacer accesible a todos los hombres el mensaje original tan fresco y relevante como al principio: la grandeza del amor de Dios y el valor supremo de la vida humana, por la que el mismo Hijo de Dios se hizo hombre, murió y resucitó para rescatarla de su pecado, alumbrando así sus zonas oscuras e infundiéndole una esperanza nueva y un nuevo poder: el Espíritu de Dios morando en el ser del mundo, acercando, en suma, el Reino de Dios a los hombres.

En definitiva, la historia de su semejanza y desemejanza de ese Reino de los Cielos, cuya venida se anuncia, es la historia de los logros y de los fracasos de la Iglesia, el ideal que la justifica y la meta que sigue alentando a sus mejores hombres.

Al final resulta que es Cristo mismo quien edifica y mantiene su Iglesia, quien la hace progresar entre los pueblos:

«He aquí Yo estoy con vosotros todos los días, hasta el fin del mundo» (Mt. 28:20).

Acaso es el vehículo escogido por el Señor para hacer resonar su voz y hacer creíble su mensaje. En efecto, la Iglesia, columna y baluarte de la verdad, lleva un gran tesoro en vasos de barro, «para que la excelencia

---

16. Cirilo, *Cat.* IV, 17.

del poder sea de Dios, y no de nosotros, que estamos atribulados en todo, mas no angustiados; en apuros, mas no desesperados; perseguidos, mas no desamparados; derribados, pero no destruidos; llevando en el cuerpo siempre por todas partes la muerte de Jesús, para que también la vida de Jesús se manifieste en nuestros cuerpos» (2 Co. 4:7–10).

Apéndice

La *Didaché* o la «enseñanza de los apóstoles»

Filoteo Bryennios, obispo griego de Sevres[1], publicó en 1875, por vez primera, el texto completo de la *Epístola a los corintios* de Clemente de Roma[2]. El manuscrito había sido hallado por él en la Biblioteca del Santo Sepulcro, adjunta a la escuela de Fanar en Constantinopla[3]. En el mismo volumen, encontrábase, entre otros escritos, la *Didaché,* o sea, la «Enseñanza de los doce apóstoles». Este documento era conocido desde muy antiguo, pero durante muchos siglos había permanecido oculto a pesar de las investigaciones de los eruditos. El simple anuncio de este hallazgo excitó la curiosidad de los aficionados y de todos aquellos a quienes, de cerca o de lejos, interesaba la doctrina y la disciplina de la Iglesia Primitiva. No obstante, el sabio historiador, elevado al patriarcado de Nicomedia, dilató la publicación de la *Didaché* hasta finales de 1883[4].

Es casi indudable que el documento recientemente descubierto es el mismo al cual se refieren varios autores cristianos del período primitivo. Esto es, Clemente de Alejandría lo llamó «la Escritura»; Eusebio le dio el título de «Enseñanza de los doce apóstoles», y lo señaló como uno de

---

1. La antigua *Serrae,* en Macedonia.

2. Al final de esta epístola, le faltaban aún algunos capítulos.

3. *Fener* o *Fanal* (el faro) es un barrio griego de Constantinopla, donde está situada la principal Iglesia Griega y donde tiene su residencia el patriarca.

4. La introducción y las notas de Bryennios están escritas en griego moderno. El volumen fue impreso con perfección en Constantinopla. Con la publicación de ambos documentos, el editor se ganó un lugar preferido entre los sabios. El manuscrito forma un tomo en *8.º reducido,* de 120 hojas. Fue escrito por un escriba llamado León, que lo construyó el martes 11 de junio del 6564 de la era de Constantinopla, o sea, en el año 1056 de nuestra era. La firma y sus últimas palabras son: «Terminado, jueves, 11 de junio, por León, notario y pecador».

los libros apócrifos del Nuevo Testamento, al par que la *Epístola de Barnabás, El Pastor de Hermas* y algunos otros... También, Atanasio lo consideró un libro no canónico, aunque afirmó que su lectura resultaba muy útil para los *catecúmenos*[5].

La *Didaché* es un escrito corto, tanto como la epístola de Pablo a los gálatas. Un estudio detenido de este documento ha probado que la *Didaché* había sido la base del libro VII de las *Constituciones apostólicas* o, mejor dicho, que este libro VII, no era otra cosa que la adaptación, en una época posterior, de la doctrina y práctica de la *Didaché*.

¿De qué época podría ser este documento? Para determinarlo, sólo pueden invocarse razones o argumentos internos, puesto que han desaparecido los documentos que facilitarían el trabajo de investigación. Así, Bryeunios supone que fue escrito entre los años 140 y 160, mientras que Hilgenfeld y el profesor Bonet–Maury, de París, argumentan que fue escrito en la segunda mitad del siglo II. Por otro lado, el doctor Lightfoot y la mayor parte de los críticos ingleses y muchos alemanes consideran que fue escrito entre los años 80 al 110. En definitiva, los términos empleados al tratar del ministerio cristiano y la sencillez, casi pueril, de algunas recomendaciones y prácticas apelan a favor de una época muy antigua.

A su debido tiempo[6] hicimos notar que, desde el período comprendido entre los últimos libros del Nuevo Testamento y la *I Apología* de Justino *el Mártir*, faltan documentos relativos al culto cristiano. Por consiguiente, si la fecha indicada por los críticos ingleses, relativa a la composición de la *Didaché*, fuera cierta, este documento vendría a llenar el espacio entre unos y otra y, probablemente, sería anterior a la carta de Plinio a Trajano. Ésta es la razón por la que este documento tiene mucha importancia para nosotros.

Empecemos por hacer algunas observaciones acerca de lo que sobre este documento puede aplicarse a las precedentes páginas...

La parte relativa a la celebración del culto en el día del Señor resulta sencillísima y puede resumirse diciendo que era una reunión de fieles,

---

5. Atanasio, *Historia eclesiástica III*, cap. XXV (véase también el artículo del profesor Stokes, en la *Revista contemporánea inglesa*, abril de 1884).
6. Véase el CAPÍTULO XII de la PRIMERA PARTE.

en la que cada uno celebraba su culto individual; nada se dice, ni del profeta, ni del pastor. No se vaya a creer, empero, que en ella se prescindiera de la lectura, de la explicación de las Escrituras y del canto de himnos del que se hace mención en tiempo de Justino *el Mártir* y de Tertuliano. Sin duda que en la *Didaché* no se da una reseña completa de la celebración del culto, puesto que, desde los tiempos primitivos, formaban ya parte del culto los elementos que acabamos de mencionar. Lo cierto es que el autor tenía presente la confesión de pecados, la reconciliación, las acciones de gracias y la participación del pan[7].

Los capítulos IX y X hablan de la *Eucaristía*. Las acciones de gracias de que hace mención nos recuerdan las palabras que los judíos usaban en sus comidas[8]. La expresión «la santa viña del Señor» ha sido suprimida en las *Constituciones apostólicas*. Como se hizo más tarde, en tiempo de Justino *el Mártir,* sólo podían participar del pan y del vino aquellos que habían sido bautizados, que poseían la fe y que eran santos (en otra parte hemos mencionado ya estas limitaciones)[9]. Las palabras con las cuales empieza el capítulo X, «cuando estéis saciados», prueban que en aquel tiempo, lo mismo que en el de los apóstoles, la *Eucaristía* y el *ágape* constituían una sola comida. En las *Constituciones apostólicas* se las separa, y las palabras que acabamos de citar son sustituidas por éstas: «...después de la participación».

En lo referente al bautismo, lo mismo que en el tiempo de Justino, el escritor hace mención del ayuno y de la enseñanza que precedían a la ceremonia, sin mencionar la palabra «regeneración». No hay indicios que nos hagan suponer que el bautismo y la *Eucaristía* fueran administrados solamente por el ministro o por el sacerdote.

De gran importancia son los capítulos XI, XIII y XV, que se refieren al ministerio. El caso es el mismo del que se nos habla en la *Primera epístola a los corintios* y en la *Epístola a los efesios,* lo que hace decir al doctor Lightfoot:

«Aquí tropezamos con dos ministerios diferentes; uno que misionaba de pueblo en pueblo, mientras que el otro se establecía en las pobla-

---

7. Lightfoot, En una memoria presentada al *Congreso eclesiástico* de 1884.
8. Véase el CAPÍTULO X de la PRIMERA PARTE.
9. Ídem.

ciones. El primero lo ejercían los apóstoles y los profetas, siendo las funciones de ambos tan parecidas, que en muchas ocasiones es difícil indicar el límite que separa un cargo de otro».

El segundo cargo es desempeñado por los vigilantes y diáconos, lo que demuestra que, en aquel tiempo, las palabras *vigilante* y *anciano* eran sinónimas. En el pasaje paralelo de las *Constituciones apostólicas,* léese lo siguiente: «...los vigilantes, (obispos) los ancianos y los diáconos»; lo que indica que ya entonces se les consideraba cargos distintos.

Esto es, la predicación del Evangelio la hacían pastores misioneros, que eran mantenidos en virtud de la máxima elemental de que «el obrero es digno de su alimento» (Mt. 10:10). La *Didaché* dice: «Si el profeta pide dinero, es un falso profeta». Algunos pastores locales, que dedicaban al ministerio todo su tiempo y sus fuerzas, vivían de las ofrendas de los fieles. Dábaseles las primicias del campo, de la vida, del olivo; también recibían dinero, vestidos y otros objetos que les eran necesarios. Otros se proveían según sus propias necesidades (cap. XII). Observemos que según, el capítulo XV, la congregación elegía a los obispos y a los diáconos. Parece que el autor exhorta a los miembros de la Iglesia a que les honren con el mismo honor que a los profetas y a los doctores. Indudablemente, estos detalles se refieren a una época muy atrasada en la vida eclesiástica. Ninguna indicación encontramos respectivamente a los medios de vida de aquellos que ejercían tales cargos. Es posible que cada uno se proveyera según sus necesidades, o que aceptasen las ofrendas voluntarias de los fieles, como ocurría con los profetas.

Se ha supuesto que Tertuliano fue el primero que comparó al obispo con el sumo sacerdote. Pero existe un ejemplo bastante más antiguo de esta «desdichada», a la vez que natural, confusión. Nada, sin embargo, más lógico que el hecho de que los judeocristianos, penetrados superficialmente por el espíritu del Evangelio, honraran al pastor de la nueva congregación con el respeto con el que habían honrado a sus antiguos directores espirituales y hasta les dieran el mismo nombre. Y no parece dudoso tampoco que el autor de la *Didaché* fuera un judeocristiano, tal vez de la Iglesia de Alejandría, como supone el doctor Lightfoot[10].

---

10. La autorización para el uso de agua caliente en el bautismo parece indicar un clima más frío que el de Egipto. Hilgenfeld supone que se refería al Asia Menor y a los montanistas (*Revista contempo-*

Empieza la *Didaché* señalando dos caminos; uno que conduce a la vida y otro a la muerte. En esto se parece de modo extraordinario a la segunda parte de la *Epístola de Barnabás* (cap. XVIII, XX). Este parecido ha sido la causa de que algunos autores supongan que la *Epístola de Barnabás* fue moldeada en la *Didaché,* mientras que otros opinan lo contrario. Así, el doctor Lightfoot consideró que ambas habían bebido en el mismo manantial. Ya hemos dicho que Eusebio citó ambos documentos –que parecen ser tratados incompletos, e incluso, interpolados–, como reproduciendo una enseñanza oral de los apóstoles o de sus contemporáneos, transmitida a través de una o dos generaciones. En varios pasajes se ve una gran sencillez en el lenguaje y mucha espiritualidad; por ejemplo, cuando menciona el motivo por el cual debe honrarse a los doctores y la manera de comprobar su vocación, no menciona la autoridad con que la Iglesia les ha investido, sino el ministerio que ejercían al anunciar la Palabra de Dios. (cap. IV, XI). Añadamos este concepto: Dios, en su llamamiento, no hace acepción de personas, pero busca a los que el Espíritu ha preparado.

La *Didaché* sugiere muchas cuestiones interesantes sobre su teología y hasta en la manera de citar el Nuevo Testamento. Pero, sobre este y otros asuntos, dejaremos que el lector forme su propia opinión...

Puede afirmarse, en resumen, que este documento es uno de los más interesantes entre los poquísimos que nos quedan de la época que inmediatamente siguió a la de los apóstoles.

1. El *catecismo* o los «dos caminos»

«Existen dos caminos muy diferentes: el que conduce a la vida y el que lleva a la muerte.

He aquí el camino de la vida: en primer lugar, amarás a Dios que te ha creado, y en segundo lugar, amarás a tu prójimo como a ti mismo; es decir, que no harás a otro lo que no quieras que te hagan. He aquí también la doctrina contenida en estas palabras: bendecid a los que os mal-

---

ránea, diciembre de 1884). Es ciertamente curioso que mientras en este documento se recomienda la oración para que se acelere el fin del mundo, Tertuliano –tal vez no fuera aún montanista– nos asegura que los cristianos de su tiempo oraban para que aquel suceso fuera retrasado *(Apol.,* cap. XXXIX).

dicen, rogad por vuestros enemigos, ayunad por los que os persiguen. Si amáis a los que os aman, ¿qué gratitud mereceréis? Lo mismo hacen los paganos. Al contrario, amad a los que os odian, y no tendréis ya enemigos. Absteneos de los deseos carnales y mundanos. Si alguien te abofeteare en la mejilla derecha, vuélvele también la otra, y entonces serás perfecto. Si alguien te pidiere que le acompañes una milla, ve con él dos. Si alguien quisiere tomar tu capa, déjale también la túnica. Si alguno se apropia de algo que te pertenezca, no se lo vuelvas a pedir, porque no puedes hacerlo[11]. Debes dar a cualquiera que te pida, y no reclamar nada, puesto que el Padre quiere que los bienes recibidos de su propia gracia sean distribuidos entre todos. Dichoso aquel que da conforme al mandamiento; el tal será sin falta. Desdichado el que reciba; si alguno recibe algo estando en la necesidad, no se hace acreedor de reproche alguno; pero aquel que acepta alguna cosa sin necesitarla dará cuenta de lo que haya recibido y del uso que haya hecho de la limosna. Encarcelado, sufrirá interrogatorio por sus actos, y no será liberado hasta que haya pagado el último maravedí. Es con este motivo que ha sido dicho: *¡Antes de dar la limosna, déjala sudar en tus manos, hasta que sepas a quien la das!*[12].

He aquí el segundo precepto de la Doctrina[13]: no matarás, no cometerás adulterio; no prostituirás a los niños, ni los inducirás al vicio. No robarás; no te entregarás ni a la magia, ni a la brujería. No harás abortar a la criatura engendrada en la orgía y, después de nacida, no la harás morir. No desearás los bienes de tu prójimo, ni le perjudicarás, ni dirás falso testimonio; no serás maldiciente, ni rencoroso. No usarás de doblez ni en tus palabras, ni en tus pensamientos, puesto que la hipocresía es un lazo de muerte. Que tus palabras no sean ni vanas, ni mentirosas. No seas raptor, ni hipócrita, ni malicioso, ni dado al orgullo, ni a la concupiscencia. No prestes atención a lo que digan contra tu prójimo. No aborrezcas a nadie; reprende a unos, ora por los otros, y a los demás, guíales con más solicitud que a tu propia alma.

11. Porque al cristiano «le está prohibido usar la violencia y hasta pleitear ante infieles» (1 Co. 6:1-7).
12. Esta misma cita se halla también en las *Constituciones apostólicas*.
13. Estas alusiones a los vicios de los paganos indican la fecha remota de este escrito (véase Romanos 1:21-32).

Hijo mío, aléjate del mal y de toda apariencia de mal. No te dejes arrastrar por la ira, porque la ira conduce al asesinato. Ni tengas celos, ni seas pendenciero, ni irascible, porque todas estas pasiones engendran los homicidios. Hijo mío, no te dejes inducir por la concupiscencia, porque lleva a la fornicación. Evita las palabras deshonestas y las miradas provocativas[14], puesto que de ambos proceden los adulterios. Hijo mío, no consultes a los agoreros[15], puesto que conducen a la idolatría. Hijo mío, no seas mentiroso, porque la mentira lleva al robo; ni seas avaro, ni ames la vanagloria, porque todas estas pasiones incitan al robo.

Hijo mío, no murmures, porque la murmuración lleva a la blasfemia; ni seas altanero ni malévolo, porque de ambos pecados nacen las blasfemias. Sé humilde, porque los humildes heredarán la tierra. Sé magnánimo y misericordioso, sin malicia, pacífico y bueno, poniendo en práctica las enseñanzas que has recibido. No te enorgullezcas, ni dejes que la presunción se apodere de tu alma. No te acompañes de los orgullosos, sino de los justos y humildes. Acepta con gratitud las pruebas que te sobrevengan, recordando que nada nos sucede sin la voluntad de Dios.

Hijo mío, acuérdate de día y de noche del que te anuncia la Palabra de Dios; hónrale como al Señor, puesto que donde se anuncia la Palabra, allí está el Señor. Busca constantemente la compañía de los santos, para que seas reconfortado con sus consejos. Evita fomentar las disensiones y procura la paz entre los adversarios. Juzga con justicia y, cuando reprendas a tus hermanos a causa de sus faltas, no hagas diferencia entre personas. No tengas dudas respecto de si Dios cumplirá o no sus promesas[16]. Ni tiendas la mano para recibir, ni la tengas cerrada cuando se trate de dar[17]. Si posees algunos bienes como fruto de tu trabajo, no pagarás el rescate de tus pecados[18]. No estés indeciso cuando se trate de dar, ni regañes al dar algo, porque conoces al dispensador de la recompensa. No vuelvas la espalda al indigente; reparte lo que tienes con tu hermano y no digas que lo tuyo te pertenece, porque si las cosas mortales os son comunes, ¿con cuánta mayor razón deberá serlo lo perecedero? No dejes de la

---

14. Las *Constituciones apostólicas* dicen «ojos impúdicos».
15. *De augur;* esto es, «el que examina los pájaros y profetiza por sus vuelos o por sus gritos».
16. Es decir, si su oración tendrá o no respuesta...
17. Véase Eclesiastés 4:6.
18. Véase Daniel 4:27.

mano la educación de tu hijo o de tu hija: desde la infancia enséñales el temor de Dios. Ni a tu esclavo ni a tu criada mandes con aspereza, puesto que confían en el mismo Dios, para que no pierdan el temor del Señor, que está por encima del amo y del esclavo, porque en el llamamiento no hay diferencia entre las personas, sino que viene sobre aquellos que el Espíritu ha preparado. En cuanto a vosotros, esclavos, someteos a vuestros amos con temor y humildad, como si fueran la Imagen de Dios. Aborrecerás toda clase de hipocresía y todo lo que desagrade al Señor. No descuides los preceptos del Señor y guarda cuanto has recibido, sin añadir ni quitar. Confesarás tus faltas a la Iglesia y te guardarás de ir a la oración con mala conciencia. Tal es el camino de la vida.

He aquí el camino que conduce a la muerte: ante todo has de saber que es un camino malo, que está lleno de maldiciones. Su término es el asesinato, los adulterios, la codicia, la fornicación, el robo, la idolatría, la práctica de la magia y la brujería. El rapto, el falso testimonio, la hipocresía, la doblez, el fraude, la arrogancia, la maldad, la desvergüenza, la concupiscencia, el lenguaje obsceno, la envidia, la presunción, el orgullo, la fanfarronería... Ésta es la senda en la que andan los que persiguen a los buenos, los enemigos de la verdad, los amadores de la mentira, los que desconocen la recompensa de la justicia, los que no se apegan al bien, ni al justo juicio; los que se desvelan por hacer el mal y no el bien; los vanidosos, aquellos que están muy alejados de la suavidad y de la paciencia, que buscan retribución a sus actos, que no tienen piedad del pobre, ni compasión del que está trabajando y cargado, que ni siquiera tienen conocimiento de su Creador. Los asesinos de niños, los corruptores de la obra de Dios, que desvían al pobre, oprimen al afligido; que son los defensores del rico y los jueces inicuos del pobre. En una palabra, son hombres capaces de toda maldad. Hijos míos, alejaos de los tales.

Ten cuidado de que nadie pueda alejarte del camino de la doctrina, porque tales enseñanzas no serían agradables a Dios.

Si pudieses llevar todo el yugo del Señor, serías perfecto; si no, haz lo que pudieres. Debes abstenerte, sobre todo, de carnes sacrificadas a los ídolos, que es el culto ofrecido a dioses muertos»[19].

---

19. No se trata aquí de los ayunos, sino de las complicadas distinciones entre los alimentos puros e impuros, lo que constituye un nuevo argumento en favor de la antigüedad de la *Didaché*.

2. De la liturgia y de la disciplina

«En cuanto al bautismo, he aquí cómo hay que administrarlo... Después de haber enseñado los anteriores preceptos, bautizad en agua viva[20], en el Nombre del Padre, del Hijo y del Espíritu Santo. Si no pudiere ser en el agua viva, puedes utilizar otra; puedes servirte de agua caliente. Si no tuvieres a mano ni una ni otra, echa tres veces agua sobre la cabeza, en el Nombre del Padre, del Hijo y del Espíritu Santo[21]. Antes del bautismo, debe procurarse que el que lo administra, el que va a ser bautizado, y otras personas, si pudiere ser, ayunen. Al neófito, le harás ayunar uno o dos días antes.

Es preciso que vuestros ayunos no sean parecidos a los de los hipócritas[22], puesto que ellos ayunan el segundo y el quinto día de cada semana. En cambio, vosotros ayunaréis el día cuarto y la víspera del sábado.

No hagáis tampoco oración como los hipócritas, sino como el Señor lo ha mandado en su Evangelio. Vosotros oraréis así:

Padre nuestro, que estás en el Cielo, santificado sea tu Nombre, venga tu Reino. Hágase tu voluntad en la Tierra como en el Cielo. Danos hoy nuestro pan cotidiano y perdónanos nuestras deudas, así como nosotros perdonamos a nuestros deudores. No nos introduzcas en la tentación, mas líbranos del mal; porque tuyo es el poder y la gloria, por los siglos.

Orad así tres veces al día[23].

En lo concerniente a la *Eucaristía*, dad gracias de esta manera. Al tomar la copa, decid:

Te damos gracias, oh Padre nuestro, por la santa viña de David tu siervo[24], que nos ha dado a conocer por Jesús, tu servidor. A Ti sea la gloria, por los siglos de los siglos.

Y después, en el momento de partir el pan, decid:

Padre nuestro, te damos gracias por la vida y por el conocimiento que nos has revelado por tu siervo Jesús. ¡A Ti sea la gloria por los siglos

---

20. Quiere decir «agua corriente».
21. Se supone que se refiere al bautismo administrado en casa, con motivo de una enfermedad mortal.
22. La palabra está aplicada a los fariseos; lo cual es otra prueba de su antigüedad. Respecto al ayuno de los fariseos celebrado dos veces por semana, véase Lucas 18:12.
23. Era la costumbre judaica (véase el CAPÍTULO XI de la PRIMERA PARTE).
24. Palabra griega empleada en el mismo sentido que en Hechos 3:13; 4:25.

de los siglos. De la misma manera que este pan que partimos estaba esparcido por las altas colinas y ha sido juntado, te suplicamos que de todas las extremidades de la Tierra reúnas a tu Iglesia en tu Reino, porque te pertenece la gloria y el poder (que ejerces) por Jesucristo, por los siglos de los siglos.

Que nadie coma ni beba de esta *Eucaristía*, sin haber sido antes bautizado en el Nombre del Señor; puesto que Él mismo dice sobre el particular: *No deis lo santo a los perros*[25].

Cuando estéis saciados (del *ágape)*[26], dad gracias de la manera siguiente:

Padre santo, te damos gracias por Tu santo Nombre que has hecho habitar en nuestros corazones y por el conocimiento, la fe y la inmortalidad que nos has revelado por Jesucristo, tu Servidor. A Ti sea la gloria, por los siglos de los siglos. Dueño Todopoderoso, que a causa de tu Nombre has creado todo cuanto existe y que dejas gozar a los hombres del alimento y la bebida, para que te den gracias por ello, a nosotros, por medio de tu Servidor, nos has hecho la gracia de un alimento y de una bebida espirituales y de la vida eterna. Ante todo, te damos gracias por tu poder. A Ti sea la gloria por los siglos de los siglos. ¡Señor! Acuérdate de tu Iglesia, para librarla de todo mal y para completarla en tu amor. ¡Reúnela de los cuatro vientos del cielo! Porque ha sido santificada para el Reino que le has preparando; porque a Ti solo pertenece el poder y la gloria, por los siglos de los siglos. Ya que este mundo pasa, te pedimos que tu gracia venga sobre nosotros. ¡Hosanna al hijo de David! El que sea santificado que se acerque; si no, que haga penitencia. Maranatha[27] *¡Amén!*

Permitid que los profetas den las gracias libremente.

Si alguien viniese de fuera para enseñaros todo esto, recibidle. Pero si resultare ser un doctor extraviado que os da otras enseñanzas para destruir vuestra fe, no le oigáis. Si, por el contrario, se propusiese haceros progresar

---

25. Véase Mateo 7:6.
26. Es evidente que en esta época primitiva, el *ágape* y la *Eucaristía* se confundían. Por la cita se ve que se trata de una verdadera comida y no solamente de la participación del pan y del vino; el desarrollo sacerdotal de la *Eucaristía* lo transformó completamente (véase el CAPÍTULO X de la PRIMERA PARTE).
27. Es decir, «el Señor viene» (1 Co. 16:22).

en la senda de la justicia y del conocimiento del Señor, recibidle como recibiríais al Señor.

Ved ahí cómo, según los preceptos del Evangelio[28], debéis portaros con los apóstoles[29] y los profetas. Recibid en Nombre del Señor a los apóstoles que os visitaren, en tanto permanecieren un día o dos entre vosotros: el que se quedare durante tres días, es un falso profeta. Al salir el apóstol, debéis proveerle de pan para que pueda ir a la ciudad donde se dirija: si pide dinero, es un falso profeta. Al profeta que hablare por el espíritu, no le juzgaréis, ni examinéis, porque todo pecado será perdonado, menos éste[30].

Todos los que hablan por el espíritu, no son profetas, sólo lo son los que siguen el ejemplo del Señor. Por su conducta, podéis distinguir al verdadero y al falso profeta.

El profeta, que hablando por el espíritu, ordenare la mesa y comiere de ella[31] es un falso profeta.

El profeta que enseñare la verdad, pero no hiciere lo que enseña, es un falso profeta. Al profeta que fuere probado verdadero y ejercite su cuerpo para el misterio terrestre de la Iglesia, pero que no obligare a otros a practicar su ascetismo, no le juzguéis[32], porque Dios es su juez: lo mismo hicieron los antiguos profetas. Si alguien, hablando por el espíritu, os pidiere dinero u otra cosa, no le hagáis caso; pero si aconseja que se dé a lo pobres, no le juzguéis.

A todo el que fuere a vosotros en Nombre del Señor, recibidle, y probadle después para conocerle, puesto que debéis tener suficiente criterio para conocer a los que son de la derecha y los que pertenecen a la izquier-

---

28. Véase Mateo 10:5–11; Lucas 10:3–8.
Estos preceptos tienen por base las instrucciones que el Señor dio a sus discípulos cuando les envió a predicar. Ya en tiempos de Pablo existían pastores itinerantes, a los cuales se les podían aplicar estos preceptos (véase 2.ª Corintios 11:4–13; Gálatas 1:7–9; 5:10–12; Apocalipsis 2:2).
29. La palabra está empleada aquí en el mismo sentido que *misionero* (véase Romanos 16:3; 2.ª Corintios 8:3; Filipenses 2:25).
30. Porque era considerado una de las formas de pecado contra el Espíritu Santo (véase Mateo 12:31).
31. Esta curiosa frase parece ser una precaución adoptada por el profeta, «hablando en espíritu», contra la tentación que pudiese tener de dar direcciones sobre el *ágape,* con el deseo secreto de prepararlos según su gusto (Farrar).
32. Ésta es un de las expresiones menos comprensibles de la *Didaché;* según el contexto, parece referirse a ciertos hechos simbólicos parecidos a los de Isaías, Jeremías, Ezequiel, etc.

da. Si el que viniere a vosotros fuere un pobre viajero, socorredle cuanto podáis; pero no debe quedarse en vuestra casa más de dos o tres días. Si quisiere permanecer entre vosotros como artista, que trabaje para comer; si no tuviese oficio ninguno, procurad según vuestra prudencia que no quede entre vosotros ningún cristiano ocioso. Si no quisiere hacer esto, es un negociante del cristianismo, del cual os alejaréis.

El verdadero profeta que quisiere fijar su residencia entre vosotros es digno del sustento; porque un doctor verdadero es también un artista y, por tanto, digno de su alimento. Tomarás tus primicias de la era y del lagar, de los bueyes y de las cabras, y se las darás a los profetas, porque ellos son vuestros grandes sacerdotes. Al preparar una hornada de pan, toma las primicias[33] y dálas según el precepto. Lo mismo harás al empezar una vasija de vino o de aceite, cuyas primicias destinarás a los profetas. En lo concerniente a tu dinero, tus bienes y tus vestidos, señala tú mismo las primicias y haz según el precepto.

Cuando os reuniereis en el domingo del Señor, partid el pan, y para que el sacrificio sea puro, dad gracias después de haber confesado vuestros pecados. El que de entre vosotros estuviere enemistado con su amigo, que se aleje de la asamblea hasta que se haya reconciliado con él, a fin de no profanar vuestro sacrificio. He aquí las propias palabras del Señor:

En todo tiempo y lugar me traeréis una víctima pura, porque soy el gran Rey, dice el Señor, y entre los pueblos paganos, mi Nombre es Admirable[34].

Para el cargo de obispos y diáconos del Señor[35], elegiréis a hombres humildes, desinteresados, veraces y probados, porque también hacen el oficio de profetas y de doctores. No les menospreciéis, puesto que son vuestros dignatarios, juntamente con vuestros profetas y doctores. Amonestáos unos a otros, según los preceptos del Evangelio, en paz y no con ira. Que nadie hable al que pecare contra su prójimo y no se le

---

33. Las *Constituciones apostólicas* añaden también los diezmos.
34. Véase Malaquías 1:11–14.
Justino Mártir se apoya en una errónea interpretación de este texto para justificar su opinión de un sacrificio en la *Eucaristía* (véase el CAPÍTULO X de la PRIMERA PARTE). Pudiera creerse que aquí tropezamos con el mismo ritualismo, lo que estaría en contradicción con el conjunto de la *Didaché*. Opinamos, como el doctor Farrar, que la palabra «sacrificio» se refiere metafóricamente a la oración y a la acción de gracias (véase Romanos 7:1; Hebreos 13:15).
35. Véase 2.ª Corintios 8:19; Hechos, 14:23; Tito 1:5.

tenga ninguna consideración entre vosotros, hasta que se arrepienta. Haced vuestras oraciones, vuestras limosnas, y todo cuanto hiciereis, según los preceptos dados en el Evangelio de nuestro Señor. Velad por vuestra vida; procurando que estén ceñidos vuestros lomos y vuestras lámparas encendidas y estad dispuestos, porque no sabéis la hora en que vendrá el Señor. Reuníos a menudo para buscar lo que convenga a vuestra alma, porque de nada os servirá el tiempo que habéis profesado la fe, si no fuereis hallados perfectos el último día. Porque en los últimos tiempos abundarán los falsos profetas y los corruptores, y las ovejas se transformarán en lobos, y el amor se cambiará en odio. Habiendo aumentado la iniquidad, crecerá el odio de unos contra otros; se perseguirán mutuamente y se entregarán unos a otros. Entonces es cuando el seductor del mundo hará su aparición[36] y, titulándose como el *Hijo de Dios,* hará señales y prodigios; la Tierra le será entregada y cometerá tales maldades como no han sido vistas desde el principio. Los humanos serán sometidos a la prueba del fuego. Muchos perecerán escandalizados; pero los que perseveraren en la fe serán salvos de esta maldición.

Entonces, aparecerán las señales de la verdad. Primeramente, será desplegada la señal en el Cielo, después la de la trompeta y, en tercer lugar, la resurrección de los muertos, según se ha dicho: *El Señor vendrá con todos sus santos.* ¡Y el mundo verá al Señor viniendo en las nubes del cielo!».

---

36. Probablemente alude a 2.ª Tesalonicenses 2:1–12.

BIBLIOGRAFÍA

Fuentes citadas en este libro y publicadas por CLIE en la Colección *Grandes Autores de la fe*

1. Padres Apostólicos, *Epístolas de Clemente de Roma*; *Epístolas de Ignacio*; *Martirio de Policarpo*; *Didaché*; *Epístola de Bernabé*; *Pastor de Hermas*; *Epístola a Diogneto*.
2. Ireneo de Lyon, *Contra las herejías*.
3. Clemente de Alejandría, *El Pedagogo*.
4. Tertuliano, *Apología contra gentiles*; *Exhortación a los mártires*; *La virtud de la paciencia*; *La oración cristiana*; *Respuesta a los judíos*.
5. Minucio Félix, *El Octavio*.
6. Orígenes, *Tratado de los principios*.
   –*Contra Celso*
7. Hipólito de Roma, *La tradición apostólica*.
8. Justino, *Apologías*.
9. Cipriano de Cartago, *Cartas*.
10. Atanasio, *La encarnación del Verbo*.
11. Lactancio, *Instituciones cristianas*; *La muerte de los perseguidores*.
12. Ambrosio de Milán, *Los sacramentos y los misterios*.
13. Agustín, *Confesiones*.
    –*La verdadera religión*; *La utilidad de creer*; *Enquiridión*.
14. Cirilo de Jerusalén, *Catequesis*.
15. Juan Crisóstomo, *La dignidad del ministerio* o *Sobre el sacerdocio*.
16. Gregorio de Nisa, *Diálogo sobre el alma y la resurrección*.

Otras Fuentes

Jesús Álvarez Gómez, *Historia de la Iglesia. Edad antigua*. BAC, Madrid, 2000.
H.R. Boer, *Historia de la Iglesia Primitiva (1–787)*. Logoi, Miami, 1981.
Norbert Brox, *Historia de la Iglesia Primitiva*. Herder, Barcelona, 1986.
Eusebio de Cesarea, *Historia eclesiástica*, 2 vols. CLIE, Terrassa, 1986.
E. Schumacher, *El vigor de la Iglesia Primitiva*. Herder, Barcelona, 1957.

Vida y costumbres

Juan Arias, *La pena canónica en la Iglesia Primitiva*. EUNSA, Pamplona 1975.
James Drane, *La vida de la Iglesia Primitiva*. Verbo Divino, Estella, 1986.
J. Guillén, *Urbs Roma. Vida y costumbres de los romanos*. Sígueme, Salamanca, 1980.
J. Lebreton, *La vida cristiana en el primer siglo de la Iglesia*. Labor, Barcelona, 1955.

Persecuciones y martirio

Las actas de los mártires. Ed. Católica, Madrid, 1951.
P. Allard, *El martirio*. FAX, Madrid, 1943, 2.ª ed.

Daniel–Rops, *La Iglesia de los apóstoles y de los mártires*. Caralt, Barcelona, 1955.

J.L. González, *La era de los mártires*. Caribe, Miami, 1982.

J. Montserrat Torrents, *El desafío cristiano, las razones del perseguidor*. Anaya & Mario Muchnik, Madrid, 1992.

G. Ricciotti, *La era de los mártires*. ELER, Barcelona, 1961, 2.ª ed.

Expansión misionera

J.L. González, *Historia de las misiones*. La Aurora, Buenos Aires, 1970.

Michael Green, *La evangelización y la Iglesia Primitiva*, 4 vols. Certeza, Buenos Aires, 1982.

K.S. Latourette, *Historia del cristianismo*. CBP, El Paso, 1982, 6.ª ed.

Ruth A. Tucker, *Hasta lo último de la tierra*. Vida, Miami, 1988.

Dogmas y herejías

L. Berkhof, *Historia de las doctrinas cristianas*. TELL, Grand Rapids, 1996.

M.L. Cozens, *Manual de herejías*. Herder, Barcelona, 1963.

B. Llorca, *Historia de las herejías*. Labor, Barcelona, 1956.

J. Orr, *El progreso del dogma*. CLIE, Terrassa, 1988.

Alan Richardson, *Así se hicieron los credos*. CLIE, Terrassa, 2000.

H. Rondet, *Historia del dogma*. Herder, Barcelona, 1972.

Angelo Valastro Canal, *Herejías y sectas en la Iglesia antigua*. U.P. Comillas, Madrid, 2000.

Maestros y doctores

H. von Campenhausen, *Los Padres de la Iglesia*, 2 vols. Cristiandad, Madrid, 1974.

S.J. Case, *Los forjadores del cristianismo*. CLIE, Terrassa, 1987.

J.L. González, *La era de los gigantes*. Caribe, Miami, 1978.

Monjes y ascetas

Atanasio, *Vida de Antonio*. Ciudad Nueva, Madrid, 1995.

G.M. Colombás, *El monacato primitivo*, 2 vols. Ed. Católica, Madrid, 1973–1975.

J. Lacarrière, *Los hombres ebrios de Dios*, Aymá, Barcelona, 1964.

Paladio, *Historia lausiaca o Los padres del desierto*, AM, Sevilla, 1991.

F. de Bizmanos, *Las vírgenes cristianas*. BAC, Madrid, 1958.

Printed in the USA
CPSIA information can be obtained
at www.ICGtesting.com
LVHW020857210724
785408LV00006B/17

9 788482 673097